청태종실록 역주

淸太宗實錄 譯註

An Annotated Translation of "Veritable Records of Qing Taizong"

【7권】

청태종실록 역주 清太宗實錄 譯註 【7권】

An Annotated Translation of "Veritable Records of Qing Taizong"

1판 1쇄 발행 2026년 1월 5일

역주자 | 이후 · 김선민 · 이선애

발행인 | 이병은

발행처 | 세창출판사

신고번호 제1990-000013호

주소 03736 서울시 서대문구 경기대로 58 경기빌딩 602호

전화 02-723-8660 팩스 02-720-4579

이메일 edit@sechangpub.co.kr 홈페이지 www.sechangpub.co.kr

블로그 blog.naver.com/scpc1992 페이스북 fb.me/Sechangofficial 인스타그램 @sechang_official

ISBN 979-11-6684-445-4 94910

979-11-6684-438-6 (세트)

이 역주서는 2022년 대한민국 교육부와 한국연구재단의 지원을 받아 수행된 연구임.

(NRF-2022S1A5A7079888)

이 책은 한국연구재단의 지원으로 세창출판사가 출판, 유통합니다.

청태종실록 역주 清太宗實錄 譯註

An Annotated Translation of "Veritable Records of Qing Taizong"

【7권】

이훈 · 김선민 · 이선애 역주

세창출판사

청태종 실록 역주 7권

○ 차례 ○

청태종 실록 역주

○총 차례○

제1권

제2권

천총 4년

권6 천총 4년 정월 ~ 4월
권7 천총 4년 5월 ~ 12월

천총 5년

권8 천총 5년 정월 ~ 3월
권9 천총 5년 4월 ~ 9월
권10 천총 5년 10월 ~ 12월

천총 6년

권11 천총 6년 정월 ~ 5월
권12 천총 6년 6월 ~ 12월

제3권

천총 7년

권13 천총 7년 정월 ~ 4월
권14 천총 7년 5월 ~ 7월
권15 천총 7년 8월 ~ 9월
권16 천총 7년 10월 ~ 12월

천총 8년

제4권

천총 9년

천총 10년

제5권

숭덕 원년

숭덕 2년

제6권

숭덕 3년

제7권

제8권

제9권

일러두기

1 본서의 저본은 한문본『太宗文皇帝實錄』(건륭 4년본, 1985년 中華書局 영인)이다.

2 번역은 직역을 원칙으로 하되 직역으로 뜻이 통하지 않는 문장은 의역을 하거나 각주에 설명을 더한다.

3 원문의 간지 연월일은 역문에서 서기년과 음력 월일을 병기한다. 예) 기미년(1619), 을묘일(8.22)

4 번역문의 문단은 기본적으로 저본에 따르지만 한 문단이 너무 길어서 읽기에 불편한 곳은 적절히 문단을 나눈다.

5 저본에서 皇帝, 天 등의 존칭어는 줄을 바꾸어 擡頭되어 있지만 본서에서는 이에 대해 별도의 표시를 하지 않는다.

6 모든 번역은 한글을 원칙으로 한다. 다만 고유명사와 개념어 등은 명확한 의미를 나타내기 위해 괄호 안에 한자를 병기한다. 각주의 경우 국한문을 혼용한다.

7 만주어와 몽골어 고유명사는 "한글(로마자 전사, 한자)"의 형식으로 표기한다. 로마자 전사는 묄렌도르프 표기 방식을 따른다. 예) 도르곤(dorgon, 多爾袞), 도니 쿨룩(doni kuluk, 多尼庫魯克)

8 한어와 조선어 고유명사는 "한글표기(한자)"의 형식으로 표기한다. 예) 조대수(祖大壽), 임경업(林慶業)

9 원문에서 고유명사의 한자 표기가 틀린 경우 역문에서 세미콜론(;) 뒤에 바른 표기를 병기한다. 예) 김득간(金得幹; 金大乾), 강계(剛季; 江界)

10 번역문에서 숫자는 아라비아숫자로 표기하지만 특정한 관용적 표현은 한글로 표기한다. 예) 삼궤구고두

숭덕 4년

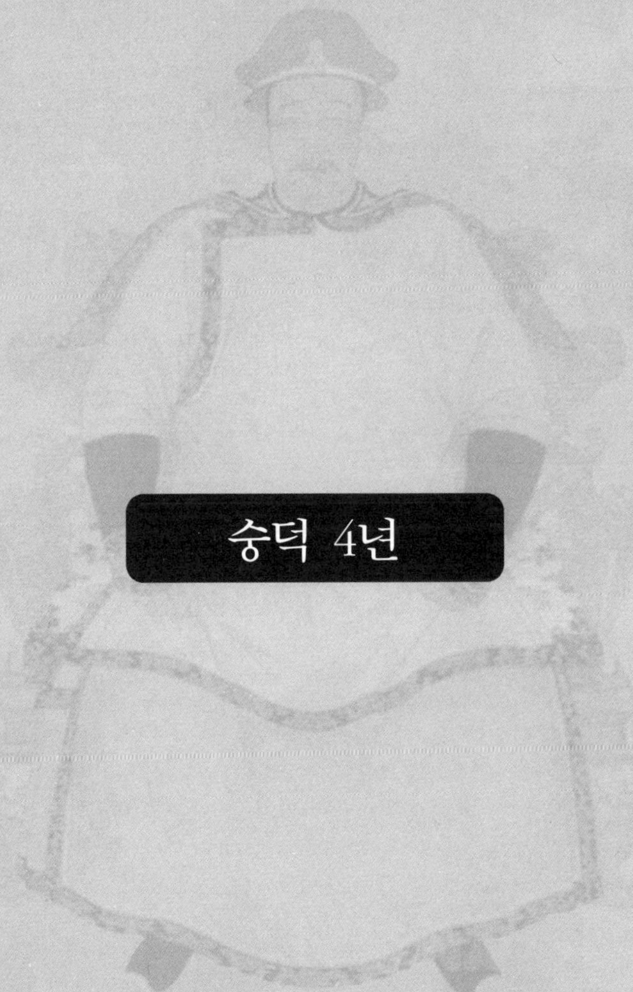

권46

숭덕 4년 4월 ~ 5월

崇德四年, 己卯, 夏四月, 戊子朔, 多羅武英郡王阿濟格率滿洲四旗·外藩蒙古四旗兵, 往畧連山, 獲人馬共千計.

○ 숭덕 4년 기묘년 여름 4월 무자일 초하루(4.1), 도로이 무영군왕 아지거가 만주 4기(旗)와 외번몽고 4기(旗)의 군사를 이끌고 연산(連山)에 가서 약탈했다. 획득한 사람과 말이 모두 1,000을 헤아렸다.

○ 壬辰, 多羅武英郡王阿濟格還自連山, 至義州南山岡, 會於御營.

○ 임진일(4.5), 도로이 무영군왕 아지거가 연산(連山)에서 돌아와 의주(義州) 남산 언덕에 이르러 어영(御營)에 합류했다.

○ 遣巴琫·蘇喇代等, 齎敕還盛京, 諭留守和碩鄭親王濟爾哈朗等曰, 先曾遣人傳諭, 令於開城西或三十里, 或二十里, 或十五里外, 凡遇渡口, 俱預備船隻以待. 今宜仍遵前諭遣發. 至凡遣來奏事之人, 俱於四月十二日, 在折爾里克岡伺候, 俟朕遣人宣召方來. 若有遠來邊報, 可令本人親自馳奏.

○ 바붕(babung, 巴琫) · 술라다이(suladai, 蘇喇代) 등을 보내 칙서를 가지고 성경(盛京)으로 돌아가게 하여, 남아서 지키는 호쇼이 정친왕 지르갈랑 등에게 유시했다. 「앞서 일찍이 사람을 보내 유지를 전하여 개성(開城) 서쪽의 30리, 20리, 15리 밖에 나룻터가 있는 곳이면 모두 미리 선박을 갖추어 두고 대기하도록 명령했다. 이제 마땅히 이전의 유지에 따라 파견하라. 상주하러 파견한 사람들은 모두 4월 12일에 저를릭(jerlik, 折爾里克) 언덕에서 기다리면서 짐이 사람을 보내 부를 때까지 기다려라. 만약 멀리 변방에서 보고가 오면 당사자가 직접 말을 달려와 보고해도 좋다.」

○ 癸巳, 渡大凌河駐蹕.

○ 계사일(4.6), 대릉하(大凌河)를 건너 머물렀다.

○ 分撥漢軍, 隨大哨五支兵將後隊, 馱載紅衣礮四位, 護送至藩城.

○ 한군을 나누어 선발하여 대초(大哨) 5개 부대의 후미를 따르게 하여 홍의포 4문을 싣고 번성(藩城)까지 호송하게 했다.

○ 乙未, 駐蹕打草灘地方.

○ 을미일(4.8), 타초탄(打草灘) 지방에 머물렀다.

○ 分遣四子 · 翁牛特 · 巴林 · 穆章等六旗蒙古兵還.

○ 나누어 보냈던 사자(四子) 부락 · 옹니우트 부락 · 바린 부락 · 무장(mujang, 穆章) 등 6기(旗)의 몽고 군사가 돌아왔다.

○ 丙申, 駐蹕舍林口.

○ 병신일(4.9), 사림구(舍林口)에 머물렀다.

○ 罰甲喇章京鰲拜巴圖魯 · 阿喇善 · 訥爾特, 所乘馬入官, 以途次兩處泥濘, 不遵旨修治故也.

○ 살란장긴 오보이 바투루 · 아라샨 · 너르터이를 벌하여 탄 말을 관에 몰수했다. 진창이 된 도로 두 곳을 지시에 따라 정비하지 않았기 때문이다.

○ 分遣敖漢 · 柰曼 · 三吳喇忒 · 二扎魯特等部落七旗蒙古兵還.

○ 나누어 보냈던 아오한 · 나이만 · 우라트 3개 · 자루트 2개 등의 부락 7기(旗)의 몽고 군사가 돌아왔다.

○ 己亥, 祭纛, 駐蹕折爾里克地方.

○ 기해일(4.12), 독제(纛祭)를 지내고 저를릭(jerlik, 折爾里克) 지방에 머물렀다.

○ 是日, 征明右翼多羅安平貝勒杜度等班師. 以揚武大將軍多羅貝勒岳託及輔國公馬瞻之喪至, 殯岳託之柩於盛京城外西南隅, 岳託妻福金從死. 岳託 · 馬瞻俱和碩禮親王代善子也.

○ 이날 명나라를 정벌하러 갔던 우익의 도로이 안평 버일러 두두 등이 회군했다. 양무대장군(揚武大將軍) 도로이 버일러 요토 및 보국공 마잔의 관이 도착하자, 요토의 관을 성경성(盛京城) 밖 서남쪽 모퉁이에 두고 염했다. 요토의 아내 푸진이 따라 죽었다. 요토와 마잔은 모두 호쇼이 예친왕(禮親王) 다이샨의 아들이다.

○ 辛丑, 畱守和碩鄭親王濟爾哈朗同凱旋和碩睿親王多爾衮 · 多羅貝勒豪格 · 多羅饒餘貝勒阿巴泰等, 聞車駕將至, 迎候於城外四十里之沙嶺堡. 上至沙嶺舊邊外五里, 凱旋王 · 貝勒等, 先令都察院承政國舅阿什達爾漢 · 兵部承政伊孫 · 吏部参政覺羅薩璧翰等跪奏道旁, 言右翼揚武大將軍多羅貝勒岳託 · 輔國公馬瞻病卒於軍中. 上哭之, 下馬, 席地坐, 和碩禮親王代善痛哭, 下馬仆地. 上哭良久, 復上馬, 謂代善曰, 此非可久駐之所也. 觸目傷心, 無往非慟, 姑且還家哭之. 因命左右扶代善上馬, 上且哭且行, 代善復哭, 仆於馬下, 上立馬以待, 令二人扶掖乘馬而行. 駕至沙嶺堡, 諸王·貝勒道旁跪迎, 上下馬, 入御幄中坐, 而痛哭以茶酒遙奠岳託. 畢, 濟爾哈朗等行三跪九叩頭禮, 多爾袞·阿巴泰·豪格復跪奏, 臣等往征明國, 仰荷皇上威福, 毀其邊墻, 破其城堡, 所至之地, 縱橫無敵. 今已奏凱還朝. 奏畢, 以次至上前行抱見禮, 畢, 車駕至盛京, 不入宮, 御崇政殿, 遣親王以下及諸大臣等, 詣岳託喪, 次奠酒. 王·貝勒等還, 薄暮, 上乃入宮. 輟朝三日.

○ 신축일(4.14), 남아서 지키는 호쇼이 정친왕 지르갈랑이 개선한 호쇼이 예친왕(睿親王) 도르곤·도로이 버일러 호오거·도로이 요여 버일러 아바타이 등과 함께 황제의 어가가 도착한다는 소식을 듣고 성 바깥 40리의 사령보(沙嶺堡)에서 맞이했다. 주상이 사령(沙嶺)의 옛 경계 밖 5리에 이르자 개선한 왕과 버일러들이 먼저 도찰원승정 국구(國舅) 아시다르한과 병부승정 이순·이부참정 기오로 사비간 등을 시켜 우익의 양무대장군(揚武大將軍) 도로이 버일러 요토와 보국공 마잔이 군중에서 병사했다는 말을 길가에 무릎 꿇고 상주하게 했다. 주상이 이를 듣고 곡하고 말에서 내려 땅에 자리를 깔고 앉았고, 호쇼이 예친왕(禮親王) 다이샨도 통곡하고 말에서 내려 땅에 엎드렸다. 주상이 오랫동안 곡하고 다시 말에 올라 다이샨에게 말했다. "여기는 오래 머물 곳이 아닙니다. 어디를 보아도 상심하고 어디를 가도 비통하니 잠시 집에 돌아가 곡합시다." 이에 좌우에 명하여 다이샨을 부축해 말에 오르게 했다. 주상이 곡하면서 가는데 다이샨이 또 곡하느라 말 아래로 떨어지자 주상이 말을 멈추고 기다리면서 두 사람에게 명하여 부축해 말을 타고 가게 했다. 어가가 사령보(沙嶺堡)에 이르자 여러 왕

과 버일러들이 길가에서 무릎 꿇고 맞이했고, 주상은 말에서 내려 주상의 천막에 들어가 가운데에 앉아 통곡하며 차와 술을 요토에게 올렸다. 예를 마친 뒤 지르갈랑 등이 삼궤구고두의 예를 행하였고, 도르곤 · 아바타이 · 호오거 등이 다시 무릎 꿇고 아뢰었다. "신들이 명나라를 정벌하러 가서 황상의 위복에 힘입어 저들의 변경 장벽을 무너뜨리고 그 성보를 부수었으며, 가는 곳마다 적수가 없었습니다. 지금 개선을 아뢰러 조정에 돌아왔습니다." 아뢴 후 차례대로 주상 앞에 나아가 포견례를 행하였다. 그 후 어가가 성경(盛京)에 이르렀는데 입궁하지 않고 숭정전(崇政殿)에 가서 친왕 이하 대신들을 보내 요토의 상(喪)에 나아가 차례로 술을 올리게 했다. 왕과 버일러들이 돌아온 것은 날이 저물 때였고 주상도 그제야 입궁했다. 3일 동안 조정을 임시로 폐했다.

○ 壬寅, 遣固山貝子以下及大臣等, 詣輔國公馬瞻喪次奠酒.

○ 임인일(4.15), 구사이 버이서 이하 대신들을 보내 보국공 마잔의 상(喪)에 가서 차례로 술을 올리게 했다.

○ 遣禮部理事官喇瑪, 副理事官尼堪 · 溫都里等, 詣公和爾本喪次奠酒. 和爾本係額駙和碩圖子, 亦以病卒於軍中.

○ 예부이사관(禮部理事官) 라마와 부이사관(副理事官) 니칸 · 운두리(unduri, 溫都里) 등을 보내 공(公) 홀본의 상(喪)에 가서 차례로 술을 올리게 했다. 홀본은 어푸 호쇼투의 아들인데, 호쇼투와 마찬가지로 군중에서 병사했다.

○ 丙午, 賜和碩睿親王軍前納款蒙古三人妻室 · 奴僕 · 馬 · 牛 · 房舍 · 衣服等物.

○ 병오일(4.19), 호쇼이 예친왕(睿親王) 군영 앞에 투항한 몽고인 3명에게 아내 · 노복 · 말 · 소 · 가옥 · 의복 등의 물품을 하사했다.

○ 賜土默特部落古祿格章京下貢使班第思哈布 · 舍雷, 扎魯特部落桑噶爾等銀幣有差.

○ 투메트 부락 굴루거 장긴 속하 조공사신 반디스합(bandishab, 班第思哈布) · 셔러이(šerei, 舍雷)와 자루트 부락의 상가르 등에게 은과 비단을 차등 있게 하사했다.

○ 賜來歸之蘇尼特部落趙巴莽古思台吉下巴土賴 · 額思赫爾等朝服 · 鞾帽 · 鞓帶 · 緞布等物.

○ 귀부해 온 수니트 부락 조오바 망구스 타이지(jooba manggus taiji, 趙巴莽古思台吉) 속하의 바툴라이(batulai, 巴土賴) · 어스헐(eshel, 額思赫爾) 등에게 조복 · 신발과 모자 · 가죽띠 · 비단과 면포 등의 물건을 하사했다.

○ 戊申, 賜厄魯特部落格隆寨桑 · 什勒圖綽爾濟喇嘛所遣哲喇嘛 · 喀爾喀部落衛徵貝勒下和兌褚陽等白金有差.

○ 무신일(4.21), 울러트 부락의 겔룽 자이상·시러투 초르지 라마가 보낸 저 라마(je lama, 哲喇嘛)·칼카 부락 워이정 버일러 속하 호도이 추양(hodoi cuyang, 和兌褚陽) 등에게 백금을 차등 있게 하사했다.

○ 以庫魯克達爾漢阿賴·馬喇希爲蒙古固山額眞.

○ 쿨룩 다르한 알라이·말라히를 몽고 구사어전으로 삼았다.

○ 壬子, 遣前鋒將領席特庫·沙爾虎達等, 率官十二員·甲士百四十人於錦州界外, 往畧斫木燒炭之人, 并取牲畜.

○ 임자일(4.25), 전봉장령(前鋒將領) 시터쿠·샤르후다 등을 보내 관리 12명과 갑사(甲士) 140명을 이끌고 금주(錦州) 경계 밖에 가서 나무를 베어 숯을 만드는 이들을 약탈하고 가축을 빼앗게 했다.

○ 征明凱旋左翼奉命大將軍和碩睿親王多爾袞, 多羅貝勒豪格·多羅饒餘貝勒阿巴泰, 右翼多羅安平貝勒杜度, 滿洲·蒙古·漢人固山額眞等, 以所獲馬駝·金銀, 及金銀器皿·東珠·珍珠·蟒緞·閃緞·各色緞疋·貂皮·猞猁猻皮·豹皮·虎皮, 俱陳列於篤恭殿, 按旗具冊獻上, 上酌納之. 賜和碩禮親王代善雕鞍馬一, 多爾袞馬五·銀二萬兩, 豪格馬二·銀萬兩, 阿巴泰馬二·銀五千兩, 輔國公和託·博和託各銀二千兩, 故右翼揚武大將軍多羅貝勒岳託馬五·駝二·銀萬兩, 杜度馬二·駝一·銀五千兩, 鎭國公扎喀納, 輔國公顧爾瑪洪·吞齊喀, 及故輔國公馬瞻各馬一·駝一·銀二千兩. 次出征各固山額眞及諸大臣俱分別攻罪賞賚, 未出征諸大臣亦按品賞賚. 次攻松山三順王所屬官兵及漢軍將士, 亦賞賚有差.

○ 명나라를 정벌하고 개선한 좌익의 봉명대장군 호쇼이 예친왕(睿親王) 도르곤과 도로이 버일러 호오거 · 도로이 요여 버일러 아바타이, 우익의 도로이 안평 버일러 두두와 만주 · 몽고 · 한인 구사어전 등이 노획한 말 · 낙타 · 금은과 금은그릇 · 동주(東珠) · 진주 · 망단(蟒緞) · 섬단(閃緞) · 각종 비단 · 담비가죽 · 스라소니 가죽 · 표범가죽 · 호랑이가죽을 모두 독공전(篤恭殿)에 늘어놓고 기에 따라 문서를 갖추어 주상에게 바치니 주상이 헤아려 받았다. 호쇼이 예친왕(禮親王) 다이샨에게 조각한 안장을 갖춘 말 1마리, 도르곤에게 말 5마리와 은 2만 냥, 호오거에게 말 2마리와 은 1만 냥, 아바타이에게 말 2마리와 은 5,000냥, 보국공 호토(hoto, 和託) · 보호토(bohoto, 博和託)에게 각각 은 2,000냥, 사망한 우익의 양무대장군 도로이 버일러 요토에게 말 5마리 · 낙타 2마리 · 은 1만 냥, 두두에게 말 2마리 · 낙타 1마리 · 은 5,000냥, 진국공 자카나(jakana, 扎喀納)와 보국공 굴마훈(gūlmahūn, 顧爾瑪洪) · 툰치카(tuncika, 呑齊喀)와 사망한 보국공 마잔에게 각각 말 1마리 · 낙타 1마리 · 은 2,000냥을 하사했다. 다음으로 출정한 각각의 구사어전과 여러 대신들도 모두 공과를 분별하여 상을 주었고, 출정하지 않은 여러 대신들도 품급에 따라 상을 주었다. 다음으로 송산(松山)을 공략한 삼순왕(三順王) 소속 관리와 군사 및 한군 장수와 병사들도 차등 있게 상을 주었다.

○ 賜朝鮮國王李倧長子李淫銀二百兩 · 蟒緞一 · 素緞九, 次子李淏銀二百兩 · 蟒緞一 · 素緞五, 以征明俘獲故也.

○ 조선국왕 이종(李倧)의 장남 이왕(李淫)에게 은 200냥 · 망단(蟒緞) 1필 · 소단(素緞) 9필을, 둘째 아들 이호(李淏)에게는 은 200냥 · 망단(蟒緞) 1필 · 소단(素緞) 5필을 하사했는데, 명나라를 정벌하고 노획했기 때문이다.

○ 甲寅, 以索渾 · 薩壁翰爲議政大臣.

○ 갑인일(4.27), 소훈 · 사비간을 의정대신으로 삼았다.

○ 以來祜管蒙古梅勒章京事.

○ 라이후(laihu, 來祜)로 하여금 몽고 머이런장긴의 일을 관리하게 했다.

○ 丙辰, 追封故揚武大將軍多羅貝勒岳託爲克勤郡王. 初祭, 備各色祭品, 遣禮部官奉冊. 和碩親王以下牛彔章京以上, 皆集墓所, 讀冊致祭. 冊云, 奉天承運寬溫仁聖皇帝制曰, 爾多羅貝勒岳託, 先雖獲罪, 後用爾爲揚武大將軍, 往征明國. 爾能毁破邊關, 攻取城堡, 所至摧鋒陷陣, 克成大功. 聞爾壽終, 不勝悲悼. 是用追封爾爲多羅克勤郡王, 顯爾勳名, 永垂奕世.

○ 병진일(4.29), 죽은 양무대장군(揚武大將軍) 도로이 버일러 요토를 추봉(追封)하여 극근군왕(克勤郡王)으로 삼았다. 초제(初祭)할 때 각종 제수품을 갖추고 예부의 관원을 보내어 책봉하게 했다. 호쇼이 친

왕 이하부터 니루장긴 이상을 모두 묘소에 모이게 하고 책문을 읽고 제사 지냈다. 책문에서 말했다. 「봉천승운관온인성황제가 제(制)한다. 너 도로이 버일러 요토는 앞서 비록 죄를 얻었지만 나중에 양무대장군(揚武大將軍)으로 삼아 명나라에 가서 정벌하게 했다. 너는 변경의 관문을 깨뜨리고 성보(城堡)를 함락했으며 적의 예봉을 꺾어 진(陣)을 함락하고 이르는 곳마다 군대를 격파하여 큰 공을 세웠다. 너의 수명이 다했다는 이야기를 들으니 슬프고 애석한 마음을 금할 수 없다. 이에 너를 추봉(追封)하여 도로이 극근군왕(多羅克勤郡王)[1]으로 삼고, 너의 공적과 명성을 드러내어 영원히 대대로 드리우게 한다.」

○ 以征明失律各官, 下部議罪. 尋議, 祁他特車爾貝部下牛彔章京喇巴希 · 額朱文, 同撥什庫博博圖, 往取糧米, 與明三屯營兵遇, 額朱文及甲士一人 · 從役一人被殺, 喇巴希 · 博博圖, 帶甲士二十六人敗走. 喇巴希應論死, 撥什庫博博圖應鞭一百, 貫耳鼻, 其下兵丁, 應各鞭一百. 又以喇巴希取糧遇敵時, 祁他特車爾貝固山額眞伊拜 · 梅勒章京布達席理 · 甲喇章京訥爾得, 土默特部落阿濟柰 · 額爾濟圖 · 古木布 · 俄木布等八人, 俱領所部, 不顧而走. 應各罰馬一匹. 圖爾格旗下詹楚喀, 率本甲喇出略時, 離纛亂行爲敵所殺. 詹楚喀, 應籍其家, 妻子爲奴. 饒餘貝勒下賽闞 · 和巴孫, 不行樹棚白蔽, 輕敵坑寇, 明兵至時, 有音達虎齊, 追逐逃婦被殺, 營內綏哈 · 沙巴蘭 · 糾, 三廝卒亦被殺. 賽闞 · 和巴孫, 各加倍坐以應得之罪. 祁他特車爾貝旗下牛彔章京俄爾果鐸, 率十人哨探時, 阿南牛彔下阿爾弼薩戶, 俄莫克牛彔下博洛爾兒亂行, 阿爾弼薩戶被殺, 博洛爾兒之馬亦被奪去, 乘阿爾弼薩戶之馬而還. 博洛爾兒應論死, 籍其家, 妻子爲奴. 阿

---

1 多羅克勤郡王: 만주어로 doroi kicehe giyūn wang이다.

爾弼薩戶亦應籍其家，妻子爲奴．俄爾果鐸，不約束兵丁，加倍坐以應得之罪，償人馬各一．前鋒侍衛碩塞，所管蒙古營，被敵乘夜攻擊，不即行赴援，及敵人見我兵衆逃退，碩塞但尾於其後，未殺一人・獲一馬．碩塞臨陣退縮，應鞭一百准贖，奪所獲入官．梅勒章京敖齊泰，縱兵肆掠，應罰銀百兩．拜尹圖旗下牛彔章京塔納喀・布爾薩海，率每牛彔兵六名，往取糧米，遇明豐潤縣兵，不戰而逃．布爾薩海・塔納喀，均應論死，仍籍其家，部下兵丁，應各鞭一百．固山額眞伊拜，不稟命和碩睿親王，擅執本旗牛彔章京得爾格爾．又喀喇車里克部落杜爾麻，與伊拜家人爭草鬥毆，伊拜偏庇家人，以鳴鏑射杜爾麻，凡十有四．尋自悔之遺之一贏，以塞其口．伊拜應罰銀五十兩，再罰馬一匹，給杜爾麻，原贏入官．拜尹圖旗下託特退，率每牛彔兵六名取草，遇明豐潤縣兵，滿闢下馬步戰被殺，託特退逃歸，應論死，仍籍其家．奏入，上以喇巴希有投降功，免死，鞭一百．託特退亦免死，鞭一百，籍其家．餘如議．

○ 명나라를 정벌할 때 군율을 어긴 각 관원들을 부(部)에 내려 죄를 의논하게 했다. 얼마 후 의논했다. 「키타트 처르버이(kitat cerbei, 祁他特車爾貝)의 부(部) 속하의 니루장긴 라바히(labahi, 喇巴希)・어주원(ejuwen, 額朱文)은 명을 받고 보쇼쿠 보보투(bobotu, 博博圖)와 함께 가서 양곡을 취하는데, 명나라 삼둔영(三屯營)의 군대와 마주쳐서 어주원과 갑사 1명・종역(從役) 1명이 피살되었고 라바히・보보투는 데려간 갑사(甲士) 26명과 함께 패주했습니다. 라바히는 사형으로 논해야 하고, 보쇼쿠 보보투는 채찍으로 100대 때리고 코와 귀를 뚫고, 그 속하의 병사들도 각각 채찍으로 100대씩 때려야 합니다. 또 라바히가 양곡을 취하다가 적과 마주쳤을 때, 키타트 처르버이의 구사어전 이바이(ibai, 伊拜)・머이런장긴 부다시리(budasiri, 布達席理)・잘란장긴

널더이(neldei, 訥爾得), 투메트 부락의 아지나이(ajinai, 阿濟奈) · 얼지투(eljitu, 額爾濟圖) · 굼부(gumbu, 古木布) · 옴부(ombu, 俄木布) 등 8명이 모두 관할 병력을 이끌고 뒤도 돌아보지 않은 채 도주했습니다. 벌로 말 1마리씩 내게 해야 합니다.

투르거이(turgei, 圖爾格) 기(旗) 속하의 잔추카(jancuka, 詹楚喀)는 본 잘란을 이끌고 가서 약탈할 때 독(纛)에서 떨어져 함부로 행동하다가 적에게 피살되었습니다. 잔추카는 가산을 적몰하고 처자를 노비로 삼아야 합니다. 요여 버일러 속하의 사이구완(saiguwan, 賽關)과 호바순(hobasun, 和巴孫)은 목책으로 엄폐하지 않고 적을 가벼이 여겼습니다. 명나라 군대가 이르렀을 때 인다후치(indahuci, 音達虎齊)가 도망가는 부녀자를 쫓아가다가 피살되었고 영내의 수이하(suiha, 綏哈) · 샤바란(šabaran, 沙巴蘭) · 기오(gio, 糾) 등 쿠툴러 3명도 피살되었습니다. 사이구완 · 호바순은 각각 받아야 할 죄를 배로 더해야 합니다.

키타트 처르버이 기(旗) 속하의 니루장긴 오르고도(orgodo, 俄爾果鐸)가 10명을 이끌고 초탐할 때 아난(anan, 阿南) 니루 속하의 아르비사후(arbisahū, 阿爾弼薩戶), 오목(omok, 俄莫克) 니루 속하의 보롤도이(boroldoi, 博洛爾兌)가 함부로 행동하다가 아르비사후는 피살되었고, 보롤도이도 말을 빼앗겨서 아르비사후의 말을 타고 돌아왔습니다. 보롤도이는 사형으로 논하고 가산을 적몰하고 처자를 노비로 삼아야 하고, 아르비사후 또한 가산을 적몰하고 처자를 노비로 삼아야 합니다. 오르고도는 병사들을 제대로 단속하지 못했으니 받아야 할 죄를 배로 더하고 사람 1명과 말 1마리를 배상하게 해야 합니다.

전봉시위(前鋒侍衛) 쇼서(šose, 碩塞)는 관할하던 몽고 진영이 적의 야습을 받았을 때 즉각 가서 구원하지 않았고, 적군이 우리 군대를 보고 도망쳤을 때에도 단지 그 후미를 쫓아갔을 뿐 사람 하나 죽이거나 말 1마리 노획하지 못했습니다. 쇼서는 전장에 있으면서도 위축되었으니 채찍 100대를 속(贖)으로 대신하게 하고 노획한 물건을 관고(官

庫)로 몰수해야 합니다. 머이런장긴 오오치타이(oocitai, 敖齊泰)는 군대를 풀어 함부로 약탈하게 했으니 벌은 100냥을 내도록 해야 합니다. 바인투 기(旗) 속하의 니루장긴 타나카(tanaka, 塔納喀)와 부르사하이(bursahai, 布爾薩海)는 니루마다 병사 6명씩을 이끌고 양곡을 취하러 가다가 명나라 풍윤현(豐潤縣)의 군대를 마주치자 싸워 보지도 않고 도망쳤습니다. 부르사하이와 타나카는 모두 사형으로 논하고 가산을 적몰해야 합니다. 부하의 병정들은 각각 채찍으로 100대씩 때려야 합니다.

구사어전 이바이는 호쇼이 예친왕(睿親王)에게 명령을 받지도 않고 함부로 본 기(旗)의 니루장긴 덜거르(delger, 得爾格爾)를 잡았습니다. 또 카라처릭 부락의 두르마(durma, 杜爾麻)가 이바이의 가인(家人)들과 풀을 쟁탈하다가 난투극을 벌였는데 이바이는 가인(家人)을 편향되게 비호하여 두르마를 명적(鳴鏑)으로 14차례 쏘았습니다. 얼마 후 스스로 뉘우치고 노새 1마리를 보내어 그의 입을 막으려 했습니다. 이바이에게는 벌은 50냥을 내도록 하고 다시 벌로 말 1마리를 내어 두르마에게 주게 하고 원래 주었던 노새는 관(官)으로 들여야 합니다. 바인투 기(旗) 속하의 토트토이(tottoi, 託特退)는 각 니루의 병사 6명씩을 이끌고 풀을 뜯으러 갔다가 명나라 풍윤현(豐潤縣)의 군대를 마주쳐서 맘피(mampi, 滿闢)가 말에서 내려 보전(步戰)을 벌이다가 피살되었는데도 토트토이는 도주해 왔습니다. 사형으로 논하고 가산은 적몰해야 합니다.」

상주를 올리자, 주상은 라바히는 투항해 온 공로가 있으니 사형은 면해 주고 채찍으로 100대 때리게 하고, 토트토이 역시 사형은 면해 주고 채찍으로 100대 때리고 가산을 적몰하게 했다. 나머지는 모두 의논한 대로 했다.

○ 先是, 和碩睿親王多爾衮, 敗明總督盧象升及太監兵於燕京北文邑河岸. 欲留, 多羅饒餘貝勒阿巴泰守營, 不從. 至是, 部議, 罰以應得之罪. 奏入, 從之.

○ 이전에 호쇼이 예친왕(睿親王) 도르곤이 명나라의 총독 노상승(盧象升)[2]과 태감의 군대를 연경(燕京)의 북쪽 문읍하(文邑河) 연안에서 격파하고 그곳에 머물고자 하여 도로이 요여 버일러 아바타이에게 군영을 지키게 했으나 따르지 않았다. 이때에 부(部)에서 받아야 할 죄로 처벌해야 한다고 의논했다. 상주를 올리자 주상이 따랐다.

五月, 丁巳朔, 召貢馬厄魯特部落格隆寨桑 · 什勒圖綽爾濟喇嘛所遣哲喇嘛, 喀爾喀部落衛徵貝勒下和兌褚陽等, 進宮賜宴. 仍命七家照例各宴一次.

○ 5월 정사일 초하루(5.1), 말을 조공한 울러트 부락의 겔룽 자이상(gelung jaisang, 格隆寨桑), 시러투 초르지 라마가 파견한 저 라마(je

---

2 盧象升: 1600-1640. 字는 建斗 혹은 斗瞻, 介瞻, 號는 九台. 南直隸 常州府 宜興縣(현 江蘇 宜興) 출신. 명 말기의 탁월한 장수. 1622년(天啟2) 進士. 1633년(崇禎6)부터 李自成 농민군을 진압하는 데 공적을 세웠고 右副都御史로 승진하여, 河北, 河南, 山東, 湖廣, 四川의 軍務를 관할하고 湖廣巡撫를 겸임했다. 후에 兵部侍郎으로 승진하고 兵部左侍郎으로 전임하여 宣府, 大同, 山西의 軍務를 총괄했다. 1634년(崇禎7) 張獻忠 농민군과의 전투에서 승전했고 1635년(숭정8) 高迎祥과 이자성 농민군을 격파했다. 1638년 병부상서를 역임하며 청군과 전투하여 북경을 방어하는 데 성공했으나 환관 高起潛의 모함으로 尙書를 면직당하고 侍郎이 되었다. 1639년 巨鹿 賈莊에서 청군에 포위되어 39세로 전사했다. 太子太師, 兵部尙書에 추증되었다. 南明 福王 시기에 忠烈 시호를 추증하고, 청대에 忠肅 시호를 추증했다.

lama, 哲喇嘛), 칼카 부락의 웨이정 버일러 속하의 호도이 추양(hodoi cuyang, 和兌褚陽) 등을 불러 궁으로 오게 하여 잔치를 베풀어 주었다. 이어서 칠가(七家)에 명하여 정례(定例)에 따라 각각 한 차례씩 잔치를 베풀게 했다.

○ 戊午, 先是, 上遣冷僧機·哈世屯, 問篇古·阿山·杜雷, 曾取其兼管外藩蒙古進獻銀兩否, 對曰, 無. 後蒙古告於理藩院, 言曾取進獻銀兩, 送法司訊之, 得實. 議篇古應革貝子爵, 奪所俘獲入官, 罰銀二百兩. 阿山·杜雷, 各罰銀百兩, 奪所俘獲入官, 奏聞. 上以其出征有勞, 免奪所俘獲入官, 仍革篇古貝子爵, 罰銀二百兩, 阿山·杜雷, 各罰銀百兩.

○ 무오일(5.2), 이전에 주상이 렁싱기·하시툰(hasitun, 哈世屯)을 보내어 피양구·아산·둘러이에게 "일찍이 겸관하던 외번몽고에서 바친 은량을 취한 적이 있는가."라고 묻자 "그런 적이 없습니다."라고 대답했다. 나중에 몽고가 이번원(理藩院)에 고하여 예전에 바친 은량을 취한 적이 있다고 말하니 법사(法司)에 보내어 조사하자 사실이었다. 피양구는 버이서 관작을 박탈하고 노획을 빼앗아 관에 몰수하며 벌은 200냥을 부과해야 하고, 아산과 둘러이는 각각 벌은 100냥씩을 부과하고 노획을 관에 몰수해야 한다고 상주했다. 주상은 그들이 출정했을 때 공적이 있었기 때문에 노획을 관에 몰수하는 것은 면해 주고 이어서 피양구의 버이서 관작을 박탈하고 벌은 200냥을 부과했다. 아산과 둘러이는 각각 은 100냥씩을 벌로 부과했다.

○ 遣理藩院參政塞冷·尼堪等, 往滔里河, 波洛代剛甘地方, 會同科爾沁國十旗諸王·貝勒, 審問征濟南府·中後所時, 少發兵馬之故, 定其罪案.

○ 이번원참정 서렁·니칸 등을 파견하여 토오르 강(toor bira, 滔里河)[3]의 볼로다이 강간(bolodai ganggan, 波洛代剛甘) 지방에 가서 코르친국 10기(旗)의 여러 왕·버일러들과 회동하여 제남부(濟南府)와 중후소(中後所)를 공격했을 때 병마(兵馬)를 적게 징발한 이유를 심문하고 그 죄안(罪案)을 정하게 했다.

○ 己未, 命和碩鄭親王濟爾哈朗, 率貝子·公等及諸將士, 往略明錦州·松山·杏山等處.

○ 기미일(5.3), 호쇼이 정친왕 지르갈랑에게 명하여 버이서·공(公)들과 여러 장수와 병사를 이끌고 가서 명나라의 금주(錦州)·송산(松山)·행산(杏山) 등지를 공략하게 했다.

○ 庚申, 朝鮮國王李倧, 遣判官崔鳴鶴, 齎咨求部代題. 咨兵部云, 本年四月初一日, 據咸鏡北道兵使李顯達馳啟, 節該, 熊島征討之軍礮手四百·箭手一百, 通共五百名, 軍兵運糧及乘坐船隻, 共一百十二, 一並整理, 遣將劉纘先率之, 偕天朝兩使臣於三月二十二日午時, 自慶興地方西水羅前浦起行. 插喇漢·朱益什吉·俄里格奈等八人, 適

3 洮兒河를 가리킨다. 洮兒河(만주어 toor bira, 몽골어 tuur-yin γool)는 길림성 북부와 내몽고 동부를 흐른다.

以貿易事, 至慶源地方乾原堡, 即告於兩使臣, 俄里格忝, 亦與同船以行, 等因具啟. 據此, 照係征討大事, 發船行止, 理宜馳報. 爲此, 順差訓練院判官崔鳴鶴賫咨, 請照施行.

○ 경신일(5.4), 조선국왕 이종(李倧)이 판관(判官) 최명학(崔鳴鶴; 崔鳴後)[4]을 파견하여 부(部)에 자문을 보내어 대신 제문(題文)을 올려 줄 것을 청했다. 병부에 보낸 자문에서 말했다. 「올해 4월 초하루, 함경북도 병사(兵使) 이현달(李顯達)이 치계(馳啓)한 것을 받았습니다. 대략 "웅도(熊島)[5]를 정토(征討)할 군대는 포수 400명 · 궁수 100명으로서 모두 500명입니다. 군병과 운반할 군량, 타고 갈 배 112척을 모두 정리하고 유찬선(劉纘先)을 파견하여 이끌게 하고, 천조(天朝)의 두 사신과 함께 3월 22일 오시(午時)에 경흥(慶興) 지방의 서수라(西水羅)[6] 앞 포구에서 출발하게 했습니다. 차라한(carahan, 插喇漢) · 주이시히(juisihi, 朱益什吉) · 오리거니(origeni, 俄里格忝) 등 8명이 마침 무역의

4 崔鳴鶴은 崔鳴後를 이른다. 본 문서는 『朝鮮國來書簿』 冊2에서 확인되며 5월 4일이 아닌 5월 2일에 수신한 것이다. 본 사료에서는 조선의 자문 발송이 同年 4월 9일이었다는 사실을 비롯하여, 와르카인들의 정보가 보다 상세히 기록되어 있는 등 『청태종실록』보다 내용이 상세하다. 최명후는 통사랑 최인수의 아들이며, 1609년 수원에서 태어나 한성에서 거주했다. 원래 閑良이었으나 병자호란 직후 설치한 무과에 1637년 입격했다. 이후 兼宣傳官에 임명되었다. 1640년 청에 賫咨官으로 파견되었다. 2년 뒤에는 훈련도감의 哨官이었고 현종 연간에는 영장, 첨절제사뿐만 아니라 금군의 지휘관인 內禁衛將에도 임명되었다.

5 熊島: 만주어로 러푸 툰(lefu tun, 熊島)이라고 했다. 지금 러시아 블라디보스톡 인근의 아스꼴드 섬(остров Аскольд)이다. 聶有財, 『淸代琿春"南海"海疆研究』, 吉林師範大學 박사학위논문, 2017.

6 서수라: 조선 최북단의 어항. 조산만(造山灣)의 동쪽 끝, 두만강 하류에 있다. 4군 6진 개척 이후 개발되었다. 조선은 국경지역을 방비하기 위해 서수라진(西水羅鎭)을 설치하여 성을 쌓았는데 주위가 874척이었고, 수군만호겸남부장(水軍萬戶兼南部將) 1명을 두었다.

일로 경원(慶源) 지방의 건원보(乾原堡)에 이른 것을 즉시 두 사신에게 고했고, 오리거니도 함께 배를 타고 갔습니다."라고 장계를 갖추어 올렸습니다. 이에 따라 살펴보건대 정토(征討)의 큰일에 관계되므로 출발한 선박의 운행과 정지는 이치상 치보(馳報)함이 마땅합니다. 이에 훈련원판관(訓練院判官) 최명학(崔鳴鶴; 崔鳴後)을 파견하여 자문을 가지고 가게 하니, 청컨대 살펴 주십시오.」

咨戶部云, 蒙貴部所開瓦爾喀人口居址姓名, 行文八道, 廣加查搜, 慶尙道龍宮縣所得李豐孫·儔里同·永孫, 四川縣所得金世斤·金永男·金彦男, 京畿廣州所得大春等共七口. 其中三口, 實係貴部咨文開載之人, 餘四口, 咨文無名, 詢其來派, 俱是向化子孫, 不敢不一并查送. 通計前後所送, 凡二十二口, 此皆出於經年搜索, 囚縶滿獄, 鞭扑交加, 始得刷出, 而所得零星, 實切惶悚. 竊思刷送一事, 先奉敕旨, 又有貴部咨文, 何敢存一毫靳惜之意, 自取罪戾於天朝乎. 今觀渠輩所供, 俱爲久遠向化子孫, 與小邦之民, 交相嫁娶生產, 至有名在小邦軍籍者, 而苟其族系涉於疑似, 則不問貴部咨文開載有無, 俱不敢留, 職之本心, 於此可見. 此等人口外, 豈敢保無一二遺漏者, 徒煩號令, 蹤影難尋, 惟申飭各道, 加以聞見, 復能有獲, 亦未可料也. 仍念此事在天朝何屑, 得此零星之數人, 而在小邦鬱迫之私, 有難盡喻. 如蒙貴部備將小邦事情, 轉奏宸聰, 特垂諒察, 則實小邦之大幸, 所仰望而不敢必者也. 玆將前項各人姓名年甲住址, 備申計開, 專差訓練院判官崔鳴鶴, 押解前去外, 爲此, 咨請施行.

호부에 보낸 자문에서 말했다. 「귀 부(部)에서 열거해서 기록한 와르카 사람의 원거주지와 성명을 받고, 팔도(八道)에 문서를 보내어 널리 수색하여 경상도 용궁현(龍宮縣)에서 이풍손(李豐孫)·주이동(儔里

同)[7] · 영손(永孫)을 찾았고, 사천현(四川縣)[8]에서 김세근(金世斤) · 김영남(金永男) · 김언남(金彥男)을 찾았고, 경기도 광주(廣州)에서 대춘(大春) 등 총 7명을 찾았습니다. 그 가운데 3명은 실제로 귀부의 자문(咨文)에 열거된 자들이고, 나머지 4명은 자문의 명단에는 이름이 없지만 흘러들어온 유래를 물어보니 모두 향화인(向化人)의 자손들이었으므로 감히 아울러 조사해서 송환하지 않을 수 없습니다. 전후로 송환한 것을 통틀어 계산해 보면 모두 22명입니다. 이는 모두 여러 해 동안 수색해서 결박하여 투옥시키고 형벌을 가하여 비로소 찾아낸 것이나, 얻은 자들이 많지 않으니 실로 절박하고 황송합니다. 삼가 생각건대, 찾아서 보내는 한 가지 일은 먼저 칙지를 받들었고 또 귀 부의 자문도 있었으니 어찌 감히 추호라도 아까워하는 마음을 가지고 스스로 천조(天朝)에 죄를 짓겠습니까. 지금 그 무리들이 공술한 것을 보니, 모두 오래전에 향화(向化)한 사람들의 자손으로 소방(小邦)의 백성과 혼인하여 낳은 자식들이고, 소방의 군적(軍籍)에 이름이 있는 자도 있습니다. 그러나 진실로 가계가 의심스러우면 귀 부의 자문에 열거되어 있는지 여부를 불문하고 모두 머물러 있지 못하게 했으니 여기서 저희들의 본심을 알 수 있을 것입니다. 이 사람들 외에 어찌 감히 한두 명 누락된 자가 없으리라 보장할 수 있겠습니까. 다만 헛되이 호령을 번잡하게 하면 오히려 흔적을 찾기 어려울 것입니다. 각 도(道)에 거듭 지시하여 더 수소문하게 했으니 또 얻을 사람이 있을지도 모르겠습니다. 이처럼 천조(天朝)가 애쓰시는 일인데 사람을 적게 얻었으니 소방의 답답하고 절박한 마음은 실로 다 말하기가 어렵습니다.

---

7 『朝鮮國王來書』 책2 숭덕 4년 5월 2일조 호부에 보낸 咨文에는 愁里同으로 기록되어 있다.

8 『朝鮮國王來書』 책2 숭덕 4년 5월 2일조 호부에 보낸 咨文에 泗川縣으로 기록되어 있다.

만약 귀 부(部)에서 소방의 사정을 갖추어 황제께 대신 상주하여 특별한 헤아림을 베풀게 해 주시면 실로 소방의 더없는 다행입니다. 바라는 대로 되기를 감히 반드시 기대하지는 않습니다. 이에 앞에 있는 사람들의 성명과 연령, 거주지를 열거하여 형식을 갖추어 쓰고 훈련원 판관 최명학(崔鳴鶴; 崔鳴後)을 파견하여 데려가게 하는 외에 이를 자문으로 청합니다.」

○ 辛酉, 蘇尼特部落莽古斯台吉, 率三十戶, 俄爾塞台吉, 率四十戶, 來歸.

○ 신유일(5.5), 수니트 부락의 망구스 타이지가 30호를 이끌고, 올제이 타이지는 40호를 이끌고 와서 귀부했다.

○ 續順公沈志祥, 聞上班師, 率部下梅勒章京·甲喇章京·牛彔章京等, 來請安, 召進宮, 賜宴.

○ 속순공(續順公) 심지상(沈志祥)이 주상의 회군 소식을 듣고 속하의 머이런장긴·잘란장긴·니루장긴들을 이끌고 와서 안부를 물었다. 궁(宮)으로 불러서 잔치를 베풀었다.

○ 壬戌, 賜續順公沈志祥蟒緞一·粧緞一·素緞十八·銀盃盤各五·白金千兩.

○ 임술일(5.6), 속순공 심지상에게 망단(蟒緞) 1필·장단(粧緞) 1

필 · 소단(素緞) 18필 · 은술잔과 은쟁반 각 5개씩 · 백금 1,000냥을 하사했다.

○ 乙丑, 以征明大捷, 祭告太廟 · 福陵, 上親詣行禮.

○ 을축일(5.9), 명나라를 정벌하여 크게 이겼다고 태묘(太廟)와 복릉(福陵)에 제사 지냈다. 주상이 친히 가서 예를 행하였다.

○ 丁卯, 席特庫 · 沙爾虎達等, 至錦州, 遇敵兵擊敗之, 俘獲人口二十二 · 馬六十一 · 牛一百有九 · 驢二十三, 以還. 命以所俘賜出師將士有差.

○ 정묘일(5.11), 시터쿠와 샤르후다 등이 금주(錦州)에 이르러서 적병과 마주쳐 격파하고 인구 22명과 말 61마리, 소 109마리, 나귀 23마리를 노획하고 돌아왔다. 명하여 노획한 것을 출정한 장수와 병사들에게 차등 있게 하사하게 했다.

○ 戊辰, 牛彔章京達陽阿, 爲本牛彔阿哈納所訐, 言往圍松山時, 大軍起行, 彼不隨衆前進, 留宿於家, 至次日乃往. 又兩次運紅衣礮, 彼不出牛運載, 令本牛彔貧戶運載前往. 又嘗於軍中接取礮子時, 紿言敵至, 以惑衆心. 刑部訊之, 得實, 論死奏聞. 上命免死, 鞭一百, 貫耳鼻. 夫婦並給與本旗多羅安平貝勒爲奴, 籍其家產, 分給本牛彔貧戶.

○ 무진일(5.12), 니루장긴 다양가가 자기 니루의 아하나(ahana, 阿哈納)에게 다음과 같이 고발되었다. "송산(松山)에 가서 포위했을 때 대군이 출발했지만 그는 무리를 따라서 전진하지 않고 집에 머물러 있다가 다음날이 되어서야 비로소 갔습니다. 또 두 차례 홍의포를 운반할 때 그는 소를 내어 실어서 운반하지 않고 본 니루의 빈호(貧戶)에게 운반시켰습니다. 또 군중에서 탄환을 받을 때 적이 이르렀다고 거짓말하여 무리의 마음을 동요시켰습니다." 형부(刑部)에서 신문하니 사실이었으므로 사형죄로 논하여 상주했다. 주상은 사형을 면해 주고 채찍으로 100대 때리고 코와 귀를 뚫게 했으며, 부부를 함께 본 기(旗)의 도로이 안평 버일러에게 주어 노비로 삼게 하고 가산을 적몰하여 본 니루의 빈호(貧戶)에게 나누어 주게 했다.

○ 己巳, 遣朝鮮請安陪臣宋國澤等歸國, 宴賚如例. 並頒給朝鮮國王李倧敕諭, 敕曰, 朕親率大軍, 兩至寧·錦等處, 原非爲攻取城池也, 蓋欲牽制彼兵, 使其東西疲於奔命, 首尾不能相顧, 我西征將士, 得以從容直擣中原耳. 西征將士, 悉遵方略, 旬月之間, 斬關而入, 旌旗所指, 無不如意. 敗敵五十七陣, 攻克山東濟南府, 並三州·五十五縣·二關, 斬二總督及以下將領甚衆. 又生擒德王朱由樞·郡王朱慈纇·奉國將軍朱慈𤇍·監軍太監馮允昇等, 俘獲人畜, 計四十六萬二千三百有奇. 今將士俱已凱旋矣. 特此諭王知之.

○ 기사일(5.13), 황제의 안부를 물으러 온 조선의 배신 송국택(宋國澤) 등을 귀국시키면서 잔치를 베풀고 정례에 따라 선물을 주었다. 아울러 조선국왕 이종에게 칙유(勅諭)를 내렸다. 칙유에서 말했다. 「짐(朕)이 친히 대군을 이끌고 두 차례 영원(寧遠)·금주(錦州) 등지에 간 것은 원래 성지(城池)를 공격해서 취하려는 것이 아니었다. 그들의 군

대를 견제하여 동서로 정신없이 명령을 쫓아 머리와 꼬리가 서로 돌아볼 겨를이 없게 하여 서쪽으로 정벌하러 간 우리 군대가 쉽게 중원을 곧장 공격하게 하려는 것뿐이었다. 서쪽으로 정벌하러 간 장수와 병사들이 모두 방략을 준수하여 열흘에서 한 달 사이에 관문을 돌파하고 들어가 가는 곳마다 깃발을 꽂았으니 모두 뜻대로 되었다. 적의 57개 진(陣)을 격파했고, 산동(山東)의 제남부(濟南府)와 3개 주(州)·55개 현(縣)·2개 관(關)을 점령했으며 총독 2명과 그 속하의 무수한 장령들을 죽였다. 또 덕왕(德王) 주유추(朱由樞)·군왕(郡王) 주자잠(朱慈潁)·봉국장군(奉國將軍) 주자당(朱慈黨)·감군태감(監軍太監) 풍윤승(馮允昇) 등을 생포했고 사로잡은 사람과 가축은 무려 46만 2,300 이상이다. 지금 장수와 병사들이 모두 개선했다. 특별히 이 유시를 왕에게 알린다.」

○ 庚午, 以翁阿岱爲都察院左參政, 布達席理塔布囊爲禮部右參政.

○ 경오일(5.14), 웅가다이를 도찰원좌참정으로 삼고, 부다시리 타부낭(budasiri tabunang, 布達席理塔布囊)을 예부우참정으로 삼았다.

○ 辛未, 往略明錦州·松山和碩鄭親王濟爾哈朗, 軍中遣人奏報, 自入明邊以後, 敗敵九次, 俘獲之數, 計二千三百有二十, 以聞.

○ 신미일(5.15), 명나라의 금주(錦州)와 송산(松山)을 공략하러 갔던 호쇼이 정친왕 지르갈랑이 군중에서 사람을 파견하여 상주했는데, 명나라의 변경으로 들어간 뒤 9차례에 걸쳐 적을 패퇴시켰고 노획한 수는 모두 2,320 이상이라고 아뢰었다.

○ 遣科爾沁國固倫額駙祁他特歸國, 命和碩親王以下, 內大臣以上, 送至演武場, 設宴餞之.

○ 코르친국의 구룬 어푸 키타트를 귀국시켰다. 호쇼이 친왕 이하부터 내대신(內大臣) 이상에게 명하여 연무장에 이르러 보내게 하고 잔치를 베풀어 전별하게 했다.

○ 甲戌, 上以和碩禮親王代善, 有二子喪, 家居痛悼, 欲解慰之. 乃偕禮親王及諸王 · 貝勒 · 貝子 · 衆大臣, 於辰刻出德盛門, 漁於渾河, 兼設大宴. 宴畢, 入懷遠門, 還宮.

○ 갑술일(5.18), 주상이 호쇼이 예친왕(禮親王) 다이샨이 두 아들을 잃고 집에 머물며 애통해하자 이를 위로해 주고자 했다. 이에 예친왕(禮親王)과 여러 왕 · 버일러 · 버이서 · 대신들과 함께 진시(辰時)에 덕성문(德盛門)으로 나가서 혼하(渾河)에서 낚시하고 큰 잔치를 베풀었다. 잔치를 마치고 회원문(懷遠門)으로 들어가 환궁(還宮)했다.

○ 乙亥, 以科爾沁國卓禮克圖親王吳克善及木寨 · 東俄爾 · 布木巴 · 古木, 貢物減額, 命內諸王 · 貝勒, 外藩蒙古王等及攝部務貝勒等, 訊之. 議奪吳克善卓禮克圖親王爵, 不令管事, 仍罰馬五百匹. 木寨 · 東俄爾 · 布木巴 · 古木, 各罰馬五十匹, 奏聞. 上命罰吳克善馬五十匹, 木寨 · 東俄爾 · 布木巴 · 古木等, 罰馬各十匹.

○ 을해일(5.19), 코르친국 조릭투 친왕 욱샨과 무자이 · 동고르 ·

붐바 · 구무가 공물(貢物)의 액수를 줄였으므로 내지(內地)의 여러 왕과 버일러, 외번몽고의 왕들과 부(部)의 업무를 관할하는 버일러 등에게 명하여 신문하게 했다. 욱샨은 조릭투 친왕 관작을 삭탈하고 일을 관할하지 못하게 하고 벌로 말 500마리를 부과하고, 무자이 · 동고르 · 붐바 · 구무에게는 각각 벌로 말 50마리씩을 부과해야 한다고 의논하여 상주했다. 주상이 명하여 욱샨에게 벌로 말 50마리, 무자이 · 동고르 · 붐바 · 구무 등에게 벌로 말 10마리씩을 부과하게 했다.

○ 科爾沁國巴圖魯郡王滿朱習禮下滿達賴, 隨卓禮克圖親王吳克善來行獵, 竊取俄齊爾桑馬匹. 又私取正白旗下土巴之人, 不告其王知之. 部議滿達賴應論死, 吳克善約束不嚴, 應罰牲畜以九數計者, 凡一十有八, 奏聞. 上命罰吳克善牲畜六九數, 滿達賴依議誅之.

○ 코르친국 바투루 군왕 만주시리 속하의 만달라이(mandalai, 滿達賴)가 조릭투 친왕 욱샨을 따라와서 사냥하고 오치르상의 말을 훔쳤다. 또 사사로이 정백기 속하 투바의 사람을 취하고 그 왕에게 고하여 알리지 않았다. 부(部)에서 만달라이는 사형으로 논해야 하고, 욱샨은 단속을 엄히 하지 않았으므로 가축을 9마리 단위로 계산하여 모두 18마리를 벌로 부과해야 한다고 보고했다. 주상이 명하여 욱샨에게 가축 54마리를 벌로 부과하고, 만달라이는 의논한 대로 주살하게 했다.

○ 先是, 聞喀爾喀部落查薩克圖汗, 來犯土默特部落歸化城時, 科爾沁國卓禮克圖親王吳克善, 令郭爾羅斯部落桑噶爾出征, 桑噶爾不從. 至是, 罰桑噶爾馬五十匹.

○ 이전에 칼카 부락의 자삭투 칸이 투메트 부락의 귀화성(歸化城)을 침범했을 때 코르친국 조릭투 친왕 욱샨이 고를로스 부락의 상가르에게 출정하라고 했으나 상가르가 따르지 않았다고 보고했다. 이때에 상가르에게 말 50마리를 벌로 부과했다.

○ 巴琫土謝圖下達都, 自喀爾喀碩雷部, 率十一戶來歸.

○ 바붕 투시예투 속하의 다두(dadu, 達都)가 칼카 숄로이의 부락으로부터 11호(戶)를 데리고 와서 귀부했다.

○ 蘇尼特部落僧格, 攜其妻來歸.

○ 수니트 부락의 셍게가 그 처를 데리고 와서 귀부했다.

○ 丙子, 罰多羅饒餘貝勒阿巴泰以應得之罪, 以上幸演武場時, 阿巴泰不預候於大淸門外故也.

○ 병자일(5.20), 도로이 요여 버일러 아바타이에게 받아야 할 죄를 벌로 부과했는데, 주상이 연무장에 갔을 때 아바타이가 미리 대청문(大淸門) 밖에서 기다리고 있지 않았기 때문이다.

○ 和碩鄭親王濟爾哈朗, 往略明錦州 · 寧遠師旋. 上率諸王 · 貝勒 · 貝子 · 文武各官, 迎五里許, 隨率凱旋諸王 · 貝子 · 各官, 拜天畢, 上御座. 濟爾哈朗, 率諸貝子·公及各官朝見, 復進前跪, 行抱見禮畢. 上率衆詣堂子, 行禮, 入撫近門, 還宮.

○ 호쇼이 정친왕 지르갈랑이 명나라의 금주(錦州)·영원(寧遠)을 공략하고 개선했다. 주상이 여러 왕·버일러·버이서·문무 관원들을 데리고 5리 밖으로 나가서 맞이했다. 개선한 여러 왕·버이서·관원들을 데리고 가서 하늘에 배례한 뒤, 주상은 어좌에 앉았다. 지르갈랑이 여러 버이서·공(公) 및 각 관원들을 데리고 알현했고 다시 앞으로 나아가 무릎 꿇고 포견례를 행하였다. 그 후 주상이 무리를 이끌고 당자에 가서 예를 행하고 무근문(撫近門)으로 들어가 환궁했다.

○ 丁丑, 上幸演武場, 御座. 和碩鄭親王濟爾哈朗及諸貝子·公·諸大臣等, 以俘獲馬駝呈獻, 上酌納之. 賜和碩禮親王代善·和碩睿親王多爾袞, 各牛三, 多羅貝勒豪格, 牛二, 多羅饒餘貝勒阿巴泰·多羅安平貝勒杜度, 各牛一, 羅洛宏阿格, 牛一, 固倫額駙額哲駝一·馬一·騾一·牛一, 朝鮮國王子李溰·李淏, 各馬一·牛一, 朝鮮諸臣, 各牛一, 格隆·哲喇嘛, 各騾一, 渾津, 牛一, 續順公沈志祥, 駝二. 又賜濟爾哈朗駝二·馬十七·牛十·騾二, 固山貝子尼堪·博洛·羅託, 各駝一·馬十一·牛二·騾二, 公碩託·屯齊, 各駝一·馬六·牛四·騾二, 公杜爾祜, 駝一·馬五·牛四·騾二, 其餘出征各官, 俱頒賞有差.

○ 정축일(5.21), 주상이 연무장에 행차하여 어좌에 앉았다. 호쇼이 정친왕 지르갈랑과 여러 버이서·공(公)·여러 대신들이 노획한 말과 낙타를 바치니 주상이 헤아려서 받았다. 호쇼이 예친왕(禮親王) 다이

샨 · 호쇼이 예친왕(睿親王) 도르곤에게 각각 소 3마리씩, 도로이 버일러 호오거에게 소 2마리, 도로이 요여 버일러 아바타이 · 도로이 안평 버일러 두두에게 각각 소 1마리씩, 롤로혼(lolohon, 羅洛宏)[9] 아거에게 소 1마리, 구룬 어푸 에제이에게 낙타 1마리 · 말 1마리 · 노새 1마리 · 소 1마리, 조선국왕의 아들 이왕(李溰) · 이호(李淏)에게 각각 말 1마리 · 소 1마리씩, 조선의 여러 신하들에게 각각 소 1마리씩, 젤룽 · 저 라마(je lama, 哲喇嘛)에게 각각 낙타 1마리씩, 혼진에게 소 1마리, 속순공 심지상에게 낙타 2마리를 하사했다. 또 지르갈랑에게 낙타 2마리 · 말 17마리 · 소 10마리 · 노새 2마리, 구사이 버이서 니칸 · 볼로 · 로토에게 각각 낙타 1마리 · 말 11마리 · 소 2마리 · 노새 2마리씩, 공(公) 쇼토 · 툰치에게 각각 낙타 1마리 · 말 6마리 · 소 4마리 · 노새 2마리씩, 공(公) 두르후에게 낙타 1마리 · 말 5마리 · 소 4마리 · 노새 2마리를 하사하고, 나머지는 출정했던 각 관원들에게 모두 차등 있게 상으로 내려 주었다.

○ 己卯, 以征明失律各官, 下部議罪. 尋議. 敦拜 · 巴木布, 征明時, 自松山率護軍, 往追阿爾薩蘭所擊敗之祖大壽兵, 止取敵所乘馬匹, 竟未斬敵而還. 敦拜 · 巴木布, 均應鞭一百, 貫耳鼻. 葉克書牛彔下囊球 · 覺善牛彔下安朱戶, 於出師處, 曾首阿蘭泰臨陣退縮, 護軍參領魯克都 · 哈寧噶欲庇之, 乃與護軍統領和爾本共議, 脅令囊球等諱其事, 魯克都 · 哈寧噶, 應論死. 公和爾本於前未首告阿蘭泰時, 集

9 롤로혼: lolohon, 羅洛宏, 羅洛渾. 1616-1646. 누르하치의 증손. 다이샨의 장남 요토의 아들. 1639년 버일러 작위를 세습했다. 1640년 지르갈랑과 함께 몽고 돌로트 부가 투항해 오는 것을 맞이한 공석을 세웠다. 입관 후 이자성과 장헌충 군을 진압하는 공적을 세웠다. 군중에서 사망했다.

衆議曰, 聞人言我旗退縮, 貝勒欲召往究問, 爾等當如參領魯克都等所言, 毋得妄對, 遂令衆人皆退, 獨留原首告之囊球 · 安朱戶不遣. 二人曰, 我等執纛, 各隨旗依汎地而進, 或可矜宥否. 護軍統領公和爾本曰, 我當告於王, 恩撫爾等. 似此徇私袒庇, 將用命者不舉, 退縮者不懲, 聚衆同謀箝首者之口. 和爾本已故, 應削公爵, 不准承襲, 仍奪所屬人員, 罰銀百兩. 阿蘭泰, 被囊球 · 安朱戶, 首告於固山額眞杜雷, 杜雷召阿蘭泰面誦首詞, 仍以首詞付還原告, 令詣刑部呈控. 杜雷職掌旗務, 先以告詞示阿蘭泰, 令預備應答. 又付還原詞, 令其別處呈控, 情弊顯然, 杜雷應革職, 罷管固山額眞事, 并奪所屬人員罰贖. 前鋒俄木索科牛彔下葉赫臣 · 伊孫牛彔下海努 · 星訥牛彔下阿哈尼堪廝卒衛徵, 伏於松山路側, 弓箭撒袋皆被奪, 兩馬俱中箭, 葉赫臣 · 海努應論死, 廝卒衛徵, 鞭一百, 貫耳鼻, 阿哈尼堪託病, 令廝卒代去, 前鋒章京索渾, 應鞭八十, 奏聞. 上命鞭敦拜 · 巴木布各一百. 魯克都 · 哈寧噶, 免死, 仍鞭一百. 和爾本, 身故被訐免究. 杜雷, 革職, 罷管固山額眞事, 准罰贖, 免奪所屬人員. 鞭葉赫臣 · 海努 · 衛徵各一百, 貫耳鼻, 餓禁索渾兩晝夜.

○ 기묘일(5.23), 명나라를 정벌할 때 군율을 위반한 관원들을 부(部)에 내려 죄를 의논하게 했다. 얼마 후 의논했다. 「둠바이 · 밤부는 명나라를 정벌할 때 송산(松山)에서 호군을 이끌고 아르살란이 격파한 조대수의 군대를 추격하러 가서 단지 적이 타던 말을 취했을 뿐 끝내 적을 베지 못하고 돌아왔습니다. 둠바이 · 밤부는 모두 채찍으로 100대 때리고 코와 귀를 뚫어야 합니다. 역슈 니루 속하의 낭키오(nangkio, 囊球) · 기오샨 니루 속하의 안주후(anjuhū, 安朱戶)는 출병한 곳에서 아란타이(arantai, 阿蘭泰)가 전장으로부터 후퇴했다고 고발했는데, 호군참령 룩두(lukdu, 魯克都)와 하닝가가 이를 비호하고 또 호

군통령 홀본과 함께 의논하여 낭키오 등을 협박하여 그 일을 은폐했으니 룩두와 하닝가를 사형으로 논해야 합니다.

공(公) 홀본은 이전에 아란타이를 아직 고발하지 않았을 때 무리를 모아서 의논하여 말했습니다. "우리 군사가 물러나 위축되었다는 소문을 듣고 버일러가 불러서 조사하고자 한다. 너희는 참령 룩두 등이 말한 것처럼 망령되이 대답하지 말라." 그리고 무리를 모두 물러가게 하고 원래 고발했던 낭키오와 안주후는 보내지 않고 남도록 했습니다. 두 사람이 "우리는 독(纛)을 가지고 각각 기(旗)에 따라서 정해진 주둔지에 의거하여 진격했으니 불쌍히 여기어 용서해 주십시오."라고 말하자, 호군통령 홀본은 "내가 왕께 고하여 너희에게 은혜를 베풀게 하겠다."라고 말했습니다. 이는 사사로이 비호하여 명령에 따른 자를 천거하지 않고 후퇴한 자를 징벌하지 않은 것이며 여럿이 함께 모의하여 먼저 말한 자의 입을 틀어막은 것과 같습니다. 홀본은 이미 죽었으니 그의 공(公) 작위를 삭탈하고 습직을 허락하지 않으며 또한 소속 인원을 빼앗고 벌은 100냥을 내게 해야 합니다.

아란타이는 낭키오와 안주후에 의해 구사어전 둘러이에게 고발되었습니다. 둘러이가 아란타이를 불러 고발 내용을 직접 알려 주고 이어서 고발 내용을 원고에게 돌려주어 형부(刑部)에 가서 고소하게 했습니다. 둘러이의 직책은 기(旗)의 업무를 관장하는 것인데, 먼저 고발 내용을 아란타이에게 보여 주어 그에게 답할 말을 미리 준비하게 했습니다. 또 원래의 내용을 돌려주어 다른 곳에 가서 고발하게 했으니, 은폐하려 한 정황이 분명합니다. 둘러이는 혁직하고 구사어전 관할 사무를 그만두게 하며, 소속 인원을 빼앗고 벌은으로 속(贖)하게 해야 합니다. 전봉 옴소코(omsoko, 俄木索科) 니루 속하의 여허천(yehecen, 葉赫臣)·이순(isun, 伊孫) 니루 속하의 하이누(hainu, 海努)·싱너(singne, 星訥) 니루 속하의 아하니칸의 쿠툴러 워이정은 송산(松山)의 길가에 매복해 있다가 활과 화살, 화살집을 모두 빼앗겼고, 2마리 말이 모두 화살에 맞았습니다. 여허천 · 하이누는 사형으로 논하고, 쿠툴러 워이정은 채찍으로 100대 때리고 귀와 코를 뚫어야 합니다. 아하니칸은 병을 핑계 대고 쿠툴러에게 대신 가게 했으니 전봉 장긴 소혼(sohon, 索渾)을 채찍으로 80대 때려야 합니다.」

주상이 명하여 둠바이 · 밤부를 각각 채찍으로 100대씩 때리게 하고, 룩두와 하닝가는 사형을 면해 주되 채찍으로 100대 때리게 했고, 홀본은 죽었으므로 더 이상의 추궁을 면해 주고, 둘러이는 혁직하여 구사어전 관할 직을 파하되 벌속(罰贖)을 허락했고 소속 인원을 빼앗는 것은 면해 주었다. 여허천 · 하이누 · 워이정은 각각 채찍으로 100대씩 때리고 귀와 코를 뚫게 했고, 소혼은 이틀 밤낮을 가두어 굶기게 했다.

○ 智順王尚可喜妻故. 遣禮部副理事官哈爾松阿等, 諭祭.

○ 지순왕 상가희의 아내가 죽었다. 예부 부이사관(副理事官) 하르숭가 등을 보내어 제사를 지냈다.

○ 庚辰, 先是, 吳拜 · 希爾艮等, 奉命往迎西征諸王. 多羅饒餘貝勒阿巴泰 · 多羅安平貝勒杜度等, 不以禮遇吳拜 · 希爾艮等. 至是, 部議削兩貝勒爵, 追原賞銀五千兩, 仍坐以應得之罪. 上命止坐以應得之罪.

○ 경진일(5.24), 이전에 우바이 · 히르건(hirgen, 希爾艮) 등이 명을 받들어 서쪽을 정벌하러 간 여러 왕을 가서 맞이했다. 도로이 요여 버일러 아바타이 · 도로이 안평 버일러 두두 등은 우바이 · 히르건 등을

예우하지 않았다. 이때에 부(部)에서 두 버일러 작위를 삭탈하고 상은(賞銀) 5,000냥을 몰수하고 받아야 할 죄로 벌해야 한다고 논했다. 주상은 다만 받아야 할 죄로 처벌하게 했다.

○ 以鎭國公艾度禮, 爲固山額眞.

○ 진국공(鎭國公) 아이두리를 구사어전으로 삼았다.

○ 梅勒章京藍拜·羅奇, 不稱職解任. 以德爾得赫·席翰代之.

○ 머이런장긴 람바이·로키가 직무를 잘 수행하지 못하기 때문에 해임하고, 더르더허이·시한으로 그들을 대신했다.

○ 以革職固山額眞杜雷, 仍爲固山額眞. 濟席哈, 爲護軍統領.

○ 혁직한 구사어전 둘러이를 그대로 구사어전으로 삼았다. 지시하를 호군통령으로 삼았다.

○ 敍張家口開市功, 授達雅齊·衛寨桑·侍衛諾木圖衛徵, 俱爲牛彔章京. 賜喇嘛衛徵囊蘇號爲達爾漢. 給達雅齊敕曰, 爾達雅齊, 原係廢官. 因奉遣至明宣府北張家口, 與明人創議開市, 有裨國計, 授爲牛彔章京, 准再襲二次. 給衛寨桑敕曰, 爾衛寨桑, 原係降明之蒙古. 前取大凌河時, 歸於我朝, 予以豢養. 因奉遣至明宣府北張家口,與明人創議開市, 有裨國計, 授爲牛彔章京, 准再襲二次. 給諾木圖衛徵敕曰, 爾侍衛諾木圖衛徵, 原管牛彔事. 奉遣至明宣府北張家口, 與明人創議開市, 有裨國計, 授爲牛彔章京, 准襲二次. 給衛徵囊蘇敕曰, 爾衛徵囊蘇, 原在衆喇嘛之列. 因奉遣至明宣府北張家口, 與明人創議開市, 有裨國計, 賜貂裘一領, 銀百兩. 仍賜號衛徵達爾漢囊蘇, 准子孫世稱達爾漢.

○ 장가구(張家口)의 개시(開市)를 시작한 공적을 서훈했다. 다야치·우이 자이상·시위(侍衛) 놈투 워이정을 모두 니루장긴으로 삼았다. 라마 워이정 낭수에게 다르한 칭호를 하사했다. 다야치에게 준 칙서에서 말했다. 「너 다야치는 원래 폐관(廢官)이었다. 명을 받들어 명나라 선부(宣府) 북쪽의 장가구(張家口)에 파견되어 명나라와 개시(開市)를 논의하여 국가의 재정에 도움이 되었으므로 니루장긴을 수여하고 2번의 습직을 허락한다.」 우이 자이상에게 준 칙서에서 말했다. 「너 우이 자이상은 원래 명에 항복한 몽고인이다. 이전에 대릉하를 취할 때 우리에게 귀부하여 살려 주었다. 명을 받들어 명나라 선부 북쪽의 장가구에 파견되어 명나라와 개시(開市)를 논의하여 국가의 재정에 도움이 되었으므로 니루장긴을 수여하고 2번의 습직을 허락한다.」 놈투 워이정에게 준 칙서에서 말했다. 「너 시위(侍衛) 놈투 워이정은 원래 니루의 일을 관리했다. 명을 받들어 명나라 선부 북쪽의 장가구에 파견되어 명나라 사람과 개시(開市)를 논의하여 국가의 재정에 도움이 되었으므로 니루장긴을 수여하고 2번의 습직을 허락한다.」 워이정 낭수에게 준 칙서에서 말했다. 「너 워이정 낭수는 원래 라마의 반열에 있었다. 명을 받들어 명나라 선부 북쪽의 장가구에 파견되어 명나라와 개시(開市)를 논의하여 국가의 재정에 도움이 되었으므로 담비가죽옷 1벌과 은 100냥을 하사한다. 또한 워이정 다르한

낭수라는 호를 하사하여 그 자손도 대를 이어 다르한이라 칭하는 것을 허락한다.」

○ 辛巳, 上御崇政殿, 召諸王・貝勒・大臣等近前, 命和碩豫親王多鐸, 跪受戒諭. 上諭曰, 爾等當聽朕言, 爾諸王・貝勒・貝子・大臣等, 恪勤乃職, 匡輔國家, 仰體上心, 乃義所當然也. 昔巴都禮阿格存日, 曾奏言, 臣自幼侍諸貝勒, 歷有年所, 近見我本貝勒所行悖謬, 且與行事悖謬之阿濟格阿格, 兩相親暱, 皇上宜早諭之, 不則必陷於罪戾矣. 朕思爾乃朕之季弟也, 倘不預爲教誡, 必至罪大難容, 故不時召爾, 屢屢密加訓諭, 且飭爾在下之人. 爾乃不聽朕言, 罔知儆悔, 所行猶自悖謬, 豈非自罹於咎乎.

○ 신사일(5.25), 주상이 숭정전(崇政殿)에 가서 여러 왕・버일러・대신들을 가까이 부르고 호쇼이 예친왕(豫親王) 도도에게 꿇어앉아 훈계를 받으라고 명했다. 주상이 유시했다. "너희는 짐의 말을 들어야 한다. 너희 여러 왕・버일러・버이서・대신 등은 직무를 힘써 부지런히 하고 국가를 바로잡고 보필하며 주상의 마음을 우러러 옳은 바를 행해야 한다. 이전에 바두리 아거가 있을 때 아뢰었다. '신(臣)은 어려서부터 여러 버일러들을 모시며 세월을 보냈습니다. 근래에 저는 저의 버일러가 그릇된 일을 행하고, 또 그릇된 일을 행하는 아지거 아거와 사사로이 친한 것을 보았으니 황상이 이에 대해 조속히 유시하셔야 합니다. 그렇지 않으면 반드시 죄악에 빠지게 될 것입니다.' 이에 짐은 네가 짐의 막내 동생이니 미리 가르치고 훈계하지 않으면 반드시 죄에 빠져 큰 곤란에 처하게 되리라고 생각했다. 그러므로 불시에 너를 불러 누차 훈유(訓諭)하고 너의 부하에게도 신칙했다. 그러나 너는 짐의 말을 듣지 않고 경계함과 뉘우침을 모르고 스스로 그릇된 일

을 행하였으니 어찌 스스로 죄에 걸린 것이 아니겠는가?

昔攻克扎魯特部落, 擒獲戴青時, 武英郡王, 欲納戴青之媳, 善都之妻. 朕以其夫現在, 奪娶其妻, 於理不合, 是以不許. 爾乃同武英郡王, 往告科爾沁國土謝圖額駙曰, 若不以善都妻見與我, 必不生. 夫以阿濟格所行不善, 汝爲弟者, 不思諫諍, 反附和以成其過乎. 朕爲君長, 法紀所自出. 爾自幼受朕撫育, 乃附惡妄行, 顯違朕命, 其故何也. 土謝圖額駙知此意, 因面奏言, 昔皇考視我猶子, 恩養有加, 故意所欲言, 不敢隱諱. 阿濟格阿格. 欲娶善都妻, 意甚勤懇, 豈可因一婦人而壞大事, 與之可也, 若不與時, 或逃或死, 寧不貽恥於朝廷乎. 朕聞其奏, 尤覺駭異, 遂令土謝圖額駙告於禮親王, 力阻之. 此事眞否, 爾其面言之.

이전에 자루트 부락을 함락시키고 다이칭을 잡았을 때 무영군왕은 다이칭의 며느리인 샨두의 아내를 들이고자 했다. 짐은 남편이 있는데 그의 처를 빼앗는 것은 도리에 맞지 않기 때문에 이를 허락하지 않았었다. 너는 오히려 무영군왕과 같이 코르친국의 투시예투 어푸에게 가서 '만약 샨두의 처를 나에게 보여 주지 않으면 필시 살아남지 못할 것이다.'라고 말했다. 무릇 아지거가 좋지 못한 행동을 한 것을 너는 동생으로서 간쟁(諫諍)할 생각은 하지 않고 오히려 부화(附和)하여 과오를 저질렀다. 짐은 군장(君長)이니 법과 기율이 짐으로부터 나온다. 너는 어려서부터 짐의 보살핌을 받았는데도 악을 따르며 망령된 행동을 하고 짐의 명령을 크게 저버렸다. 그 이유가 무엇인가? 투시예투 어푸는 이 뜻을 알고 대면하여 말하기를, '이전에 황고(皇考)께서 나를 자식 보듯이 하시고 은혜로 보살펴 주셨으므로 하고 싶은 말을 감히 숨기지 않겠습니다. 아지거 아거는 샨두의 처를 취하고자 하는 뜻이 매우 간절합니다. 어찌 부인 하나 때문에 큰일을 그르칠 수 있겠습니까? 그녀를 주는 것이 좋을 것 같습니다. 만약 주지 않았을 때 도망가거나 죽는다면 정녕 조정에 수치가 아니겠습니까?'라고 했다. 짐은 그 상언을 듣고 놀라서 투시예투 어푸를 시켜 예친왕(禮親王)에게 알려 그것을 힘써 막았다. 그 일의 진위 여부를 너는 직접 말하라.

戊寅年, 聞喀爾喀兵犯我歸化城, 出師往禦, 還至張家口, 與明人議互市事, 兼索察哈爾舊例, 正當議時, 爾乃大言於衆曰, 明之所與者, 多不過銀三千兩, 緞三百疋而已. 豈可爲此微物而駐兵乎. 就使得之, 我所應分得之數, 亦必不取, 固山額眞阿山, 可代取之. 夫隨時察理, 各有其宜. 朕爲一國之主, 即所行果違於理, 爾當明白奏聞, 不宜出怨言於外. 他人若有怨言, 爲爾所聞, 亦當忿怒不平, 入告於朕, 始爲合理. 爾爲朕之親弟, 乃竟如此, 朕將曷賴乎. 朕以爾爲皇考幼子, 惟親愛養育之而已, 何嘗薄待於爾. 推爾急欲還家之意, 非以妓女爲戀乎. 何邪縱之甚也. 昔太祖時, 以人參與明人互市, 明人不以貴美之物, 出售於我, 止得粗惡片金 · 紬綾 · 緞疋. 其時貝子 · 大臣家人, 有得明國私市好緞一疋者. 阿敦阿格, 奏請將其人處死, 所以華整之服, 亦不可得, 爾等豈不知之. 今朕嗣位以來, 勵精圖治, 國勢日昌, 地廣糧裕, 又以價令各處互市, 文繡錦綺, 無不備具, 爾諸王 · 貝子 · 大臣, 所被服者, 非歟. 往時亦嘗有此否也. 朕之爲衆開市, 豈屬無益. 爾英俄爾岱 · 索尼等, 不見昔日庫中餘布, 尚無十疋之貯乎. 朕嘗以爲人君苟修政行義, 則天必垂佑, 而財用自充, 故雖當國計不足, 而中外賞賚, 未嘗示人以匱乏. 且常願諸王 · 貝勒 · 貝子 · 大臣, 俱仰荷天庥, 長享富貴, 今爾等不已臻富貴乎. 爾豫親王何所不足, 而猶懷怨望也.

무인년에 칼카의 병사가 우리 귀화성을 침범했다는 것을 듣고 출병해서 막았다. 돌아오면서 장가구(長家口)에 들러서 명나라 사람과 호시의 일을 논하고 차하르와의 구례(舊例)를 찾아보았다. 논의할 때에 너는 큰 소리로 무리에게 말했다. '명나라가 주는 것은 많아야 은 3,000냥과 비단 300필이다. 어찌 이 얼마 안 되는 것을 위해 주둔하겠는가? 그것들을 얻더라도 내 몫은 반드시 얻지 않아도 되니 구사어전 아산이 그것을 가져가도 좋다.' 무릇 때에 따라 이치를 살피는 데는 각기 그 마땅함이 있다. 짐은 일국의 주인이니, 만약 행동이 도리에 어긋나면 너는 솔직하게 상주하고 불만을 밖에 말해서는 안 된다. 만약 다른 사람이 불만이 있으면 너는 그것을 듣고 분노와 불평을 짐에게 아뢰는 것이 도리에 맞다. 너는 짐의 친동생인데 결국 이와 같으니 짐이 어찌 믿겠는가? 짐은 너를 황고(皇考)의 어린 자식으로 여겨 오직 친애함으로 너를 길렀을 따름이니 어찌 너를 박대하겠는가? 네가 급히 집으로 돌아가고자 한 것으로 미루어 보건대 기녀를 마음에 품어서 그런 것이 아닌가. 어찌 그리 방종함이 심한가?

이전에 태조 때에 인삼을 명나라 사람과 교역했다. 명나라 사람은 귀하고 아름다운 물건을 팔지 않아서 우리는 단지 조악한 편금(片金)[10]·주릉(紬綾)·단필(緞疋)만 얻었다. 그때 버이서와 대신의 가인(家人)이 명나라와 몰래 교역하여 좋은 비단 1필을 얻었다. 아둔 아거(adun age, 阿敦阿格)[11]는 그 사람을 사형에 처하고 화려한 옷을 살 수

---

10 片金은 비단의 일종.

11 아둔: adun, 阿敦. ?-1621. 누르하치의 셋째 할아버지 소오창가의 셋째 아들 초키 아주구(coki ajugu)의 아들. 즉 누르하치의 육촌 동생이다. 1615년 팔기를 조직할 때 누르하치의 정황기에 소속되었다. 지모가 있고 몽골문을 알았기 때문에 외교를 담당했다. 사르후 전투 후에 조선과 오가는 서신을 담당했다. 1621년 다이샨에게 홍 타이지가 다이샨을 죽이려 한다고 밀고했고 다이샨이 누르하치에게 보고한 후 국정을 어지럽힌다는 죄목으로 투옥되었고 사망했다.

없게 해 달라고 주청했다. 너희는 어찌 그것을 알지 못하는가? 짐이 자리를 이어받은 이래 온 정신을 기울여 정치에 힘써서 국세(國勢)는 날로 창성해지며 땅은 넓어지고 양식은 넉넉해졌다. 또한 값을 치르고 각 지역에서 교역하게 하여 수놓은 비단이 갖추지 않은 것이 없으니 너희 여러 왕·버이서·대신이 입고 있는 것이 아닌가. 이전에 이런 적은 없었다. 짐이 여러 사람을 위해 연 시장이 어찌 무익하겠는가? 너희 잉굴다이·소닌 등은 지난날 곳간에 면포가 10필도 남아 있지 않았던 것을 보지 못했는가? 짐은 군주가 진실로 정사를 살피고 옳은 것을 행하면 하늘이 반드시 도우시어 재물이 스스로 채워진다고 여겼다. 그러므로 비록 국가의 재정이 부족할 때도 내외에 상을 내려 사람들에게 궁핍함을 보인 적이 없었다. 또한 늘 여러 왕·버일러·버이서·대신이 하늘의 복을 받고 오랫동안 부귀를 누리기를 원했는데, 오늘날 너희에게 이미 부귀가 오지 않았는가? 너 예친왕(豫親王)은 무엇이 부족해서 오히려 원망을 품고 있는가?

從來臨陣退怯, 及悖謬姦詐者, 衆當共議其罪而懲創之. 忠勇正直者, 亦當鼓舞而陞賞之. 今朕所親愛有功之人, 而爾反生厭惡. 朕所深惡背叛之喀克篤禮, 及其親戚怯懦之洪科, 而爾反加矜惜, 此何意耶. 宗室中, 遇有一賢者. 不啻朕之弟也, 更遇有一賢者, 不啻朕之子也. 使不因其賢而擧用之, 豈理也乎. 乃若雖具才能, 而心懷離異, 亦復何益. 雖甚朴魯, 而爲國効力, 與朕一心, 即爲賢矣. 爾等衆大臣家中, 皆各有一二奴僕. 其與爾一心, 及不與爾一心者, 爾等以爲何如. 此其理一也. 昔太祖分撥牛彔與諸子時, 給武英郡王十五牛彔, 睿親王十五牛彔, 給爾十五牛彔, 太祖亦自留十五牛彔. 及太祖升遐, 武英郡王·睿親王言, 太祖十五牛彔, 我三人宜各分其五. 朕以爲太祖雖無遺命, 理宜分與幼子, 故不允其請, 悉以與爾. 又太祖欲分給諸子紬緞各三櫝, 恐致妄費, 命貯於朕庫. 迨太祖升遐, 藍旗貝勒奏曰, 我等紬緞, 今當取用. 朕以皇考在時, 未有成命. 今悉出之, 於理未協. 故不允所請, 而特以畀爾. 由此言之, 則武英郡王 · 睿親王, 或宜怨朕, 爾獨何心, 而亦懷怨耶.

과거에 전쟁에 임하여 겁먹고 도망친 자와 간음하고 속이며 패류(悖謬)를 저지른 자는 무리가 마땅히 함께 그 죄를 논하고 벌했다. 또한 충성스럽고 용감하며 정직한 자는 마땅히 격려하고 승진시키며 상을 주었다. 지금 짐은 공이 있는 사람을 친애하지만 너는 오히려 그들을 미워한다. 짐은 배반한 칵두리와 그 친척인 겁 많은 홍코를 극도로 싫어하지만 너는 오히려 그들을 불쌍히 여긴다. 이는 어찌된 영문인가? 종실 중에 현자 한 명이 있다면 짐의 동생뿐만이 아닐 것이고, 또 현자 한 명이 더 있다면 짐의 아들뿐만이 아닐 것이다. 현능(賢能)함을 따라 기용하지 않는다면 어찌 그것이 마땅하겠는가? 그러나 비록 재능을 갖추어도 마음이 떠났다면 무슨 이익이 있겠는가? 비록 심히 어리석고 미련해도 나라에 힘이 되고 짐과 같은 마음이라면 곧 그것이 어진 것이다. 너희 대신의 집에는 각자 노복 한두 명이 있다. 그들이 어떻게 하겠는가? 그와 같은 이치다.

이전에 태조께서 니루를 여러 아들들과 나누실 때 무영군왕에게 15개 니루, 예친왕(睿親王)에게 15개 니루, 너에게 15개 니루를 주셨고 태조 스스로에게 15개 니루를 남기셨다. 태조께서 승하하자 무영군왕과 예친왕(睿親王)이 말했다. '태조의 15개 니루를 우리 3명이 각자 5개 니루씩 나누는 것이 마땅합니다.' 짐은 비록 태조께서 남기신 명령이 없지만 어린 자식에게 나누어 주는 것이 마땅하다고 생각하여 그 소청을 허락하지 않고 너에게 모두 주었다. 또한 태조께서 여러 아들에게 주단(紬緞)을 3궤씩 나누어 주기를 원하시되 함부로 쓸까 염려하여 짐의 곳간에 쌓아 두라 명하셨다. 태조께서 승하하시니 람기(藍旗)의 버일러가 '우리의 주단(紬緞)은 지금 가져가는 것이 마땅합니다.'라고 아뢰었다. 짐은 황고께서 살아 계실 때 명하신 것이 없었고 지금 그것을 다 가져가게 하면 도리에 맞지 않기에 그들의 청을 허락하지 않았지만 특별히 너에게는 주었다. 이를 통해 말한다면 무영군왕과 예친왕(睿親王)이 짐을 원망하는 것은 마땅할 수 있지만 너는 무슨 마음으로 원망을 품을 수 있겠는가?

朕所時加懲治者, 惟臨陣敗走, 及行獵不能約束整齊, 與酗酒妄行三事耳. 其餘諸事, 悉從寬宥, 曷嘗多加嚴責耶. 朕日望爾早自成立, 故俾爾獨領一軍, 庶幾贊成大業, 無負朕撫育之恩. 今爾所行不義, 而反怨朕之正己律下, 誠不解其何心也. 况爾非以親王掌理禮部者乎. 曩者時當無事, 第見持書往明互市之人, 猶相抱而泣送之. 今有事征伐, 爾兄睿親王, 與諸貝子·大臣, 及出征將士,皆有遠行. 朕雖避痘, 猶出送之. 爾乃假托避痘爲詞, 竟不一送, 私攜妓女, 絃管歡歌, 披優人之衣, 學傅粉之態, 以爲戲樂, 掌禮秩宗, 固當如是乎. 爾既不一送, 儻其人或有事故, 尚得復見之耶. 諸王·貝勒以爾爲獲罪之人, 皆欲留爾, 不令出征. 朕念爾雖有過愆, 實爲幼弟, 欲令立功自贖, 故率爾前往. 爾非惟不能制勝贖罪, 所率五百精銳護軍, 遇八百敵兵, 未發一矢, 未衝一陣, 遽爾敗走, 以致人十名, 馬三十四, 俱遭陷沒. 夫以我國之兵, 千能當萬, 百能當千, 十能當百, 未有不勝. 爾領精兵五百, 猝敗於敵兵八百人, 可恥孰甚焉. 諭畢.

짐이 때때로 벌을 주는 것은 오직 전쟁에서 패주하는 일, 사냥에 나가 질서를 지키지 않는 일, 술 취하여 함부로 행동하는 일 세 가지뿐이다. 그 밖의 일은 너그러이 용서하니 어찌 더 엄하게 꾸짖겠는가. 짐은 네가 조속히 자립하여 하나의 군대를 홀로 거느리기를 날마다 원했으며, 대업을 이루고 짐이 보살핀 은혜를 저버리지 않기를 바랐다. 지금 너의 행동은 불의하며 오히려 짐이 올바르게 아랫사람을 단속하는 것을 원망하니 진실로 그 마음이 무엇인지 이해할 수 없다. 하물며 너는 친왕으로서 예부를 맡은 자가 아니더냐. 이전에 일이 없을 때에도 서신을 가지고 명에 호시하러 간 사람을 보면 서로 껴안고 울며 배웅했다. 이번에 정벌이 있어서 너의 형 예친왕(睿親王)과 여러 버이서 · 대신 및 출정한 장수와 병사 모두 멀리 나가야 했다. 짐은 피두(避痘) 중이었지만 군대를 배웅했다. 그러나 너는 피두를 핑계 삼아 끝까지 군대를 배웅하지 않았고, 사사로이 기녀를 이끌고 악기로 노래를 즐기며 배우의 옷을 입고 분칠하는 법을 배우는 것을 낙으로 삼았다. 종실의 예와 질서를 지키는 것이 이러한 것이냐? 네가 군대를 배웅하지 않았는데 갑자기 그 사람에게 변고가 생긴다면 그를 다시 볼 수 있겠는가?

여러 왕 · 버일러는 너를 죄인으로 여기고 출정하지 못하게 하려고 했다. 짐은 비록 네가 잘못이 있지만 실로 어린 동생이므로 공을 세워 스스로 속죄하기를 바라고 너를 이끌고 앞으로 갔다. 너는 승리하여 속죄하지 못했을 뿐만 아니라 정예 호군 500명을 이끌고 적병 800명을 만나 화살도 하나 쏘지 않고, 싸움도 안 하고 급히 패주했다. 이로 인해 병사 10명과 말 30마리를 모두 잃었다. 무릇 우리나라의 병사는 천 명으로 만 명을 상대할 수 있고 백 명으로 천 명을 상대할 수 있으며 열 명으로 백 명을 상대할 수 있으니 지금껏 승리하지 않은 적이 없다. 너는 정예병 500명을 이끌고도 적병 800명에 패했으니 무엇이 이보다 더 수치스럽겠는가?" 유시를 마쳤다.

又召陣獲副將祖克勇前跪, 指示豫親王, 及護軍統領阿爾津·哈寧噶, 甲喇章京俄羅塞臣·喀爾塔喇·塞赫·翁克等曰, 爾等昔日見之輒走者, 非即此漢人耶. 今日何以相對, 總以爾所行不義, 不自知其非耳. 爾等獲罪之處, 難以枚擧, 但擧其最大者, 公言於衆, 以愧爾心有如此. 於是, 衆議和碩豫親王罪狀, 當和碩睿親王出師遠征, 聖駕親送, 豫親王獨不隨行, 罪一. 征錦州時, 各旗兵由錦州界入, 豫親王率本管正藍旗護軍, 由寧錦中間入, 和碩鄭親王, 率本管鑲紅旗護軍, 由中後所前屯衛入. 迨令豫親王, 從錦州往助鄭親王, 會明中後所兵, 出犯我軍, 豫親王知之, 止留兵二隊, 竟率衆遠去, 罪二 敵兵來犯時, 阿爾津·哈寧噶, 三次遣人留王, 不聽, 反遣人速招之還. 意在俟衆敗走, 已可乘機遠遁, 罪三. 敵人來追我兵, 貝子博洛迎敵, 王竟不前, 但率執纛之衆以立, 罪四. 原未臨敵, 乃稱執纛率衆, 與貝子博洛同進, 誑言欺上, 罪五. 敵兵已近, 不合力攻擊, 復不收取陣亡骸骨, 棄之而逃, 罪六. 元旦慶賀, 以疲馬進上, 罪七. 豫親王多鐸, 應削和碩親王爵, 除本身及妻外, 其餘僕從, 及所屬人員, 並一切家產悉入官. 奏聞, 上命宥其餘罪, 第以不送睿親王故, 罰銀萬兩. 又以中後所遁走時, 被殺九人, 失馬三十三匹故, 分其奴僕·牲畜·財物, 及本旗所屬滿漢蒙古牛彔爲三分, 留二分給豫親王, 其一分奴僕·牲畜, 全給和碩睿親王. 其滿洲·蒙古·漢人牛彔, 及庫中財物, 和碩睿親王, 與武英郡王均分, 降和碩親王爲多羅貝勒.

또 전투에서 잡은 부장 조극용(祖克勇)을 불러 앞에 꿇어앉히고 예친왕(豫親王)과 호군통령 아르진 · 하닝가, 잘란장긴 올로서천 · 칼타라 · 서허 · 옹커이 등에게 가리켜 보이며 말했다. "이전에 너희가 보았던 번번이 도망가던 자가 바로 이 한인이 아니더냐. 오늘은 어떻게 마주하고 있는가? 모든 너희의 소행이 불의한데 스스로 잘못을 알지 못하는구나. 너희가 지은 죄를 일일이 열거하기가 어렵지만 그 중 가장 큰 죄들을 들추어내고 무리에게 공개적으로 말하여 너희를 뉘우치게 하는 것이 이와 같다."

이에 여러 사람들이 호쇼이 예친왕(豫親王)의 죄상에 대해 의논했다. 「호쇼이 예친왕(睿親王)의 원정 출병 때에 주상의 어가(御駕)가 친히 배웅했는데 예친왕(豫親王)은 혼자 따라가지 않은 것이 첫째 죄입니다. 금주(錦州)를 정벌할 때 각 기(旗)의 병사들이 금주의 경계를 통해 들어갔고 예친왕(豫親王)은 자신이 관리하는 정람기 호군을 이끌고 영원과 금주의 중간으로 들어갔으며 호쇼이 정친왕은 자신이 관리하는 양홍기 호군을 이끌고 중후소(中後所) 전둔위(前屯衛)에 들어갔습니다. 후에 예친왕(豫親王)에게 명하여 금주에서부터 정친왕을 도우러 가게 했는데 명 중후소의 병사가 출격해 아군을 공격했습니다. 예친왕(豫親王)은 이를 알고 있었지만 단지 병사 두 부대만 남기고 남은 병사들을 이끌고 멀리 간 것이 둘째 죄입니다. 적병이 침입해 왔을 때 아르진·하닝가가 사람을 세 번 보내어 왕을 머무르게 했지만 듣지 않고, 오히려 보낸 사람을 속히 불러 모았습니다. 이는 패주하는 무리를 기다렸다가 기회를 틈타 멀리 피하려는 뜻이었으니 셋째 죄입니다. 적들이 우리를 쫓아와서 버이서 볼로가 적을 상대했는데 왕은 끝까지 나서지 않고 다만 독(纛)을 잡은 병사들을 이끌고 서 있었던 것이 넷째 죄입니다. 원래 적과 마주 싸우지 않았지만 독(纛)을 잡고 병사들을 이끌어 버이서 볼로와 함께 진격했다고 주상을 속이고 기만한 것이 다섯째 죄입니다. 적병이 이미 근처에 왔는데도 힘을 합쳐 공격하지 않았으며, 전사자의 유해를 거두지 않고 버리고 도망간 것이 여섯째 죄입니다. 원단(元旦)을 경하할 때 지친 말을 진상한 것이 일곱째 죄입니다. 예친왕(豫親王) 도도의 호쇼이 친왕 작위를 삭탈하고 본인과 처 이외에 그 남은 노복 및 소속 인원과 모든 가산을 관에 몰수해야 합니다.」

상주하자 주상은 나머지 죄에 대해서는 용서하고 예친왕(睿親王)

도르곤을 배웅하지 않은 것에 대해 벌은(罰銀) 1만 냥을 명했다. 또한 중후소(中後所)에서 숨고 도망갔을 때 9명이 살해당하고 말 33마리를 잃었으므로 그의 노복·목축·재물과 소속된 만주·한인·몽고 니루를 삼분(三分)하여 삼분의 이는 예친왕(豫親王)에게 남겨두고 삼분의 일의 노복·가축은 전부 호쇼이 예친왕(睿親王)에게 주도록 명했다. 그의 만주·몽고·한인 니루 및 창고의 재물은 호쇼이 예친왕(睿親王)·무영군왕과 균분하도록 명했다. 예친왕(豫親王) 도도를 호쇼이 친왕에서 도로이 버일러로 강등시켰다.

又議, 禮部承政郎球, 奉上諭召和碩豫親王, 欲申飭其罪, 而郎球違命不往. 且前此和碩睿親王遠征, 豫親王不隨駕往送, 郎球不能犯顏諫諍. 郎球瞻徇緘默藐視上命, 應論死, 籍其家. 禮部啟心郎祁充格, 不啟請本部和碩豫親王, 隨聖駕, 暨諸王·貝勒·貝子, 出送遠征之和碩睿親王. 乃師行時, 已又不送, 竟往屯中, 祁充格, 應論死. 護軍統領阿爾津·管甲喇章京事翁克·護軍統領哈寧噶·甲喇章京俄羅塞臣, 因在中後所先逃, 已經革職, 納贖免死. 翁克無世職, 已鞭一百. 及圍松山時, 獲副將祖克勇, 詳問當日拒戰情狀. 復議阿爾津·哈寧噶·翁克, 各除本身及妻外, 家產入官. 俄羅塞臣, 比衆雖多戰功, 但擅離同行之翁克, 籍家產三分之二. 奏聞, 上命郎球解承政護軍統領任, 革牛彔章京世職, 并罷管牛彔事, 披甲當差, 仍追本主所賜財物入官. 祁充格, 免死, 鞭一百, 貫耳革職, 并罷啟心郎任. 俄羅塞臣, 納贖已足蔽辜, 免籍家產. 哈寧噶·阿爾津·翁克, 各籍家產之半, 以哈寧噶家產, 交與本旗多羅貝勒豪格, 分給本旗貧戶, 及出力拒敵者, 阿爾津·翁克家產, 交與戶部承政多羅額駙英俄爾岱.

또 다음과 같이 의논했다 「예부승정 랑키오는 주상의 유시를 받들어 호쇼이 예친왕(豫親王)을 불러서 그 죄를 신칙(申飭)하고자 했으나 랑키오는 명을 어기고 가지 않았습니다. 또한 이전에 호쇼이 예친왕(睿親王)이 원정갈 때 예친왕(豫親王)이 주상의 어가(御駕)를 따라가서 배웅하지 않았는데도 랑키오는 윗사람에게 직접 간쟁하지 못했습니다. 랑키오는 사정을 보면서 함구했고 주상의 명령을 경시했으니 사형죄로 논하고 그 집을 몰수해야 합니다. 예부계심랑 키충거는 본 부(部)의 호쇼이 예친왕(豫親王)이 주상의 어가(御駕) 및 여러 왕 · 버일러 · 버이서를 따라 원정가는 호쇼이 예친왕(睿親王)을 나가 배웅하라고 청하지 않고, 출병할 때도 배웅 나가지 않고 촌락으로 갔으니 키충거는 사형죄로 논해야 합니다. 호군통령 아르진, 잘란장긴의 일을 관리하는 옹커이, 호군통령 하닝가, 잘란장긴 올로서천은 중후소(中後所)에서 먼저 도망갔기 때문에 이미 혁직했고 납속하고 사형죄를 면했습니다. 옹커이는 세직이 없으므로 채찍 100대를 때렸습니다. 송산을 포위했을 때 사로잡힌 부장 조극용에게 당일의 전투 상황을 상세히 물었습니다. 이에 대해 다시 논하여, 아르진 · 하닝가 · 옹커이는 본인과 처를 제외하고 가산을 관에 몰수해야 합니다. 올로서천은 비교적 전공이 많지만 동행하던 옹커이를 멋대로 떠났으므로 가산의 3분의 2를 몰수해야 합니다.」

상주하자 주상은 랑키오를 승정 · 호군통령에서 해임하고 니루장긴 세직을 혁직하고 니루를 관리하는 일을 그만두게 하고 피갑(披甲)으로 복무시켰다. 본주(本主)가 하사한 재물도 추징하여 몰수했다. 키충거는 사형을 면해 주고 채찍 100대를 때리고 귀를 뚫었으며 혁직하고 계심랑 직에서 해임했다. 올로서천은 이미 납속한 것으로 충분히 죄를 갚을만하여 가산을 몰수하는 것을 면해 주었다. 하닝가와 아르진 · 옹커이는 각자 가산의 반을 몰수하게 했다. 하닝가의 가산은 그 기(旗)의 도로이 버일러 호오거에게 주어 기의 빈호(貧戶) 및 적과 힘껏 싸운 자들에게 나누어 주게 했다. 아르진 · 옹커이의 가산은 호부승정 도로이 어푸 잉굴다이에게 주게 했다.

○ 甲申, 遣官祭多羅克勤郡王岳託.

○ 갑신일(5.28), 관원을 보내어 도로이 극근군왕(克勤郡王) 요토에게 제사를 지냈다.

권47

숭덕 4년 6월 ~ 7월

崇德四年己卯, 六月, 丁亥朔.

○ 숭덕 4년 기묘년 6월 정해일 초하루(6.1).

○ 戊子, 賜錦州來歸博塔漢 · 布爾哈圖等, 妻室 · 奴僕 · 房舍 · 馬 · 牛 · 驢 · 緞布等物.

○ 무자일(6.2), 금주(錦州)에서 내귀한 보타한(botahan, 博塔漢) · 부르가투(burgatu, 布爾哈圖) 등에게 처 · 노복 · 집 · 말 · 소 · 나귀 · 비단과 면포 등을 하사했다.

○ 賞給軍前來歸生員茅瑞庭 · 李天澤, 各人口十六, 牛四.

○ 군영 앞으로 내귀한 생원 모서정(茅瑞庭) · 이천택(李天澤)에게

각각 사람 16명과 소 4마리를 상으로 주었다.

○ 先是, 和碩豫親王多鐸有罪, 奪其滿洲十牛彔·蒙古四牛彔, 漢二牛彔歸入鑲白旗. 至是, 以鑲白旗滿洲十牛彔·蒙古四牛彔·漢二牛彔, 補入正白旗數內, 另設官統轄以阿爾津管護軍統領事, 甲喇章京布達席理·得穆圖, 爲梅勒章京.

○ 이전에 호쇼이 예친왕(豫親王) 도도가 죄가 있어서 빼앗았던 만주 10개 니루·몽고 4개 니루·한인 2개 니루를 양백기로 돌려주었다. 이때에 양백기의 만주 10개 니루·몽고 4개 니루·한인 2개 니루를 정백기에 채워 넣고 별도로 관직을 설치하여 아르진에게 호군통령의 일을 관리하게 했다. 잘란장긴 부다시리(budasiri, 布達席理)·덤투(demtu, 得穆圖)를 머이런장긴으로 삼았다.

○ 賜超品公塔瞻, 固山額眞拜尹圖·阿山·葉臣·圖爾格·譚泰·杜雷, 承政英俄爾岱·薩穆什喀·伊孫·索海等, 珊瑚數珠各一.

○ 초품공(超品公) 타잔, 구사어전 바인투·아산·여천·투르거이·탄타이·둘러이, 승정 잉굴다이·삼시카·이순·소오하이에게 산호 염주를 각각 하나씩 하사했다.

○ 先是, 上命岳託爲右翼揚武大將軍, 西征明國, 還至濟南府, 病痘卒. 卒後, 其部下蒙古阿蘭柴·桑噶爾寨, 發岳託陰事, 以告固山額眞譚泰·護軍統領圖賴, 及內國史院學士羅碩等. 阿蘭柴言, 岳託以我曾將其家一切言語奏聞於上，每深惡於我．桑噶爾寨言，岳託在時，曾與瑣諾木刀一口，弓二張，囑之曰，爾其用此弓善射之，勿忘前約．瑣諾木送岳託馬一匹，岳託受之，令我收養．又召瑣諾木入內室密語，其言我未得聞，瑣諾木私語時，有布賽·和託·車爾布，三人在側等語．譚泰·圖賴·羅碩等，以此事所關甚大，當速聞於上，遂具疏齎奏，上覽畢，遣內院大學士希福·剛林·啟心郎索尼等，往問和碩禮親王代善·鄭親王濟爾哈朗·睿親王多爾衮曰，此事當究問乎．抑當止乎．代善等奏曰，當按律懲治，拋其骨，戮其子．上曰，岳託自幼爲皇妣太后所恩養，朕亦愛而撫之，以致成立，縱彼萌不軌之心，朕豈忍以法處之乎．朕方慈愛有加，而彼胸懷姦慝，上天昭鑒，亦既中道奪其算矣．夫朕以恩遇彼，彼以仇視朕，此天之所以重佑於朕，而降罰於彼也．雖然朕終不忍以其惡而輒圖報復，爾等其勿復言．於是，籌度良久，乃集和碩親王以下，及諸大臣於篤恭殿，訊其事．瑣諾木對曰，岳託與我弓刀，有之，至家見公主哭泣，亦有之，所言總屬閒語，竝無用心射之之說．我以馬送岳託，轉付桑噶爾寨，亦有之．上曰，此事非虛，前者瑣諾木夫婦，與莽古爾泰·德格類，盟誓佛前陰圖不軌，朕已免瑣諾木死．瑣諾木妻乃岳託妻母也，彼時姦謀，岳託亦必知之．但阿蘭柴·桑噶爾寨等，若於岳託在時，首告乃爲有功，向使不軌之徒徼倖得志，伊等且將附和之矣．今事不成，恐他人先發，故來告耳，有何益哉．阿蘭柴·桑噶爾寨，功罪俱不足議，岳託雖有不軌之心，朕既自幼撫養，必不忍加以身後之刑，而仇視其子也．至瑣諾木，有何德能，猥鄙之人，其如誰何，安用誅之．姑行宥免．諭畢，遂集衆，數其罪而赦之．

○ 이전에 주상이 우익 양무대장군(揚武大將軍)으로 임명한 요토는 서쪽으로 명나라를 정벌하러 갔다가 제남부(濟南府)로 돌아와서 천연

두에 걸려 죽었다. 죽은 후 그의 부하인 몽고 아란차이(arancai, 阿蘭柴)·상가르자이가 요토의 비밀을 고발하여 구사어전 탄타이·호군통령 툴라이와 내국사원학사 로쇼 등에게 알렸다. 아란차이가 말했다. "요토는 제가 집안의 모든 말을 주상에게 상주한다고 저를 매우 미워했습니다." 상가르자이가 말했다. "요토가 살아 있을 때 소놈에게 칼 1개와 활 2개를 주고 부탁하면서 '그대는 이 활을 잘 쏘고 이전의 약속을 잊지 말라.'라고 했습니다. 소놈은 요토에게 말 1마리를 보냈고, 요토는 그것을 받아 저에게 기르게 했습니다. 또 소놈을 내실(內室)로 불러 비밀스러운 이야기를 하는 것을 저는 듣지 못했지만, 소놈이 비밀스러운 말을 할 때 부샤이·호토·처르부(cerbu, 車爾布) 3명이 곁에 있었습니다." 탄타이·툴라이·로쇼는 이 일에 관련된 것이 심히 중하므로 속히 주상에게 알리고자 소(疏)를 갖추어 상주했다.

주상이 본 후 내원대학사 히퍼·가린, 계심랑 소닌 등을 보내어 호쇼이 예친왕(禮親王) 다이샨·정친왕 지르갈랑·예친왕(睿親王) 도르곤에게 물었다. "이 일을 캐어물어야 하는가 아니면 그만두어야 하는가." 다이샨 등이 아뢰었다. "마땅히 법에 따라 징계하여 그 뼈를 내던지고 그 아들을 죽여야 합니다." 주상이 말했다. "요토는 어릴 때부터 황비 태후가 은혜로 길렀다. 짐도 또한 그를 사랑하며 돌보았다. 성장한 후 설령 그가 반역하려는 마음을 품었을지라도 짐이 어찌 차마 법으로 다스릴 수 있겠는가? 짐이 큰 사랑을 베풀었지만 그가 마음에 간특함을 품었기에 하늘이 살펴보고 목숨을 빼앗아 갔다. 짐은 그를 은혜로 대우했지만 그는 짐을 원수로 여겼다. 이는 하늘이 짐을 도와 그에게 벌을 내린 것이다. 짐이 끝내 그 악행을 차마 곧바로 보복하지 못해도 너희는 그것을 다시 말하지 말라."

그리하여 한참 생각한 후에 호쇼이 친왕 이하 대신들을 독공전(篤恭殿)에 모아서 그 일에 대해 물었다. 소놈이 대답했다. "요토가 저에게 활과 칼을 준 일이 있습니다. 집에 가서 공주가 우는 것을 본 일도 있습니다. 그러나 했던 말들은 다 한가로운 이야기이며 마음을 다해 활을 쏜다는 말은 없었습니다. 제가 말을 요토에게 보내어 상가르자이에게 전달한 일도 있었습니다.”

주상이 말했다. “이 일은 거짓이 아니다. 지난번 소놈 부부와 망굴타이 · 더걸러이가 부처 앞에서 맹세하고 반역을 도모했지만 짐은 소놈의 사형을 면해 주었다. 소놈의 처는 요토의 장모이니 그때 간계를 꾀했을 때 요토도 반드시 알았을 것이다. 다만 아란차이와 상가르자이 등이 요토가 살아 있을 때 자수했다면 공이 될 것이나, 반역한 무리가 요행히 뜻을 이루었다면 그들을 좇았을 것이다. 지금 일이 성사되지 않자 타인이 고발할까 봐 두려워서 고하러 왔을 뿐이니, 무슨 소용이 있는가? 아란차이 · 상가르자이의 공적과 죄는 모두 논할 것이 못된다. 비록 요토가 반역하려는 마음을 품었다고 해도, 짐은 그를 어릴 때부터 사랑으로 돌보았으니 이미 죽었는데 차마 형벌을 가하고 그 자식을 원수로 여길 수 없다. 소놈은 무슨 덕이 있으며 그 비루한 자가 무엇이라고 죽이겠는가? 일단 죄를 너그러이 면해 준다.” 유시한 후 무리를 모아 그의 죄를 열거하고 용서했다.

○ 庚寅, 以喇瑪 · 託克退, 爲蒙古梅勒章京.

○ 경인일(6.4), 라마와 톡토이를 몽고 머이런장긴으로 삼았다.

○ 集漢官於篤恭殿, 命內秘書院大學士范文程 · 學士額色黑 · 內弘文院大學士希福 · 學士胡球 · 內國史院大學士剛林 · 學士羅碩 · 刑部承政索海 · 啟心郎額爾格圖等宣諭. 數固山額眞石廷柱 · 馬光遠等罪責之曰, 今年往錦州, 攻松山城時, 爾等言, 紅衣礮子已盡, 遣將士還家, 復取礮子, 比取至, 又云用盡. 今聞礮子猶有餘剩, 令士卒䭾回. 且爾等所鑄礮子, 雜以惡鐵, 中外鎔鍊不勻, 以致方出礮口, 輒即迸碎. 玩誤軍機, 莫此爲甚. 况取礮子時, 用士卒馬匹䭾去, 今又䭾回, 豈非故欲疲敝士卒馬匹乎. 令爾等盡所有礮子, 用紅衣攻城, 則云用盡, 今又剩回, 豈非恐傷城中漢人乎. 我滿洲衹以治弓矢整器械爲能, 爾漢人衹以築城郭修道路爲能. 昨戊寅年, 修盛京, 以西大路滿洲·蒙古所修, 俱完好, 爾等所修, 殊屬草率, 豈非恐道路完好, 紅衣礮易於運攻明國乎. 是爾等身雖在此, 心不忘明也. 又攻皮島時, 滿洲兵前進, 與敵拒戰, 爾等坐視不援. 似此等罪, 皆應論死, 法在不赦, 朕皆曲宥之. 己巳年征明時, 石廷柱爲前探, 反被敵殺我兵二人. 滿洲副將阿山·葉臣, 率二十四人攻永平時, 阿山·葉臣, 不避火藥燎身, 攻克其城. 爾漢官有奮力克城如彼者乎. 有直前向敵如彼者乎. 阿山·葉臣等之官爵奉養, 與爾漢官之官爵奉養, 果相等乎. 爾等當自思之. 爾等有何功勳, 而高爵厚祿, 反過於彼耶. 朕之愛養爾等, 過於滿洲, 乃毫不知感恩圖報, 授爾官爵, 錫爾敕命, 亦何益哉. 爾等若以居官不能任事, 可繳還賜敕. 爾等有竭忠蓋以圖功, 從今改過報效者, 各持敕書來奏, 衆皆叩首謝罪曰, 聖諭誠然, 臣等死罪, 實不容赦, 儻蒙皇恩寬宥, 自今以後, 務竭忠誠, 以圖報效. 奏入, 上又諭曰, 諸臣又罪, 尚可寬免, 惟固山額眞石廷柱·馬光遠, 法不容貸耳. 至從前獲罪免死之金玉和·金礪·吳守進·石達爾漢·郎紹貞等, 既不圖功自贖, 嗣後著與石廷柱·馬光遠, 同在家閒住. 若伊等欲往明國, 或往蒙古, 或往朝鮮, 聽其所之, 去時奏聞可耳.

○ 한인 관리들을 독공전에 모아 놓고 내비서원대학사(內祕書院大學士) 범문정·학사(學士) 어서허이·내홍문원대학사(內弘文院大學士) 히퍼·학사(學士) 후키오·내국사원대학사(內國史院大學士) 가린·학

사(學士) 로쇼 · 형부승정 소오하이 · 계심랑 어르거투 등에게 유시했다. 구사어전 석정주 · 마광원 등의 죄를 열거해 질책하며 말했다.

"올해 금주(錦州)에 가서 송산성(松山城)을 공격할 때 너희는 '홍의포의 포탄을 다 써서 장수와 병사들을 보내 성경(盛京)으로 돌아가 다시 포탄을 가져오게 했습니다.'라고 했다. 그래서 포탄을 가져오자 다시 다 썼다고 했다. 지금 들으니 포탄이 오히려 남아서 병사들이 싣고 돌아왔다고 한다. 또 너희가 주조한 포탄은 질 나쁜 철을 섞어서 안과 밖의 단련이 균일하지 않아 포구에서 나오면 곧 부서졌다. 군대의 무기를 제멋대로 함이 이보다 심할 수 없다. 하물며 포탄을 가지러 갈 때 병사와 말을 써서 싣고 가고 지금 다시 싣고 돌아오니, 고의로 병사와 말을 피로하게 하려는 것이 아닌가? 너희에게 모든 포탄을 써서 홍의포로 성을 공격하라고 명했는데 다 썼다고 하고, 지금 다시 남아서 가지고 돌아오니, 이는 성 안의 한인들이 다칠 것을 우려한 것이 아닌가?

우리 만주인은 특히 활과 화살을 다루고 기계를 정비하는 데 능하고, 너희 한인은 특히 성곽을 쌓고 도로를 정비하는 데 능하다. 지난 무인년(1638)에 성경(盛京)을 수리했는데 서대로(西大路)를 만주 · 몽고인들이 수리한 것은 모두 완벽했으나 너희가 수리한 것은 매우 조잡했다. 이는 도로를 완벽히 정돈하면 홍의포를 명나라로 운반하여 공격하기가 쉬워질 것을 우려한 것이 아닌가? 이는 너희의 몸은 비록 이쪽에 있으나 마음은 명나라를 잊지 않았다는 것이다. 또 피도(皮島)를 공격할 때 만주 병사들이 전진하여 적과 전투를 벌이는 동안 너희는 좌시하고 돕지 않았다. 이러한 죄는 모두 사형죄로 논하고 법으로 용서할 수 없는 것이나 짐은 모두 용서해 주었다.

기사년(1629)에 명나라를 정벌할 때 석정주를 정탐군으로 삼았는데, 도리어 적에게 우리 병사 2명이 피살당했다. 만주 부장 아산과 여천이 24명을 이끌고 영평성(永平城)을 공격할 때, 아산과 여천은 화약에 몸이 타는 것을 피하지 않고 성을 함락했다. 너희 한인 관리들이 그들처럼 진력해서 성을 함락한 적이 있는가? 그들처럼 적을 향해 달려든 적이 있는가? 아산 · 여천 등의 관작과 봉록이 너희 한인 관리들의 관작, 봉록과 과연 같은가? 너희는 마땅히 이를 스스로 생각해 보라. 너희가 무슨 공훈이 있어 높은 작위와 후한 봉록을 받는 것이 도리어 만주인들보다도 과한가? 짐이 너희를 사랑하고 기르는 것이 만주인보다도 더한데 조금도 은혜에 감사하고 보답할 줄을 모르니, 너희에게 관작을 주고 칙명을 하사하는 것이 무슨 이익이 있는가? 너희가 관직에 있으면서 일을 감당하지 못하면 하사한 칙명을 거둘 것이다. 너희 가운데 충성을 다하여 공을 세우고 지금부터 잘못을 고쳐 보답하려는 자가 있다면 각자 칙서를 지참하고 와서 상주하라."

무리가 모두 머리를 조아리고 사죄하여 말했다. "성유(聖諭)가 진실로 옳습니다. 신들의 죽을죄는 실로 용서받을 수 없습니다. 만약 황제의 은혜와 너그러움을 입는다면 지금부터 충성을 다하여 보답하겠습니다." 상주하자 주상이 또 유시했다. "여러 신하들에게 죄가 있으나 또 너그러이 면해 주겠다. 다만 구사어전 석정주 · 마광원은 법에 따라 용서할 수 없다. 이전에 죄를 저질렀으나 사형죄를 면한 김옥화(金玉和) · 김려(金礪) · 오수진(吳守進) · 석달이한(石達爾漢) · 낭소정(郎紹貞) 등은 공을 세워서 속죄하지 않았으니 이후 석정주 · 마광원과 함께 집에서 관직 없이 있으라. 만약 너희가 명나라나 몽고나 조선으로 가고 싶다면 가고 싶은 곳으로 가도록 허락할 것이니, 갈 때 상주하면 그뿐이다."

○ 遣戶部參政馬福塔 · 刑部參政巴哈納 · 理事官星鼐, 齎玉紐金印 · 誥命, 往封朝鮮國王李倧妻趙氏, 爲朝鮮國王妃, 賜以綵緞竝敕諭二道. 敕曰, 皇帝敕諭朝鮮國王李倧, 朕惟偕老固恒人之願, 繼配亦倫理之常. 據王有請封繼室趙氏爲國妃之奏, 下該部查覆事符典制. 特賜俞允. 今遣馬福塔 · 巴哈納 · 星鼐齎捧印 · 誥, 并賜綵緞等物, 敕封趙氏爲朝鮮國王妃. 王其益勵忠勤, 常膺寵眷, 毋替朕命, 欽哉. 又一敕曰, 朕惟藩服來賓, 父封爲王, 子爲世子, 乃古帝王之典也. 朕覽王奏, 稱國中臣民, 願立王長子李溰爲世子, 不敢擅專, 請命於朝. 朕鑒王之忠誠恭謹, 事下該部查覆. 以慰王心, 以愜羣情, 今依所請, 即於盛京, 賜以誥命, 封爾長子李溰爲朝鮮國王世子. 王其以此旨, 宣布於衆, 保爾邦家, 勿替朕命, 欽哉. 封趙氏誥命文曰, 奉天承運寬溫仁聖皇帝制曰, 朕惟宣猷布化, 資屏翰於藩臣, 錫號正名, 沛絲綸於內子, 洵前王之茂典, 亦歷代之恒規也. 咨爾趙氏, 乃朝鮮國王李倧之繼室, 幼習女儀, 克修婦道, 嗣徽音於中壼, 順可宜家, 敷淑德於海隅, 慈堪教國. 茲特允王請, 封爾爲朝鮮國王妃, 錫以印誥. 於戲, 龍章式賁, 榮齊茅土之封, 鸞誥誕膺, 勉佐藩垣之治. 欽哉, 勿替朕命.

○ 호부참정 마푸타 · 형부참정 바하나 · 이사관 싱나이(singnai, 星鼐)를 보내 옥뉴금인(玉紐金印) · 고명(誥命)을 가지고 가서 조선국왕 이종(李倧)의 처 조(趙) 씨를 조선국왕의 비(妃)로 책봉하고 채단(綵緞)과 칙유(敕諭) 2통을 하사하게 했다. 칙서에서 말했다. 「황제가 조선국왕 이종(李倧)에게 칙유(敕諭)한다. 짐이 생각건대 부부가 함께 늙어가는 것은 진실로 모든 사람이 바라는 것이고, 후실을 들이는 것도 항상 있어 온 윤리이다. 왕이 후실 조(趙) 씨를 국비(國妃)로 책봉하기를 청한 상주를 받고 해당 부(部)에 하달하여 관련 전제(典制)를 조사하게 했다. 특별히 허락한다. 지금 마푸타 · 바하나 · 싱나이를 보내 금인(金印)과 고명(誥命)을 받들어 가져가고 아울러 채단(綵緞) 등의 물품을 하사하여 조(趙) 씨를 조선국왕의 비(妃)로 책봉하게 한다. 왕은 충성과 근면을 더하고 항상 짐의 총애를 가슴에 품어 짐의 명령을 어기

지 말라. 공경하라.」

또 하나의 칙서에서 말했다. 「짐이 생각건대, 번복(藩服)이 복종하면 아버지는 왕으로 책봉하고 아들은 세자로 삼는 것이 옛 제왕의 전장(典章)이다. 짐이 보니 왕의 상주에서 말하기를, 나라 안의 신하와 백성이 왕의 장자 이왕(李溰)을 세자로 세우기를 원하니 감히 멋대로 할 수 없어 대조(大朝)에 명을 청한다고 했다. 짐이 왕의 충성과 공손함을 보고 일을 해당 부(部)에 하달해서 조사하게 했다. 왕의 마음을 위로하고 여러 사람들의 마음을 흡족하게 하고자 지금 청한 바에 따르니, 성경(盛京)에서 고명(誥命)을 하사하여 그대의 장자 이왕(李溰)을 조선국 왕세자로 책봉한다. 왕은 이 지(旨)를 여러 사람들에게 선포하고 방가(邦家)를 보전하여 짐의 명령을 어기지 말라. 공경하라.」

조(趙) 씨를 책봉하는 고명문(誥命文)에서 말했다. 「봉천승운관온인성황제가 제(制)한다. 짐이 생각건대, 도리에 따르고 교화를 펼치며 울타리가 되는 번신(藩臣)에게 봉호(封號)를 내려 명분을 바로 세우고 번신(藩臣)의 비(妃)에게 성유(聖諭)를 내리는 것은 전왕(前王)의 아름다운 전장(典章)을 따르는 것이고 또한 역대의 항상된 규범이다. 아! 그대 조(趙) 씨는 조선국왕 이종(李倧)의 후실로, 어려서 여성의 거동을 익히고 부녀자의 도를 수양했으니 아름다운 명성을 중궁(中宮)에서 이어갈 것이며, 순리로 가정을 화목하게 하고, 밝은 덕을 바다 구석까지 펼치어 자애로 나라를 교화할 것이다. 이에 특별히 왕의 요청을 허락하여 그대를 조선국 왕비로 책봉하고 금인金印)과 고명(誥命)을 하사한다. 아아! 임금을 삼가 드높여 수여받은 봉토를 잘 다스리고, 고명을 받들어 번원(藩垣)의 다스림을 힘써 도우라. 공경하고 짐의 명령을 어기지 말라.」

○ 壬辰, 三等公和爾本病故, 以其弟哲爾本襲職, 所襲世次仍舊. 三等公光泰獲罪，降三等公，以其兄齊墨克圖，襲一等梅勒章京，仍准再襲十次．三等昂邦章京吳巴海病故，以其弟之子傅哈襲職，仍准再襲十一次．二等甲喇章京阿代病故，以其孫塞布得襲職，仍准再襲三次．二等甲喇章京巴特瑪病故，以其弟額宜圖襲職，仍准再襲三次．三等甲喇章京達代病故，以其子塞爾圖降襲牛彔章京，仍准再襲一次．三等甲喇章京麻克圖病故，以其子麻噶達襲職，仍准再襲二次．牛彔章京古穆病故，以其子塞特爾襲職，仍准再襲二次．牛彔章京胡敏病故，以其子胡稜格襲職．牛彔章京球攻松山陣亡，以其弟斜禪仍襲牛彔章京兼半個前程，仍准再襲三次．二分牛彔章京拜音察理病故，以其子席特庫襲職，仍准再襲三次．

○ 임진일(6.6), 삼등공 홀본이 병사하여 그의 동생 절번(jelben, 哲爾本)에게 습직시키고 세습은 이전대로 두었다. 삼등공 구왕타이(guwangtai, 光泰)가 죄를 저질러 삼등공에서 강등하고, 그의 형 치먹투(cimektu, 齊墨克圖)에게 일등 머이런장긴을 습직시키고 10번 습직을 허락했다. 삼등 암바장긴 우바하이가 병사하여 그의 동생의 아들 푸카(fuka, 傅哈)에게 습직시키고 11번 습직을 허락했다. 이등 잘란장긴 아다이가 병사하여 그의 손자 서부더이(sebudei, 塞布得)에게 습직시키고 3번 습직을 허락했다. 이등 잘란장긴 바트마가 병사하여 그의 동생 어이투(eitu, 額宜圖)에게 습직시키고 3번 습직을 허락했다. 삼등 잘란장긴 다다이(dadai, 達代)가 병사하여 그의 아들 서르투(sertu, 塞爾圖)를 니루장긴으로 강등하여 습직시키고 1번 습직을 허락했다. 삼등 잘란장긴 막투(maktu, 麻克圖)가 병사하여, 그의 아들 마가다(magada, 麻噶達)에게 습직시키고 2번 습직을 허락했다. 니루장긴 구무(gumu, 古穆)가 병사하여 그의 아들 서터르에게 습직시키고, 2번 습직을 허락했다. 니루장긴 후민(hūmin, 胡敏)이 병사하여 그의 아들 후렁거

(hurengge, 胡稜格)에게 습직시켰다. 니루장긴 키오(kio, 球)가 송산성(松山城)을 공격할 때 전사하여 그의 동생 기오찬(giocan, 糾禪)에게 니루장긴 겸 반개전정(半個前程)을 습직시키고 3번 습직을 허락했다. 이분니루장긴(二分牛彔章京) 바인차리(baincari, 拜音察理)가 병사하여 그의 아들 시터쿠에게 습직시키고 3번 습직을 허락했다.

○ 丙申, 刑部遵旨議, 牛彔章京季世昌所鑄礮子, 俱鎔鍊不勻, 攻松山時, 出礮口即碎. 司礮官見之, 告於固山額眞馬光遠, 光遠呼世昌謂之曰, 此事應送刑部審問, 今免爾. 世昌叩頭謝. 啟心郎張雲漢以其言告於刑部, 審實. 世昌失誤軍機, 應論死. 又攻松山時, 石廷柱旗下昂邦章京王世選·梅勒章京孟喬芳, 違命不將現有礮子進攻, 反留剩攜還, 王世選·孟喬芳應革職, 罰銀百兩. 又上命固山額眞石廷柱·馬光遠, 酌留礮子攻臺, 其餘盡用攻城, 廷柱·光遠違命, 詐稱礮子已盡, 妄言誑上. 又知所鑄礮子不堪應用, 徇庇季世昌, 不送部審問. 又攻城時, 不豎該旗雲梯, 馬光遠并棄其雲梯二架. 石廷柱應籍家產三分之一, 馬光遠應論死, 罰贖. 上以季世昌曾鑄紅衣礮有功, 免死. 王世選·孟喬芳革職罰銀之處, 俱從寬免. 石廷柱免籍其家, 罰銀二百兩, 馬光遠冒昧 無知, 免議.

○ 병신일(6.10), 형부(刑部)에서 지(旨)를 받들어 논의했다. 「니루장긴 계세창(季世昌)이 주조한 포탄은 모두 단련이 균일하지 않아 송산성(松山城)을 공격할 때 포구를 나오면 바로 부서졌습니다. 사포관(司礮官)이 이를 보고 구사어전 마광원에게 고발했습니다. 마광원이 계세창에게 말하기를, "이 일은 형부(刑部)에 알려 심문해야 하나 지금 너의 혐의를 면해 준다."라고 했고, 계세창이 머리를 조아리며 사례했습니다. 계심랑 장운한(張雲漢)이 그 말을 형부(刑部)에 고발하여 조사

해 보니 사실이었습니다. 계세창은 군대의 무기를 잘못 다루었으니 사형죄로 논해야 합니다. 또 송산성(松山城)을 공격할 때 석정주 기(旗) 속하의 암바장긴 왕세선(王世選)과 머이런장긴 맹교방이 명령을 어기고 현재 가지고 있는 포탄을 공격에 쓰지 않고 도리어 남겨서 가지고 돌아왔습니다. 왕세선과 맹교방은 혁직하고 벌은 100냥을 부과해야 합니다. 또 주상께서 구사어전 석정주와 마광원에게 명하여 남은 포탄을 헤아려 대(臺)를 공격하고 나머지는 모두 성을 공격하는 데 쓰라고 했는데, 석정주와 마광원은 명을 어기고 포탄을 다 썼다고 거짓을 말하여 망언으로 주상을 속였습니다. 또 주조한 포탄이 쓰기에 적당하지 않다는 것을 알고도 계세창을 두둔하여 부(部)에 보내 심문하게 하지 않았습니다. 또 성을 공격할 때, 본 기(旗)의 운제(雲梯)를 세우지 않았고, 마광원은 운제 2개를 버렸습니다. 석정주는 가산의 3분의 1을 적몰하고 마광원은 사형죄로 논하고 벌로 속(贖)을 부과해야 합니다.」

주상은 계세창이 홍의포를 주조한 공이 있다 하여 사형죄를 면해 주었다. 왕세선과 맹교방은 혁직과 벌은(罰銀)을 모두 면해 주었다. 석정주는 가산의 적몰을 면해 주고 벌은 200냥을 부과했다. 마광원은 사정을 몰랐기에 처벌을 면해 주었다.

○ 先是, 分漢軍爲二旗, 一以石廷柱爲固山額眞, 一以馬光遠爲固山額眞. 至是, 上命內院大學士希福·范文程·剛林, 戶部承政多羅額駙英俄爾岱, 吏部啟心郎索尼等, 赦廷柱·光遠罪, 分二旗官屬兵丁爲四旗, 每旗設牛彔十八員·固山額眞一員·梅勒章京二員·甲喇章京四員. 正黃·鑲黃兩旗, 以馬光遠爲固山額眞, 馬光輝·張大猷爲梅勒章京, 戴都·崔應泰·楊名遠·張承德爲甲喇章京. 正白·鑲白兩旗, 以石廷柱爲固山額眞, 達爾漢·金維城爲梅勒章京, 金玉和·佟國蔭·佟代爲甲喇章京. 正紅·鑲紅兩旗, 以王世選爲固山額眞, 吳守進·孟喬芳爲梅勒章京, 金礪·郎紹貞·王國光·臧國祚爲甲喇章京. 正藍·鑲藍兩旗, 以巴顔爲固山額眞, 李國翰·佟圖賴爲梅勒章京, 張良弼·曹光弼·劉仲錦·李明時爲甲喇章京. 初兩旗纛色皆用元青. 至是, 改馬光遠纛以元青鑲黃, 石廷柱纛以元青鑲白, 王世選纛以元青鑲紅, 巴顔纛純用元青.

○ 이전에 한군을 두 기(旗)로 나누어 1기(旗)는 석정주를 구사어전으로, 1기(旗)는 마광원을 구사어전으로 삼았다. 이때에 주상이 내원대학사(內院大學士) 히퍼·범문정·가린, 호부승정 도로이 어푸 잉굴다이, 이부계심랑(吏部啟心郎) 소닌 등에게 명하여 석정주와 마광원의 죄를 용서하고 2기(旗)에 속한 관원과 병정을 4기(旗)로 나누어 기(旗)마다 니루장긴 18명·구사어전 1명·머이런장긴 2명·잘란장긴 4명을 두었다. 정황·양황 두 기(旗)는 마광원을 구사어전으로, 마광휘(馬光輝)·장대유(張大猷)를 머이런장긴으로, 다이두(daidu, 戴都)·최응태(崔應泰)·양명원(楊名遠)·장승덕(張承德)을 잘란장긴으로 삼았다. 정백·양백 두 기(旗)는 석정주를 구사어전으로, 다르한·김유성(金維城)을 머이런장긴으로, 김옥화(金玉和)·동국음(佟國蔭)·동대(佟代)를 잘란장긴으로 삼았다. 정홍·양홍 두 기(旗)는 왕세선(王世選)을 구사어전으로, 오수진(吳守進)·맹교방을 머이런장긴으로, 김려(金礪)·낭소정(郎紹貞)·왕국광(王國光)·장국조(臧國祚)를 잘란장긴으로 삼았다. 정람·양람 두 기(旗)는 바얀을 구사어전으로, 이국한(李國翰)·퉁 툴라이(tung tulai, 佟圖賴)를 머이런장긴으로, 장량필(張良弼)·조광필(曹光弼)·유중금(劉仲錦)·이명시(李明時)를 잘란장긴으로 삼았다. 처음에는 두 기(旗)의 독(纛)의 색깔을 모두 검은 바탕으로 했는데, 이때에 마광원의 독은 검은 바탕에 노란 테두리로, 석정주의

독은 검은 바탕에 흰 테두리로, 왕세선의 독은 검은 바탕에 주황색 테두리로 바꾸고 바얀의 독은 검은 바탕 그대로 쓰게 했다.

○ 戊戌, 兵部承政伊孫參政葉克書, 以公屯齊, 隨和碩鄭親王濟爾哈朗出征被創, 奏請賞賚. 上命於定例外, 加賜屯齊銀百兩. 嗣後凡公等被創, 俱照此賞賚. 若宗室被傷, 加賞二等, 覺羅被傷, 加賞一等, 著爲令.

○ 무술일(6.12), 병부승정 이순과 참정 역슈는 공(公) 툰치가 호쇼이 정친왕 지르갈랑을 따라 출정했다가 부상을 입었으니 상을 하사할 것을 주청했다. 주상이 명하여 정례 외에 툰치에게 은 100냥을 더 하사하게 했다. 이후 공(公) 등이 부상을 입으면 모두 이에 따라 상을 하사하고, 종실이 부상을 입으면 이등급을 더해 상 주고, 기오로가 부상을 입으면 일등급을 더해 상 주는 것을 법으로 정했다.

○ 辛丑, 以固倫額駙祁他特將至, 命和碩睿親王多爾袞 · 多羅貝勒豪格 · 固山貝子博洛, 迎於五里外宴之.

○ 신축일(6.15), 구룬 어푸 키타트가 도착하려 하므로 호쇼이 예친왕(睿親王) 도르곤 · 도로이 버일러 호오거 · 구사이 버이서 볼로에게 명하여 5리 밖에서 맞이하고 잔치하게 했다.

○ 朝鮮國王李倧, 遣訓練院副正李季榮, 齎二咨文到部, 求代題. 其咨文云, 本年五月初八日, 據平安道觀察使閔聖徽馳啟節該, 四月二十三日, 有異服人四口, 潛由朔州仇寧堡小路而來, 爲地方官萬戶盧得信知覺, 追捕之際, 三人脫逃, 惟獲一人, 訊之, 乃皮島之漢人逃亡者, 已拿至本堡, 以待處置等因, 具啟. 據此看得, 前人委係大朝逃民, 理宜隨捕隨送, 除將前項人令訓練院副正李季榮管押前去交割外, 爲此合行, 咨請施行. 又一咨文云, 本年五月十五日, 據兵使李顯達馳啟節該, 本月初一日申時, 將領劉纘先回稱, 四月二十五日, 攻島軍兵, 回泊於西水羅浦, 一依大朝差人之命, 所獲男二口, 女二口, 委差的當官員, 押領前進, 其中車吾羅乃, 年老病劇, 難以登道, 差人以其姪子阿豆代率之以行等因, 具啟, 據此爲照, 小邦驅策饑氓, 越海用兵, 心甚憂慮, 幸而擒捕, 實惟大朝威靈是賴. 若其處置情形, 差人自當口陳, 事竣, 理宜先報, 爲此合行, 咨請施行.

○ 조선국왕 이종(李倧)이 훈련원부정(訓練院副正) 이계영(李季榮)을 보내 2개의 자문(咨文)을 가지고 부(部)에 와서 대신 상주해 줄 것을 청했다. 그 자문에서 말했다. 「올해 5월 초8일에 평안도 관찰사 민성휘(閔聖徽)가 치계하여 보고했습니다. “4월 23일에 낯선 복장을 한 사람 4명이 삭주(朔州) 구령보(仇寧堡)의 작은 길로 잠입해 왔는데, 지방관 만호(萬戶) 노득신(盧得信)이 알아차리고 추격하니 3명은 도망가고 단지 1명을 사로잡았습니다. 심문하니 피도(皮島)의 한인이 도망쳐 온 것이었습니다. 잡아서 본 보(堡)에 이르렀으니 처치를 기다립니다. 이상의 사유로 치계를 올립니다.” 이를 받고 살펴보건대, 이전 사람들은 대조(大朝)에서 도망 온 백성이면 마땅히 포박하고 송환했습니다. 위의 사안에 해당하는 사람을 훈련원부정(訓練院副正) 이계영(李季榮)이 압송해 데려가 인계하는 일 외에, 이를 위해 자문을 보내 시행할 것을 청합니다.」

또 하나의 자문(咨文)에서 말했다. 「올해 5월 15일, 병마절도사 이

현달(李顯達)이 치계하여 보고했습니다. "이달 초하루 신시(申時)에 장령(將領) 유찬선(劉纘先)이 돌아와, 4월 25일에 섬을 공격한 군사가 서수라포(西水羅浦)에 돌아와 정박했다고 말했습니다. 일단 대조(大朝) 차인(差人)의 명에 따라 붙잡은 남자 2명, 여자 2명을 차역을 맡은 해당 관원에게 맡겨 압송하게 했습니다. 그들 중 차오라내(車吾羅乃)는 늙고 병이 심해 길을 오르기가 힘들어서 차인(差人)이 그의 조카 아두(阿豆)를 대신 데리고 갔습니다. 이상의 사유로 치계를 올립니다." 이를 받고 살펴보건대, 소방(小邦)은 굶주린 백성을 동원하여 바다를 넘어 군사를 움직여 매우 걱정스러웠으나 다행히 사로잡았습니다. 이는 실로 오직 대조(大朝)의 위세에 힘입은 바입니다. 처리한 상황을 차인(差人)이 구술하면 일이 끝나지만 이치상 먼저 보고합니다. 이를 위해 자문을 보내 시행할 것을 청합니다.」

○ 壬寅, 先是, 和碩鄭親王濟爾哈朗畧錦州時, 勦殺敵兵甚衆, 隨征正紅旗屬下阿爾海, 反言止二百人. 國戚內大臣多爾濟, 陣斬三人, 獲馬三匹, 貝子羅託問其數, 阿爾海從傍謊之云, 斬三十人, 獲馬三十匹. 至是, 部議, 阿爾海應論死, 仍籍其家. 奏聞, 上命鞭一百, 除本身及妻外, 家產俱入官.

○ 임인일(6.16), 이전에 호쇼이 정친왕 지르갈랑이 금주(錦州)를 공략할 때, 죽인 적병이 매우 많았는데도 정벌에 종군한 정홍기 속하의 아르하이(arhai, 阿爾海)는 도리어 200명뿐이라고 했다. 국척(國戚) 내대신(內大臣) 도르지(dorji, 多爾濟)는 3명을 전투 중에 죽이고 말 3마리를 얻었는데 버이서 로토가 그 수를 묻자 아르하이는 부풀려서 30명을 죽이고 말 30마리를 얻었다고 했다. 이때에 부(部)에서 논의하기를, 아르하이는 사형죄로 논하고 가산을 적몰해야 한다고 했다. 상주

하자 주상이 명하여 채찍 100대를 때리고 본인과 처를 제외한 가산을 모두 관에 몰수하게 했다.

○ 先是, 上命以郡王禮, 祭多羅貝勒岳託. 吏部承政阿拜誤認岳託子亦襲封郡王, 以告固山額眞葉臣, 而本部和碩睿親王多爾袞, 實無是言. 阿拜妄傳詔命, 應論死, 罰贖. 又阿拜妻兄翁克有罪, 質審未結, 阿拜不待結案, 奏請襲其父職, 顯係徇隱, 又應罰銀百兩. 參政薩壁翰亦謂岳託之子襲封郡王, 以告葉臣, 非奉本部和碩睿親王多爾袞命, 擅傳是言, 應罰銀百兩. 又知本部承政阿拜徇庇翁克, 爲請襲職, 而薩壁翰瞻顧不言, 又應罰銀五十兩. 參政鮑承先·滿朱錫禮·祖澤洪, 亦謂岳託之子襲封郡王, 以告葉臣, 非奉本部和碩睿親王多爾袞命, 擅傳是言, 應各罰銀五十兩. 阿拜徇庇翁克, 爲請襲職, 和碩睿親王多爾袞, 失於覺察, 應罰銀二百兩. 該部啟心郎索尼, 應罰銀百兩, 理事官喀喀木·雅秦, 副理事官克宜福·褚庫巴圖魯·侈代等, 應各坐以應得之罪. 筆帖式寧古里, 應鞭一百. 奏聞, 上命罰阿拜銀二百兩, 薩壁翰銀百兩, 睿親王罰以應得之罪, 寧古里鞭一百. 索尼未經奉旨, 豈肯妄言, 著免罪. 滿朱錫禮·祖澤洪·喀喀木·雅秦·克宜福·褚庫巴圖魯·侈代等, 俱免罪.

○ 이전에 주상이 명하여 군왕의 예로써 도로이 버일러 요토를 제사 지내게 했다. 「이부승정 아바이가 잘못 알고, 요토의 아들이 또 군왕을 습봉해야 한다고 구사어전 여천에게 고했으나 본 부(部)의 호쇼이 예친왕(睿親王) 도르곤은 그런 말을 한 적이 없었습니다. 아바이는 조명(詔命)을 멋대로 전했으니 사형죄로 논해야 하고 속(贖)을 벌로 부과해야 합니다. 또 아바이의 손위처남 옹커이에게 죄가 있었는데 대질심문이 완결되지 않았는데도 아바이가 결정을 기다리지 않고 그가

부친의 직을 이어받도록 주청했으니 비호한 것이 드러났으므로 또 벌은 100냥을 부과해야 합니다. 참정 사비간 역시 요토의 아들이 군왕을 습봉해야 한다고 여천에게 알렸는데, 본 부의 호쇼이 예친왕(睿親王) 도르곤의 명을 받은 것이 아니고 이 말을 멋대로 전한 것이니 벌은 100냥을 부과해야 합니다. 또 본 부의 승정 아바이가 옹커이를 비호하여 습직을 청했다는 것을 알고도 사비간은 모른 채 하고 말하지 않았으니 또 벌은 50냥을 부과해야 합니다. 참정 포승선(鮑承先) · 만주시리 · 조택홍(祖澤洪) 역시 요토의 아들이 군왕을 습봉해야 한다고 여천에게 알렸는데 본 부(部)의 호쇼이 예친왕(睿親王) 도르곤의 명을 받은 것이 아니고 이 말을 멋대로 전한 것이니 각각 벌은 50냥을 부과해야 합니다. 아바이가 옹커이를 비호하고 습직을 청한 것을 호쇼이 예친왕(睿親王) 도르곤은 살펴 알지 못했으니 벌은 200냥을 부과해야 합니다. 해당 부(部)의 계심랑 소닌은 벌은 100냥을 부과해야 하고, 이사관(理事官) 카카무 · 야친(yacin, 雅秦), 부이사관 커이푸 · 추쿠 바투루 · 동대(佟代) 등은 각자 받아야 할 죄에 처해야 합니다. 비트허시 닝구리는 채찍 100대를 때려야 합니다.」

상주하자 주상은 아바이에게 은 200냥을, 사비간에게 벌은 100냥을 부과하고 예친왕(睿親王)은 받아야 할 죄에 처하며 닝구리는 채찍 100대를 때리게 했다. 소닌은 지(旨)를 받은 적이 없으니 망언을 나서서 했을 리 없다며 죄를 면해 주었다. 만주시리 · 조택홍(祖澤洪) · 카카무 · 야친 · 커이푸 · 추쿠 바투루 · 동대 등도 모두 죄를 면해 주었다.

○ 乙巳, 固倫額駙祁他特, 具筵於崇政殿進上, 并獻馬匹, 酌納之.

○ 을사일(6.19), 구룬 어푸 키타트가 연회를 갖추어 숭정전(崇政殿)

에서 주상에게 바쳤다. 아울러 말을 헌상하니 헤아려 받았다.

○ 丙午, 先是, 西征明國時, 右翼揚武大將軍多羅貝勒岳託病卒, 鑲藍旗固山額眞貝子篇古聞之, 卽離本營往視. 梅勒章京覺羅錫翰請曰, 本旗今日可出樵採乎. 篇古曰, 仍令樵採, 言畢, 遂往. 錫翰遣甲喇章京察喇孫, 率四甲喇驍騎校四人, 每牛彔下甲士五人樵採. 囑之曰, 當過濟南府, 向正紅旗一路樵採, 我等來時舊路, 曾見有敵兵, 其勿往. 察喇孫違令由舊路樵採, 遇敵兵與喀喇沁前哨拒戰. 喇瑪牛彔下驍騎校孫達爾漢, 謂察喇孫曰, 奈何坐視我兵陷於敵乎. 察喇孫不聽. 孫達爾漢遂率甲士衝入, 救三人出. 察喇孫收回樵採之人欲行, 終不援戰. 孫達爾漢, 乃復與額蒙格牛彔下驍騎校達褚·穆奈牛彔下驍騎校多諾, 及甲士二人, 追敵兵四人, 達褚斬其一, 并奪其馬. 至是, 部議, 察喇孫收回樵採之人, 不直前斬敵, 坐視軍士損傷, 牲畜被奪, 應論死, 妻子爲奴. 隨行兩驍騎校各鞭一百, 貫耳鼻, 本身及妻子, 俱爲奴. 穆奈牛彔下多諾, 曾助孫達爾漢·達褚斬敵, 止鞭一百, 孫達爾漢·達褚, 有功應賞. 貝子篇古不預定樵採人數, 致有損傷, 應罷管固山額眞事, 仍償所失人畜, 罰以應得之罪. 錫翰應罰銀百兩. 奏聞, 上命免察喇孫死, 仍鞭一百, 籍其家. 兩驍騎校各鞭一百, 貫耳鼻, 本身及妻子, 俱爲奴. 多諾鞭一百. 孫達爾漢·達褚, 皆給賞賚. 篇古貝子, 罰以應得之罪, 梅勒章京覺羅錫翰, 罰銀百兩.

○ 병오일(6.20), 이전에 서쪽으로 명나라를 정벌할 때 우익 양무대장군(揚武大將軍) 도로이 버일러 요토가 병사하자, 양람기 구사어전 버이서 피양구가 이를 듣고 즉시 본 군영을 이탈해 가서 보려고 했다. 머이런장긴 기오로 시한이 청하여 "본 기(旗)가 오늘 땔감을 구하러 나가도 됩니까?"라고 하자, 피양구는 "땔감을 구하게 하라."라고 하고

말을 마치고 곧 떠났다. 시한은 잘란장긴 찰라순(calasun, 察喇孫)을 보내 4개 잘란의 효기교 4명과 니루마다 갑사(甲士) 5명씩을 이끌고 땔감을 구하게 하고, 당부하여 말했다. "제남부(濟南府)를 지나 정홍기로 향하는 한 길에서 땔감을 구해라. 우리가 온 옛길에서 적병을 보았으니 그쪽으로는 가지 말라." 찰라순은 명령을 어기고 옛길을 따라 땔감을 구하다가 적병과 카라친의 정탐병들이 싸우는 것을 보았다. 라마 니루 속하의 효기교 순다르간(sundargan, 孫達爾漢)이 찰라순에게 "어찌 우리 병사가 적에게 무너지는 것을 보고만 있습니까?"라고 말했으나 찰라순은 듣지 않았다. 순다르간이 갑사를 이끌고 돌입해서 3명을 구출했다. 찰라순은 땔감을 구하는 사람들을 거두어들인 후 가려고 했으므로 끝내 전투를 돕지 않았다. 순다르간은 다시 어뭉거(emungge, 額蒙格) 니루 속하의 효기교 다추(dacu, 達褚)・무나이(munai, 穆奈) 니루 속하의 효기교 도노이(donoi, 多諾) 및 갑사 2명과 함께 적병 4명을 추격하여, 다추가 1명을 죽이고 그 말을 빼앗았다.

이때에 부(部)에서 논의했다. 「찰라순은 땔감을 구하는 사람들을 거두어들이고, 바로 나아가 적을 죽이지 않았으며 군사가 부상당하는 것을 보기만 했으니 가축을 몰수하고 사형죄로 논해야 하며 처자식을 노예로 삼아야 합니다. 수행한 두 효기교는 각각 채찍 100대를 때리고 코와 귀를 뚫으며, 본인과 처자식을 모두 노예로 삼아야 합니다. 무나이 니루 속하의 도노이는 순다르간과 다추를 도와 적을 죽였으니 채찍 100대만 때려야 합니다. 순다르간과 다추는 공이 있으니 상을 주어야 합니다. 버이서 피양구는 땔감을 구할 사람의 수를 미리 정하지 않아서 부상병이 발생하기에 이르렀으니, 구사어전의 일을 관리하는 것에서 파면하고 잃은 사람과 가축을 보상하고 받아야 할 죄로 벌해야 합니다. 시한은 벌은 100냥을 부과해야 합니다.」

상주하자, 주상이 명하여 찰라순의 사형은 면해 주고 채찍 100대를 때리고 가산을 적몰하게 했다. 두 효기교는 각각 채찍 100대를 때리고 코와 귀를 뚫었으며 본인과 처자식을 모두 노예로 삼았다. 도노이는 채찍 100대를 때렸다. 순다르간과 다추는 모두 상을 지급했다. 피양구 버이서는 받아야 할 죄로 벌하고 머이런장긴 기오로 시한은 벌은 100냥을 부과했다.

○ 丁未, 命內國史院大學士剛林·學士羅碩·刑部承政索海·啟心郎額爾格圖等, 傳集覺羅布爾吉·薩壁翰·色勒·奧塔·姚塔·郎球等至刑部. 令巴布賴跪, 諭宗室湯古代·覺羅布爾吉曰, 庚午年, 棄灤州來時, 衆皆約定地方, 會集同行. 衆皆如約而至, 遇敵鏖戰, 爾湯古代·布爾吉, 獨不赴所約之地, 任意取便而還. 向使爾等俱如約會集, 併力應援, 則灤州·永平, 相拒不遠, 何至失利. 此非爾等之罪而何. 又諭布爾吉曰, 巴布賴乃爾之弟也, 獲罪家居. 與其閒散無事, 何不於戊寅年使之從和碩睿親王入長城, 征明國乎. 後攻松山時, 又何以不使之擐甲攻城乎. 豈攻城者則必死, 而不攻者乃必生乎. 如此等事, 爾何不向巴布賴言之使其效力圖功也. 又諭巴布賴曰, 當松山拒戰時, 爾言病熱不能前. 朕視爾體不甚肥壯, 乃詐言病熱耶. 丙子年, 額爾克楚虎爾貝勒率兵征錦州時, 衆皆追擊敵兵, 爾獨引馬望山側而去. 豈非慮有伏兵, 恐懼而遁乎. 爾之畏縮退避類如此, 戊寅秋出師, 額爾克楚虎爾貝勒於中後所, 遇祖大壽兵, 我兵九人, 馬三十四, 皆沒於敵. 我國人聞之, 無不憤恨曰, 何地得遇祖大壽, 一洩此憾耶. 至己卯年, 朕率兵圍松山, 祖大壽撤回內援之兵, 還至寧遠. 其遣援錦州·松山之兵, 有言六七百人者, 有言近千人者, 夜遇阿爾薩蘭等擊敗之. 朕率軍士於各處截戰, 誅戮甚衆, 獲其爲首副將三員, 止二百人得脫. 凡我國之人, 無不以爲庶洩前憾. 彼時布爾吉弟阿爾海, 至朕前, 言僅斬五十人. 朕責之曰, 所斬敵兵, 爾何由數之. 其後阿爾海隨鄭親王出師, 大敗錦州步兵, 勦殺甚衆, 阿爾海又言止二百人.

至內大臣多爾濟, 陣斬三人, 獲馬三匹, 阿爾海反言斬三十人, 獲馬三十匹, 詞意憤懣不平. 我國之人, 何乃出此言乎. 昨部議應斬, 朕從寬免死. 何爾兄弟等所爲俱如此妄亂耶. 湯古代·塔拜, 先隸和碩禮親王下, 今又改隸和碩睿親王下. 爾奪塔拜果園, 塔拜告於和碩睿親王, 爾等又告於和碩禮親王. 儻二王互相庇護, 則其事滋大, 即啟爭競誤國之端矣. 獨不見哈達國爲一牝豕, 兄弟相爭, 彼此庇護, 釀成禍階, 終至亡國乎. 爾之妄起釁端又如此. 又諭克什圖曰, 爾婿根舒, 獲罪伏誅, 以其妻改適馬爾扎甘, 令爾赴宴. 爾辭不往者何故. 夫根舒乃哈達貝勒使女所生. 馬爾扎甘, 則扎魯特貝勒之子. 豈其視爾反卑下乎. 爾每曠誤朝參, 常在家安坐, 彼蘇完地方索海之兄託會, 不效丈夫戮力以取功名, 自甘老死牖下, 今安在哉. 人生斯世, 須爲有用. 爾安坐於家何爲. 豈爾獨不爲旗分所統轄耶. 又諭衆曰, 自古爲人主者, 無論能愛同姓兄弟, 即能愛其親兄弟者, 亦鮮矣. 朕於宗族中, 分別賢否, 定爲差等, 賢者授以官爵, 愚者亦免差徭. 念係一本之誼, 務從其厚. 爾等若能戮力以立功名, 貴顯豈僅與他人等耶. 夫新附之瓦爾喀·虎爾哈, 及蒙古·漢人, 猶思盡忠效力. 以建功立名, 爾等分屬宗室, 乃不思竭誠盡職, 專事安閒, 何爲耶. 爾等將巴布賴之罪公議具奏. 於是衆議, 巴布賴應論死, 布爾吉·克什圖應送刑部勘問. 且云, 臣等亦實無善狀. 謹遵皇上訓諭, 嗣後當殫心竭力, 勉圖盡職. 奏聞, 上復諭曰, 巴布賴, 從寬免死. 嗣後巴布賴·阿爾海, 如不盡心奉職, 效力行間, 仍前恣行乖謬, 以取罪戾, 爾等不必奏請, 可即誅之. 布爾古, 年老, 克什圖, 不足比數, 竝從寬宥.

○ 정미일(6.21), 내국사원대학사(內國史院大學士) 가린·학사(學士) 로쇼·형부승정 소오하이·계심랑 어르거투 등에게 명하여, 기오로 부르기·사비간·설러·오오타(oota, 奧塔)·요오타(yoota, 姚塔)·랑

키오 등에게 전하여 형부로 모이게 했다. 바불라이에게 무릎을 꿇게 하고 종실 탕구다이와 기오로 부르기에게 유시했다. 「경오년(1630) 난주(灤州)를 버리고 왔을 때, 군사들은 한 장소를 정하고 그곳에 모여 함께 가자고 약속했다. 군사들은 모두 약속대로 모였고 적을 맞이하여 크게 싸웠으나, 너 탕구다이와 부르기만은 약속한 곳에 오지 않고 제멋대로 돌아왔다. 만약 너희가 모두 약속대로 모여서 힘을 모아 도왔으면 난주와 영평은 가까우니 어찌 패배했겠는가? 이것이 너희의 죄가 아니면 무엇인가?」

다시 부르기에게 유시했다. 「바불라이는 너의 동생으로서 죄를 지어 집에 머물러 있다. 관직 없이 아무런 일을 하지 않는데 어찌 무인년(1638) 호쇼이 예친왕(睿親王)을 따라 장성 안으로 들어가서 명나라를 정벌하게 하지 않았는가? 이후 송산(松山)을 공격했을 때에도 어째서 갑옷을 입고 성을 공격하게 하지 않았는가? 어찌 성을 공격하는 자는 반드시 죽고 공격하지 않는 자는 반드시 산다고 할 수 있는가? 이런 일에 대하여 그대는 어찌하여 바불라이에게 말해서 힘써 공을 세우게 하지 않는가?」

다시 바불라이에게 유시했다. 「송산(松山)에서 전투했을 때 너는 열병(熱病) 때문에 나아갈 수 없다고 말했다. 짐이 보기에 너는 그다지 몸집이 크지 않기에 열병이라고 속인 것이다. 병자년(1636) 어르커 추후르 버일러가 군사를 이끌고 금주(錦州)를 정벌했을 때 군사들은 적병을 추격했으나 너는 산 옆을 보면서 말을 끌고 가 버렸다. 어찌 복병이 있을까 두려워서 도망간 것이 아니겠는가? 네가 이렇게 두려워서 도망갔기에 무인년(1638) 가을에 출정하여 어르커 추후르 버일러가 중후소(中後所)에서 조대수의 군대를 만났을 때 우리 병사 9명과 말 30마리가 모두 적에게 죽임당했다. 우리나라 사람들이 이를 듣고 모두 분개하며 '어디서 조대수를 만나 이 한을 한번 풀 수 있을까?'라고 말했다. 기묘년(1639) 짐이 군사를 이끌고 송산(松山)을 포위했을 때,

조대수는 지원병을 철수하여 영원으로 돌려보냈으며 금주와 송산을 지원하도록 보낸 군사가 600-700명이라고도 하고 1,000명 정도라고도 했으나, 밤에 아르살란 등을 만나 격파되었다. 짐은 군사를 이끌고 각지에서 전투하여 다수의 적병을 사살하고 수장(首將)과 부장 3명을 포획했으며 200명만이 탈출했다. 우리나라 사람들은 모두 이전의 한을 거의 다 풀었다고 생각했다. 그때 부르기의 동생 아르하이가 짐 앞에 와서 겨우 50명만 간신히 참획했다고 말했다. 짐은 그를 책망하며 '너는 참획한 적병의 수를 어떤 방법으로 헤아렸는가?'라고 말했다. 이후 아르하이는 정친왕을 따라 출진했는데, 정친왕이 금주의 보병을 대패시키고 많은 적병을 사살했는데도 아르하이는 또 200명만 사살했다고 말했다. 내대신(內大臣) 도르지가 3명을 참획하고 말 3마리를 노획했을 때에도 아르하이는 오히려 30명을 참획하고 말 30마리를 노획했다고 말했으니, 분노하고 불평하면서 한 말이었다. 우리나라 사람이 어찌 이런 말을 하겠는가? 어제 부(部)의 논의에서는 참형에 처해야 한다고 했으나 짐은 용서하여 사형을 면해 줄 것이다. 어찌하여 너의 형제들은 모두 이렇게 난행을 저지르는가? 탕구다이와 타바이는 이전에 호쇼이 예친왕(禮親王) 속하에 있었으나 지금은 다시 호쇼이 예친왕(睿親王) 속하에 있다. 네가 타바이의 과수원을 빼앗자 타바이는 호쇼이 예친왕(睿親王)에게 고했고, 너희도 호쇼이 예친왕(禮親王)에게 고했다. 만약 두 친왕이 서로 자기 사람들을 감싸 주기만 하면 그 일은 매우 커질 것이며, 곧 다툼으로 인하여 국사를 그르치는 폐단을 열게 될 것이다. 하다국에서 돼지같은 여자 하나로 형제가 서로 다투고 편파적으로 비호하다가 재앙을 불러일으켜 결국 나라가 망한 것을 너만이 보지 못했는가? 네가 분열의 단초를 일으킨 것이 또한 이와 같다.」

다시 커시투에게 유시했다. 「너의 사위 건슈가 죄를 얻어 처형되고, 그의 처를 말자간(maljagan, 馬爾扎甘)에게 시집보내면서 너에게 연회자리에 가게 했다. 네가 사양하고 가지 않은 것은 무슨 까닭인가? 건슈는 하다 버일러의 여종의 소생이다. 말자간은 자루트 버일러의 아들이다. 어찌 너를 낮추어 보겠는가? 너는 매일 조회에 빠지고 늘 집에만 있는데, 저 수완(suwan, 蘇完) 지방 소오하이의 형 토호이(tohoi, 託會)는 대장부로서 힘써 공명을 세우지 않고 집에서 천수를 누리다 죽고자 했으나 지금 어디에 있는가? 사람이 세상을 살면서 자기 본분에 맞는 역할을 해야 한다. 너는 집에서 편안히 앉아 무엇을 하고 있는가? 어째서 너만이 기(旗)의 통제를 받지 않는가?」

또 여러 사람들에게 유시했다. 「예로부터 군주 된 자가 한 집안 형제들을 사랑하는 것은 물론 친형제를 사랑하는 경우도 드물다. 짐은 종족(宗族) 사람들 가운데 어진 자와 어리석은 자를 가리고 차등을 정하여, 어진 자에게는 관작을 내리고 어리석은 자에게도 차역(差役)과 요역(徭役)을 면제해 주었다. 생각해 보면 한 뿌리에서 난 사람들 간의 우의는 두텁게 해야 한다. 그대들이 힘써 공명을 세우면 지위가 높아지는 것이 어찌 다른 사람들과 같겠는가? 새로 귀부한 와르카와 후르카 및 몽고와 한인들도 충성을 다하고 힘써 공명을 세우고 있는데, 그대들은 종실이면서도 충성을 다하고 직분에 충실하지 않고 오로지 무사안일만을 일삼고 있으니, 이것이 어찌된 일인가? 그대들은 바불라이의 죄를 공동 논의하고 주를 작성하여 올려라.」

이에 여럿이 논의하여, 바불라이는 사형에 처하고, 부르기와 커시투는 형부에 보내어 심문하기로 건의하여 말했다. 「신들 또한 진실로 잘한 일은 없습니다. 이후에 황상의 훈유를 삼가 받들어 마음과 힘을 다하여서 직분을 다하겠습니다.」 상주를 올리자 주상이 다시 유시했다. 「바불라이는 용서하여 사형을 면해 준다. 이후 바불라이와 아르하이가 마음을 다하여 공무에 임하지 않거나 군무를 열심히 하지 않고 이전처럼 나쁜 짓을 자행하여 죄를 지으면 너희는 주청할 필요 없이 즉시 처결해도 좋다. 부르기는 나이가 많고 커시투는 함께 논할 정도의 죄는 아니니 모두 죄를 사면한다.」

○ 辛亥, 先是, 滿洲接近之哈達·葉赫·烏喇·輝發·蒙古諸國, 俱受明國敕書. 至是, 上以諸國歸附, 敎令統一, 明國敕書不得存留. 令大學士希福·范文程·剛林, 學士羅碩·胡球·額色黑等悉收之, 焚於篤恭殿前.

○ 신해일(6.25), 이전에 만주에 인접한 하다·여허·울라·호이파·몽고 등의 나라들이 모두 명나라의 칙서를 받았다. 이때에 주상은 이들이 귀부해 옴에 따라 조서를 내려 하나로 관할하게 하고 명나라의 칙서는 남겨 두지 못하게 했다. 대학사(大學士) 히퍼·범문정·가린, 학사(學士) 로쇼·후키오·어서허이 등에게 명하여 명나라의 칙서를 모두 수거하여 독공전(篤恭殿) 앞에서 불태우게 했다.

○ 壬子, 以伊爾登爲議政大臣. 星訥, 爲護軍參領兼議政大臣. 噶爾馬, 爲議政大臣. 張良弼, 爲禮部參政. 塞冷·巴哈納, 爲刑部參政.

○ 임자일(6.26), 일던을 의정대신으로, 싱너를 호군참령 겸 의정대신으로, 가르마를 의정대신으로, 장량필(張良弼)을 예부참정으로, 서령·바하나를 형부참정으로 삼았다.

○ 甲寅, 先是, 出明邊塞時, 鑲藍旗護軍統領巴都禮, 率護軍與追兵拒戰, 有舒賽牛彔下尼喀孫被傷墜馬, 令孟格牛彔下護軍校喇巴什希, 送歸行營. 喇巴什希, 塗遇尼喀孫本甲喇土彥圖牛彔下圖漢, 退避在後, 遂以尼喀孫付之, 令送歸行營. 喇巴什希復回拒戰, 圖漢受之, 竟不送至行營, 棄之去. 至是, 部議, 圖漢, 應論死. 巴都禮, 方敗敵後, 未曾察問, 比歸路已遠, 不能復往收取. 逮出邊之後, 始語甲喇章京俄里堪, 令以此事告於兵部, 俄里堪辭不往. 巴都禮又不親告兵部. 巴都禮, 應鞭一百, 償一人. 俄里堪, 雖不在行間, 不知其事. 但不聽護軍統領指揮往告兵部. 俄里堪, 應鞭五十. 奏聞. 上命鞭巴都禮八十, 償一人. 俄里堪, 交與護軍統領, 鞭五十. 圖漢, 免死, 鞭一百, 貫耳鼻.

○ 갑인일(6.28), 이전에 명나라 변방으로 출전했을 때, 양람기 호군통령 바두리가 호군을 이끌고 추격병과 항전했는데, 슈사이(šusai, 舒賽) 니루 속하 니카순(nikasun, 尼喀孫)이 부상을 입고 말에서 떨어지자, 멍거이(menggei, 孟格) 니루 속하 호군교 라바시히(labasihi, 喇巴什希)에게 니카순을 군영으로 보내게 했다. 라바시히는 니카순이 본래 소속된 잘란의 투얀투(tuyantu, 土彦圖) 니루 속하 투한(tuhan, 圖漢)이 후퇴하여 후미에 있는 것을 길에서 만나, 니카순을 맡기고 군영으로 보내게 했다. 라바시히는 다시 돌아가 항전했으나 투한은 니카순을 받은 후 군영까지 보내지 않고 버리고 가 버렸다. 이때에 부(部)에서 논의했다. 「투한은 사형으로 논해야 합니다. 바두리는 적을 패퇴시킨 후 니카순 신변에 대하여 묻지 않고, 귀로보다 멀어져 다시 가서 니카순을 데려올 수 없었기에 변방을 나온 후에야 잘란장긴 올리칸(olikan, 俄里堪)에게 말하여 사안을 병부에 알리도록 했습니다. 그러나 올리칸은 거절하고 가지 않았으며, 바두리 또한 병부에 직접 고하지 않았습니다. 바두리는 채찍 100대를 때리고 1명을 보상해야 합니다. 올리칸은 군중에 있지 않아 사안을 몰랐으나 병부에 가서 알리라는 호군통령의 지휘를 듣지 않았습니다. 올리칸은 채찍 50대를 때려야 합니

다.」 상주하자 주상이 명하여, 바두리는 채찍 80대를 때리고 1명을 보상하게 하고, 올리칸은 호군통령에게 교부하고 채찍 50대를 때리고, 투한은 사형을 면해 주되 채찍 100대를 때리고 귀와 코를 뚫었다.

○ 乙卯, 陞牛彔章京吳巴禮·山津, 爲三等甲喇章京. 加世襲二次, 共准襲四次. 以其奉命往張家口, 與明人創議開市, 有裨國計也.

○ 을묘일(6.29), 니루장긴 우발리(ubali, 吳巴禮)와 산진을 삼등 잘란장긴으로 승진시키고 2번 습직을 더하여 합계 4번 습직을 허락했다. 황명을 받들고 장가구(張家口)에 가서 명나라 사람과 개시(開市)를 의논하여 나라 살림에 도움이 되었기 때문이다.

秋七月, 丙辰朔.

○ 가을 7월 병진일 초하루(7.1).

○ 丁巳, 修書與明國通好, 遣把總徐文師·太監王朝進·張福祿等齎往, 竝附陣獲明德王朱由樻等上崇禎皇帝疏, 及太監馮允昇與明當事諸臣書, 遣前鋒將領努山·胡密嗇·布丹·巴蘭·俄莫克圖巴圖魯·鄂碩·蘇爾德·席特庫, 率每旗前鋒五人·章京四員, 甲士百人護送徐文師等, 至十三站. 與明主書曰, 大清國皇帝致書於明國皇帝. 朕見爾國軍民塗炭, 實惕於心, 故屢欲通好, 以享太平之福. 曾與袁崇煥, 及宣大邊臣言之, 不啻再三. 奈爾國不從, 輕視民命, 樂於搆兵, 以致失地喪師, 死亡百萬. 兵戈之禍, 實爾君臣不聽和議之所致耳. 倘兩國通好, 講信修睦, 安有此禍哉. 若謂朕之言和, 乃詐誘之計, 爾曾見朕既與人和而復有背盟之事耶. 且朕又何所迫而爲此詐誘耶. 在爾自謂預防我國之計誘, 爾果能預防乎. 爾縱能預爲之防, 城池又何嘗不失陷, 軍民又何嘗不覆沒也. 雖然, 朕今猶願與爾國通好也. 若果以禮交懽, 則朕爲大清, 爾爲大明, 各君其國而已, 有何崇卑上下之可爭. 自古天下, 非一姓所常有, 天運循環, 幾人帝, 幾人王, 有未成而中廢者, 有既成而復敗者, 豈有帝之裔常爲帝, 王之裔常爲王者哉. 獨不觀遼·金·元, 亦曾君臨天下, 後復轉, 而屬之明. 可見皇天無親, 善則培之, 否則傾之, 乃不易之理也. 如和事果成, 則俘獲之親王·郡王·奉國將軍, 及馮太監等, 一切釋還, 即使和事不成, 若以金幣來贖, 亦可聽允. 爾若不顧骨肉, 既不通好, 又不贖還, 朕必盡加誅戮. 爾既骨肉之罔念, 朕養仇敵以何爲. 且朕之欲通好者, 實從民命起見. 爾若不惜民命, 不願修好, 則天地自能鑒之, 朕亦奈之何哉. 若疑朕既屢言修好, 何又興兵不已, 試思和議未成之先, 何所據而罷兵. 果有欲和之意, 必彼此議定, 誓告天地, 夫然後可以罷兵矣. 朱由椌等疏曰, 臣等世受聖恩, 經今七世. 奈臣罪惡滔天, 失守封疆, 百姓塗炭, 臣罪何逭. 臣等自被擒以來, 蒙北朝聖上天恩, 未嘗加害, 皆推我皇上之顏面也. 臣等翹首專望我皇上施仁慈之心. 念宗派之情, 或兩國通和, 或贖, 臣等得歸故土, 再睹天顏, 臣六世祖塋, 再得奉祀, 臣亦得復生, 萬世頂戴不盡. 臣等不勝悲切戰慄之至, 爲此具本奏聞. 馮允昇書曰, 總督太監馮允昇, 致書於當事諸大臣. 允昇, 於十月十五日, 陣前被九王捉獲, 見在瀋陽. 今欲講和, 常人尚惜生靈, 昇豈不念民命. 如兩家講和, 親王回國, 昇等還朝, 干戈平定, 生靈幸甚, 豈不爲美. 先曾幾次奉遣講和之人, 及文書, 俱不能至御前. 此番萬不可隱蔽有誤國事, 致親王不得還朝. 衆大臣思之. 因允昇不得面君, 祈將此書鈔謄轉奏.

○ 정사일(7.2), 서신을 작성하여 명나라와 통호하고자, 파총(把總) 서문사(徐文師), 태감(太監) 왕조진(王朝進)·장복록(張福祿) 등에게 서신을 가지고 명나라로 가게 했다. 아울러 전장에서 생포된 명나라 덕왕(德王) 주유추(朱由樞) 등이 숭정황제에게 올리는 상소문과 태감 풍윤승(馮允昇)이 명나라의 일을 맡은 여러 신하들에게 보내는 서신도 함께 보냈다. 전봉장령(前鋒將領) 누산(nusan, 努山)·후미서(hūmise, 胡密嗇)·부단(budan, 布丹)·바란(baran, 巴蘭)·오목투 바투루·오쇼·숨더이·시터쿠 등에게 각 기(旗)에서 전봉(前鋒) 5명씩과 장긴 4명씩을 데리고 가도록 보냈으며, 갑사 100명은 서문사(徐文師) 등을 호송하여 십삼참(十三站)까지 갔다.

명나라 군주에게 보낸 서신에서 말했다. 「대청국 황제가 명나라 황제에게 서신을 보낸다. 짐은 그대 나라의 군민들이 도탄에 빠진 것을 보니 실로 마음이 아프다. 때문에 자주 통호를 청하여 태평의 복을 누리고자 했다. 이전에 원숭환과 선부(宣府)와 대동(大同)의 변신들에게 한두 번 말한 것이 아니다. 그런데도 그대 나라는 이에 따르지 않고 백성의 목숨을 가벼이 여기고 전쟁을 기꺼이 여겨 영토와 병사를 잃고 100만 명이 죽기에 이르렀다. 전쟁의 화를 입게 된 것은 바로 그대 군신(君臣)들이 화의를 하지 않았기 때문이다. 만약 양국이 통호하여 서로 신뢰하고 화목을 다졌더라면 어찌 이런 재앙이 있었겠는가? 만약 짐이 화호를 말하는 것이 꾀어내려는 속임수라고 생각한다면, 짐이 사람들과 화호한 후에 번복하고 맹세를 저버린 일을 그대는 본 적이 있는가? 또한 짐이 수세에 몰려 이러한 속임수를 쓰겠는가? 그대 입장에서는 우리나라의 속임수를 미리 방비하려고 생각할 수도 있겠지만, 그대가 정말로 미리 방비할 수 있는가? 그대가 설령 미리 방비해도 성지가 어찌 함락되지 않을 것이며 군민도 어찌 망하지 않을 것인가? 비록 그렇다 해도 짐은 이제 그대 나라와 통호하기를 바란다.

만약 예로써 서로 화호하면 짐은 대청(大淸)을 다스리고 그대는 대명(大明)을 다스려서 각자 자신의 나라를 다스리면 될 뿐이니 어찌 존비와 상하를 다투겠는가? 예로부터 천하는 한 성(姓)이 영원히 소유하는 것이 아니다. 하늘의 운이 순환하여 몇 사람의 황제와 몇 사람의 왕자(王者)에게 조짐이 드러나고, 대업을 이루지 못하고 중도에 그친 자도 있었고, 대업을 이룬 후에 다시 패망한 자도 있었다. 어찌 황제의 자손이 영원히 황제가 되고 왕(王)의 자손이 영원히 왕이 되겠는가? 일찍이 요·금·원도 천하에 군림했다가 나중에 전복되어 천하가 명에 속하게 된 것을 그대만 보지 못했는가? 하늘은 편애하는 법이 없어 신한 자는 길러 주고 그렇지 못한 자는 무너뜨리는 것이 곧 변함없는 이치임을 알 수 있다. 만약 화호가 이루어지면 포획한 친왕·군왕·봉국장군 및 풍 태감(馮太監) 등을 모두 석방하여 돌려보낼 것이며, 설령 화호가 이루어지지 못해도 만약 금폐를 가지고 와서 속죄하면 또한 받아 줄 것이다.

그대가 만약 골육을 돌아보지 않고 우리와 통호도 하지 않고 속환도 하지 않으면 짐은 모두 죽일 것이다. 그대가 골육을 살리기 위하여 애쓰지 않는데 짐이 원수를 길러서 무엇 하겠는가? 또한 짐이 통호를 하려는 것은 실로 백성의 목숨을 아끼려는 것이다. 만약 그대가 백성의 목숨을 아끼지 않고 수호하기를 바라지 않으면 천지신명께서 이를 살피실 것이니 짐이 또한 어찌하겠는가? 만약 짐이 누차 수호를 말하면서도 어째서 끊임없이 군대를 일으키는지 의심스럽다면, 아직 화의가 이루어지기 전인데 무엇을 믿고 병사를 파하겠는가? 정말로 화호하고자 하는 마음이 있다면 서로 논의하고 결정하여 천지에 맹세하고 고해야 한다. 그후에 병사를 파할 수 있다.」

주유추(朱由榀) 등이 명나라 황제에게 상소하여 말했다. 「신들이 대대로 성은을 입은 지 일곱 대째입니다. 그러나 신의 죄악은 하늘에 닿을 정도로 커서 봉강을 제대로 지키지 못했고 백성은 도탄에 빠졌으니, 신의 죄를 어떻게 피할 수 있겠습니까? 신들은 붙잡힌 후 북조

(北朝) 성상의 천은을 입어 해를 입지 않았으니 모두 우리 황상의 체면을 공경한 것입니다. 신들은 오로지 우리 황상께서 인자한 마음을 베푸시기만을 고대하고 있습니다. 종친의 정을 생각하시어 양국이 통호하거나 속전(贖錢)을 지불하면, 신들은 고토(故土)로 돌아가서 용안을 다시 뵈올 수 있고, 제 위로 여섯 선조들의 선영에도 다시 제사를 받들 수 있으며, 신 또한 다시 목숨을 부지할 수 있을 것이니 감사한 마음이 영원토록 끝이 없을 것입니다. 신들은 비통하고 두려운 지극한 마음을 이기지 못하여 주본(奏本)을 작성하여 상주합니다.」

풍윤승(馮允昇)이 서신에서 말했다. 「총독태감(總督太監) 풍윤승이 일을 맡은 신하들께 서신을 보냅니다. 저 풍윤승은 10월 15일 전선에서 구왕(九王)[1]에게 붙잡혀서 현재 심양에 있습니다. 이제 화친하고자 하니, 여러 사람들도 생명을 아끼는데 저 풍윤승이 어찌 백성들의 목숨을 생각하지 않겠습니까? 만약 두 나라가 강화하면 친왕께서 귀국하실 것이고 저 풍윤승 등도 조정으로 돌아갈 수 있을 것이며, 전쟁도 끝날 것이고 만백성도 안전할 것이니 어찌 좋지 않겠습니까? 강화를 위하여 이전에 몇 번 파견한 인원과 문서는 모두 어전(御前)에 이르지 못했습니다. 이번에도 은폐하여 국사를 그르쳐서 친왕께서 조정에 돌아가지 못하게 되면 결코 안 됩니다. 여러 대신들은 생각해 주십시오. 저 풍윤승은 용안을 뵐 수 없으니, 이 서신을 초사하여 상주를 전달해 주시기 바랍니다.」

○ 乙丑, 科爾沁國和碩福妃 · 和碩賢妃 · 卓禮克圖親王吳克善 · 巴圖魯郡王滿朱習禮來朝. 皇后率諸王 · 貝勒福金, 迎於演武場, 宴之.

---

1 九王은 도르곤을 가리킨다.

○ 을축일(7.10), 코르친국 호쇼이 복비(和碩福妃)·호쇼이 현비(和碩賢妃)·조릭투 친왕 욱샨·바투루 군왕 만주시리가 내조했다. 황후는 여러 왕·버일러들의 푸진들을 데리고 연무장에서 맞이하고 잔치를 베풀어 주었다.

○ 丙寅, 正紅旗梅勒章京布爾吉, 因年老無能, 解任, 以葉克書代之.

○ 병인일(7.11), 정홍기 머이런장긴 부르기가 연로하고 무능하여 해임되었으며, 역슈가 이를 대신했다.

○ 部議, 喀木戚哈·石蘭·葉勒申·庫塞訥·班布禮·畢禮克圖·得穆圖·牙布喀·法譚·泰什喀, 攻松山時, 未豎雲梯, 又棄梯而還. 敵至穿壕, 全不知覺, 應論死. 奏聞. 上命圈禁三日, 其罪准納贖.

○ 부(部)에서 논의했다. 「캄치하·시란·여러션·쿠서너(kusene, 庫塞訥)·밤부리(bamburi, 班布禮)·빌릭투(biliktu, 畢禮克圖)·덤투(demtu, 得穆圖)·얍카(yabka, 牙布喀)·파탄(fatan, 法譚)·타이시카(taisika, 泰什喀)는 송산(松山)을 공격했을 때 운제(雲梯)를 세우지 않은데다 운제를 버리고 돌아왔고, 적이 와서 해자를 팠는데도 전혀 알아차리지 못했으니 사형에 처해야 합니다.」 상주를 올리자, 주상은 3일간 구금하도록 명하고 죄는 납속하도록 허가했다.

○ 科爾沁國和碩福妃·和碩賢妃·卓禮克圖親王吳克善·巴圖魯郡王滿朱習禮, 具盛筵於崇政殿, 獻上. 并獻貂裘·雕鞍·貂皮·駝

馬 · 牛羊. 酌納之.

○ 코르친국 호쇼이 복비(和碩福妃) · 호쇼이 현비(和碩賢妃) · 조릭투 친왕 욱샨 · 바투루 군왕 만주시리가 숭정전(崇政殿)에서 큰 잔치를 갖추어 주상에게 바쳤다. 아울러 담비가죽옷 · 조각한 안장 · 담비가죽 · 낙타와 말 · 소와 양을 주상에게 바치니, 헤아려서 받았다.

○ 是日, 科爾沁國巴圖魯郡王滿朱習禮, 以聘多羅安平貝勒杜度妹, 獻馬匹 · 牛羊.

○ 이날 코르친국 바투루 군왕 만주시리는 도로이 안평 버일러 두두의 여동생과 정혼한 일로 말 · 소와 양을 헌상했다.

○ 庚午, 中元節, 遣官祭太廟 · 福陵. 命鎭國公扎哈納, 輔國公顧爾瑪洪 · 杜爾祜, 梅勒章京多濟里 · 德爾得赫等, 率八旗將士出戍, 諭之曰, 爾等此行, 當慎加防守, 修治弓矢 · 器械, 勿忘習射, 勿圖閒居. 雖有勇士 · 器械, 不精亦無用也. 藩城 · 新城, 各有援兵二百, 當豫與之約, 遇有事時, 速來接應.

○ 경오일(7.15), 중원절(中元節), 관원을 보내어 태묘(太廟)와 복릉(福陵)에 제사를 지내고 진국공(鎭國公) 자카나, 보국공(輔國公) 굴마훈 · 두르후, 머이런장긴 도지리 · 더르더허이 등에게 명하여 팔기 장수와 병사들을 이끌고 수비하러 나가고 유시하게 했다. 「그대들은 이번 행차에서 더욱 신중히 방비하고 활과 화살 · 무기들을 수리하고 활

쏘기 연습을 잊지 말고, 안락하게 지내려고 하지 마라. 비록 용맹한 병사와 무기가 있어도 정예가 아니면 쓸모가 없다. 번성(藩城)과 신성(新城)에는 각각 지원병 200명이 있으니 미리 이들과 약속해 두었다가 유사시에 속히 와서 호응하라.」

○ 辛未, 以多羅安平貝勒杜度之妹下嫁科爾沁巴圖魯郡王滿朱習禮, 上御崇政殿, 和碩親王以下牛彔章京以上, 俱集. 固倫公主·和碩公主·和碩福金以下大臣妻以上, 皆集清寧宮. 大宴. 滿朱習禮獻雕鞍·甲冑·馬駝, 上酌納之, 分賜和碩禮親王代善·多羅安平貝勒杜度·固山貝子尼堪有差.

○ 신미일(7.16), 도로이 안평 버일러 두두의 여동생이 코르친 바투루 군왕 만주시리에게 시집을 간다고 하여, 주상이 숭정전(崇政殿)에 들었고 호쇼이 친왕 이하 니루장긴 이상들도 모두 모였다. 구룬 공주·호쇼이 공주·호쇼이 푸진 이하 대신들의 처 이상들은 모두 청녕궁에 모여서 큰 잔치를 벌였다. 만주시리가 조각한 안장·갑옷과 투구·말과 낙타를 헌상하자 주상은 헤아려서 받고, 이를 나누어 호쇼이 예친왕(禮親王) 다이샨·도로이 안평 버일러 두두·구사이 버이서 니칸에게 차등 있게 하사했다.

○ 以朝鮮國王李倧, 攻服東海熊島, 執加哈禪來獻. 賜李倧銀二百兩, 通事辛達里等, 各賜銀兩有差.

○ 조선국왕 이종(李倧)이 동해(東海)의 웅도(熊島)를 공격하여 복속시키고 기야하찬(giyahacan, 加哈禪)[2]을 잡아 와서 헌상했다. 이종(李

倧)에게 은 200냥을 하사하고 통사(通事) 신다리(sindari, 辛達里) 등에게도 각각 은량을 차등 있게 하사했다.

○ 甲戌, 朝鮮國王李倧, 以征明克捷, 遣陪臣沈悅等齎表慶賀, 并貢方物. 如例宴賞, 遣還.

○ 갑술일(7.19), 조선국왕 이종(李倧)은 청이 명나라를 정벌하여 승리한 일로 배신 심열(沈悅) 등을 파견하여 표문을 보내서 경하하고 방물을 진공했다. 정례(定例)에 따라 연회를 베풀어 주고 포상한 후에 돌려보냈다.

○ 土默特部落章京古祿格等來朝, 貢駝馬·綵緞等物.

○ 투메트 부락 장긴 굴루거 등이 내조하여 낙타와 말·채단 등을 진공했다.

○ 乙亥, 先是, 固山額眞杜雷旗下公和爾本牛彔下新滿洲一戶三人, 科爾泰牛彔下新滿洲三戶七人, 俱無妻室. 杜雷, 牛彔章京和爾本·科爾泰, 咨送戶部. 部員吳勒木·布舒庫, 與杜雷轉達禮親王代善時, 和爾本言, 此乃我牛彔下人, 我當與之妻室. 代善曰, 有此例乎. 吳勒木·布舒庫對曰, 有. 後和爾本不給與妻室, 五人皆逃, 竟去者三人,

---

2 『조선인조실록』에는 '慶河昌'으로 기록되어 있다. 『조선인조실록』 38권, 인조 17년 1월 30일.

復還者二人. 戶部訊之得實, 議, 杜雷, 不恤無妻室之人, 以致逃散, 應罰償男婦六口. 和爾本, 先許後止, 應罰婦人四口, 給新滿洲爲妻. 此十人皆撥出和爾本牛彔. 禮親王代善, 吝惜財力, 不給新滿洲妻室, 應罰銀五百兩. 兩驍騎校, 知新滿洲無婦人, 不以告部. 部員吳勒木 · 布舒庫, 妄以有例對, 俱應各鞭八十. 上從之.

○ 을해일(7.20), 이전에 구사어전 둘러이 기(旗) 속하 공(公) 홀본 니루 속하 신만주 1호(戶) 3명과 코르타이(kortai, 科爾泰) 니루 속하 신만주 3호(戶) 7명이 모두 아내가 없었다. 둘러이 · 니루장긴 홀본 · 코르타이는 호부에 자문(咨文)을 보냈다. 호부의 관원인 울러무 · 부슈쿠가 둘러이와 함께 예친왕(禮親王) 다이샨에게 대신 전달하자 홀본이 말했다. "이들은 저의 니루 속하 사람이니 제가 그들에게 아내를 맞이하게 해야 합니다." 다이샨이 "이러한 사례가 있는가?"라고 묻자, 울러무 · 부슈쿠가 있다고 대답했다. 이후 홀본이 아내를 마련해 주지 않아 5명이 모두 도주했으나, 완전히 도망간 자는 3명, 다시 돌아온 자는 2명이었다. 호부가 이들을 심문하니 사실이었으므로 다음과 같이 논의했다. 「둘러이는 아내가 없는 사람들을 돌보지 않아 이들이 도주하게 되었으니 남녀 6명을 벌로 보상해야 합니다. 홀본은 먼저 허락해 놓고 나중에는 하지 않았으니 벌로 부녀자 4명을 보상하여 신만주에게 아내로 삼게 해야 합니다. 이 10명은 모두 홀본의 니루에서 선발해야 합니다. 예친왕(禮親王) 다이샨은 재물을 아까워하여 신만주에게 아내를 마련해 주지 않았으니 벌은 500냥에 처해야 합니다. 두 효기교는 신만주에게 아내가 없음을 알면서도 부(部)에 알리지 않았습니다. 부원(部員) 울러무 · 부슈쿠는 그런 사례가 있다고 멋대로 대답했으니 각각 채찍 80대를 때려야 합니다.」 주상이 이에 따랐다.

○ 召入諸王・貝勒・貝子・公, 及文武各官, 集於篤恭殿. 命大學士剛林・范文程, 學士羅碩等宣諭曰, 天生馬牛, 所以供驅馳備耕種也. 今荷天庥, 外藩貢馬既多, 牧場又復蕃息. 不以與人, 將安用之. 朕欲以馬千餘匹, 給與衆人. 自公以及固山額眞, 下逮披甲兵卒, 不論滿洲・蒙古・漢人, 有願衝鋒破敵先登拔城爲國效力者, 准給馬匹. 其或以既領馬匹仍不能效力行間, 致被稽査獲罪, 此不必爲慮也. 夫效力亦在伊等, 有心報效, 何事不可有爲. 伊等又或以向在行間未有顯績, 不敢領馬, 不知既往之事, 朕所弗究. 嗣後果能效力, 亦未爲不善也. 凡願領馬者, 俱赴兵部報名.

○ 여러 왕・버일러・버이서・공(公) 및 문무관원들을 불러서 독공전(篤恭殿)에 모이게 했다. 대학사(大學士) 가린・범문정, 학사(學士) 로쇼 등에게 선유하여 말했다. 「하늘이 말과 소를 낳으신 것은 빨리 달리는 데 사용하고 농사에 쓰게 하려는 것이다. 이제 하늘의 보우에 힘입어 외번이 진공한 말이 많은데다 목장에서 기른 말들도 증가했다. 사람들에게 주지 않으면 어디에 쓰겠는가? 짐은 말 1,000여필을 사람들에게 주고자 한다. 공(公)・구사어전부터 피갑(被甲) 병졸에 이르기까지 만주・몽고・한인의 구분 없이, 선봉에 서서 적을 격파하고 성벽에 먼저 올라 성을 함락시켜 나라를 위하여 힘써 보답하려는 자가 있다면 말을 주는 것을 허락한다. 말을 받은 후에 전장에서 힘써 보답하지 못하여 조사받고 죄를 얻게 되는 일은 걱정할 필요 없다. 힘써 보답하는 것은 그들에게 달린 것이니, 애써 은혜를 갚으려는 마음이 있으면 못할 것이 무엇이겠는가? 그들이 이전 전투에서 뚜렷한 공적이 없기에 감히 말을 받을 수 없다고 해도, 이전의 일은 알지 못하니 짐은 캐묻지 않을 것이다. 이후 힘써 보답할 수 있으면 또한 나쁘지 않다. 말을 받으려는 자들은 모두 병부로 와서 지원하라.」

○ 辛巳, 科爾沁國和碩賢妃·卓禮克圖親王吳克善·巴圖魯郡王滿朱習禮, 謝賜儀仗恩, 具筵於崇政殿獻上, 復獻雕馬匹. 却之.

○ 신사일(7.26), 코르친국 호쇼이 현비(和碩賢妃)·조릭투 친왕 욱샨·바투루 군왕 만주시리가 의장을 하사한 황은에 사의를 표하여 숭정전(崇政殿)에서 연회를 갖추어 주상에게 바치고, 다시 조각한 안장을 갖춘 말을 바쳤다. 이를 받지 않았다.

○ 甲申, 牛彔章京滿敦病故, 以其子敦多克襲職. 一等甲喇章京班木布古英病故. 以其子都巴襲職, 仍准再襲五次. 三等甲喇章京袞布病故, 以其子寶珠襲職, 仍准再襲八次. 一等甲喇章京程雲病故, 以其子九錫襲職, 仍准再襲七次. 三等梅勒章京布當病故, 以其子袞濟襲職, 仍准再襲九次.

○ 갑신일(7.29), 니루장긴 만둔(mandun, 滿敦)이 병사하여 그 아들 돈독(dondok, 敦多克)에게 습직시켰다. 일등 잘란장긴 밤부 구영(bambu guyeng, 班木布古英)이 병사하여 그 아들 두바(duba, 都巴)에게 습직시키고 5번 습직을 허락했다. 삼등 잘란장긴 굼부(gumbu, 袞布)가 병사하여 그 아들 보오주(booju, 寶珠)에게 습직시키고 8번 습직을 허락했다. 일등 잘란장긴 정운(程雲)이 병사하여 그 아들 구석(九錫)에게 습직시키고 7번 습직을 허락했다. 삼등 머이런장긴 부당(budang, 布當)이 병사하여 그 아들 군지(gunji, 袞濟)에게 습직시키고 9번 습직을 허락했다.

권48

숭덕 4년 8월 ~ 9월

崇德 四年 己卯, 八月 丙戌朔.

○ 숭덕 4년 기묘년 8월 병술일 초하루(8.1).

○ 以俄黑爲禮部啟心郎, 宋愛爲理藩院啟心郎.

○ 워허(wehe, 俄黑)를 예부계심랑(禮部啟心郎)으로 삼고, 숭가이(sunggai, 宋愛)를 이번원계심랑(理藩院啟心郎)으로 삼았다.

○ 賜朝貢厄魯特部落格隆寨桑, 衛徵喇嘛下額宜圖, 哲喇嘛, 及格隆下班第白爾克擺什 · 阿滿等, 緞布有差.

○ 조공을 바치러 온 울러트 부락의 겔룽 자이상(gelung jaisang, 格隆寨桑), 워이정 라마 속하의 어이투(eitu, 額宜圖), 저 라마(je lama, 哲喇

嘛) 및 겔룽 속하의 반디(bandi, 班第)·베르케(berke, 白爾克)·바이시(baisi, 擺什)·아만(aman, 阿滿) 등에게 비단과 면포를 차등 있게 내렸다.

○ 己丑, 授宗室爲固山貝子·鎭國公·輔國公·鎭國將軍·奉國將軍等爵有差, 各賜誥命. 誥詞曰, 奉天承運寬溫仁聖皇帝制曰, 自古應運之君, 加恩宗族, 錫以封號, 必論其功德, 所以愼爵賞, 別親疏, 定名分, 乃朝廷之盛典, 萬世不易之常經也. 朕登大寶, 爰倣古制, 誼隆木支, 亦衡功德, 以別等第. 其受封者, 當修身正心, 勤勞國政, 協輔朕躬, 奉法勿怠, 以盡忠藎. 若違命叛逃, 臨陣退縮, 干犯名分者, 革去世職, 按法奪其人丁, 量罪示罰, 其餘過犯, 俱從寬免, 子子孫孫, 世世承襲, 尙其欽哉, 勿負朕敦宗睦族之至意.

○ 기축일(8.4), 종실들에게 구사이 버이서·진국공(鎭國公)·보국공(輔國公)·진국장군(鎭國將軍)·봉국장군(奉國將軍) 등의 작위를 차등 있게 내리고 각기 고명(誥命)을 하사했다. 고명에서 말했다. 「봉천승운관온인성황제가 제(制)한다. 예로부터 천운을 따르는 군주는 종족(宗族)에게 은혜를 더하여 봉호를 내릴 때 반드시 그 공덕을 논한다. 그러므로 작위와 상을 신중히게 내리고 친함과 친하지 않음을 분별하여 명분(名分)을 정하는 것은 조정의 제도이고 만세토록 변하지 않는 원칙이다. 짐은 제위(帝位)에 등극하여 옛 제도를 본받고 도리로써 종실을 융성하게 했으며 또한 공덕을 헤아려 위아래를 분별했다. 책봉된 자는 몸을 닦고 마음을 바르게 하여 국정을 위해 힘쓰고 짐을 도와 법을 받들어 태만함 없이 충성을 다하여야 한다. 만약 명령을 어기고 배반하거나 전장에서 움츠리고 물러나거나 명분을 거스르는 자가 있다면 세직(世職)을 혁파하고 법에 따라 그의 인정(人丁)을 빼앗고 죄를 헤아려 벌주어 본보기로 삼을 것이다. 그 밖의 잘못은 모두 너그럽게

용서하고 자손 대대로 이어받게 할 것이다. 항상 공경하라. 짐이 종실을 두터이 대하고 화목하게 하는 뜻을 저버리지 말라.」

○ 庚寅, 先是, 命多爾濟達爾漢諾顏, 參政塞冷·尼堪等, 率八旗內外審事官, 集敖漢·柰曼·三吳喇忒·二扎魯特·穆章·四子部落·二巴林·二翁牛特諸部, 於西拉木輪河, 烏蘭布爾噶蘇地方, 會同外藩貝勒·大臣等, 公訊征濟南府·中後所二處, 遣兵不及額及一切事情, 議罰柰曼達爾漢郡王衮出斯巴圖魯·穆章各馬五十匹, 宜爾扎木馬三十匹. 又衮楚克·塔爾濟·吳班·吉勒黑·達彥等五人, 前征密雲時, 自其汛地却避, 隨執之, 諸固山額眞·護軍統領·外藩蒙古貝勒與兵部大臣公議, 爲首五人, 罪應死, 仍籍其家, 小撥什庫各鞭一百, 甲士各鞭五十. 遂以所議啟二多羅貝勒, 二貝勒曰, 若戰敗而走, 自當論死, 彼等不過規避汛地耳. 且衮楚克·塔爾濟, 有投誠功, 應免死, 削職, 籍其家. 吳班·吉勒黑·達彥等三人, 應各鞭一百, 籍其家, 小撥什庫等各鞭一百, 甲士各鞭五十, 釋放.

○ 경인일(8.5), 이전에 도르지 다르한 노얀, 참정 서렁·니칸 등에게 명하여 팔기의 내외 심사관(審事官)을 데리고 아오한·나이만·울러트 3부·자루트 2부·무장·사자(四子) 부락·바린 2부·옹니우트 2부 등의 여러 부를 시라무렌 강의 울란 부르가수(ulan burgasu, 烏蘭布爾噶蘇) 지방에 소집하고, 외번 버일러·대신(大臣)과 회동하여 제남부(濟南府)와 중후소(中後所) 두 곳을 정벌할 때 파견한 병사가 액수에 미치지 못한 일과 일체의 사정을 신문하게 했다. 의논하여 나이만 다르한 군왕 군추스 바투루와 무장은 각기 말 50마리씩, 이르잠은 말 30마리를 벌로 부과하기로 했다. 또 군축·타르지·우반·길러허이(gilehei, 吉勒黑)·다얀(dayan, 達彥) 등 5명은 전에 밀운(密雲)을 정벌

할 때 그들의 주둔지에서 피하여 퇴각하다가 붙잡혔다. 여러 구사어전 · 호군통령 · 외번몽고 버일러와 병부 대신들이 함께 의논하여 우두머리 5명은 죽이고 가산을 몰수하며, 소(小) 보쇼쿠는 각기 채찍 100대를 때리고, 갑사(甲士)는 각기 채찍 50대를 때려야 한다고 했다. 이렇게 의논한 내용을 두 도로이 버일러에게 말하니 두 버일러가 말했다. "만약 전투에서 패해 도망갔다면 죽어 마땅한 죄이지만, 이들은 주둔지에서 피할 길을 꾀한 것에 불과하다." 또한 군축 · 타르지는 투항한 공이 있으니 사형을 면해 주고 삭직하고 가산을 몰수했다. 우반 · 길러허이 · 다얀 3명은 각기 채찍 100대를 때리고 가산을 몰수했다. 소(小) 보쇼쿠는 각기 채찍 100대를 때렸다. 갑사(甲士)들은 채찍 50대씩을 때리고 풀어 주었다.

又出征喀爾喀師旋時, 令富者出馬與無馬者均乘, 敖漢固倫額駙多羅郡王下達當吳巴什及子塞桑 · 俄木布, 私藏馬百四十匹於格格特地方. 達當家人托博克云, 藏馬無罪乎. 聞者以告達當, 達當欲殺之, 令家人巴野 · 枯庫 · 和洛科三人, 往執托博克, 托博克逃至盛京首告, 會勘得實, 達當 · 塞桑 · 俄木布父子三人, 應論死, 籍其家. 又克西克騰下瑣諾木 · 博羅戶 · 布木巴三人, 不追畢力克, 議瑣諾木應奪所屬人員, 博羅戶應追回賜給人員, 布木巴應罰馬三十匹. 又四子部落宜爾札木, 元旦不朝賀進貢, 議奪所屬人員. 奏聞, 得旨, 衮出斯巴圖魯 · 穆章 · 宜爾扎木, 各免罰馬, 衮楚克 · 塔爾濟 · 吳班 · 吉勒黑 · 達彥, 各免罪, 及籍沒家產止分其牲畜爲三分, 以二分給本主, 一分給察哈爾國大臣, 達當 · 塞桑 · 俄木布, 各免死, 籍其家, 以人丁四十四戶, 并馬駝牛羊賜固倫額駙郡王, 竝給貧戶. 瑣諾木 · 宜爾扎木, 免奪屬員, 博羅戶免追所賜人員, 及布木巴俱各罰牲畜有差.

또 칼카에 출정한 군사가 개선했을 때 부유한 자가 말이 없는 자에게 말을 내놓아 균등히 타게 하라고 했었는데, 아오한의 구룬 어푸 도로이 군왕 속하의 다당 우바시(dadang ubasi, 達當吳巴什) 및 그 아들 자이상·옴부는 사사로이 말 140마리를 거거터이(gegetei, 格格特) 지방에 숨겼다. 다당의 가인(家人) 토복(tobok, 托博克)이 "말을 숨긴 것에 죄가 없는가?"라고 말했다. 이를 들은 사람이 다당에게 말하니 다당이 그를 죽이고자 가인(家人) 바야이(bayai, 巴野)·쿠쿠(kuku, 枯庫)·호로코(horoko, 和洛科) 3명에게 가서 토복을 붙잡아 오게 했다. 토복이 성경(盛京)으로 도망쳐 이를 고발했고 회동하여 조사하니 사실이었다. 다당·자이상·옴부 부자(父子) 3명을 죽이고 가산을 몰수해야 한다고 의논했다. 또 케식텐 속하의 소놈·보로호(boroho, 博羅戶)·붐바(bumba, 布木巴) 3명은 빌럭을 좇지 않았으니 소놈은 소속 인원을 빼앗고 보로호는 내려 준 인원을 회수하고 붐바는 말 30마리를 벌로 부과해야 한다고 의논했다. 또 사자(四子) 부락의 이르잠은 새해 첫날에 조하(朝賀)하여 진공(進貢)하지 않았으니 그의 소속 인원을 빼앗아야 한다고 의논했다.

상주를 올리니 지(旨)에서 말했다. 「군추스 바투루·무장·이르잠에게 말을 벌로 부과하는 것을 면해 준다. 군축·타르지·우반·길러허이·다얀은 각기 죄를 면해 주고 적몰한 가산은 가축을 삼등분하여 그중 2분은 주인에게 주고 1분은 차하르국의 대신에게 주어라. 다당·자이상·옴부는 각기 사형을 면해 주고 가산을 적몰하여 인정(人丁) 44호 및 말·낙타·소·양은 구룬 어푸 군왕에게 하사하여 가난한 백성들에게 나누어 주게 하라. 소놈·이르잠은 소속 인원을 빼앗는 것을 면해 주고, 보로호는 내려 준 인원을 회수하는 것을 면해 주고 붐바와 같이 각기 차등 있게 가축을 벌로 부과하라.」

○ 壬辰, 科爾沁國扎薩克圖郡王布塔齊以其子娶和碩禮親王代善女, 來朝見, 并謝賜其妻儀仗, 恩具筵獻上.

○ 임진일(8.7), 코르친국 자삭투 군왕 부타치가 그의 아들을 호쇼이 예친왕(禮親王) 다이샨의 딸에게 장가보냈기에 알현하러 왔다. 처와 의장(儀仗)을 하사한 황은에 감사하며 연회를 갖추어 주상에게 바쳤다.

○ 甲午, 命多羅貝勒豪格管戶部事, 多羅安平貝勒杜度管禮部事, 多羅貝勒多鐸管兵部事.

○ 갑오일(8.9), 명하여 도로이 버일러 호오거에게 호부의 일을 관할하게 하고, 도로이 안평 버일러 두두에게 예부의 일을 관할하게 하고, 도로이 버일러 도도에게 병부의 일을 관할하게 했다.

○ 遣薩爾糾 · 英古 · 納爾泰 · 席圖等, 率兵征庫爾喀部落. 諭曰, 爾等可於喇發地方, 飼養馬匹, 即行前進. 爾等兵少, 宜合爲一隊以行, 如得勝時, 勿貪得而輕殺, 勿妄取以爲俘. 抗拒者諭之使降, 殺傷我兵者誅之, 其歸附者編爲戶口, 令貢海豹皮, 又須勸諭伊等棄惡從善, 共爲良民. 安輯旣畢, 止可遣人來報一次. 若頻報, 則恐兵少力煩. 又軍行往返, 俱不可經朝鮮之地, 致有侵擾.

○ 사르기오(sargio, 薩爾糾) · 잉구(inggu, 英古) · 나르타이(nartai, 納爾泰) · 시투(situ, 席圖) 등을 보내 병사를 이끌고 쿠르카(kūrka, 庫爾喀)

부락을 정벌하게 하고 유시했다. 「너희는 라파(lafa, 喇發) 지방에서 말을 먹이고 즉시 전진하라. 너희의 병력이 적으니 한 부대처럼 합쳐서 이동해야 한다. 승기를 잡았다고 하여 재물을 탐해 멋대로 죽이지 말고 함부로 취하여 포로로 삼지 말라. 항거하는 자는 항복하라고 타이르고, 우리 병사를 살상하는 자는 주살하라. 귀부하는 자는 호구(戶口)로 편성하여 바다표범가죽을 공물로 내게 하고, 그들이 악을 버리고 선을 따라 모두 양민(良民)이 되어야 한다고 권유하라. 안주시키는 것이 끝나면 사람을 보내 한 번만 보고해도 된다. 보고가 지나치게 잦으면 병사가 적은데 번거로울 수 있다. 또 군대가 오고 갈 때 모두 조선 땅을 경유하니 소요를 일으키면 안 된다.」

○ 庚子, 阿章攜馬二匹, 自錦州來歸.

○ 경자일(8.15), 아장(ajang, 阿章)이 말 2마리를 가지고 금주(錦州)에서 내귀해 왔다.

○ 辛丑, 以和碩禮親王代善女, 下嫁科爾沁國扎薩克圖郡王布塔齊子多爾濟. 和碩親王以下, 牛彔章京以上, 固倫公主 · 和碩公主 · 和碩福金以下, 命婦以上俱集, 大宴成婚.

○ 신축일(8.16), 호쇼이 예친왕(禮親王) 다이샨의 딸이 코르친국 자삭투 군왕 부타치의 아들 도르지에게 하가(下嫁)했다. 호쇼이 친왕 이하 니루장긴 이상, 구룬 공주 · 호쇼이 공주 · 호쇼이 푸진 이하 명부(命婦) 이상이 모두 모이니 크게 연회를 베풀고 혼인했다.

○ 科爾沁國和碩福妃·和碩賢妃·卓禮克圖親王吳克善·額駙綽爾濟歸國, 賜宴於宮中. 皇后率諸王·貝勒福金等, 至演武場, 復設宴餞之.

○ 코르친국의 호쇼이 복비(和碩福妃), 호쇼이 현비(和碩賢妃), 조릭투 친왕 욱샨, 어푸 초르지가 귀국하려고 하여 궁중에서 연회를 베풀어 주었다. 황후가 여러 왕과 버일러의 푸진들을 데리고 연무장까지 가서 다시 연회를 열고 전송했다.

○ 科爾沁國扎薩克圖郡王布塔齊·卓禮克圖台吉拜薩噶爾獻駝馬·貂裘等物, 酌納之.

○ 코르친국 자삭투 군왕 부타치·조릭투 타이지 바이스갈(baisgar, 拜薩噶爾)이 낙타와 말·담비가죽옷 등의 물품을 바치니 헤아려 받았다.

○ 乙巳, 歸化城土默特諸章京, 以所得明國歲幣來獻. 計蟒緞二十八疋, 糚緞·閃緞各二疋, 并貢其地所産馬匹.

○ 을사일(8.20), 귀화성(歸化城) 투메트의 여러 장긴들이 획득한 명나라의 세폐(歲幣)를 바치러 왔다. 헤아려 보니 망단(蟒緞) 28필, 장단(糚緞)과 섬단(閃緞) 각 2필이었다. 또 그 땅에서 나는 말을 바쳤다.

○ 先是，出征喀爾喀師旋時，巴林部落滿珠習禮言於參政塞冷·尼堪曰，我等馬瘦，閱畢可速放歸．塞冷·尼堪曰，且姑待之．彼科爾沁尚不言馬瘦，何况爾乎．爾甫離家二日，何如是其急．姑俟察閱時議之．滿珠習禮遂將所部兵馬私自察閱放歸．至是，議滿珠習禮罪，應奪所屬人員，革扎薩克銜，奏聞．上宥之，止奪十戶人員，以四戶與四子部落達爾漢卓禮克圖貝勒，六戶與扎魯特部落內齊·桑噶爾二人．

○ 이전에 칼카를 정벌하러 출정했던 군사가 개선했을 때 바린 부락의 만주시리가 참정 서령·니칸에게 말했다. "우리 말이 말랐으니 사열을 마치면 속히 돌아갈 수 있게 해 달라." 서령·니칸이 말했다. "조금 기다리라. 저 코르친도 아직 말이 말랐다고 하지 않는데 어찌 너희가 그러는가. 너희는 집을 떠나온 지 이틀밖에 안 되었는데 어찌 그리 급한가. 잠시 기다렸다가 사열하고 의논하자." 만주시리는 끝내 소속 부의 병마(兵馬)를 자기 멋대로 살피고 돌아가게 했다. 이때에 만주시리의 죄를 논의하여 소속 인원을 빼앗고 자삭 직함을 박탈해야 한다고 상주했다. 주상은 이를 용서하고 인원 10호만을 빼앗아서 그 가운데 4호는 사자(四子) 부락의 다르한 조릭투 버일러에게, 6호는 자루트 부락의 너이치·상가르에게 주게 했다.

○ 辛亥，先是，內大臣多爾濟下蒙古人二·蒙古小子一·漢人一，攜馬五匹，自伊魯地方逃去．上命駐防鎮國公扎喀納·輔國公杜爾祜·宗室顧爾瑪洪等，率官兵分布於藩城·屏城間伺之．仍諭扎喀納等曰，逃人必從彼路而出，當急追獲之．會扎喀納等以戍期當代還，至途中聞命，復旋於上所指授之地，分布伺之．旣而逃人果從此出，傅爾丹等躡追之，先獲其馬二匹，復望見逃人，追至哲爾里克地方，以泥淖難行, 遂還. 兵部聞之, 遣人執各官拘禁於門, 并羈公扎喀納等於兵部.

○ 신해일(8.26), 이전에 내대신(內大臣) 도르지 속하의 몽고인 2명, 몽고 소자(小子) 1명, 한인 1명이 말 5마리를 가지고 일루(ilu, 伊魯) 지방에서 도망쳤다. 주상은 주방(駐防)하는 진국공(鎭國公) 자카나(jakana, 扎喀納), 보국공(輔國公) 두르후(durhu, 杜爾祜), 종실 굴마훈(gūlmahūn, 顧爾瑪洪) 등에게 관병(官兵)을 이끌고 번성(藩城)과 병성(屛城) 사이로 나누어 가서 찾게 했다. 뒤이어 자카나 등에게 유시했다. "도망자들은 반드시 그 길을 따라 나갈 것이니 급히 추격하여 사로잡으라." 마침 자카나 등은 복무 기한이 다 되어 교대하고 돌아오는 중이었는데, 오는 도중에 명령을 듣고 주상이 지목한 지역으로 다시 돌아가서 나누어 살펴보았다. 조금 후에 도망자가 과연 그곳으로 나가니 푸르단(furdan, 傅爾丹) 등이 추격하여 먼저 그들의 말 2마리를 획득했다. 다시 도망자들을 멀리 바라보고 쫓아서 저를릭(jerlik, 哲爾里克) 지방까지 갔는데 진창이라 가기가 어려워서 돌아왔다. 병부에서 이를 듣고 사람을 보내 각 관원을 잡아 문(門)에 구금하고 공(公) 자카나 등은 병부에 억류해 두었다.

是日, 召和碩親王 · 多羅郡王 · 多羅貝勒 · 固山貝子及公等, 竝文武羣臣, 集崇政殿. 上御殿, 命衆近前, 復令疏脫逃人之鎭國公扎喀納, 輔國公杜爾祜, 宗室顧爾瑪洪, 梅勒章京多濟里 · 德爾得赫, 甲喇章京傅爾丹, 牛彔章京巴代 · 塔海 · 翁愛 · 塔思戶里 · 博羅尼敦 · 雅薩昂邦 · 魯木拜 · 訥爾德 · 堪泰 · 益木圖 · 穆成格 · 喇巴什希等, 入大淸門, 跪於殿前. 上親訊曰, 爾等如何縱放逃人, 其地離盛京約行幾日, 追至何地而返. 爾等試言之. 扎喀納等奏曰, 臣等昏憒已極, 竝未思及於此, 罪實應死. 上曰, 朕嚮有定制, 凡追逃人, 先衝散其黨, 使彼各自分竄, 我兵稍休, 不必急遽, 俟其疲乏睡臥, 然後追之, 不遠即當就擒. 若未見逃人則分兵, 一半循踪追捕, 一半從間道出, 其前截之. 爾諸王·貝勒等, 豈未聞此言乎. 諸王·貝勒等奏曰, 臣等向皆聞之.

이날 호쇼이 친왕·도로이 군왕·도로이 버일러·구사이 버이서 및 공(公)들과 문무 신하들을 숭정전(崇政殿)에 모았다. 주상이 전(殿)에 나가 여러 사람들을 앞으로 가까이 오게 하고 다시 경솔히 사람들을 도망가게 한 진국공 자카나, 보국공 두르후, 종실 굴마훈, 머이런 장긴 도지리(dojiri, 多濟里)·더르더허이(derdehei, 德爾得赫), 잘란장긴 푸르단(furdan, 傅爾丹), 니루장긴 바다이(badai, 巴代)·타하이(tahai, 塔海)·웅가이(unggai, 翁愛)·타스후리(tashūri, 塔思戶里)·보로니둔(boronidun, 博羅尼敦)·야사 암바(yasa amba, 雅薩昂邦)·룸바이(lumbai, 魯木拜)·널더이(neldei, 訥爾德)·칸타이(kantai, 堪泰)·임투(imtu, 益木圖)·무청거(mucengge, 穆成格)·라바시히(labasihi, 喇巴什希) 등을 대청문(大清門)으로 들어와서 전각 앞에 무릎 꿇게 했다. 주상이 직접 신문했다. "너희는 어째서 도망자들을 놓아주었는가. 그 땅은 성경(盛京)에서 대략 며칠 거리이냐. 추격해서 어디까지 갔다 왔는가. 너희는 말해 보라." 자카나 등이 상주하여 말했다. "신들이 극도로 어리석어 생각이 여기까지 미치지 못했습니다. 실로 죽어 마땅한 죄를 지었습니다." 주상이 말했다. "짐이 지난번에 법제를 정할 때 도망자를 쫓을 때는 먼저 그들의 무리를 흩트려서 각자 나뉘어 달아나게 하고 우리 병사는 쉬면서 급히 쫓지 않고 그들이 지쳐 잠들기를 기다렸다가 추격하면 멀리 가지 않아 잡을 수 있다고 했다. 만약 도망자들이 안 보이면 병사를 나누어 반은 종적을 쫓아 추격하고 반은 사잇길로 나가서 그 앞의 길목을 끊으라고 했다. 너희 여러 왕과 버일러들은 이 말을 들은 적이 없느냐." 여러 왕과 버일러들이 상주하여 말했다. "신들이 모두 그 말을 들었습니다."

上復責扎喀納等曰, 爾等不能窮追, 亦必應追至錦州·大凌河·廣寧而後還. 即不然, 亦當選捷健少壯者, 執弓挾矢, 伏於必經之路, 爾等前往廣寧一帶山下伺之, 如此則逃人豈能如雁鶩飛翔水際耶. 一登陸則必獲之, 無得脫者矣. 奈何近繞藩城即自哲爾里克地方而還, 復不遣人截伺而任其兔脫乎. 夫國君, 得敵國一人則喜, 失國中一人則怒. 昔毛明安逃已三月, 令阿賴庫魯克達爾漢率外藩蒙古兵四百, 追至阿古庫克特勒地方, 斬其兵八百及從人千餘, 全獲其妻子·牲畜, 又征服葉雷部落, 收取其人, 閱八月始還後, 葉雷遁去, 席特庫追至北海斬之, 亦閱七月始還. 爾等縱不能如彼之追至七八月, 但往追七八日, 亦何難乎.

주상이 다시 자카나를 질책하여 말했다. "너희가 끝까지 추격할 수 없었다 해도 금주(錦州)·대릉하(大凌河)·광녕(廣寧)까지는 추격한 후에 돌아왔어야 했다. 그렇지 않으면 빠르고 날래며 혈기왕성한 자를 선별하여 활과 화살을 주고 도망자가 반드시 지나갈 길에 매복시키고, 너희는 먼저 광녕 일대로 가서 산 아래를 수색했어야 했다. 이렇게 했다면 도망자들이 어찌 기러기나 오리가 물가로 날아가듯 갔겠는가. 일단 땅에 올랐을 때 반드시 사로잡았으면 탈출한 자가 없었을 것이다. 어째서 근교의 번성(藩城)에서는 저를릭(jerlik, 哲爾里克) 지방에서 돌아오면서 다시 사람을 보내 길을 끊고 살피게 하지 않아 그들이 도망치게 했는가? 무릇 한 나라의 임금 된 자는 적국의 사람 1명을 얻어도 기뻐하고 우리나라 사람 1명을 잃어도 분노하는 법이다. 이전에 모오밍간이 도망친 지 3개월이 되어 알라이 쿨룩 다르한에게 외번 몽고의 병사 400명을 데리고 추격하게 하여, 아구 쿡털러(agū kuktele, 阿古庫克特勒) 지방까지 가서 병사 800명과 따르는 자 1,000여 명을 죽이고 그들의 처자 · 가축을 모두 사로잡았다. 또 열러이(yelei, 葉雷)의 부락을 정복하여 그곳 사람들을 거두었는데, 8개월 뒤에 우리가 돌아가는 것을 보고 열러이가 도망치자, 시터쿠는 북해(北海)까지 좇아가서 베어 죽이고 7개월 뒤에야 귀환했다. 너희가 비록 그때 7-8개월 동안 추격했던 것처럼 하지는 못할지라도 7-8일 동안 추격하는 것이 무엇이 어려운가?"

又責穆成格曰, 朕所言追捕逃人事, 他人或未知之, 爾豈亦不知耶. 且用爾於兵部, 原爲開導貝勒岳託而設, 岳託不待奏聞而私易本旗參政, 且私言本旗閒散人應授以官, 吏部以此奏聞, 朕曾召爾面諭曰, 爾部貝勒行事僭越, 爾何不開導之, 爾若不言, 貝勒有罪, 決不爾宥. 諭至數四, 爾何嘗以一言回奏乎. 爾試言之. 穆成格奏曰, 屢次仰蒙聖諭, 臣實未嘗回奏一言.

또 무청거를 질책하여 말했다. "짐이 도망자를 추격하여 체포하는 일에 대해 말했던 것을 다른 사람은 혹시 알지 못한다고 해도 네가 어찌 모를 수 있느냐. 또 너를 병부에 임용한 것은 본디 버일러 요토를 깨우쳐 이끌라고 한 것이었는데, 요토는 상주하지 않고 멋대로 본 기(旗)의 참정을 바꾸었으며, 또 본 기(旗)의 한산인(閑散人)들에게 관직을 주어야 한다고 멋대로 말했다. 이부가 이에 대해 상주하자 짐이 일찍이 너를 불러 면전에서 유시하여 '너희 부의 버일러가 참람한 짓을 하는데 너는 어찌 이를 깨우쳐 이끌지 않느냐. 네가 만일 말하지 않는다면 버일러에게 죄가 있을 때 너를 결코 용서치 않을 것이다.'라고 네 번이나 유시했는데 너는 한 마디라도 답하여 상주했느냐. 너는 말해 보라." 무칭거가 상주하여 말했다. "여러 번 성유(聖諭)를 받들었으나, 신(臣)은 실로 한 마디도 답하여 상주한 적이 없습니다."

上又曰, 昔取旅順口時, 因阿三敗遁處死. 本旗布爾山時亦敗遁, 乃反誣告覇奇蘭, 欲奪其先入之功, 及訊勘得實, 始定其罪, 向使竟坐覇奇蘭以罪, 豈不枉抑乎. 爾何故隱匿布爾山罪狀, 所謂啟心郎者固如是耶. 前者出獵時, 有誤射人馬者曾羈之於兵部, 爾令內大臣俄齊爾桑坐於炎日中, 杜雷·和託則製帳房以居, 此何意也. 豈俄齊爾桑所射者狻猊奇獸, 而杜雷·和託所射者乃馬匹乎. 爾不過諂佞爾部貝勒, 故妄爲分別耳, 讒諂有甚於爾者乎. 諭畢, 諸王·貝勒奏曰, 聖諭誠是, 不懲此人, 無以警衆也.

주상이 다시 말했다. "지난번에 여순구(旅順口)를 취할 때, 아산(asan, 阿三)이 패하여 달아났기에 처형했다. 본 기(旗)의 부르산 역시 패하여 달아났는데 도리어 바키란을 무고하고 먼저 진입한 공을 가로채고자 했으니 득실을 살펴 비로소 그 죄를 정했다. 만약 끝내 바키란이 죄에 연루되었다면 어찌 원통하지 않았겠는가. 너는 무슨 연유로 부르산의 죄상을 숨겼는가. 이른바 계심랑(啟心郎)이라는 자가 실로 이러한가? 이전에 사냥을 나가서 인마(人馬)를 잘못 쏜 자가 있으면 병부에 구금하게 했었는데, 너는 내대신(內大臣) 오치르상을 뜨거운 햇볕에 앉아 있게 하고 둘러이 · 호토는 장막을 세워 거처하게 했으니, 이는 무슨 의도였는가. 어찌 오치르상이 쏜 것은 산예(狻猊)[1] 같은 희귀한 짐승이고 둘러이 · 호토가 쏜 것은 말이었겠는가. 너는 너희 부의 버일러에게 아첨하여 분별(分別)을 망령되게 했으니, 참소하는 것이 너보다 더 심한 자가 있느냐?" 유시를 마치자 여러 왕과 버일러들이 상주하여 말했다. "성유(聖諭)가 진실로 옳습니다. 이 자를 징계하지 않으면 여러 사람들에게 경계로 삼을 수 없을 것입니다."

又召甲喇章京傅爾丹至前曰, 此人於朕前欺慢已多, 非止一二. 朕欲使爾等共聞之, 是以明數其罪. 昔朕之馬匹, 皆大臣子弟與護軍牧養. 因傅爾丹之馬攙入馬羣, 牧馬者私語曰, 御廏馬有失者, 理宜不憚勞以求得之, 同輩雖失馬, 即不爲之尋覓亦可也. 朕知其事, 命歸其馬, 傅爾丹乃乘馬至朕門鞭之曰, 與其圈我馬, 不如即圈我. 又太祖皇帝晏駕哭臨時, 鑲藍旗貝勒阿敏遣傅爾丹謂朕曰, 我與諸貝勒議立爾爲主, 爾即位後使我出居外藩可也. 朕聞之駭異, 乃召饒餘貝勒阿巴泰與超品公額駙楊古利 · 額駙達爾哈及楞額禮 · 納穆泰 · 索尼等六人至, 諭以貝勒阿敏遣人告朕, 有與諸貝勒議立爾爲主, 當使我出居外藩之語. 若令其出居外藩, 則兩紅 · 兩白 · 正藍等旗亦宜出居於外, 朕統率何人, 何以爲主乎. 若從此言, 是自弱其國也. 皇考所遺基業, 不圖恢廓, 而反壞之, 不祥莫大焉. 爾等勿得妄言. 朕又召鄭親王問曰, 爾兄遣人來與朕言者, 爾知之乎. 鄭親王對曰, 彼曾告於我, 我以其言乖謬力勸阻之, 彼反責我懦弱, 我用是不復與聞. 傅爾丹乃對其朋輩譏朕曰, 爾等試觀, 我主迫於無奈, 乃召鄭親王來誘之以言耳. 爾傅爾丹係朕近侍, 若朕有所不合於義自宜面諍, 何得背毁. 又超品公額駙楊古利於太祖時, 每臨陣必奮勇當先, 爾傅爾丹乃面辱之曰, 楊古利爾有何勝我之處. 遂致攘臂相爭. 爾不嘗有此事耶. 爾何嘗拒一敵, 被一創, 輒與超品公爭功, 是又曷故. 且朕亦何嘗偶一鞭箠於爾, 偶一督責於爾. 如此恩養, 諸貝勒 · 大臣誰不知之耶.

---

1 산예(狻猊)는 사자의 다른 이름이다.

衆貝勒·大臣等奏曰, 皇上責之誠是, 彼悖謬已甚, 罪宜處死. 上曰, 阿賴·席特庫, 能追獲逃去七八月之人, 若輩乃縱逸方出境之人, 以彼較此, 果何如乎. 衆同聲奏曰, 皇上所諭皆是, 傅爾丹之罪誠無可逭也.

또 잘란장긴 푸르단을 앞으로 불러 말했다. "이자는 이전에 짐을 속이고 기만한 적이 많으니 한두 번이 아니다. 짐은 너희가 이를 함께 듣고 그의 죄를 명백하게 밝히기를 원한다. 이전에 짐의 말을 모두 대신(大臣)의 자제(子弟)와 호군이 길렀는데, 푸르단의 말이 이 말 무리에 섞이자 말을 기르던 자가 사사로이 말했다. '황상의 마굿간의 말을 잃어버리면 이치상 힘을 다해 찾아야 합니다. 동배(同輩)의 경우에 말을 잃어버리면 찾지 않아도 됩니다.' 짐이 그 사실을 알고 푸르단의 말을 돌려보내게 했는데, 푸르단이 말을 타고 짐의 문에 이르러 채찍질하며 말했다. '내 말을 가두느니 차라리 나를 가두어라.' 또 태조 황제께서 붕어하시어 곡할 때, 양람기 버일러 아민이 푸르단을 보내 짐에게 말했다. '나와 여러 버일러들이 의논하여 너를 군주로 삼았다. 너는 즉위한 후에 나를 외번으로 가서 살도록 하여야 한다.'

짐이 이를 듣고 매우 이상하게 여겨 요여 버일러 아바타이·초품공(超品公) 어푸 양구리·어푸 다르한과 렁거리·남타이·소닌 등 6명을 불러 말했다. '버일러 아민이 짐에게 사람을 보내, 버일러들이 논의하여 너를 군주로 삼았으니 나를 외번으로 가서 살게 해야 한다는 등의 말을 했다. 만약 그가 외번으로 가서 살게 되면 두 홍기·두 백기·정람기 등의 기(旗)도 밖으로 가서 살게 될 텐데 짐은 누구를 통솔할 것이며 어찌 임금이 될 수 있겠는가. 이 말을 따르는 것은 스스로 국가를 약하게 만드는 것과 같다. 황고(皇考)께서 남기신 기업(基業)을 더욱 넓히려 하지 않고 도리어 무너뜨리려 하니 상서롭지 못함이 이보

다 더 큰 것이 없다. 너희는 함부로 말하지 말라.'

짐이 또 정친왕을 불러 물어보았다. '너의 형이 짐에게 사람을 보내와서 말한 내용을 너는 아는가?' 정친왕은 '그가 일찍이 제게 말했었는데 저는 그 말이 매우 잘못되었기에 힘써 막으려고 했으나, 그는 도리어 저를 나약하다고 질책했습니다. 그래서 저는 다시 말하려 하지 않았습니다.'라고 대답했다. 푸르단은 그의 친구들에게 짐을 비웃으면서 '너희가 한 번 보라. 우리 임금은 어찌할 수 없어서 정친왕을 불러 말로 타이를 뿐이다.'라고 말했다. 너 푸르단은 짐의 근시(近侍)로서 만약 짐이 의리에 맞지 않은 바가 있다면 면전에서 간언해야지 어째서 뒤에서 비방하는가. 또 초품공(超品公) 어푸 양구리는 태조 때 매번 전투에서 남보다 앞서 분투했는데, 너 푸르단은 도리어 면전에서 그에게 '양구리 네가 나보다 나은 점이 무엇이냐'라고 욕하면서 소매를 걷어 올리고 서로 다투었다. 너는 일찍이 이런 일이 없었느냐. 네가 이전에 적을 하나라도 막거나 한 번이라도 다친 적이 있느냐. 번번이 초품공(超品公)과 공을 다투는 것은 대체 무엇 때문인가. 또 짐이 일찍이 너에게 채찍 한 대라도 때린 적이 있는가, 너를 한 번이라도 심하게 책망한 적이 있는가. 이렇게 은혜로 너를 기른 것을 버일러들과 대신들 중 누가 모르겠는가."

버일러들과 대신들이 상주하여 말했다. "황상의 책망이 실로 옳습니다. 그의 패류(悖謬)가 심하니 사형에 처해야 할 죄입니다." 주상이 말했다. "알라이(alai, 阿賴)·시터쿠는 도망친 지 7-8개월 된 사람도 추격하여 잡았었다. 너희는 방종하여 경계를 나간 자를 놓쳤으니 그들과 너희를 비교하면 과연 어찌된 것인가." 모두가 한목소리로 상주하여 말했다. "황상의 말씀이 모두 옳습니다. 푸르단의 죄는 실로 용서받을 수 없습니다."

上曰, 昔金世宗大定帝, 見稱於後世號爲小堯舜. 古者堯之位, 不傳於子, 而明揚側陋, 使舜居之. 堯時有九年之水, 民不得耕, 使伯鯀治水無功, 舜遂殛之, 而任其子禹, 禹之治水也, 八年於外憂勤爲國, 三過其門而不入, 不顧其妻子, 時雖有九年之水, 以堯舜在上民無饑饉之患, 舜之位亦不傳於子, 以禹之賢, 克底厥績, 而禪以位焉. 故後世之人咸稱堯舜爲聖君. 歷考遼·金·元之主, 皆未有如大定帝者, 故後世以堯舜爲比. 大定帝嘗曰, 諸王內或有過愆, 我不隱匿而言之, 彼且以我爲苛察. 若知而不言, 默以容之, 彼將益肆其巧詐矣. 遇此等事, 實難區處. 今朕亦然, 見人過而言之無隱, 則或以朕爲苛察. 若知其過而不言, 則又非公正之道. 從來君明則臣勞而民安, 君庸則臣逸而民危, 朕豈不恤臣工勞苦. 但當此天心眷佑之時, 正我君臣勵精圖治之日, 爾諸王·貝勒·貝子·大臣等, 若不各加勤勉, 朕以一身宵衣旰食, 亦復何爲. 朕將安居獨處, 一二月以靜觀爾等, 爾等雖在大清門外懇求, 朕必不汝聽也. 和碩睿親王多爾袞跪奏曰, 今當景運日隆, 臣等不思效力, 匡輔國家, 以成大業, 後悔亦何及耶.

주상이 말했다. "옛날 금나라 세종 대정제(世宗大定帝)는 후세에 작은 요순(堯舜)이라고 칭송받았다. 옛날 요임금은 지위를 아들에게 물려주지 않고 현명한 자를 밝히고 숨어 있는 사람을 드러내 순(舜)에게 물려주었다. 요임금 때부터 9년 동안 홍수가 나서 백성들이 농사를 짓지 못하게 되자 백곤(伯鯀)에게 치수(治水)하도록 했는데 공이 없었다. 순이 그를 죽이고 그의 아들 우(禹)에게 임무를 맡겼다. 우는 치수하는 8년 동안 밖에서 나라를 위해 힘쓰고 자기 집 문 앞을 3번 지나가면서도 들어가지 않았고 그 처자를 돌보지 않았기에, 비록 9년 동안 홍수가 있었음에도 요(堯)와 순(舜)이 있는 동안 백성이 기근을 걱정하지 않았다. 순(舜)도 지위를 아들에게 물려주지 않고 우(禹)가 어질

어서 공적을 이루었기에 우(禹)에게 자리를 물려주었다. 그러므로 후세 사람들이 모두 요(堯)와 순(舜)을 성군이라고 칭송한 것이다. 요(遼)·금(金)·원(元)의 임금들을 상고해 보면 모두 대정제만한 자가 없으니, 후세에 대정제를 요(堯)와 순(舜)에 견주었다. 대정제는 일찍이 이렇게 말했다. '여러 왕 중에 혹시 허물이 있는 자가 있으면 나는 그것을 숨기지 않고 말하니, 저들은 나를 까다롭게 살핀다고 여길 것이다. 만약 알고도 말하지 않고 용서하면 저들은 간교함이 날로 심해질 것이다. 이러한 일들을 당하면 실로 처리하기 어려우리라.'

지금 짐 역시 그렇다. 다른 사람의 과오를 보고 숨기지 않고 말하면 짐이 까다롭게 살핀다고 여길 것이다. 만일 과오를 알고도 말하지 않는다면 또한 공정한 도리가 아닐 것이다. 종래 임금이 총명하면 신하들은 수고롭고 백성은 편안했으며, 임금이 용렬하면 신하들은 나태하고 백성은 위태로워졌다. 짐이 어찌 신하들의 노고를 보살피지 않겠는가. 다만 지금 하늘이 보살피시는 때를 맞아 바로 우리 군신(君臣)이 정성을 다해 정치에 힘쓸 시기에 너희 여러 왕·버일러·버이서·대신(大臣)들이 각자 더욱 근면하지 않으면 짐 혼자서 아침부터 저녁까지 힘쓰더라도 무엇을 할 수 있겠는가. 짐이 홀로 거처하면서 한두달 동안 너희를 조용히 지켜볼 것이니 너희가 비록 대청문(大淸門) 밖에서 간청하더라도 짐은 너희를 받아들이지 않을 것이다."

호쇼이 예친왕(睿親王) 도르곤이 무릎 꿇고 상주하여 말했다. "이제 상서로운 운수가 날로 융성하는 때를 맞아 신들이 힘을 다해 국가를 보필하여 대업(大業)을 이루기를 생각하지 않는다면 후회해도 무슨 소용이 있겠습니까."

上又曰, 昔諸葛亮有言, 大凡人心正直, 則鬼魅不敢侵, 上帝不加譴. 朕自幼, 從太祖出獵, 未嘗奪人一獸, 軍中有所俘獲, 未嘗私隱一物.

朕以存心正直, 獲承天眷, 凡內外有異心於朕之人, 皆被天誅, 爾等豈未之知, 縱不畏朕, 獨不畏天乎. 諭畢, 還宮. 於是, 諸王 · 大臣等議. 扎喀納, 聞逃人出走, 不即報聞, 罪一. 令傅爾丹等, 即於所遣地方追歸, 罪二. 兵之後至者, 不爲分布, 使隨傅爾丹後, 本身亦不前往堵截, 又不分兵追捕, 罪三. 扎喀納, 應奪公爵及所屬人員, 罰銀一千兩. 杜爾祜 · 顧爾瑪洪, 不分布後至之兵, 使隨傅爾丹後, 本身亦不前往堵截, 又不分兵追捕, 擬奪公爵及所屬人員, 各罰銀五百兩. 梅勒章京多濟里, 當遣發傅爾丹等時, 不即躡其後而進輒自走還, 罪一. 與德爾得赫同追逃人, 既已望見, 復棄之而返, 罪二. 多濟里, 應革世職, 鞭一百, 籍其家. 梅勒章京德爾得赫, 望見逃人, 不追而返, 應革世職, 鞭一百, 籍其家. 傅爾丹 · 塔海 · 翁愛 · 訥爾得 · 卓布退 · 巴代等六章京, 行至半途即還, 罪一. 還至七里許, 遇梅勒章京多濟里 · 德爾得赫, 復攜同往, 前進五里許, 望見逃人, 不盡力追緝, 棄之而還, 罪二. 翁愛 · 訥爾得 · 卓布退 · 巴代, 應各鞭一百. 塔海, 應革世職, 鞭一百. 傅爾丹, 應論死. 并各籍其家. 堪泰 · 博羅尼敦 · 穆成格 · 塔思戶里 · 益木圖 · 喇巴什希 · 魯木拜 · 雅薩昂邦等八章京, 既至扎喀納等之前, 不相繼躡追向前堵截. 堪泰等八人, 應各鞭一百, 納贖免死. 奏聞, 上命扎喀納, 免奪公爵及所屬人員, 罰銀五百兩, 降鎭國公爲輔國公. 杜爾祜, 亦免奪公爵及所屬人員, 罰銀三百兩. 顧爾瑪洪, 免罪. 傅爾丹 · 穆成格, 情罪重大, 伏法, 籍其家, 以傅爾丹家產, 給其弟馬福塔, 穆成格家產, 給其父叟根. 多濟里, 家產籍沒, 止以弓矢 · 甲胄及馬三匹與之. 德爾得赫, 家產籍其半. 塔海 · 堪泰 · 魯木拜 · 雅薩昂邦四人, 俱革世職, 解牛彔任, 籍其家, 各以弓矢 · 甲胄及馬三匹與之. 翁愛 · 訥爾得 · 卓布退 · 巴代 · 博羅尼敦 · 塔思戶里 · 益木圖 · 喇巴什希等八人, 解牛彔任, 籍其家, 亦各以弓矢 · 甲胄及馬三匹與之.

주상이 다시 말했다. "옛날 제갈량은 '인심이 정직하면 귀신이나 괴물이 감히 해를 입히지 못하고 상제(上帝)가 꾸짖지 않는다.'라고 말했다. 짐은 어려서부터 태조를 따라 사냥을 나가서 다른 사람에게 짐승 한 마리 빼앗은 적이 없었고 군중(軍中)에 노획한 것이 있을 때 사사로이 물건 하나 감춘 적이 없었다. 짐은 마음이 정직하여 하늘의 보살핌을 받을 수 있었고, 무릇 내외(內外)에 짐과 다른 마음을 가진 사람은 모두 하늘의 벌을 받았다. 너희는 어찌하여 아직도 모르는가. 설령 짐이 두렵지 않다 하더라도 어찌 하늘을 두려워하지 않는가?" 유시한 후 궁으로 돌아갔다.

이에 여러 왕과 대신들이 논의했다. 「자카나는 도망자가 달아난 소식을 듣고도 보고하지 않았으니 첫째 죄입니다. 푸르단 등을 즉시 파견된 지역에서 물러나 돌아오게 했으니 둘째 죄입니다. 뒤에 도착한 병사들을 나누어 배치하지 않고 푸르단의 뒤를 따르게 시켰으며, 스스로 앞으로 가서 막지도 않고 병사를 나누어 추격하여 체포하게 하지도 않았으니 셋째 죄입니다. 자카나는 공(公) 작위와 소속 인원을 빼앗고 벌은 1,000냥을 부과해야 합니다. 두르후와 굴마훈은 뒤에 도착한 병사들을 나누어 배치하지 않고 푸르단의 뒤를 따르게 시켰으며 스스로 앞으로 가서 막지도 않고 병사를 나누어 추격하여 체포하게 하지도 않았으니, 공(公) 작위와 소속 인원을 빼앗고 각자 벌은 500냥을 부과해야 합니다. 머이런장긴 도지리는 푸르단 등을 파견했을 때 즉시 그 뒤를 따르지 않았고 가서도 멋대로 돌아왔으니 첫째 죄입니다. 더르더허이와 함께 도망자를 추격할 때 멀리서 보았으면서도 포기하고 돌아왔으니 둘째 죄입니다. 도지리는 세직을 혁직하고 채찍으로 100대 때리고 가산을 적몰해야 합니다. 머이런장긴 더르더허이는 도망자를 멀리서 보았으면서도 추격하지 않고 돌아왔으니 세직에서 혁직하고 채찍으로 100대 때리고 가산을 적몰해야 합니다.

푸르단 · 타하이 · 웅가이 · 널더이(neldei, 訥爾得) · 좁토이(jobtoi,

卓布退)·바다이 등 장긴 6명은 반쯤 갔다가 돌아왔으니 첫째 죄입니다. 7리 남짓 돌아갔을 때 머이런장긴 도르지와 더르더허이를 마주쳐서, 다시 그들을 데리고 함께 5리 남짓 갔을 때 도망자를 멀리서 보고도 힘을 다해 추적하여 붙잡지 않고 포기하고 돌아왔으니 둘째 죄입니다. 웅가이·널더이·좁토이·바다이는 각각 채찍으로 100대 때려야 합니다. 타하이는 세직을 혁직하고 채찍으로 100대 때려야 합니다. 푸르단은 사형으로 논해야 합니다. 아울러 각각의 가산을 적몰해야 합니다. 칸타이·보로니둔·무청거·타스후리·임투·라바시히·룸바이·야사 암바 등 장긴 8명은 자카나 등의 앞에 있었으면서도 계속 추격하여 전방을 차단하지 않았습니다. 칸타이 등 8명은 각각 채찍으로 100대 때리고 속전을 납부하게 하고 사형은 면해 주어야 합니다.」

상주하자 주상은 명을 내려, 자카나는 공(公) 작위와 소속 인원을 박탈하는 것은 면해 주고 벌은 500냥을 내게 했으며 진국공에서 보국공으로 강등시켰다. 두르후 역시 공(公) 작위와 소속 인원을 박탈하는 것을 면해 주고 벌은 300냥을 내게 했다. 굴마훈은 죄를 면해 주었다. 푸르단과 무청거는 사정과 죄상이 중대하므로 사형시키고 가산을 적몰하게 했다. 푸르단의 가산은 그의 동생인 마푸타에게 주고 무청거의 가산은 그의 부친인 서오건(seogen, 叟根)에게 주게 했다. 도지리는 가산을 적몰하되 활과 화살, 갑옷과 투구, 말 3마리만 주게 했다. 더르더허이는 가산의 절반을 적몰하게 했다. 타하이·칸타이·룸바이·야사 암바 4명은 모두 세직을 혁파하고 니루 직에서 해임했으며 가산을 적몰하되 각자에게 활과 화살, 갑옷과 투구, 말 3마리는 주게 했다. 웅가이·널더이·좁토이·바다이·보로니둔·타스후리·임투·라바시히 등 8명은 니루 직에서 해임하고 가산을 적몰하되 또한 각자에게 활과 화살, 갑옷과 투구, 말 3마리는 주게 했다.

○ 壬子, 以張家口互市緞疋, 賜諸王 · 貝勒 · 貝子 · 公, 及承政 · 固山額眞以上各官有差.

○ 임자일(8.27), 장가구에서 호시(互市)한 비단을 여러 왕 · 버일러 · 버이서 · 공 · 승정 · 구사어전 이상 각 관원에게 차등 있게 하사했다.

○ 甲寅, 召科爾沁國扎薩克圖郡王布塔齊進宮, 賜大宴. 仍命六家, 各宴一次.

○ 갑인일(8.29), 코르친국 자삭투 군왕 부타치를 불러 궁에 들게 하고 큰 잔치를 베풀었다. 이어 6가(家)에게 각자 한 차례씩 잔치하게 했다.

○ 以衍慶宮淑妃所撫蒙古女, 許與和碩睿親王多爾袞, 是日, 多爾袞行定婚禮, 設筵崇政殿, 獻上, 復獻鞍馬 · 甲胄等物.

○ 연경궁숙비가 돌보아 온 몽고 여인을 호쇼이 예친왕(睿親王) 도르곤에게 주도록 허락했다. 이날 도르곤이 혼례를 하기로 정하고 숭정전에 잔치를 열어 주상에게 바쳤다. 또 안장을 갖춘 말 · 갑옷과 투구 등의 물품을 바쳤다.

○ 是日, 上率和碩親王 · 多羅郡王 · 多羅貝勒 · 固山貝子 · 公 · 固山額眞等, 至五里外馳馬, 閱侍衛等射, 賜宴.

○ 이날 주상이 호쇼이 친왕·도로이 군왕·도로이 버일러·구사이 버이서·공(公)·구사어전 등을 이끌고 5리 밖으로 말을 달려 나가 시위들이 활쏘는 것을 사열하고 잔치를 베풀었다.

○ 先是, 以多羅安平貝勒杜度之妹多羅格格, 下嫁科爾沁國巴圖魯郡王滿朱習禮. 至是, 歸國, 命多羅貝勒多鐸·豪格, 多羅饒餘貝勒阿巴泰, 多羅安平貝勒杜度, 固山貝子尼堪, 竝諸多羅福金, 輔國公碩託及其妻, 輔國公博和託·屯齊喀等, 至北演武場, 設宴餞之. 仍命杜度·尼堪, 偕其福金, 送之.

○ 이전에 도로이 안평 버일러 두두의 여동생인 도로이 거거가 코르친국 바투루 군왕 만주시리와 혼인했다. 이때에 코르친으로 귀국하려고 하여, 도로이 버일러 도도·호오거, 도로이 요여 버일러 아바타이, 도로이 안평 버일러 두두, 구사이 버이서 니칸, 아울러 여러 도로이 푸진, 보국공 쇼토와 그의 처, 보국공 보호토와 툰치카 등에게 명하여 북연무장(北演武場)에 가서 잔치를 열어 선별하게 했다. 이어서 두두와 니칸에게 명하여 그들의 푸진과 함께 송별하게 했다.

○ 補給三等梅勒章京胡有陞等敕書. 給胡有陞敕詞曰, 爾以白身, 因多羅額爾克楚虎爾貝勒多鐸·多羅貝勒豪格, 率兵征明錦州時, 城內五十人定謀出降, 遣爾持書來奏. 嗣因事洩, 同謀者皆被害, 爾胡有陞脫身來歸, 特授爾爲三等梅勒章京, 准再襲八次. 其與有陞同降之三等甲喇章京門世文·張紹禎, 俱准襲四次, 牛彔章京門世科·秦永福, 俱准襲二次, 各賜敕書.

○ 삼등 머이런장긴 호유승(胡有陞) 등에게 칙서를 더해 주었다. 호유승에게 준 칙서는 다음과 같다. 「너는 백신(白身)으로 도로이 어르커 추후르 버일러 도도·도로이 버일러 호오거가 병사를 이끌고 명나라 금주(錦州)를 정벌하러 갔을 때 성안의 50명이 나가서 투항하기로 의논하여 결정하고 너에게 서신을 가지고 와서 아뢰게 했다. 그 후 일이 누설되어 공모자 모두가 해를 입었지만 너 호유승은 빠져나와 내귀했기에 특별히 너에게 삼등 머이런장긴을 제수하고 다시 8번 습직을 허락한다.」 호유승과 함께 투항한 삼등 잘란장긴 문세문(門世文)·장소정(張紹禎)에게는 모두 4번 습직을 허락했고 니루장긴 문세과(門世科)·진영복(秦永福)에게는 모두 2번 습직을 허락했으며 각각에게 칙서를 내렸다.

○ 牛彔章京甘濟泰病故, 以其子馬尼襲職, 仍准再襲一次.

○ 니루장긴 간지타이가 병사하여 그의 아들 마니에게 습직시키고 1번 습직을 허락했다.

九月, 乙卯朔, 先是, 固山額眞杜雷, 以獲罪故, 止專管一牛彔. 至是, 上遣啟心郎索尼, 傳諭諸王·貝勒等曰, 杜雷, 以不肖得罪. 但公主在, 可仍令專管二牛彔. 諸王·貝勒等遵旨. 遂仍以公主二牛彔, 令之專管.

○ 9월 을묘일 초하루(9.1), 이전에 구사어전 둘러이가 죄를 얻어 니루 1개만을 전관(專管)하게 했다. 이때에 주상이 계심랑 소닌을 보내 여러 왕과 버일러들에게 유시를 전했다. 「둘러이는 불초하여 죄를 얻었지만 공주가 있으므로 니루 2개를 전관할 수 있게 한다.」 여러 왕과 버일러들이 지를 받들었다. 마침내 계속해서 공주의 2개 니루를 둘러이에게 전관하게 했다.

○ 是日, 黑龍江額訥布 · 墨音 · 額爾盆等來朝, 貢貂皮.

○ 이날 흑룡강의 어너부(enebu, 額訥布) · 머연(meyen, 墨音) · 얼펀(elpen, 額爾盆) 등이 내조하여 담비가죽을 바쳤다.

○ 敍隨和碩睿親王多爾袞征山東克城功, 授孫達理等八十三人官職有差, 賜號巴圖魯.

○ 호쇼이 예친왕(睿親王) 도르곤을 따라 산동(山東)을 정벌하고 성을 공략한 공을 서훈하여, 순다리(sundari, 孫達理) 등 83명에게 차등 있게 관직을 주고 바투루 칭호를 하사했다.

○ 乙丑, 賜朝貢土默特部落牛彔章京扎漢 · 阿什圖, 貂鑲朝衣 · 朝帽 · 鞓帶 · 白金有差.

○ 을축일(9.11), 조공 온 투메트 부락 니루장긴 자간(jagan, 扎漢)과 아시투에게 담비가죽을 두른 조의(朝衣) · 조모(朝帽) · 가죽띠 · 백금

을 차등 있게 하사했다.

○ 先是, 正紅旗固山額眞杜雷家人黑勒, 當攻城時, 越敖漢・柰曼兩旗汎地, 於恩格圖一旗汎地竪梯, 杜雷既隱其罪. 及出邊時, 遇敵拒戰, 復令黑勒避去. 又隱匿家人噶布喇盜馬罪. 又索牛彔俘獲馬各一. 又以馬一匹, 給與酗酒之覺善. 又三次入已降之城, 索取財物. 又有一漢人, 知濟南府德王埋藏金珠處所, 其人爲覺羅喀蒙阿, 所獲送於杜雷, 即藏匿之, 俟包衣寧塔海等出城, 乃乘夜令人開窖, 私取金銀珠寶攜歸. 至是, 本旗碩詹首於法司, 鞫訊得實. 杜雷, 應論死, 奪所俘獲, 及賞賜財物. 喀蒙阿, 及固山額眞下筆帖式鈕尼雅哈, 應各鞭一百, 貫耳, 追所俘物. 噶布喇, 應鞭八十二, 貫耳. 黑勒, 應鞭一百, 貫耳鼻, 給禮親王爲奴, 家資俱給碩詹. 奏聞. 上命杜雷著革職, 罷固山額眞任, 納贖免死, 追所俘獲及賜物, 以其半入官, 以其半給碩詹, 其所屬人員, 撥給禮親王, 追開窖所獲金珠入官. 喀蒙阿, 免罪, 止奪所俘物. 鈕尼雅哈, 鞭八十. 噶布喇, 鞭八十二, 貫耳. 黑勒, 鞭一百, 給禮親王爲奴, 家資給與碩詹.

○ 이전에 정홍기 구사어전 둘러이의 가인(家人) 헐러가 성을 공략할 때 아오한과 나이만 두 기(旗)의 주둔지를 벗어나 엉거투 한 기의 주둔지에 사다리를 세웠는데 둘러이가 그 죄를 숨겨 주었다. 변경을 나갈 때 적을 만나 싸우는데 또 헐러에게 피해서 가게 했다. 또 가인(家人) 가불라가 말을 훔친 죄를 지은 것을 숨겨 주었다. 또 니루에서 노획한 말 1마리씩을 강탈했다. 또 말 1마리를 술에 취한 기오샨에게 주었다. 또 이미 항복한 성에 세 번이나 들어가 재물을 강탈했다. 또 한인(漢人) 1명이 제남부 덕왕(德王)이 금과 진주를 묻어 둔 곳을 알고 있었는데 그가 기오로 카뭉가(gioro kamungga, 覺羅喀蒙阿)를 위해서

얻은 것을 둘러이에게 보내자 그것을 숨겼고, 보오이 닌타하이(nintahai, 寧塔海) 등이 성을 나가기를 기다려 밤을 틈타 사람을 시켜 지하실을 열게 하고 금 · 은 · 진주 · 보석을 사사로이 취하여 가지고 돌아왔다.

이때에 본 기(旗)의 쇼잔이 법사(法司)에 고발하여 심문하니 사실이었다. 「둘러이는 사형으로 논하고 노획한 것과 상으로 받은 재물을 빼앗아야 합니다. 카뭉가 및 구사어전 속하의 비트허시 니옹니야하(niongniyaha, 鈕尼雅哈)는 각각 채찍으로 100대 때리고 귀를 뚫고 노획한 물자를 회수해야 합니다. 가불라는 채찍으로 82대 때리고 귀를 뚫어야 합니다. 헐러는 채찍으로 100대 때리고 귀와 코를 뚫으며 예친왕(禮親王)에게 노비로 주고 가산은 모두 쇼잔에게 주어야 합니다.」 상주하자 주상이 명하여 둘러이는 혁직하고 구사어전 직에서 해임시키되 납속으로 사형은 면해 주었으며 노획한 것과 하사받은 재물은 모두 회수하여 절반은 관에 들이고 절반은 쇼잔에게 주게 했다. 소속 인원은 예친왕(禮親王)에게 나누어 주고 지하실에서 얻은 금과 진주는 관에 들이게 했다. 카뭉가는 죄를 면해 주고 노획한 물자를 빼앗는 것으로 그치게 했다. 니옹니야하는 채찍으로 80대 때리게 했다. 가불라는 채찍으로 82대 때리고 귀를 뚫게 했다. 헐러는 채찍으로 100대 때리고 예친왕(禮親王)에게 노비로 주게 했으며 가산은 쇼잔에게 주도록 했다.

○ 先是, 上諭理事官星鼐, 令傳集舊喀爾喀 · 察哈爾官員, 星鼐違命不傳. 乃傳集, 未奉召之固山額眞, 諸王 · 貝勒下護衛等, 又不集於刑部, 而集於篤恭殿, 下法司議. 星鼐, 應論死. 參政巴哈納 · 啟心郎額爾格圖, 亦不傳集, 應至之官, 反皆詭言已至, 又不啟本部和碩鄭親王, 徑自奏聞. 巴哈納 · 額爾格圖, 均應論死. 和碩鄭親王, 既聞上諭傳集各官, 雖無人啟知, 然各官至與未至, 未經察明, 應坐以應得之罪. 和碩額駙古爾布什, 及內大臣多爾濟, 知奉旨傳集, 各官未至, 不即奏明宣召, 應各罰銀百兩. 奏聞. 上命星鼐等俱免死. 星鼐, 罰贖銀三百兩. 巴哈納, 罰贖銀二百五十兩. 額爾格圖, 罰贖銀二百四十兩. 古爾布什, 及多爾濟, 各坐以應得之罪. 和碩鄭親王, 免議.

○ 이전에 주상이 이사관(理事官) 싱나이(singnai, 星鼐)에게 유시하여 옛 칼카와 차하르의 관원을 소집하라는 명령을 전하게 했는데 싱나이가 명을 거스르고 전달하지 않았다. 이에 소집하라 전했지만 부름을 받지 못한 구사어전과 여러 왕·버일러 속하의 호위 등이 형부(刑部)에 모이지 않고 독공전(篤恭殿)에 모였기에, 법사(法司)에 내려 의논하게 했다. 「싱나이는 사형으로 논해야 합니다. 참정 바하나와 계심랑 어르거투는 명령을 전달하지도 않고 와야 하는 관원들이 모두 왔다고 거짓말을 했습니다. 또 본부 호쇼이 정친왕에게 알리지 않고 멋대로 상주했으니, 바하나와 어르거투 모두 사형으로 논해야 합니다. 호쇼이 정친왕은 주상이 유시하여 관원들을 소집하라는 명을 전한 것을 들었습니다. 비록 아무도 알려 오지 않았다고 하더라도 관원들이 오고 오지 않는 것을 살피지 않았으니 받아야 할 죄로 처벌해야 합니다. 호쇼이 어푸 구르부시와 내대신 도르지는 명령을 받들어 소집하라고 전달했으나 관원들이 오지 않은 것을 알았음에도 즉시 주상의 명으로 소집할 것을 분명하게 알리지 않았으니 각각 벌은 100냥을 부과해야 합니다.」 상주하자 주상이 명하여 싱나이 등 모두에게 사형을 면해 주었다. 싱나이는 벌은 300냥을 부과했다. 바하나는 벌은 250냥을 부과했다. 어르거투는 벌은 240냥을 부과했다. 구르부시와 도르지는 각각 받아야 할 죄를 받게 했다. 호쇼이 정친왕은 처벌을 면해 주었다.

○ 是日, 朝鮮國王李倧, 遣陪臣齎咨, 赴兵部, 求代題, 并以日本國書呈送. 咨云, 朝鮮國王, 爲傳報倭情事. 本年八月初六日, 東萊府使李民寏牒呈, 據慶尚道觀察使李命雄狀啟, 節該七月二十九日, 倭差平智連·藤智繩等, 持島主書, 自倭京來, 即遣譯官洪喜男·李長生等, 就館相見. 平智連等稱, 去年大君有疾, 久不聽政, 今春始瘳, 山獵船遊, 與前無異. 島主輒得陪侍, 連被恩賞, 此誠一島之榮幸. 而大君左右用事之人, 需索貴國土產者甚多, 稍違其意, 讒謗隨之, 此島主之深患也. 自調興·元方兩人差遣停廢以來, 貴國土產, 其數無多. 且唐貨交易之路又絕, 大君左右所求, 無以應之. 調興·元方兩人奉使, 代以麟書堂等三人, 及島主管下三人, 更番乘船來往, 乙亥以後, 未給之物, 一一追給, 然後兩國可保無事矣. 薩摩州太守主和琉球, 肌前州太守主和南蠻, 每歲所得不貲. 而島主名爲主和貴國, 所得零星, 視二州何如哉. 自貴國被兵之後, 日本國中, 訛言甚多. 年少喜事之輩, 希望功賞, 造不測之言, 處處蜂起. 而島主竭力周旋, 以爲貴國誠信, 貴國何以盡知之哉. 島主謂我等曰, 今所請送船事, 若未蒙許可, 則不必強請, 即速回棹, 直告大君, 庶免主和朝鮮之責. 恐喝之言, 不一而足, 等情具啟.

據此爲照, 所謂大君者, 乃日本國君之號, 所謂調興者, 乃島主副官之名, 所謂元方者, 乃島主書記之名也. 初約和時, 本國授兩人章服圖書, 許令每歲送船, 來致胡椒·蘇木等物, 本國因以土產估給. 乙亥年間, 調興·元方得罪於國君, 流配遠方, 而島主猶望前給之物. 本國以爲兩人得罪遠謫, 則仍舊送使, 事涉無據, 須待其代差出, 方可許也. 自此絕不復言, 今忽訴於國君, 有此來請之舉, 觀其書辭文字僻澀, 殆不可曉, 而差倭所陳, 情涉叵測. 著令邊臣照舊施行, 以冀彌縫, 一面戒飭防守, 以備不虞. 此後如別有所聞, 亦當隨即咨報. 緣係倭情, 理宜轉聞. 煩乞貴部照詳咨內事意, 轉奏施行.

日本國平義成與朝鮮國書曰, 日本國對馬州太守拾遺官平義成, 奉書朝鮮國禮曹大人閣下. 維時暑月鬱抑, 台候若何. 共惟本邦益固金湯, 貴國彌安磐石, 千里其致一也. 先是, 乙亥載, 遣去使臣回時, 以貴國答書之情由, 稟奏於東武執事, 卽令攀舊例, 可圖議之. 自今更始, 須差使船, 故姑爲先容. 附去土宜, 具在別幅, 伏冀采納. 總悉差使口布, 爲國順時自愛, 惶恐不宣. 寬永十六己卯歲五月日. 又單開, 金屛風一雙 · 茶臺子一箇 · 銀臺天目二箇 · 提瓶二箇 · 金文紙二百片.

○ 이날 조선국왕 이종(李倧)이 보낸 배신이 자문을 가지고 와서 병부에 가서 대신 아뢰어 줄 것을 요청하고 아울러 일본국의 서신을 올렸다. 자문에서 말했다.

「조선국왕이 왜국의 사정을 전하기 위해 자문을 보냅니다. 올해 8월 초6일, 동래부사(東萊府使) 이민환(李民寏)의 첩보에 의거하여 경상도관찰사(慶尙道觀察使) 이명웅(李命雄)이 올린 장계의 내용은 다음과 같습니다.

『이번 7월 29일 왜국의 사신 평지련(平智連)[2] · 등지승(藤智繩)[3] 등이 도주(島主)의 서신을 가지고 왜국(倭國)의 수도에서 왔기에, 즉시 역관 홍희남(洪喜男) · 이장생(李長生) 등을 보내 왜관에 가서 만나 보게 했습니다. 평지련(平智連) 등은 이렇게 말했습니다. "작년에 대군(大君)에게 병이 있어 오래도록 정무를 보지 못하다가 올해 봄에 비로소 병이 나았으니 사냥을 하고 뱃놀이를 하는 것이 전과 다를 바 없습니다. 도주(島主)가 번번이 귀인을 모셔 연이어 은혜로운 상을 받았으

2 평지련(平智連): 嶋雄權之介(시마오 곤노스케). 쓰시마인. 1639년에 조선에 파견된 일본 왜관의 관수(館守).

3 등지승(藤智繩): 有田杢兵衛(아리타 모쿠베에). 일본 에도 시대 관원. 호행차왜(護行差倭) · 재판차왜(裁判差倭)로 대조선 외교를 담당하였다.

니 이는 진정 섬 전체의 영광입니다. 그런데 대군의 곁에서 일을 처리하는 사람이 귀국의 토산물을 요구한 것이 매우 많기에 자칫 그 뜻을 거슬러 참소와 비방이 뒤따를까 봐 도주(島主)가 심히 걱정하고 있습니다. 시게오키(調興)[4]와 겐보(元方; 玄方)[5] 두 사람을 사신으로 보내는 일을 멈춘 이래 귀국의 토산물은 수가 많지 않았습니다. 또 중국의 물건을 교역하는 길도 끊어져서 대군의 측근이 요구하는 것에 응할 도리가 없습니다. 시게오키(調興)와 겐보(元方; 玄方) 두 사람이 명을 받들고 사신 가던 일을 린 세이도(麟書堂; 麟西堂)[6] 등 3명과 도주(島主) 관할하의 3명에게 대신하게 하고 번갈아 배를 타서 왕래하게 했는데, 을해년(1635) 이후 지급하지 않은 물품을 하나하나 추후 지급한 뒤에야 양국이 무사를 보장할 수 있을 것입니다. 사쓰마 주(薩摩州)의 태수는 류큐(琉球)와 교류를 주관하고 히젠 주(肌前州; 肥前) 태수는 남만(南蠻)[7]과 교류를 주관하여 매년 소득이 헤아릴 수 없이 많습니다. 그런데 도주(島主)는 명색이 귀국과 교류를 주관하고 있는데 소득이 변변치 못하니 두 주를 보기가 어떻겠습니까. 귀국이 병란을 입은 후로 일본국 내에 헛소문이 심히 많았습니다. 어리고 일 만들기 좋아하는 무리가 공적과 포상을 바라며 불측한 말들을 지어내서 곳곳에서 봉기가

4 야나가와 시게오키(柳川調興). 일본 에도 시대의 문신. 대마도주(對馬島主) 종의지(宗義智) 집안의 가신(家臣)으로, 조부 유천조신(柳川調信)과 아버지 유천지영(柳川智永)의 대를 이어 조선과의 무역 및 외교에 공을 세웠다.

5 元方은 겐보(玄方)를 가리킨다. 겐보는 에도 시대 임제종의 승려로 무방규백(無方規伯)이나 방장로(方長老)라고도 불리었다. 임진왜란 직후 조선과 일본의 국교교섭에 종사했던 게이테쓰 겐소(景轍玄蘇)의 제자로, 겐소의 뒤를 이어 조선과 일본의 외교교섭을 담당했다.

6 린 세이도(麟西堂)를 가리키는 것으로 보인다. 麟西堂은 교토5산(京都五山) 가운데 하나인 도후쿠지(東福寺)의 승려로서, 1635년 막부에서 쓰시마에 파견하여 외교문서 작성을 담당하게 한 승려 가운데 한 사람이다.

7 네덜란드를 가리킨다.

있었습니다. 그런데도 도주(島主)는 힘써 중재하면서 귀국을 위해 신의를 지킨 것을 귀국이 어찌 다 알 수 있겠습니까. 도주(島主)는 저희에게 '지금 배를 보내겠다는 요청을 허락하지 않는다면 억지로 요청할 필요 없이 속히 돌아오라. 대군에게 그대로 고하면 조선과 교류를 주관하는 데에 대한 책임을 거의 면해 주실 것이다.'라고 말했습니다." 공갈하는 말이 한번으로 그치지 않았습니다.』 이러한 사정을 갖추어 알렸습니다.

이에 의거하여 볼 때 대군은 일본국의 국군(國君)의 호칭이고, 시게오키(調興)는 도주(島主)의 부관(副官)의 이름이며, 겐보(元方; 玄方)는 도주(島主)의 서기(書記)의 이름입니다. 처음 교류할 때 본국은 두 사람에게 복식과 도서를 내리고 매년 배를 보내 후추 · 소목(蘇木) 등의 물품을 가지고 오는 것을 허락하고 본국은 이에 토산물로 값을 치렀습니다. 을해년(1635)에 시게오키(調興) · 겐보(元方; 玄方)가 국군(國君)에게 죄를 얻어 멀리 유배를 갔는데, 도주(島主)는 계속해서 이전에 지급하던 물건들을 바라고 있습니다. 본국은 두 사람이 죄를 얻어 멀리 귀양갔으므로 예전처럼 사신을 보내는 일은 근거가 없고, 후임자를 파견하기를 기다리고 나서야 허락할 수 있다고 했습니다. 이때부터 끊어져서 다시 말하지 않다가 지금 돌연 국군(國君)에게 호소하고 이렇게 와서 청을 올리는데, 글에 쓰인 말과 문자를 보니 궁벽하고 어색하여 거의 이해할 수 없었고 차왜(差倭)가 한 말도 사정을 짐작할 수 없었습니다. 변방의 신하에게 명을 내려 구례(舊例)에 따라 시행하여 임시변통을 도모하게 하고 한편으로 방수(防守)에 주의하며 예상치 못한 상황에 대비하게 했습니다. 이후 다른 소식을 들으면 즉시 자문을 올려 보고하겠습니다. 왜국의 사정에 관계된 것은 이치상 전해야 하기 때문입니다. 바라건대 귀부는 자문의 내용을 자세히 살피어 상주를 전달해 주십시오.」

일본국의 평의성(平義成; 宗義成)[8]이 조선국에 서신을 보냈다.[9] 「일본국 대마주 태수(對馬州太守) 습유관(拾遺官) 평의성(平義成; 宗義成)이 조선국 예조 대인 각하에게 글을 올립니다. 여름 더위에 답답한데 태후(台候)[10] 어떠하십니까. 삼가 생각건대 본방은 더욱 견고해지고 귀국의 평안함은 반석과 같아서 천 리가 하나처럼 되었습니다. 이전 을해년에 보냈던 사신이 돌아왔을 때 귀국의 답서의 사정을 삼가 동무(東武)[11]의 집사(執事)[12]에 아뢰었고 즉시 구례(舊例)에 의거하여 논의했습니다. 지금 다시 사신의 선박을 보내니, 임시로 우선 받아들여 주십시오. 우선 성의 표시로 보내는 토산물을 별지에 갖추었으니 받아주시기를 간절히 바랍니다. 모두 사신이 말로 전할 것입니다. 나라를 위해 적절하게 건강을 보전하시기를 바라며, 황공함을 다 표현할 수 없습니다. 관영(寬永) 16년 기묘년(1639) 5월 일.」

또 별단에 기록한 것은 다음과 같다. 「금병풍 1쌍 · 찻잔 받침(茶臺子) 1개 · 은받침 천목찻잔(銀臺天目) 2개 · 손잡이병 2개 · 금문지(金文紙) 200장.」

---

8 평의성(平義成): 1604-1657. 宗義成(소오 요시나리). 제2대 대마도주.

9 조선은 인조의 咨文과 함께 대마도주 宗義成이 보낸 서신과 물품 목록인 別錄의 사본을 심양에 보냈다. 이 문서들은 심양에서 만주어로 번역되었다. 심양에 보관되던 문서와 만주어 번역문은 입관 후 북경으로 이송되어 內閣大庫에 보관되었다. 지금은 臺北 中央研究院 歷史語言研究所에 보관되어 있다. 만주어 번역문은 아래 학술지에 영인 게재되어 있다. 承志, 「清前期滿文史料譯注六件」, 『古今論衡』(期刊), 2020년 2월, pp.97-99. 문서의 소장처에 대한 소개는 아래 참조. 岩井茂樹, 「清朝に転送された対馬藩主宗義成の書契原本と一六三九年前後の北東アジア情勢」, 『東アジアにおける国際秩序と交流の歴史的研究』ニューズレター, No.1, 2003. pp.8-11.

10 태후(台候): 서간문에서 관원의 안부를 물을 때 쓰는 말. 2품 이상의 관원에게는 태후(台候), 3품에게는 중후(重候), 4품에서 6품까지는 아후(雅候), 7품 이하의 관원에게는 재후(裁候)라고 한다.

11 東武는 일본의 무사시국(武藏國) 또는 에도(江戶)의 다른 이름이며 에도 막부를 뜻하기도 한다. 현재의 도쿄(東京)를 가리킨다.

12 執事는 에도 막부의 老中을 가리킨다.

○ 丁卯, 以阿濟格尼堪, 爲護軍統領, 拜爲吏部参政.

○ 정묘일(9.13), 아지거 니칸(ajige nikan, 阿濟格尼堪)[13]을 호군통령으로 삼고, 바이(bai, 拜)를 이부참정으로 삼았다.

○ 己巳, 復多羅貝勒豪格和碩肅親王爵, 賜冊印, 增其冊文曰, 平定朝鮮時, 同和碩睿親王, 率左翼兩白旗 · 正藍旗 · 滿洲 · 蒙古, 及外藩蒙古, 自長山邊口而進從間道, 與和碩睿親王督率護衛等, 擊敗朝鮮寧邊騎兵三百人. 又與和碩睿親王帶兩旗兵, 擊朝鮮來援王京之元帥兵萬餘人, 窮追一晝夜, 至陶山, 大敗之. 又與和碩睿親王率護衛等, 擊敗恩山騎兵三百人. 又與和碩睿親王率兵征明, 過燕京, 略山東, 督兵擊敗明副將丁某 · 總兵侯某於豐潤縣, 收服高唐州, 再拔一城. 又令本旗章京等攻克二城. 至涿州, 與和碩睿親王分兵, 拔城五, 收服東光縣. 又明山東一參將 · 一遊擊, 率馬步兵千三百人, 析毀橋梁, 爾在前誘敵, 潛令他兵從間道而濟, 出其後, 擊敗之. 攻克獻縣, 將入城, 明郭姓太監, 率步騎萬餘, 列營滹沱河, 遣馬兵二千人, 渡河迎戰, 爾擊敗之, 敵兵溺死者甚衆. 洎出邊時, 遇明一副將, 率步卒千人, 堵截關門, 遣固山額眞阿山, 又擊敗之. 爾從前獲罪, 自後屢拔城池, 克敵建功. 茲用仍給冊印, 復封爾爲和碩肅親王.

---

13 아지거 니칸: ajige nikan, 阿濟格尼堪. ?-1650. 만주정백기인, 타타라 씨(他塔喇氏). 태종 홍타이지를 수행하여 松山, 杏山 등의 전투에서 전공을 세웠다. 1644년 도르곤을 따라 입관하여 이자성 군을 공격했다. 潼關 전투에서 선봉에 섰다. 다이샨을 수행하여 江南에서, 볼로(博洛)를 수행하여 절강에서, 지르갈랑을 수행하여 湖廣에서 정복전을 수행하면서 모두 선봉에 섰다. 관직이 都統에 이르렀고 三等伯에 봉해졌으며 議政大臣이었다. 시호는 勇敏이다.

○ 기사일(9.15), 도로이 버일러 호오거의 호쇼이 숙친왕 작위를 복원하고 책인(冊印)을 하사했다. 더하여 준 책문의 내용은 다음과 같다. 「조선을 평정할 때 호쇼이 예친왕(睿親王)과 함께 좌익의 두 백기와 정람기의 만주 · 몽고 · 외번몽고를 이끌고 장산(長山; 昌城) 변구로부터 샛길로 나아가, 호쇼이 예친왕과 함께 호위(護衛)들을 이끌고 조선 영변(寧邊)의 기마병 300명을 격파했다. 또 호쇼이 예친왕과 두 기의 병사를 이끌어 조선의 왕경(王京)을 구원하러 오는 원수(元帥)의 군사 1만여 명을 공격하고 하루 밤낮을 끝까지 추격하여 도산(陶山; 兔山)에 이르러 그들을 대패시켰다.[14] 또 호쇼이 예친왕과 함께 호위들을 이끌고 은산(恩山; 殷山)의 기마병 300명을 격파했다. 또 호쇼이 예친왕과 함께 병사들을 이끌고 명나라를 정복했다. 연경(燕京)을 지나 산동(山東)을 공략할 때 병사들을 통솔하여 명나라의 정(丁) 부장과 후(侯) 총병을 풍윤현(豐潤縣)에서 격파했고 고당주(高唐州)를 정복했으며 1개 성을 탈취했다. 또 본 기(旗)의 장긴들에게 2개 성을 정복하게 했다. 탁주(涿州)에 이르러 호쇼이 예친왕과 병사를 나누어 성 5개를 탈취했고 동광현(東光縣)을 정복했다. 또 명나라 산동(山東)에서 참장 1명과 유격 1명이 기마병과 보병 1,300명을 이끌고 다리를 파괴하니, 너는 앞에서 적을 유인하고 다른 군사에게는 샛길로 몰래 건너가서 적의 뒤에서 나타나라고 명령하여 적을 격파하게 했다. 헌현(獻縣)을 정복하고 입성하려는데 명나라의 곽(郭) 태감이 보병과 기마병 1만여 명을 이끌고 호타하(滹沱河)에 진영을 배치하자, 너는 기마병 2,000명을 보내 강을 건너 맞서 싸웠다. 네가 적을 격파하여 적병 가운데 익사한 자가 매우 많았다. 변경을 나갈 때 명나라의 부장 1명이 보병 1,000명을 이끌고 관문을 가로막자 구사어전 아산을 보내 그들 또한 격파

---

14 토산 전투는 도르곤 · 호오거가 도원수 김자점의 근왕군을 패퇴시킨 전투이다.

했다. 너는 이전에 죄를 지었지만 그 후 여러 번 성지를 함락시키고 적을 공격해 공을 세웠다. 이에 책인(冊印)을 주어 너를 다시 호쇼이 숙친왕으로 책봉한다.」

○ 辛未, 朝鮮國王李倧遣陪臣齎表二通, 貢方物, 謝恩. 又具咨文二道, 達部代題. 表曰, 朝鮮國王臣李倧言, 崇德四年六月二十五日, 臣欽奉敕諭. 以臣有請封繼室之奏, 蒙恩, 特賜俞允, 遣馬福塔·巴哈納·星鼐, 齎捧印誥, 并賜綵緞等物, 封臣繼室趙氏爲朝鮮國王妃. 臣欽此欽遵祗領外, 與一國臣民, 不勝感激. 謹奉表稱謝者, 臣倧誠惶誠恐, 稽首頓首. 伏以照三星於鰈域, 恩自上天, 降十行之鸞書, 光生中壼, 歡騰士女, 慶溢家邦. 伏念臣有此生全, 無非覆幬. 遵先王之遺制, 繼室須時, 念君子之造端, 良配是賴. 肆章奏之仰瀆, 幸綸綍之遐宣, 寶敕流榮. 特頒渙汗之號, 芝函傳命, 爰擧冊封之儀, 副以什襲之錦裝, 盡出九重之珍貺. 渥洼異種, 驚睹八尺之龍, 隴山奇毛, 怳見九苞之鳳. 何況恩施稠疊, 寵命頻仍, 眷愛之私, 無異一家之厚, 便蕃之賜, 奚啻百朋之多. 玆蓋伏遇寬溫仁聖皇帝陛下, 德洽好生, 功洪再造. 風霆威迅, 馭遠服以咸賓, 雨露恩均, 恐匹夫之失所, 遂令盛典, 亦及敝藩. 臣敢不儆戒相成, 感激圖報. 優游聖澤, 益虔侯度於屛藩, 沾沐皇仁, 庶保民物於和泰. 臣無任望天仰聖激切屛營之至, 謹奉表稱謝以聞.

○ 신미일(9.17), 조선국왕 이종(李倧)이 보낸 배신이 표문 2통을 가지고 와서 공물을 바치고 사은했다. 또 자문 2통을 부(部)에 보내 대신 아뢰게 했다. 표문에서 말했다. 「조선국왕 신 이종(李倧)이 말씀드립니다. 숭덕 4년 6월 25일 신은 칙유를 받들었습니다. 신이 계실(繼室)의 책봉을 바라는 상주문을 올렸었는데, 칙유에서 은혜롭게 "특별히

윤허한다. 마푸타·바하나·싱나이에게 금인(金印)과 고명(誥命)을 가져가게 하고 채단 등의 물품을 하사한다."라고 하시고 신의 계실(繼室) 조(趙) 씨를 조선국왕의 비로 봉해 주셨습니다. 신은 이를 삼가 공경히 받들고 온 나라의 신민(臣民)과 함께 감격을 이기지 못하겠습니다. 삼가 표문을 올려 사례드리며 신 이종(李倧)은 진실로 황공하여 머리를 조아립니다. 삼가 삼성(三星)을 접역(鰈域)에 비추어 주시어 하늘의 은혜를 열 줄의 난서(鸞書)로 내려 주시고 왕비를 빛내 주시니 백성이 기뻐하고 본국에 경사가 넘칩니다. 삼가 생각건대 신이 이처럼 목숨을 구한 것은 모두 은혜를 베푸신 덕분입니다. 선왕이 남기신 제도에 의거하여 계실(繼室)은 때를 기다렸으니, 생각건대 군자의 발단은 좋은 배필에 의지합니다. 멋대로 상주한 것이 죄송스러웠으나 다행히 황제의 말씀이 멀리까지 내려왔으니 보배로운 칙서에 영광이 흐릅니다.

특별히 황제께서 명령을 내려 왕비 책봉의 내용이 담긴 글을 보내 명을 전하셨기에 책봉의 예를 거행할 수 있었는데, 열 가지의 비단 장식을 보태 주시고 아홉 종류의 진귀한 선물까지 모두 주셨습니다. 악와(渥洼)의 천리마는 특별한 종이지만 8척 길이의 용을 보면 깜짝 놀라 뛰고, 농산(隴山)의 앵무새는 기이한 털을 가졌지만 아홉 빛깔의 봉황을 보면 마음을 빼앗깁니다. 하물며 베푸시는 은혜가 두텁고 은총어린 명령이 잦으시니, 친히 돌보아 주시는 것은 한집안과 같이 두텁고, 번번이 내려 주시는 것들은 매우 많습니다. 이는 관온인성황제 폐하께서 덕이 넉넉하여 살리기를 좋아하시고, 공적이 커서 죽을 뻔한 것을 다시 살리시고, 매섭고 센 바람과 천둥처럼 먼 곳을 다스리시니 모두가 복종하고, 비와 이슬 같은 은혜를 골고루 베푸시니 필부의 처소를 잃게 할까 걱정하시며, 마침내 폐번(敝藩)에 풍성한 은혜가 미쳤기 때문입니다. 신이 감히 경계하고 서로 잘 도우면서 감격하여 보답을 도모하지 않을 수 있겠습니까. 황제의 은혜 속에서 편안히 노니며

병번(屛藩)에서 제후의 법도에 더욱 정성을 다할 것이며 황제의 인자하심에 젖어 백성의 재물을 화평하게 지킬 것입니다. 신은 하늘을 우러러 간절한 마음을 가눌 길이 없습니다. 삼가 표문을 올려 사례드리며 아룁니다.」

又一表曰, 朝鮮國王臣李倧言, 崇德四年六月二十五日, 臣欽奉敕諭, 以臣奏請願封長子李溰爲世子, 蒙恩俞允, 卽於盛京, 封臣長子李溰爲朝鮮國王世子. 齎諭到臣, 臣欽此欽遵外, 與一國臣民, 不勝感激. 謹奉表稱謝者, 臣倧誠惶誠恐, 稽首頓首. 伏以義重承家, 敢申建儲之請, 恩深裕後, 遽叨錫命之榮, 銜結難酬, 感戴曷勝. 伏念臣僅延墜緖, 叨守敝邦, 爲君實難, 念豈忽於堂構. 有子無咎, 計彌切於宗祧, 玆煩籲呼之, 獲蒙渙汗之典, 繫民心於國本, 付託奚憂. 降綸音於日邊, 位號乃定, 歡聲匝域, 喜氣騰霄. 玆蓋伏遇寬溫仁聖皇帝陛下, 承運而興, 以天爲度, 推恩布惠, 咸仰及幼之仁, 懷遠招攜, 益敷字小之澤, 遂令駑質, 亦被鴻慈. 臣迹滯東藩, 誠切北拱, 上下無間, 旣情義之交孚, 父子相期, 庶涓埃之仰報. 臣無任望天仰聖激切屛營之至, 謹奉表稱謝以聞.

또 한 표문(表文)에서 말했다. 「조선국왕 신(臣) 이종(李倧)이 말씀드립니다. 숭덕 4년 6월 25일에 신은 칙유를 받았습니다. 칙유에서 장자 이왕(李溰)을 세자로 삼고자 하는 신의 상주를 황제께서 윤허하시어 성경(盛京)에서 장자 이왕(李溰)을 조선국 왕세자로 봉한다고 하셨습니다. 보내신 칙유가 신에게 도착하니 신은 이를 삼가 받들며 온 나라의 신민과 함께 기쁨을 이기지 못하겠습니다. 삼가 표문을 올려 사례드리며 신 이종(李倧)은 진실로 황공하여 머리를 조아립니다. 삼가 가계(家系)의 승계를 중히 여기는 뜻으로 감히 세자를 세우는 청원을 올렸는데 은혜가 깊어 후손에까지 혜택이 미쳐 황제의 조명(詔命)을 받는 영광을 입었습니다. 은혜를 갚기 어렵고 감사한 마음을 참을 수 없습니다. 엎드려 생각건대 신은 다만 무너진 계통을 이어 외람되게도 폐방(弊邦)을 지키고자 했으니, 군주됨이 실로 어렵다 하여 어찌 계위(繼位)를 소홀히 하겠습니까. 아들에게 허물이 없고 종사에 간절함을 생각하여 누차 울며 하소연하고, 황제의 성지를 얻어 민심을 국본(國本)과 결속시키고자 간청하며 걱정했습니다. 윤음(綸音)이 변방에 이르러 세자 지위가 정해졌으니 감격의 소리가 온 나라를 감싸고 환희의 마음이 하늘에 닿습니다. 이는 모두 관온인성황제 폐하의 운이 잇달아 흥하고, 하늘을 법도로 삼고, 은혜를 널리 베풀어 모두가 어린 아이에까지 미치는 어짊을 흠모하고, 원방의 사람을 회유하고 작은 나라를 아끼는 은혜를 널리 펼치시니, 노둔한 자도 큰 은혜를 받기 때문입니다. 신은 동번(東藩)에 매여 있으나 북쪽으로 손을 모아 정성을 다하니, 상하(上下)가 똑같이 정의(情義)를 다하고 부자(父子)가 서로 기약하듯이 미력하나마 보답하고자 합니다. 신은 하늘을 바라보고 성상(聖上)을 우러르는 간절한 심정을 가눌 길이 없어 삼가 표문을 올려 사례드리고 아룁니다.」

咨云, 本年八月十一日, 准貴部咨爲進賀事. 准朝鮮國王咨, 差陪臣議政府右議政沈悅等, 齎捧表箋方物赴京, 進賀西征大捷, 隨將方物具題准收訖, 仍照例題奉欽依, 賞賜國王銀一百兩, 給陪臣人等收領外, 今事畢回還, 相應移文知會, 爲此合咨貴國, 查照施行等因. 准此欽依祗受外, 爲照恭申賀臆, 情理則然, 寵錫便蕃, 一至於此, 瞻望雲霄, 九頓拜嘉, 銘肝鏤佩, 無任頌祝. 爲此合行回咨順付. 今謝恩使議政府左議政申景禛等, 齎咨前去外, 煩乞貴部查照, 轉奏施行.

자문에서 말했다. 「올해 8월 11일 귀부에서 진하(進賀)의 일로 보낸 자문(咨文)을 아래와 같이 받았습니다. 『조선국왕의 자문을 보니 배신(陪臣) 의정부 우의정 심열(沈悅) 등을 보내 표전과 방물을 가지고 경사에 와서 서정(西征)의 승리를 축하하니, 이에 방물과 제문을 받았습니다. 이어 예에 따라 황제의 허락을 받고 국왕에게 은 100냥을 하사하여 배신들이 수령했으니 이번 일이 끝나고 돌아가면 문서를 보내 알려 주십시오. 이 일을 귀국에 자문하니 시행하십시오.』 삼가 공경히 받들었습니다. 진하(進賀)의 뜻을 공경히 보이는 것은 정리(情理)가 그러한 것인데, 거듭 하사하심이 이와 같으니 황궁을 바라보며 아홉 번 절하여 감사하고, 깊이 명심하며 크게 송축드립니다. 이 일로 회신하는 자문을 맡겨 보냅니다. 지금 사은사 의정부 좌의정 신경정(申景禎; 申景禛) 등이 자문을 가지고 갔습니다. 번거롭겠지만 귀 부(部)에서 살펴 상주를 전달해 주시기 바랍니다.」

又一咨曰, 本月初一日, 奉聖旨, 前加哈禪等避居熊島, 負固不貢, 今朝鮮既動舟師, 擒捕解來, 忠順可嘉, 著賜銀二百兩, 以示優禮, 爾部可即移咨該國王, 令祗受給賜外, 仍察效力將士, 量加陞賞, 欽此欽遵, 合行移咨貴國, 照咨內事理, 希查驗施行等因. 准此欽依祗受外, 當職爲照, 島役之濟, 莫非皇威攸曁, 小邦微勞, 有何可紀之績. 不圖玆者, 獲叨殊眷, 優以旌褒, 寵以珍貺, 榮耀倍萬, 感頌深切, 行間微弁, 至蒙省錄. 凡在瞻聆, 孰不欣聳, 效力將士, 即令該道察行, 竢馳報便, 加賞典使, 咸知大朝之恩命焉. 爲此合行咨覆順付. 今謝恩使議政府左議政申景禎等齎咨前去, 煩乞貴部照詳轉奏施行.

또 한 자문에서 말했다. 「본월 초하루 성지를 아래와 같이 받았습니다. 『"앞서 기야하찬(giyahacan, 加哈禪) 등이 웅도(熊島)에 숨어 배반하고 진공하지 않았는데, 지금 조선이 수군을 동원해서 체포하여 보내왔으니 충순함이 가상하다. 은 200냥을 하사하여 우대하는 예를 보인다. 너희 예부는 조선국왕에 자문을 보내 하사품을 받게 하는 외에, 수고한 장수와 병사들을 살펴서 헤아려 포상하라." 이를 받들어 귀국에 자문을 보냅니다. 자문의 내용에 따라 살펴 시행하십시오.』 삼가 공경히 받들고 당직(當職)이 살펴보건대, 섬에서의 전투는 모두 황상의 위력이 미친 것이니 소방(小邦)의 작은 수고가 어찌 기록할 만한 것이겠습니까. 뜻밖에 이번에 특별한 보살핌을 받아 정포(旌褒)로 우대하시고 귀한 선물로 총애하시니, 영광은 갑절이 되고 감사함은 간절하며, 미미한 일로 공적이 기록되기에 이르렀습니다. 여럿이 보고 들어 누군들 기뻐하지 않겠습니까. 수고한 장수와 병사들은 해당 도(道)에서 살펴서 치보의 소식을 기다려 주관한 관리에게 포상하고 대조(大朝)의 은혜를 널리 알리게 하겠습니다. 이 일로 자문을 다시 맡겨 보냅니다. 지금 사은사 의정부 좌의정 신경정(申景禎; 申景禛) 등이 자문을 가지고 떠났으니, 귀부에서 자세히 살펴 상주를 전달해 주시기 바랍니다.」

○ 壬申, 初武英郡王阿濟格謂固山額眞圖爾格云, 爾弟伊爾登向我言, 爾欲背我而投御前. 圖爾格隨告於法司鞫之, 伊爾登並無是言, 實武英郡王誣揑. 於是, 諸王 · 貝勒 · 貝子, 及固山額眞 · 承政 · 議政大臣等共議, 武英郡王, 應革郡王爵, 奪所屬人員, 分其奴僕爲三分, 以二分入官, 圖爾格下三牛彔, 任便隨旗. 奏聞, 上命阿濟格免奪郡王爵及所屬人員, 止罰銀萬兩, 令圖爾格帶三牛彔, 任便隨旗.

○ 임신일(9.18), 일찍이 무영군왕 아지거가 구사어전 투르거이에게 말했다. "너의 동생 일던이 나에게 네가 나를 배반하고 어전(御前)

에 의탁하고자 한다고 말했다." 투르거이가 법사에 고하여 심문하니, 일던은 이런 말을 하지 않았고 사실은 무영군왕이 무고한 것이었다. 이에 여러 왕·버일러·버이서 및 구사어전·승정·의정대신 등이 함께 의논했다. 「무영군왕은 군왕 작위와 소속 인원을 박탈하고, 노복을 삼등분하여 삼분의 이는 관에 몰수해야 합니다. 투르거이 속하의 3개 니루는 편의대로 기를 옮기게 해야 합니다.」 상주를 올리자, 주상은 아지거의 군왕 지위와 소속 인원을 박탈하는 것은 면해 주고 다만 벌은 1만냥을 내게 했다. 투르거이에게 3개 니루를 데리고 편의대로 기를 옮기게 했다.

○ 癸酉, 遣多羅武英郡王阿濟格·多羅饒餘貝勒阿巴泰·多羅安平貝勒杜度等, 率將士往畧錦州·寧遠.

○ 계유일(9.19), 도로이 무영군왕 아지거·도로이 요여 버일러 아바타이·도로이 안평 버일러 두두 등을 파견하여 장수와 병사를 데리고 가서 금주와 영원을 공략하게 했다.

○ 二等梅勒章京楊奇功病故, 以其子楊大哲襲職, 仍准再襲九次.

○ 이등 머이런장긴 양기공(楊奇功)이 병사하여 그의 아들 양대철(楊大哲)에게 습직시키고 9번 습직을 허락했다.

○ 甲戌, 以故和碩成親王降封多羅貝勒岳託子羅洛宏, 仍襲封多羅貝勒.

○ 갑술일(9.20), 호쇼이 성친왕에서 도로이 버일러로 강봉(降封)되고 사망한 요토의 아들 롤로혼(lolohon, 羅洛宏)에게 그대로 도로이 버일러를 계승하게 했다.

○ 封朝鮮國王長子李溰爲世子, 賜誥命, 仍賜蟒緞一·素緞九, 誥辭曰, 奉天承運寬溫仁聖皇帝制曰, 有國有家, 每須繼體之冑, 以嫡以長, 式遵封建之章, 禮有常經, 名宜預定. 爾李溰乃朝鮮國王李倧長子也, 今爾父有建儲之請, 朕方弘柔遠之模, 既立乃父, 永保於爾邦, 必樹其子, 祗承於厥後, 特賜誥命, 封爾爲朝鮮國王世子. 爾其忠孝宅心, 敬恭持己, 勿墜躬桓之緒, 永享帶礪之榮, 欽哉, 勿替朕命.

○ 조선국왕의 장자 이왕(李溰)을 세자로 봉하고 고명을 내리고, 아울러 망단 1필·소단(素緞) 9필을 하사했다. 고명에서 말했다. 「봉천승운관온인성황제가 제(制)한다. 모든 나라와 집안에서 계승자는 반드시 적장자로 삼아 봉건의 법도를 따르는 것이 예의 올바른 도리이며 명분이 마땅히 정해 놓은 것이다. 너 이왕(李溰)은 조선국왕 이종(李倧)의 장자이다. 지금 너의 부친이 세자를 세울 것을 청하니, 짐은 먼 지방을 회유하는 도리를 넓히고자 한다. 이미 너의 부친을 세워 너희 나라를 영원히 지키게 했으니 그의 아들을 세워 삼가 후사를 잇게 하고 특별히 고명을 하사하여 너를 조선국 왕세자로 봉한다. 너는 충효와 정성으로 삼가 공경하고 자신을 다스려 제후의 계통을 무너뜨리지 말고 황은(皇恩)의 영광을 영원히 누리라. 삼가고 짐의 명을 저버리지 말라.」

○ 丙子, 以宗室賴慕布及杜沙, 俱爲議政大臣.

○ 병자일(9.22), 종실 라임부와 두샤(duša, 杜沙)를 의정대신으로 삼았다.

○ 以英俄爾岱爲固山額眞, 翁阿岱·星訥, 俱爲梅勒章京.

○ 잉굴다이를 구사어전으로, 웅가다이와 싱너를 모두 머이런장긴으로 삼았다.

○ 以馬福塔爲戶部承政, 碩詹爲戶部參政.

○ 마푸타를 호부승정으로, 쇼잔을 호부참정으로 삼았다.

○ 三等輔國將軍塔拜病故, 以其子額克親襲爵, 其額克親三等奉國將軍爵, 命其弟班布爾善襲替.

○ 삼등 보국장군 타바이가 병사하여 그의 아들 억친이 작위를 계승하게 하고, 억친의 삼등 봉국장군 작위는 그의 동생 밤부르샨(bamburšan, 班布爾善)이 계승하게 했다.

○ 科爾沁國固倫額駙祁他特偕固倫公主歸國, 皇后率諸王·貝勒諸福金, 出城, 設宴餞之.

○ 코르친국의 구룬 어푸 키타트와 구룬 공주가 귀국하려고 하여,

황후가 여러 왕·버일러들의 푸진을 이끌고 성을 나가 잔치를 베풀어 전별했다.

○ 賜朝鮮國陪臣申景禎·薛琦等宴於禮部.

○ 조선국의 배신 신경정(申景禎; 申景禛)과 설기(薛琦; 許啓)[15] 등에게 예부에서 잔치를 내렸다.

○ 蒿齊忒部落巴琫土謝圖來朝貢馬. 上出御廏馬千匹, 以百一十七匹, 酌賜御前應賞者, 餘八百八十三匹, 命和碩親王·多羅郡王·多羅貝勒·固山貝子·公·固山額眞等, 俱詣演武場, 酌量分別賞賜. 又出官馬千五百九十二匹, 不論牛彔多寡, 令二十旗均分, 散給牛彔中貧乏無馬者.

○ 호오치트 부락의 바붕 투시예투가 내조하여 말을 바쳤다. 주상은 황실 마굿간의 말 1,000마리를 내어 117마리는 어전(御前)에서 포상할 자에게 헤아려 하사하고, 나머지 883마리는 호쇼이 친왕·도로이 군왕·도로이 버일러·구사이 버이서·공·구사어전들을 모두 연무장으로 나오게 하여 적절히 헤아려 상으로 나누어 주었다. 또한 관마 1,592마리를 내어 니루의 많고 적음에 상관없이 20기에 고루 나누어, 각 니루에서 가난하여 말이 없는 자에게 나누어 주게 했다.

---

15 원문의 薛琦는 『同文彙考』에 許啓로 나와 있다.

권49

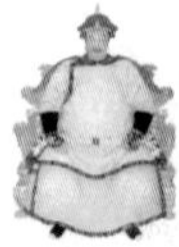

숭덕 4년 10월 ~ 12월

崇德四年, 己卯, 冬十月, 甲申朔, 頒曆.

○ 숭덕 4년 기묘년 겨울 10월 갑신일 초하루(10.1), 책력을 반포했다.

○ 丙戌, 喀爾喀部落土謝圖汗 · 俄木布額爾德尼等, 遣使來朝, 貢馬及貂 · 狐皮等物.

○ 병술일(10.3), 칼카 부락의 투시예투 칸 · 옴부 어르더니 등이 사신을 파견하여 내조하여 말과 담비가죽 · 여우가죽 등 물건을 바쳤다.

○ 是日, 遣和碩肅親王豪格 · 多羅貝勒多鐸等, 率將士往畧錦州 · 寧遠等處.

○ 이날 호쇼이 숙친왕 호오거 · 도로이 버일러 도도 등을 파견하여 장수와 병사를 이끌고 금주와 영원 등지에 가서 공략하게 했다.

○ 己丑, 先是, 東方庫爾喀叛入熊島, 上命朝鮮以兵討之, 擒叛首加哈禪 · 額益都里至, 詢之. 言康古禮 · 喀克篤禮 · 車齊克墨爾根 · 薩爾糾等, 謀從朝鮮走入熊島, 約令叛逃. 事下法司鞫訊, 得實, 遂議, 康古禮 · 喀克篤禮子塞古德 · 昂阿昂邦 · 賴塔 · 賴他庫 · 莽塞 · 洪科 · 禧福 · 濟闌 · 馬噶丹等, 俱應奪其奴僕并屬人. 車齊克墨爾根子精珠, 應革職, 奪其奴僕. 其同謀共逃之薩爾糾 · 班布里, 應論死, 籍其家. 奏聞, 上命馬噶丹革職, 馬噶丹, 及昂阿昂邦 · 禧福 · 濟闌 · 莽塞 · 賴塔 · 賴他庫等, 漢人男女 · 牛 · 羊 · 馬匹, 奪其三之二入官, 以其一給原主. 精珠, 革職, 免奪奴僕. 塞古德與其父喀克篤禮, 倡叛事不實, 又素不得於其父, 免罪, 嗣後令其效力行間. 班布里, 亦免罪. 其薩爾糾, 當遣班布里與加哈禪同往時, 曾言, 班布里此行必與加哈禪叛去不返, 戶部承政英俄爾岱等遲誤未奏, 薩爾糾非係同謀, 宥之.

○ 기축일(10.6), 이전에 동쪽의 쿠르카가 모반하여 웅도(熊島)로 들어가자 주상은 조선에 명하여 이들을 토벌하게 했다. 체포된 반란의 괴수 기야하찬(giyahacan, 加哈禪)과 어이두리(eiduri, 額益都里)가 도착하여 심문하자, "캉구리(kanggūri, 康古禮) · 칵두리 · 처치커 머르건 · 사르기오 등이 모의하여 조선에서 웅도로 들어가 반란하기로 약속했다."라고 말했다. 일을 법사에 보내 심문하니 사실이었으므로 의논했다. 「캉구리 · 칵두리의 아들 서구더 · 앙가 암반 · 라이타(laita, 賴塔) · 라이타쿠(laitaku, 賴他庫) · 망서(mangse, 莽塞) · 홍코(hongko, 洪科) · 히퍼(hife, 禧福) · 지찬(jican, 濟闌) · 마가단(magadan, 馬噶丹) 등

은 모두 노복과 속인을 삭탈해야 합니다. 처치커 머르건의 아들 징주(jingju, 精珠)는 혁직하고 노복을 삭탈해야 합니다. 함께 도망하기로 모의한 사르기오 · 밤부리(bamburi, 班布里)는 사형에 처하고 집을 적몰해야 합니다.」

상주를 올리자 주상은 마가단은 혁직하고, 마가단 · 앙가암반 · 히퍼(hife, 禧福) · 지찬 · 망서 · 라이타 · 라이타쿠 등은 그들의 한인 남녀 · 소 · 양 · 말의 삼분의 이는 관에 몰수하고 나머지 삼분의 일은 원래 주인에게 지급하게 했다. 징주는 혁직하고 노복을 삭탈하는 것은 면해 주었다. 서구더는 그의 부친 칵두리와 모반을 주도했다는 것이 사실이 아니고, 또한 평소에 그의 부친과 사이가 나빴으므로 죄를 면해 주고 앞으로 일에 힘쓰게 했다. 밤부리도 죄를 면해 주었다. 사르기오는 파견된 밤부리가 기야하찬과 동행할 때 말하기를 "밤부리는 이번 행차에서 반드시 기야하찬과 달아나 돌아오지 않을 것이다."라고 했었다. 그러나 호부승정 잉굴다이 등이 지체하여 상주하지 않았으니 사르기오는 모반에 연루되지 않았으므로 용서했다.

○ 庚寅, 蘇尼特部落墨爾根台吉騰機思 · 騰機特 · 叟塞濟農等, 率大小諸貝勒, 阿霸垓部落額齊格諾顏 · 達爾漢諾顏等, 各率部衆, 自喀爾喀來歸, 至烏朱穆秦地方, 諸貝勒各遣頭目來朝, 貢馬.

○ 경인일(10.7), 수니트 부락의 머르건 타이지 텅기스 · 텅기트 · 서오서 지농 등이 대소 여러 버일러들을 이끌고, 아바가 부락의 어치거 노얀 · 다르한 노얀 등이 각각 부락의 무리를 이끌고 칼카로부터 내귀하여 우주무친 지방에 이르렀다. 여러 버일러들이 각각 두목을 보내 내조하고 말을 바쳤다.

○ 遣察漢喇嘛等, 致書於圖白忒汗, 書曰, 大淸國寬溫仁聖皇帝, 致書於圖白忒汗. 自古釋氏所制經典, 宜於流布, 朕不欲其泯絶不傳, 故特遣使, 延致高僧, 宣揚法教. 爾乃圖白忒之主, 振興三寶, 是所樂聞, 倘卽敦遣前來, 朕心嘉悅. 至所以延請之意, 俱令所遣額爾德尼達爾漢格隆 · 察漢格隆 · 玉噶扎禮格隆 · 盆綽克額木齊 · 巴喇袞噶爾格隆 · 喇克巴格隆 · 伊思談巴達爾扎 · 準雷俄木布 · 根敦班第等, 使臣口述. 又與喇嘛書曰, 大淸國寬溫仁聖皇帝, 致書於掌佛法大喇嘛, 朕不忍古來經典, 泯絶不傳, 故特遣使, 延致高僧, 宣揚佛敎, 利益衆生, 唯爾意所願耳. 其所以延請之意, 俱令使臣口述.

○ 차간 라마 등을 파견하여 투베트 한(tubet han, 圖白忒汗)[1]에게 서신을 보냈다. 서신에서 말했다. 「대청국 관온인성황제가 투베트 한에게 글을 보낸다. 예로부터 석가모니가 제정한 경전은 널리 전해야 하니, 짐은 그것이 소실되어 끊어지지 않게 하고자 특별히 사신을 파견하여 고승을 초청하여 불법(佛法)을 펼치고자 한다. 그대는 투베트의 군주로 삼보(三寶)를 진흥하는 일에 기뻐할 것이니, 만약 사람을 보내온다면 짐이 기쁠 것이다. 초청하는 뜻에 대해서는 모두 파견된 어르더니 다르한 겔룽(erdeni darhan gelung, 額爾德尼達爾漢格隆) · 차간 겔룽(cagan gelung, 察漢格隆) · 유가사리 겔룽(yugajari gelung, 玉噶扎禮格隆) · 푼축 엄치(puncuk emci, 盆綽克額木齊) · 바라군 가르 겔룽(baragūn gar gelung, 巴喇袞噶爾格隆) · 락바 겔룽(rakba gelung, 喇克巴格隆) · 이스탄바(istanba, 伊思談巴) · 다르자(darja, 達爾扎) · 존루이 옴부(jonrui ombu, 準雷俄木布) · 겐둔 반디(gendun bandi, 根敦班第) 등 사신에게 말로 전하게 한다.」

---

1 티베트의 짱바 칸(藏巴汗)을 가리킨다.

또 라마에게 보낸 서신에서 말했다. 「대청국 관온인성황제가 불법을 관장하는 대 라마에게 글을 보낸다. 짐은 예로부터 전해진 경전이 소실되어 끊어지는 것을 참을 수 없어, 특별히 사신을 보내 고승을 초청하고자 하니, 불법(佛法)을 펼쳐 중생을 이롭게 하는 일은 곧 그대가 바라는 것이리라. 초청하는 뜻에 대해서는 모두 사신에게 말로 전하게 한다.」

○ 辛卯, 卯刻, 上出福勝門, 至哈達地方行獵.

○ 신묘일(10.8), 묘시에 주상이 복승문(福勝門)을 나가서 하다 지방에 가서 수렵했다.

○ 丁未, 上還宮.

○ 정미일(10.24), 주상이 환궁했다.

○ 戊申, 萬壽節, 上御崇政殿, 和碩親王 · 多羅郡王 · 多羅貝勒 · 固山貝子 · 公 · 文武羣臣等, 外藩科爾沁 · 柰曼 · 察哈爾 · 巴林 · 喀喇沁 · 扎魯特 · 杜爾伯特 · 翁牛特 · 喀爾喀等, 九部落諸王 · 貝勒, 及朝鮮國王質子, 上表行慶賀禮. 三順王, 及朝鮮國王, 各遣官上表稱賀, 內外諸王, 獻駝馬 · 金珠 · 貂皮等物.

○ 무신일(10.25), 만수절에 주상이 숭정전에 이르니, 호쇼이 친왕 · 도로이 군왕 · 도로이 버일러 · 구사이 버이서 · 공 · 문무 신하

들, 외번 코르친 · 나이만 · 차하르 · 바린 · 카라친 · 자루트 · 두르베트 · 옹니우트 · 칼카 등 아홉 부락의 여러 왕과 버일러, 조선국왕이 인질로 보낸 아들이 표문을 올리고 경하례를 행하였다. 공순왕 · 회순왕 · 지순왕과 조선국왕은 각각 관리를 보내 표문을 올려 경하했다. 내외의 여러 왕들이 낙타 · 말 · 금 · 진주 · 담비가죽 등 물건을 바쳤다.

○ 遣官祭太廟 · 福陵.

○ 관리를 보내 태묘와 복릉에 제사 지냈다.

○ 朝鮮國王李倧, 遣陪臣權大任等, 進萬壽竝冬至 · 元旦貢物, 共黃金百兩, 白金千兩, 綿紬二千疋, 各色布萬二千疋, 五爪龍蓆四條, 各種花蓆四十條, 豹 · 鹿 · 獺 · 青黍等皮共九百張, 水牛角二百對, 上等腰刀二十六口, 順刀二十口, 蘇木二百觔, 胡椒一石, 茶千包, 大小紙張二千五百卷, 米萬包.

○ 조선국왕 이종(李倧)이 배신 권대임(權大任)[2] 등을 파견하여 만수절 · 동지 · 원단의 공물을 진상했다. 모두 황금 100냥, 백금 1,000냥, 명주 2,000필, 각종 천 1만 2,000필, 오조룡(五爪龍) 돗자리 4개, 각종 꽃무늬 돗자리 40개, 표범 · 사슴 · 수달 · 청서피(青黍皮) 총 900장, 물

2 권대임(權大任): 1595-1645. 본관은 안동(安東), 자는 홍보(弘輔)이다. 서예에 능했다. 예조판서를 지낸 권협의 손자이다. 선조의 일곱째 딸 정선옹주와 결혼하여 부마도위 길성위(駙馬都尉吉城尉)에 봉해졌다가 길성군(吉城君)에 습봉(襲封)되었다.

소뿔 200개, 상등품 요도(腰刀) 26개, 순도(順刀) 20개, 소목(蘇木) 200근, 후추 1석(石), 차 1,000포, 크고 작은 종이 2,500권, 쌀 1만포였다.

○ 是日, 蒙夸達爾漢和碩齊之孫塞冷·烏朱穆秦部落多爾濟濟農等, 來朝, 貢白鷹及馬匹.

○ 이날 몽쿠와 다르한 호쇼치의 손자 서렁·우주무친 부락의 도르지 지농 등이 내조하여 흰 매와 말을 바쳤다.

○ 己酉, 以萬壽聖節, 召在內諸王·貝勒·貝子·文武羣臣, 及外藩來朝諸王·貝勒併各官, 賜大宴於篤恭殿. 又賜內六旗王·貝勒·貝子·公, 及三順王·朝鮮世子李溰等, 白金·馬匹·貂皮等物有差.

○ 기유일(10.26), 만수성절이어서 내지(內地)의 여러 왕·버일러·버이서·문무 신하들, 그리고 외번의 내조한 여러 왕·버일러 및 각 관리들을 불러 독공전에서 큰 연회를 베풀었다. 또한 내육기(內六旗)의 왕·버일러·버이서·공, 그리고 삼순왕과 조선 세자 이왕(李溰) 등에게 백금·말·담비가죽 등의 물품을 차등 있게 하사했다.

○ 癸丑, 以劉之源爲固山額眞, 喀濟海爲議政大臣.

○ 계축일(10.30), 유지원(劉之源)을 구사어전으로, 카지가이(kajigai, 喀濟海)를 의정대신으로 삼았다.

○ 是日, 敍續順公沈志祥下有功官員沈永忠 · 許天寵等二十八人, 各授世職有差.

○ 이날 속순공 심지상 속하의 공을 세운 관원 심영충(沈永忠) · 허천총(許天寵) 등 28명에게 서훈하여 각각 세직을 차등 있게 주었다.

○ 一等甲喇章京綽爾濟庫魯克病故, 以其子海薩爾代襲職, 仍准再襲五次. 二等梅勒章京曾傳孔病故, 以其兄曾法孔襲職, 仍准再襲九次.

○ 일등 잘란장긴 초르지 쿨룩이 병사하여 그의 아들 하이살다이(haisaldai, 海薩爾代)에게 습직시키고 5번 습직을 허락했다. 이등 머이런장긴 증전공(曾傳孔)이 병사하여 그의 형 증법공(曾法孔)에게 습직시키고 9번 습직을 허락했다.

○ 十一月, 甲寅朔, 和碩肅親王豪格 · 多羅貝勒多鐸, 遣啟心郎布丹 · 詹霸等, 自軍營奏報. 臣等奉命西征, 有甲喇章京阿藍泰, 率蒙古四人, 來歸左翼兵營. 明寧遠兵出北山岡, 爲我右翼兵擊敗, 陣斬總兵金國鳳及其二子, 共斬三十餘人, 獲馬二十六匹, 即以所俘獲, 給賞被傷及有功將士.

○ 11월 갑인일 초하루(11.1), 호쇼이 숙친왕 호오거와 도로이 버일러 도도가 계심랑 부단과 잠바를 보내 군영으로부터 상주했다. 「신들은 명을 받들어 서쪽으로 정벌했습니다. 잘란장긴 아란타이(arantai,

阿藍泰)가 몽고인 4명을 데리고 좌익의 군영으로 내귀했습니다. 영원의 명나라 군대가 북쪽 산등성이에서 나왔다가 우리 우익군에게 격파되어 총병 김국봉(金國鳳)과 그의 두 아들이 전사했습니다. 모두 30명을 죽이고 말 26마리를 획득했습니다. 획득한 것은 부상을 당하거나 공적이 있는 장수와 병사들에게 상으로 주었습니다.」

○ 丁巳, 科爾沁國卓禮克圖親王吳克善, 送其女與多羅武英郡王阿濟格子傅勒赫成婚.

○ 정사일(11.4), 코르친국의 조릭투 친왕 욱샨이 그의 딸을 보내 무영군왕 아지거의 아들 풀러허(fulehe, 傅勒赫)와 결혼시켰다.

○ 是日, 以朝鮮貢物, 賜來朝外藩諸王以下, 大臣以上有差.

○ 이날 조선의 공물을 내조한 외번의 여러 왕 이하 대신 이상에게 차등 있게 하사했다.

○ 戊午, 先是, 多羅饒餘貝勒阿巴泰, 遣家人吳什特·渥濟倫, 取阿濟拜牛彔下毛巴里乳牛, 爲出師行糧. 後因軍中未用, 攜還, 毛巴里索之不與, 且殺以宴客. 毛巴里訴於戶部, 部議, 阿巴泰身爲貝勒, 反取貧民乳牛, 以供宴客, 違例擾民, 阿巴泰所畜牛羣, 俱入官. 賽關, 不行力諫, 應鞭一百. 取牛之吳什特·渥濟倫, 各鞭一百, 貫耳鼻. 將原告毛巴里撥出, 歸本旗貝子博洛, 仍以九牛償之. 得旨, 依議.

○ 무오일(11.5), 이전에 도로이 요여 버일러 아바타이가 가인(家人) 우시터이(usitei, 吳什特)・워질룬(wejilun, 渥濟倫)을 보내 아지바이(ajibai, 阿濟拜) 니루 속하 모오바리(moobari, 毛巴里)의 젖소를 취하여 전투에서 병사의 양식으로 삼았다. 후에 군중에서 사용하지 않고 데리고 돌아왔으나, 모오바리가 돌려 달라고 해도 주지 않고 죽여서 손님들에게 접대했다. 모오바리가 호부에 고소하니 부에서 의논했다. 「아바타이는 버일러 된 자가 오히려 빈민의 젖소를 빼앗아 손님에게 접대했으니 법규를 어기고 백성을 괴롭혔습니다. 아바타이가 키우는 소를 모두 관에 몰수해야 합니다. 사이구완은 힘써 말리지 않았으니 100대 채찍질해야 합니다. 소를 빼앗은 우시터이・워질룬은 각각 100대 채찍질하고 귀와 코를 뚫어야 합니다. 고발한 원고 모오바리는 분리하여 본 기의 버이서 볼로에게 귀속시키고, 소 9마리를 보상으로 주어야 합니다.」 의논한 대로 하라는 유지를 받았다.

○ 己未, 先是, 上率大軍再征朝鮮, 圍國王李倧於南漢山城, 俘其妻子, 軍民危迫, 國勢垂亡, 倧始出南漢山城, 詣軍門納款, 上特加矜宥, 聽王還國, 歸其妻子, 復其國土, 輯其人民, 封倧王爵如故. 至是, 朝鮮王頌上功德, 樹碑於三田渡地方, 傳示萬世. 以其事奏聞, 上遣內院官查布海・李棲鳳・畢禮克圖, 偕戶部承政馬福塔・禮部參政超哈爾・刑部參政宗室吳達海等, 往觀之.

○ 기미일(11.6), 이전에 주상이 대군을 이끌고 조선을 다시 정벌하여 국왕 이종(李倧)을 남한산성에서 포위하고 그의 처자를 포로로 잡았다. 군민이 위험에 처하고 나라가 거의 망하게 되자 이종(李倧)은 비로소 남한산성에서 나와 군문에 이르러 항복했다. 주상은 특별히 용서하여 왕의 복귀를 허락하고 그 처자를 돌려보내고 국토를 수복하고

인민을 수습하여 이종을 이전대로 왕 작위에 봉했다. 이때에 조선국 왕은 주상의 공덕을 알리고자 삼전도에 비석을 세워 만세에 전했다. 이 일을 상주하니 주상은 내원(內院)의 관원 차부하이 · 이서봉(李棲鳳) · 빌릭투를 파견하여 호부승정 마푸타 · 예부참정 초오하르 · 형부참정 종실 우다하이 등과 함께 가서 보게 했다.

○ 辛酉, 遣索海 · 薩穆什喀 · 穆成格 · 葉克書 · 雍舜 · 拜 · 伊孫 · 羅奇等, 率官屬兵丁, 往征索倫部落, 兵部多羅貝勒多鐸 · 固山額眞多羅額駙英俄爾岱傳諭曰, 爾等師行所經屯內, 有已經歸附納貢之屯, 此屯內又有博穆博果爾取米之屯, 恐爾等不知, 誤行侵擾, 特開列屯名數目付爾, 毋得違命騷擾侵害. 行軍之際, 宜遣人哨探於前, 防護於後, 加意愼重, 勿喧譁, 勿參差散亂, 勿忘紀律. 爾等此行, 或十八牛彔新滿洲, 或添補缺額牛彔之新滿洲, 各固山額眞 · 梅勒章京 · 甲喇章京 · 牛彔章京, 詳加查閱, 視其有兄弟及殷實者, 令從征, 爾等亦應親加審驗. 左翼主將薩穆什喀 · 副將伊孫, 右翼主將索海 · 副將葉克書, 或兩翼分行, 則各聽該翼將令, 或同行, 則總聽兩翼將令, 凡事俱公同酌議行之.

○ 신유일(11.8), 소오하이 · 삼시카 · 무청거 · 역슈 · 용순 · 바이 · 이순 · 로키 등을 파견하여 관속과 병정을 이끌고 솔론 부락을 정벌하러 가게 했다. 병부 도로이 버일러 도도 · 구사어전 도로이 어푸 잉굴다이에게 유시를 전하여 말했다. 「너희 군사가 지나는 마을 중에 이미 귀부하여 공물을 바치는 마을도 있고, 그 마을 중에 또한 봄보고르가 미곡을 취하는 마을도 있다. 너희가 알지 못하고 잘못 침략할까 하여 특별히 마을의 이름과 숫자를 적어 너희에게 전달하니, 명을 어기고 소란을 피우거나 침해하지 말라. 행군할 때는 반드시 사람을 보내

앞을 정탐하고 뒤를 방어하며 특별히 조심해야 한다. 시끄럽게 떠들지 말고, 들쭉날쭉 함부로 흩어지지 말고, 기율을 잊지 말라. 너희의 이번 행군에는 18개 니루의 신만주도 있고 니루의 결원을 보충한 신만주도 있다. 각각의 구사어전 · 머이런장긴 · 잘란장긴 · 니루장긴은 상세히 조사하여 형제가 있거나 부유한 자를 보면 정벌에 종군하게 하라. 너희가 직접 조사하라. 좌익의 주장 삼시카와 부장 이순, 우익의 주장 소오하이와 부장 역슈는 양익이 나누어 행군할 때는 각자 해당 익의 장령을 따르고, 함께 행군할 때는 양익의 장령을 모두 따르라. 모든 일은 공동으로 의논하여 행하라.」

○ 壬戌, 遣前鋒章京沙爾虎達等, 率土默特部落兵二百人, 往畧寧遠, 諭曰, 爾等從寧遠北界入, 沙爾虎達 · 蘇爾德 · 鄂碩 · 布丹等四章京, 可前進誘敵, 令後隊伏於近邊臺軍瞭望不見之所, 以備截擊. 若誘之不出, 所伏之兵, 再俟一日, 待會齊同還, 數日後, 可仍從錦州北界, 進取樵採之人.

○ 임술일(11.9), 전봉장긴 샤르후다 등을 보내 투메트 부락의 병사 200명을 이끌고 가서 영원을 공략하게 하며 유시했다. 「너희는 영원의 북쪽 경계에서 진입하라. 샤르후다 · 술더이 · 오쇼 · 부단 등 네 장긴은 앞으로 나가 적을 유인하고, 후미 부대를 가까운 경계의 대(臺)의 군사가 멀리서 볼 수 없는 곳에 매복시켜 타격에 대비하라. 만약 유인해도 나오지 않으면 매복한 군사는 다시 하루를 기다렸다가 만나서 함께 돌아오라. 며칠 후에는 금주의 북쪽 경계에서 진격하여 땔감 채취하는 자들을 잡을 수 있을 것이다.」

○ 丙寅, 先是, 遣參政塞冷·尼堪等, 率八旗審事官八員, 往邁賴滾俄羅木地方, 召集喀喇沁·土默特部落貝勒·塔布囊等, 詰其征濟南府, 及中後所時, 二次發兵不及額之故, 并訊一切情罪. 至是, 議, 喀爾喀土謝圖汗下多爾濟台吉, 及陶齊, 既至鑲紅旗布彥代家, 又往土默特部落查薩袞達爾漢及多爾濟家, 而查薩袞達爾漢·多爾濟等, 任其往來出入, 應罰查薩袞達爾漢馬五十匹, 多爾濟馬二十匹. 奏聞, 上命從寬, 各罰一九數.

○ 병인일(11.13), 이전에 참정 서령·니칸 등을 파견하여, 팔기 심사관(審事官) 8명을 이끌고 마일라이 군 올롬(mailai gūn olom, 邁賴滾俄羅木)[3] 지방에 가서 카라친·투메트 부락의 버일러·타부낭들을 소집하여, 그들이 제남부(濟南府)와 중후소(中後所)에 원정할 때 두 번 병력의 수를 부족하게 파병한 이유를 힐문하고 모든 죄를 심문하게 했다. 이때에 의논했다.「칼카 투시예투 칸 속하의 도르지 타이지와 토오지(tooji, 陶齊)는 양홍기 부얀다이(buyandai, 布彥代)의 집에 왔고, 또 투메트 부락 자사군 다르한·도르지의 집에 갔습니다. 자사군 다르한·도르지 등은 그들에게 왕래와 출입을 하게 했으니, 벌로 자사군 다르한은 말 50마리, 도르지는 말 20마리를 부과해야 합니다.」상주하자 주상이 명하여 용서하고 각기 가축 9마리를 벌로 취했다.

○ 丁卯, 卯刻, 上率和碩親王·多羅郡王·多羅貝勒·固山貝子·公等, 及文武羣臣, 出福勝門, 獵於葉赫地方.

---

3 몽골어로는 mayilan−yin gūn olom이다. 이 시기 카라친과 투메트 3旗의 회맹 지역이었다. 達力扎布, 「清代內外蒙古十盟會名稱的固定及其時間考」, 『民族研究』, 2020, 第2期, pp.132-140.

○ 정묘일(11.14), 묘시에 주상은 호쇼이 친왕 · 도로이 군왕 · 도로이 버일러 · 구사이 버이서 · 공(公)과 문무 신하들을 이끌고 복승문을 나가서 여허 지방에서 수렵했다.

○ 己巳, 自益蘭堡行獵, 至擺戶地方而還.

○ 기사일(11.16), 익란보(益蘭堡)로부터 수렵을 가서 바이후(baihu, 擺戶) 지방에 이르러 귀환했다.

○ 辛巳, 獵於英格布占地方, 和碩禮親王代善射獐, 馬仆傷足. 上見之, 馳至王所, 下馬, 親爲裹創, 酌金卮勸, 代善飮畢, 嘆曰, 此番畋獵, 原欲巡省, 非爲從獸習射也. 朕以兄年高, 不可馳馬, 曾屢勸之, 兄奈何不自愛耶. 因泣下, 遂駐營其地, 罷獵. 還時, 上令代善乘輿徐行, 日行十五里, 或二十里.

○ 신사일(11.28), 영거 부잔(yengge bujan, 英格布占) 지방에서 사냥할 때 호쇼이 예친왕(禮親王) 다이샨이 노루를 활로 쏘았는데 말이 거꾸러지면서 발을 다쳤다. 주상이 그것을 보고 말달려서 다이샨에게 와서 말에서 내린 후 직접 상처를 싸매고 금술잔으로 술 마시기를 권했다. 다이샨이 술을 마신 후 주상은 탄식하여 말했다. "이번 수렵은 원래 순시를 하려는 것이었지 짐승을 뒤쫓으며 활쏘기를 익히려는 것이 아니었다. 짐은 형의 나이가 많아서 말을 달리지 못하는데도 여러 번 권했으니 형이 어찌 스스로를 보살필 수 있었겠는가." 주상이 울면서 그곳에 숙영을 차리고 수렵을 파했다. 돌아올 때 주상은 다이샨에게 가마에 타고 천천히 오게 하고 하루 일정을 15리 혹은 20리로 했다.

十二月，癸未朔.

○ 12월 계미일 초하루(12.1).

○ 甲午，上至盛京，令和碩禮親王代善先入，上於巳刻，入福勝門，還宮. 是獵也，超品公塔瞻・甲喇章京阿爾薩蘭，於合圍時，誤向御前發矢，罰所乘鞍馬.

○ 갑오일(12.12), 주상은 성경(盛京)에 도착하여 호쇼이 예친왕(禮親王) 다이샨에게 먼저 입성하게 하고, 주상은 사시에 복승문으로 들어가서 환궁했다. 이 수렵에서 초품공(超品公) 타잔(tajan, 塔瞻)・잘란 장긴 아르살란(arsalan, 阿爾薩蘭)은 합위(合圍)[4]할 때에 황제 앞에 활을 잘못 쏘아서, 탄 말과 안장을 벌로 부과했다.

○ 丙申，遣科爾沁卓禮克圖親王吳克善，歸國，設宴餞之.

○ 병신일(12.14), 코르친의 조릭투 친왕 욱샨을 보내 귀국하게 하고 연회를 베풀어 전별했다.

○ 丁酉，喀爾喀部落馬哈撒嘛諦塞臣汗，遣使俄果托等來朝，貢野

4 合圍는 몰이사냥에서 짐승을 포위해 가다가 포위 열의 양 끝부분이 서로 만나서 완전한 포위를 형성하는 것. 만주어는 uturi acambi.

羸·馬匹·鵰翎等物. 馬哈撒嘛諦塞臣汗妻噶爾馬·阿海, 兩福金, 竝獻麟趾宮貴妃貂皮·馬匹.

○ 정유일(12.15), 칼카 부락의 마하 사마디 세첸 칸이 파견한 사신 오고토(ogoto, 俄果托) 등이 내조하여 야생당나귀[5]·말·독수리 깃털 등의 물건을 공납했다. 마하 사마디 세첸 칸의 처 가르마(g'arma, 噶爾馬)·아하이(ahai, 阿海) 두 푸진은 함께 인지궁귀비(麟趾宮貴妃)[6]에게 담비가죽과 말을 바쳤다.

○ 是日, 德爾格爾·楮布·圖勒克參·喇克薩·虎爾哈齊·阿拜等六人, 攜其婦女三口, 自錦州來歸.

○ 이날 덜거르(delger, 德爾格爾)·추부(cubu, 楮布)·툴러커선(tulekesen, 圖勒克參)·락사(laksa, 喇克薩)·후르가치(hūrgaci, 虎爾哈齊)·아바이(abai, 阿拜) 등 6명이 그들의 부인과 딸 3명을 데리고 금주(錦州)에서 내귀해왔다.

○ 己亥, 冊封和碩肅親王豪格妻爲和碩福金, 多羅郡王阿達禮妻爲

5 원문의 野羸은 야생당나귀를 가리킨다. 만주어로는 치허터이(cihetei, 齊赫特)이며 몽골어 치키테이čikitei에서 유래했다. 라틴어 학명은 Equus hemionus이다.

6 인지궁귀비는 몽고 아바가 부의 도르지 어치커 노얀의 딸인 남중(nam jung, 娜木鍾, ?-1674)이다. 남중은 몽골의 대칸인 차하르 부 릭단 칸의 황후였는데 1634년에 릭단 칸이 사망한 후 1635년 홍 타이지와 재혼했고 1636년에 서인지궁귀대비(西麟趾宮貴大妃, wargi da gosin i booi wesihun amba fujin)에 봉해졌다.

多羅福金, 多羅貝勒羅洛宏妻爲多羅貝勒福金.

○ 기해일(12.17), 호쇼이 숙친왕 호오거의 처를 호쇼이 푸진으로, 도로이 군왕 아달리의 처를 도로이 푸진으로, 도로이 버일러 롤로혼의 처를 도로이 버일러 푸진으로 책봉했다.

○ 辛丑, 喀爾喀部落土謝圖汗下衛徵諾顏 · 額爾德尼綽爾濟喇嘛 · 班第達喇嘛, 蘇尼特部落騰機思下阿齊圖囊蘇, 烏朱穆秦部落額林臣之子古木 · 阿哈圖塔布囊, 科爾沁部落噶爾圖 · 海塞 · 哈貝, 克西克騰部落瑣諾木 · 博洛和 · 雲敦, 土默特部落古祿格章京等, 遣綽魯木等來朝, 貢馬 · 鷹 · 貂皮 · 猞猁猻皮 · 綵緞等物.

○ 신축일(12.19), 칼카 부락 투시예투 칸 속하의 워이정 노얀 · 어르더니 초르지 라마 · 반디타 라마, 수니트 부락의 텅기스 속하의 아치투 낭수(ajitu nangsu, 阿齊圖囊蘇), 우주무친 부락의 어린천의 아들 구무(gumu, 古木) · 아하투 타부낭(ahatu tabunang, 阿哈圖塔布囊), 코르친 부락의 갈투(galtu, 噶爾圖) · 하이서(haise, 海塞) · 하보이(haboi, 哈貝), 케식텐 부락의 소놈 · 보로호(boroho, 博洛和) · 욘돈, 투메트 부락의 굴루거 장긴 등이 파견한 출룸(cūlum, 綽魯木) 등이 내조하여 말 · 매 · 담비가죽 · 스라소니 가죽 · 채단(綵緞) 등의 물건을 바쳤다.

○ 壬寅, 阿霸垓部落額齊格諾顏 · 達爾漢諾顏, 蘇尼特部落墨爾根台吉騰機思 · 巴圖魯濟農叟塞等至. 命和碩親王以下, 大臣以上, 迎於演武場, 宴之. 額齊格諾顏, 麟趾宮貴妃父也. 其妻福金, 及博底賽塔布囊妻福金亦至. 麟趾宮貴妃率諸王 · 貝勒等福金迎之, 宴畢, 入城.

○ 임인일(12.20), 아바가 부락의 어치거 노얀 · 다르한 노얀, 수니트 부락의 머르건 타이지 텅기스 · 바투루 지농 서오서(baturu jinong seose, 巴圖魯濟農叟塞) 등이 왔다. 호쇼이 친왕 이하 대신 이상에게 연무장에서 맞이하여 잔치하도록 명했다. 어치거 노얀은 인지궁귀비(麟趾宮貴妃)의 아버지인데 그의 처 푸진과 보디사이 타부낭(bodisai tabunang, 博底賽塔布囊)의 처 푸진도 왔다. 인지궁귀비는 여러 왕과 버일러들의 푸진들을 이끌고 그들을 맞이하여 잔치를 마치고 성으로 들어왔다.

○ 癸卯, 阿霸垓部落額齊格諾顏, 同達爾漢諾顏, 及蘇尼特部落墨爾根台吉騰機思 · 巴圖魯濟農叟塞等, 朝見. 上御崇政殿, 額齊格諾顏等, 率衆敘列, 跪奏曰, 阿霸垓部落額齊格諾顏 · 達爾漢諾顏, 墨爾根台吉騰機思 · 巴圖魯濟農叟塞等, 聞我寬溫仁聖皇帝, 德盛功隆, 傾心嚮慕, 各率所屬歸附, 貢獻方物, 特請朝見. 奏畢, 額齊格諾顏 · 墨爾根台吉騰機思 · 巴圖魯濟農叟塞 · 達爾漢諾顏 · 喀喇虎喇等, 依次入殿, 抱上膝見, 退就班次, 行三跪九叩頭禮畢. 額齊格諾顏等獻駝馬, 酌納之.

○ 계묘일(12.21), 아바가 부락의 어치거 노얀이 다르한 노얀과 수니트 부락의 머르건 타이지 텅기스 · 바투루 지농 서오서 등과 함께 알현했다. 주상은 숭정전에 있고 어치거 노얀 등은 무리를 이끌고 배열하여 무릎 꿇고 상주하여 말했다. "아바가 부락의 어치거 노얀 · 다

르한 노얀 및 머르건 타이지 텅기스 · 바투루 지농 서오서 등은 우리 관온인성황제의 덕과 공이 높음을 듣고 모든 마음으로 흠모해서 각자 소속인을 이끌고 귀부하여 방물을 바치며 특별히 알현을 청합니다."

상주한 후 어치거 노얀 · 머르건 타이지 텅기스 · 바투루 지농 서오서 · 다르한 노얀 · 카라 훌라(kara hūla, 喀喇虎喇) 등은 차례로 숭정전에 들어가서 주상의 무릎을 껴안고 배알하고 물러나 반차(班次)에서 삼궤구고두의 예를 행했다. 그 후 어치거 노얀 등이 낙타와 말을 바치자 헤아려서 받았다.

○ 召阿霸垓部落額齊格諾顔, 及達爾漢諾顔, 蘇尼特墨爾根台吉騰機思 · 巴圖魯濟農叟塞等, 進清寧宮, 賜宴. 額齊格諾顔妻, 朝見, 上優禮答之, 賜大宴.

○ 아바가 부락의 어치거 노얀 · 다르한 노얀, 수니트의 머르건 타이지 텅기스 · 바투루 지농 서오서 등을 불러서 청녕궁에 들게 하여 잔치를 베풀었다. 어치거 노얀의 처가 알현하자 주상은 두터운 예로 답하고 큰 잔치를 베풀었다.

○ 乙巳, 諭理藩院曰, 外藩諸王 · 貝勒行獵所獲之獸, 若俱令來獻, 未免勞民, 且致驛馬疲敝. 今後凡諸王 · 貝勒以行獵來獻者, 止用鹿豕各二. 如無鹿豕, 可獻麅子 · 黃羊, 共九數.

○ 을사일(12.23), 이번원에 유지를 내렸다. 「외번의 여러 왕과 버일러들이 수렵하여 잡은 짐승을 모두 와서 바치게 하면 백성을 수고롭게 하고 역마를 피로하게 할 것이다. 이후로 여러 왕과 버일러들이

수렵하여 와서 바치는 것은 다만 노루와 멧돼지 각각 2마리로 한다. 만약 노루와 멧돼지가 없으면 고라니와 황양(黃羊) 총 9마리를 바쳐도 된다.」

○ 庚戌, 查布海等還自朝鮮, 錄其碑文進呈. 碑文曰, 大清崇德元年, 冬十有二月, 寬溫仁聖皇帝, 以敗和自我, 始赫然怒, 以武臨之, 直擣而東, 莫敢有抗者. 時我寡君, 棲於南漢, 凜凜若履春冰, 而待白日者, 殆五旬. 東南諸道兵, 相繼奔潰, 西北帥逗撓峽內, 不能進一步, 城中食且盡. 當此之時, 以大兵薄城, 如霜風之卷秋籜, 爐火之燎鴻毛. 而皇帝以不殺爲武, 惟布德是先. 乃降勑諭之曰, 來, 朕全爾. 否, 屠之. 有若英·馬, 諸大將, 承皇命, 相屬於道. 於是我寡君, 集文武諸臣謂曰, 予托和好於大邦, 十年於玆矣. 由予惛惑, 自速天討, 萬姓魚肉, 罪在予一人. 皇帝猶不忍屠戮, 諭之如此, 予何敢不欽承, 以上全我宗社, 下保我生靈乎. 大臣協贊之, 遂從數十騎, 詣軍前請罪. 皇帝乃優之以禮, 拊之以恩. 一見而推心腹, 錫賚之恩, 徧及從臣. 禮罷, 即還我寡君於都城, 立招兵之南下者, 振旅而西. 撫民勸農, 遠近之雉舉鳥散者, 咸復厥居. 詎非大幸歟. 小邦之獲罪上國久矣. 己未之役, 都元帥姜弘立, 助兵明朝, 兵敗被擒. 太祖武皇帝止留弘立等數人, 餘悉放回, 恩莫大焉. 而小邦迷不知悟. 丁卯歲, 今皇帝命將東征, 本國君臣避入海島. 遣使請成, 皇帝允之, 視爲兄弟國, 疆土復完, 弘立亦還矣. 自玆以往, 禮遇不替, 冠蓋交跡. 不幸浮議煽動, 搆成亂梯. 小邦申飭邊臣, 言涉不遜, 而其文爲使臣所得. 皇帝猶寬貸之, 不即加兵. 乃先降明旨, 諭以師期, 丁寧反覆, 不翅耳提面命. 而終未免焉. 則小邦羣臣之罪, 益無所逃矣. 皇帝既以大兵圍南漢, 而又命偏師, 先陷江都. 宮嬪·王子, 暨卿士眷屬, 俱被俘獲. 皇帝戒諸將, 不得擾害, 令從官及內侍看護. 既而大沛恩典, 小邦君臣, 及被獲眷屬, 復歸於舊. 霜雪變爲陽春, 枯旱轉爲時雨, 區宇既亡而復存, 宗祀已絶而還續. 環東土數千里, 咸囿於生成之澤, 此實古昔簡策所希覯也. 於戲, 盛哉. 漢水上游三田渡之南, 即皇帝駐蹕之所也, 壇場在焉. 我寡君爰命水部就其所, 增而高大之, 又伐石以碑之, 垂諸永久, 以彰夫皇帝之功之德, 直與造化而同流也. 豈特我小邦世世永賴. 抑亦大朝之仁聲武誼, 無遠不服者, 未始不基於玆也. 顧摹天地之大, 日月之明, 不足以彷彿於萬一, 謹載其大畧. 銘曰, 天降霜露, 載肅載育. 惟帝則之, 并布威德. 皇帝東征, 十萬其師. 殷殷轟轟, 如虎如貔. 西番窮髮, 暨夫北落. 執殳前驅, 厥靈赫濯. 皇帝孔仁, 誕降恩言. 十行昭回, 既嚴且溫. 始迷不知, 伊慼自貽. 帝有明命, 如寐覺之. 我后祗服, 相率而歸. 匪惟怛威, 惟德之依. 皇帝嘉之, 澤洽禮優. 載色載笑, 爰束干矛. 何以錫之, 駿馬輕裘. 都人士女, 乃歌乃謳. 我后言旋, 皇帝之賜. 皇帝班師, 活我赤子. 哀我蕩析, 勸我穡事. 金甌依舊, 翠壇維新. 枯骨再肉, 寒荄復春. 有石巍然, 大江之頭. 萬載三韓, 皇帝之庥.

○ 경술일(12.28), 차부하이(cabuhai, 査布海) 등이 조선에서 돌아와서 비문을 기록하여 올렸다. 비문은 아래와 같다.

「대청(大淸) 숭덕(崇德) 원년 겨울 12월에, 관온인성황제는 우리나라가 화친을 무너뜨렸다고 하여 매우 노해서 위무(威武)로 임해 곧바로 정벌에 나서 동쪽으로 향하니, 감히 저항하는 자가 없었다. 그때 우리 임금은 남한산성에 피신하여 있으면서 봄날 얼음을 밟듯이, 밤에 밝은 대낮을 기다리듯이 두려워한 지 50일이나 되었다. 동남 여러 도의 군사들이 잇따라 무너지고 서북의 군사들은 산골짜기에서 머뭇거리면서 한 발자국도 나올 수 없었으며, 성 안의 식량도 다하였다. 이때를 당하여 대병이 성에 이르니, 서릿바람이 가을 낙엽을 몰아치는 듯, 화롯불이 기러기 털을 사르는 듯했다. 그러나 황제는 죽이지 않는 것으로 위무를 삼아 덕을 펴는 일을 먼저 했다. 이에 칙서를 내려 효유하기를 "항복하면 짐이 너를 살려 주겠지만, 항복하지 않으면 죽이겠다."라고 했다. 잉굴다이와 마푸타 같은 대장들이 황제의 명을 받들고 연달아 길에 이어졌다.

이에 우리 임금께서는 문무 신하들을 모아 놓고 이르기를 "내가 대국에 우호를 보인 지가 벌써 10년이나 되었다. 내가 혼미하여 스스로 천토(天討)를 불러 백성들이 어육이 되었으니, 그 죄는 나 한 사람에게 있는 것이다. 황제가 차마 도륙하지 못하고 이렇게 효유하니, 내 어찌 감히 공경히 받들어 위로는 종사를 보전하고 아래로는 우리 백성들을 보전하지 않겠는가."라고 하니, 대신들이 그 뜻을 도와 드디어 수십 기(騎)만 이끌고 군문에 나아가 죄를 청했다. 황제가 이에 예로써 우대하고 은혜로써 어루만졌다. 한번 보고 마음이 통해 물품을 하사하는 은혜가 따라갔던 신하들에게까지 두루 미쳤다. 예가 끝나자 곧바로 우리 임금을 도성으로 돌아가게 했고, 즉시 남쪽으로 내려간 군사들을 소환하여 군사를 정돈해서 서쪽으로 돌아갔다. 백성들을 어루만지고 농사를 권면하니, 새처럼 흩어졌던 원근의 백성들이 모두 자기 살던 곳으로 돌아왔다. 이 어찌 큰 다행이 아니겠는가.

우리나라가 상국에 죄를 얻은 지 이미 오래되었다. 기미년 싸움에 도원수 강홍립(姜弘立)이 명나라의 원군으로 갔다가 패하여 사로잡혔다. 그러나 태조무황제께서는 강홍립 등 몇 명만 억류하고 나머지는 모두 돌려보냈으니, 은혜가 그보다 큰 것이 없었다. 그런데도 우리나라가 미혹하여 깨달을 줄 몰랐다. 정묘년에 황제가 장수에게 명하여 동쪽으로 정벌하게 하니 우리나라의 임금과 신하가 강화도로 피해 들어갔다. 사신을 보내 화친을 청하자, 황제가 윤허를 하고 형제의 나라가 되어 강토가 다시 완전해졌고, 강홍립도 돌아왔다.

그 뒤로 예로써 대우하기를 변치 않아 사신의 왕래가 끊이질 않았다. 그런데 불행히도 헛된 의논이 선동하여 난의 빌미를 만들었다. 우리나라에서 변방의 신하에게 신칙하는 말에 불손한 내용이 있었는데, 그 글이 사신의 손에 들어갔다. 그런데도 황제는 너그러이 용서하여 즉시 군사를 보내지 않았다. 그러고 먼저 조지(詔旨)를 내려 언제 군사를 출동시키겠다고 진실하게 반복해 말했는데, 귀를 잡아당겨 얼굴을 마주하고 가르쳐 주는 것보다 더 진실하게 했다. 그런데도 끝내 화를 면치 못했으니, 우리나라 여러 신하들의 죄는 더욱 피할 길이 없다.

황제가 대병으로 남한산성을 포위하고, 또 한쪽 군사에게 명하여 강도(江都)를 먼저 함락하게 했다. 궁빈 · 왕자 및 경사(卿士)의 권속들이 모두 포로로 잡혔다. 황제가 여러 장수들에게 명하여 소란을 피우거나 피해를 입히지 않게 하고, 종관(從官) 및 내시로 하여금 보살피게 했다. 이윽고 크게 은전을 내려 우리나라 임금과 신하 및 포로가 되었던 권속들이 제자리로 돌아가게 되었다. 눈과 서리가 내리던 겨울이 변하여 따뜻한 봄이 되고, 만물이 시들던 가뭄이 바뀌어 때맞추어 비가 내리게 되었으며, 온 국토가 다 망했다가 다시 보존되었고, 종사가 끊어졌다가 다시 이어지게 되었다. 우리 동토 수천 리가 모두 다시 살려 주는 은택을 받게 되었으니, 이는 옛날 서책에서도 드물게 보이는 바이다. 아 성대하도다!

한강 상류 삼전도(三田渡) 남쪽은 황제가 잠시 머무시던 곳으로, 단장(壇場)이 있다. 우리 임금이 공조(工曹)에 명하여 단을 증축하여 높고 크게 하고, 또 돌을 깎아 비를 세워 영구히 남김으로써 황제의 공덕이 참으로 조화(造化)와 더불어 함께 흐르게 했다. 이 어찌 우리나라만이 대대로 길이 힘입을 것이겠는가. 또한 대국의 어진 명성과 무의(武誼)에 제아무리 먼 곳에 있는 자도 모두 복종하는 것이 여기에서 시작될 것이다. 돌이켜보건대, 천지처럼 크고 일월처럼 밝은 것을 묘사하더라도 그 만분의 일도 비슷하게 하지 못할 것이기에 삼가 그 대략만을 기록할 뿐이다.

명문(銘文)은 다음과 같다.

하늘이 서리와 이슬을 내려 죽이기도 하고 살리기도 한다.
오직 황제가 그것을 본받아 위엄과 은택을 아울러 편다.
황제가 동쪽으로 정벌함에 그 군사가 십만이었다.
기세는 뇌성처럼 진동하고 용감하기는 호랑이나 곰과 같았다.
서쪽 변방의 군사들과 북쪽 변방의 군사들이
창을 잡고 달려 나오니 그 위령이 빛나고 빛났다.
황제께선 지극히 인자하시어 은혜로운 말을 내리시니
열 줄의 조서가 밝게 드리움에 엄숙하고도 온화했다.
처음에는 미욱하여 알지 못하고 스스로 재앙을 불러왔는데
황제의 밝은 명령 있음에 자다가 깬 것 같았다.
우리 임금이 공손히 복종하여 잇달아 귀순하니
위엄을 두려워한 것이 아니라 오직 덕에 귀의한 것이다.
황제께서 가상히 여겨 은택이 흡족하고 예우가 융숭했다.
황제께서 온화한 낯으로 웃으면서 창과 방패를 거두시었다.
무엇을 내려 주시었나, 준마와 가벼운 가죽옷이다.
도성 안의 모든 사람들이 이에 노래하고 칭송했다.
우리 임금이 돌아오게 된 것은 황제께서 은혜를 내려 준 덕분이며
황제께서 군사를 돌리신 것은 우리 백성을 살리려 해서이다.
우리의 피폐함을 불쌍히 여겨 우리에게 농사짓기를 권했다.
국토는 예전처럼 다시 보전되고 푸른 단은 우뚝하게 새로 섰다.
앙상한 뼈에 새로 살이 오르고 시들었던 뿌리에 봄의 생기가 넘쳤다.
우뚝한 돌비석을 큰 강가에 세우니
만년토록 삼한(三韓)에 황제의 덕이 빛나리라.」

숭덕 5년

권50

숭덕 5년 정월 ~ 윤정월

崇德五年, 庚辰, 春正月, 癸丑朔, 寅刻, 上率和碩親王以下, 梅勒章京以上, 及外藩來朝諸王 · 貝勒 · 大臣, 謁堂子, 行禮. 卯刻, 還宮, 拜神. 辰刻, 上御篤恭殿, 和碩親王 · 多羅郡王 · 多羅貝勒 · 固山貝子, 率文武羣臣, 上表行慶賀禮. 次外藩科爾沁 · 敖漢 · 阿霸垓 · 喀爾喀 · 郭爾羅斯 · 杜爾伯特 · 吳喇忒 · 扎魯特 · 四子 · 巴林 · 翁牛特 · 喀喇沁 · 土默特等部落諸王 · 貝勒, 率衆上表行慶賀禮. 次朝鮮國王世子李溰, 率來朝陪臣崔鳴吉, 上表行慶賀禮. 次恭順王孔有德 · 懷順王耿仲明 · 智順王尚可喜, 遣官上表行慶賀禮. 次貢貂庫爾喀 · 虎爾哈 · 索倫等頭目, 率衆朝賀. 行禮畢, 賜大宴.

○ 숭덕 5년 경진년 봄 정월 계축일 초하루(1.1) 인시에, 주상은 호쇼이 친왕 이하 머이런장긴 이상과 외번의 내조한 여러 왕 · 버일러 · 대신들을 이끌고 당자(堂子)에 가서 예를 행하였다. 묘시에 환궁하여 신에게 배례했다. 진시에 주상이 독공전에 가자, 호쇼이 친왕 · 도로이 군왕 · 도로이 버일러 · 구사이 버이서가 문무 신하들을 이끌고 표문을 올리며 경하례(慶賀禮)를 행하였다. 다음에 외번 코르친 · 아오

한 · 아바가 · 칼카 · 고를로스 · 두르베트 · 우라트 · 자루트 · 사자(四子) · 바린 · 옹니우트 · 카라친 · 투메트 등 부락의 여러 왕과 버일러들이 무리를 이끌고 표문을 올리며 경하례를 행하였다. 다음에 조선국 왕세자 이왕(李溰)이 내조한 배신(陪臣) 최명길(崔鳴吉)을 이끌고 표문을 올리며 경하례를 행하였다. 다음에 공순왕 공유덕 · 회순왕 경중명 · 지순왕 상가희가 보낸 관리가 표문을 올리며 경하례를 행하였다. 다음에 담비가죽을 납공하는 쿠르카 · 후르카 · 솔론 등의 두목들이 무리를 이끌고 조하(朝賀)했다. 예를 행한 후 큰 잔치를 베풀었다.

○ 和碩親王福金以下, 固山額眞 · 昂邦章京 · 承政命婦以上, 朝皇后於清寧宮.

○ 호쇼이 친왕 푸진 이하, 구사어전 · 암바장긴 · 승정의 명부(命婦) 이상이 청녕궁에서 황후를 알현했다.

○ 遣官祭太廟.

○ 관원을 보내어 태묘에 제사를 지냈다.

○ 外藩科爾沁國巴圖魯郡王滿朱習禮, 郭爾羅斯部落古木, 卓禮克圖台吉拜薩噶爾, 杜爾伯特部落塞冷, 敖漢部落多羅郡王班第, 吳喇忒部落杜巴, 扎魯特部落桑噶爾, 穆章下阿玉石, 四子部落宜爾扎木, 巴林部落塞布騰, 翁牛特部落塞桑吳巴什, 喀喇沁部落查薩袞杜稜古魯思轄布, 土默特部落查薩袞達爾漢單把等十三旗, 歸化城土默特部落古祿格章京一旗, 杭高章京一旗, 獻珍珠數珠, 黃金, 綵緞, 馬匹, 酌納之.

○ 외번 코르친국의 바투루 군왕 만주시리, 고릴로스 부락의 구무, 조릭투 타이지 바이스갈, 두르베트 부락의 서령, 아오한 부락의 도로이 군왕 반디, 우라트 부락의 두바, 자루트 부락의 상가르, 무장 속하의 아유시, 사자(四子) 부락의 이르잠, 바린 부락의 섭텅, 옹니우트 부락의 자이상 우바시, 카라친 부락의 자사군 두렁 구루스히얍, 투메트 부락의 자사군 다르한 샴바 등 13기,[1] 귀화성 투메트 부락의 굴루거 장긴 1기, 항고오 장긴(hanggoo janggin, 杭高章京) 1기가 진주와 염주 · 황금 · 채단(綵緞) · 말을 바치니 헤아려 받았다.

○ 杜爾伯特部落塞冷, 吳喇忒部落杜巴, 扎魯特部落桑噶爾 · 毛祁他特, 科爾沁國額參, 巴林部落塞布騰等, 以賜儀仗謝恩, 獻駝 · 馬 · 貂皮等物, 俱卻之.

○ 두르베트 부락의 서령, 우라트 부락의 두바, 자루트 부락의 상가르 · 모오 키타트, 코르친국의 에센, 바린 부락의 섭텅 등이 의장(儀仗)을 하사받음에 사은하여 낙타 · 말 · 담비가죽 등의 물건을 바쳤으나 모두 받지 않았다.

---

1 '외번몽고 13旗'는 숭덕 2년 작성된 몽고문 檔案을 참조하면 아래와 같다. "코르친 우익 투시예투 친왕 2기, 코르친 좌익 조릭투 친왕 2기, 아오한 · 나이만 1기, 바린 1기, 자루트 1기, 사자부 1기, 아루 코르친의 무장의 1기, 옹니우트 1기, 우라트 1기, 카라친 1기, 투메트 1기." 達力札布, 「淸初"外藩蒙古十三旗"雜考」, 『黑龍江民族叢刊』, 2003년 第1期.

○ 喀爾喀部落查薩克圖汗, 遣使來朝, 貢白狐皮 · 雕翎 · 馬匹, 竝獻猸人一, 及名犬一.

○ 칼카 부락의 자삭투 칸이 사신을 보내 내조하여, 흰 여우가죽 · 독수리 깃털 · 말을 조공하고, 회인(猸人)[2] 1명과 명견(名犬) 1마리를 바쳤다.

○ 甲寅, 上御篤恭殿, 召內外諸王 · 貝勒 · 貝子 · 文武羣臣, 賜大宴, 竝閱力士角觝.

○ 갑인일(1.2), 주상은 독공전에 가서 내외의 여러 왕 · 버일러 · 버이서 · 문무 신하들을 불러서 큰 잔치를 베풀고 역사(力士)들의 씨름을 보았다.

○ 以德爾得赫爲護軍統領, 羅奇爲梅勒章京.

○ 더르더허이를 호군통령으로 삼고, 로키를 머이런장긴으로 삼았다.

○ 阿祿阿霸垓部落額齊格諾顏下貢使喇賴塔布囊病卒, 命禮部以禮葬之.

2 猸人은 回人 즉 무슬림의 비칭으로 추정된다. 순치 『청세조실록』에서 猸는 주로 涼州, 甘州 등지에서 초기 청조에 심하게 저항했던 집단을 가리킨다.

○ 아루 아바가 부락의 어치거 노얀 속하의 조공사신 랄라이 타부낭(lalai tabunang, 喇賴塔布囊)이 병사하여 예부에 명해서 예의를 갖추어 장사 지내도록 했다.

○ 乙卯, 召來朝外藩十三旗諸王·貝勒·大臣等進宮, 賜宴. 仍命六家各宴之.

○ 을묘일(1.3), 내조한 외번 13기의 여러 왕·버일러·대신들을 불러서 궁에 오게 하여 잔치를 베풀었다. 이어서 6가(家)에게 각기 잔치를 열게 했다.

○ 丁巳, 召蘇尼特部落墨爾根台吉騰機思下百有十四人, 濟農叟塞下六十七人, 進宮, 賜宴.

○ 정사일(1.5), 수니트 부락의 머르건 타이지 텅기스의 속하 114명과 지농 서오서의 속하 67명을 궁에 오게 해서 잔치를 베풀었다.

○ 賜科爾沁國海塞·額衮·達什, 克西克騰部落瑣諾木·雲敦·博洛和·阿魯哈兄子薩顏, 烏木穆秦部落台吉古木, 喀爾喀部落俄木布額爾得尼下杜思哈爾·阿玉石, 土謝圖汗下博羅特扎爾固齊·和託果·博第思希布·碰古塞·布爾噶代等, 及其從人, 朝服·蟒衣·帽帶·綵緞·文綺等物有差.

○ 코르친국의 하이서·어군(egun, 額衮)·다시(dasi, 達什), 케식텐

부락의 소놈·욘돈·보로호·알루하(aluha, 阿魯哈)의 형의 아들 사얀(sayan, 薩顔), 우주무친 부락의 타이지 구무, 칼카 부락의 옴부 어르더니[3] 속하의 두스하르(dushar, 杜思哈爾)·아유시, 투시예투 칸 속하의 볼로트 자르구치(bolot jargūci, 博洛特扎爾固齊)·호토고(hotogo, 和託果)·보디스힙(bodishib, 博第思希布)·컹구서이(kenggkusei, 硜古塞)·불가다이(bulgadai, 布爾噶代) 등과 그 종인(從人)에게 조복(朝服)·망의(蟒衣)·모자·요대·채단(綵緞)·문기(文綺) 등의 물건을 차등 있게 내렸다.

○ 戊午, 朝鮮國王李倧遣陪臣齎表二函. 謝恩表曰, 崇德四年十一月二十四日, 臣欽奉敕諭云, 初王在南漢山時, 定約, 我兵凡有征討, 輒當同往. 調爾步騎舟師, 或以數萬, 刻期會集, 不得有誤. 去年朕征明國, 降詔徵兵, 爾以言語支吾, 不肯從命. 繼而緩誤師期, 朕實怒爾抗違, 復念爾兵倍道遠來, 又値時寒, 不惟無益, 行陣, 身且不能自支. 朕深憐之, 故令之還. 若律以軍法, 此罪殆不可恕. 雖然, 我國諸王, 或有愆尤, 每每貰之, 欲令自新. 朕之視王, 原無內外, 此番之罪, 朕已原情赦之矣. 儻不能悛, 豈得常常僥倖耶. 朕之恩, 王一人或知之. 王之諸臣豈盡知之. 反謂以巧詐得免, 後來將恃曲赦爲成例, 必有以

---

3 옴부 어르더니: ?-1659. 17세기 칼카 우익 자삭투 칸부의 지파인 호트호이트 부의 2대 홍 타이지. 1대 홍 타이지인 숄로이 우바시(?-1623)의 아들. 몽골 기록의 바트마 에르데니 홍 타이지. 1623년 숄로이 우바시가 오이라트와의 전투에서 사망한 후 홍 타이지 지위를 계승했다. 호트호이트의 홍 타이지는 러시아에 대해 알탄 칸을 자칭했으므로 옴부 어르더니는 2대 알탄 칸으로도 불린다. 1630년 오이라트 호쇼트의 수장 구시 칸과 준가르 부장 카라쿨라의 공격으로 인해 천산 초원지대를 상실했다. 1640년 〈몽골-오이라트 법전〉의 제정에 참여했다. 1652년 사망한 후 아들 어린친 롭장이 계승했다.

強詞進者矣. 然朕之施恩若此, 爾宜愈加恭謹, 益著忠勤. 至明陵侮爾國, 無所不取, 爾反以父事之, 一毫不敢踰越. 然天豈命爾以父事明歟. 朕加意恩養, 爾益盡其誠, 以圖修好, 理也. 大凡能順天時, 隨機權變者, 此眞明哲之士, 乃憂國憂民者之所爲. 今觀王之諸臣, 如膠柱鼓瑟, 偏泥章句, 不知順時達變, 祇爲王累耳. 特諭, 且特賜貂裘. 臣欽此欽遵祇領外, 與一國臣民, 不勝感激. 謹奉表稱謝者, 臣倧誠惶誠恐, 稽首頓首. 伏以罪重邱山, 方切隕越於下, 恩深河海, 忽入浩蕩之中, 感與懼竝, 涕隨言迸. 伏念臣猥以言謭劣, 曲被生成, 雖寤寐之間, 敢忘大德. 而食息之頃, 常思少酬, 寧有明命之或違. 只坐餘燼之未振, 追維昨年之事, 尚悸今日之魂. 弱卒還歸, 亦知惻念之攸及, 擧國惶駭, 自分譴責之難逃, 何圖使節之辱臨, 特降綸音之渙汗. 不惟澡滌瑕垢, 盡赦既往之辜, 且復開導愚迷, 俾勉自新之效. 推至誠而罔間, 荷隆渥之非常. 君臣之分, 惟所在而專心, 日月之明, 固無遠而不燭, 矧茲衣裘之隆錫, 遠荷雨露之殊私, 益增傾葵, 奚啻集木. 玆蓋伏遇寬溫仁聖皇帝陛下, 威動九有, 仁育羣生, 恢大度之包容, 務存寬恕, 軫小邦之謬戾, 輒賜矜憐. 臣敢不夙宵靡懈, 戰兢自持, 撫菲薄之微軀, 惟期隕首, 誦丁寧之恩誥, 永矢銘肝. 臣無任瞻天仰聖, 激切屛營之至, 謹具表稱謝以聞.

○ 무오일(1.6), 조선국왕 이종이 배신을 보내 표문 2함(函)을 올렸다. 사은표에서 말했다. 「숭덕 4년 11월 24일, 신이 삼가 받은 칙유에서 말씀하셨습니다. "이전에 왕이 남한산성에 있을 때 약정하기를 우리 군대가 정벌을 하면 바로 함께 출정하기로 했다. 너의 보병과 기병과 수군 수만을 조발해도 기일에 모이기를 차질이 없도록 했다. 작년에 짐이 명나라를 정벌할 때 징병하도록 조서를 내렸는데 너는 발뺌하는 말을 하고 명령에 복종하지 않았다. 이어서 군사 회집일을 어겨

서 짐은 너의 저항에 실로 화가 났다. 다시 생각하니 너의 군대는 강행군으로 먼길을 와야 했고 또한 마침 추워서 이익이 없을 뿐만 아니라 전투를 스스로 감당할 수 없었다. 짐이 이를 깊이 측은히 여겨 군대를 돌아가게 했다. 만약 군법으로 처리했다면 이 죄는 거의 용서할 수 없다. 그러나 짐은 우리나라의 왕들이 혹시 잘못해도 매번 용서하여 갱생시키려고 했다. 짐은 왕을 원래 내외로 나누지 않으니, 이번 죄를 이미 상황을 고려하여 용서했다. 만약 회개하지 못하면 어찌 매번 요행을 바라겠는가. 짐의 은혜를 왕 한 명이라도 알라. 왕의 신하들이 이것을 어찌 모두 알겠는가. 도리어 교묘하게 속이면 죄를 면한다고 하고, 이후에 용서를 성례(成例)로 믿어서 반드시 억지 말을 상언하는 자가 있을 것이다. 그러나 짐의 은혜가 이와 같으니, 너는 더욱 공손하고 더욱 충성스러워야 한다. 명나라가 너희 나라를 능멸하여 취하지 아니함이 없는데, 너는 오히려 아버지로 섬겨서 추호도 어기지 않고 있다. 그러나 하늘이 어찌 너에게 명나라를 아버지로 섬기라고 명했겠는가. 짐이 특별히 마음을 써서 은혜로써 기르니 너는 더욱 성심을 다하여 수호(修好)를 도모하는 것이 이치이다. 무릇 천시(天時)에 따라 임기응변하는 자가 진실로 명철한 선비이고 우국우민하는 사람의 할 일이다. 지금 왕의 신하들을 보니 융통성이 없고 글을 분석하기만 하여 시대에 따른 임기응변을 몰라서 단지 왕에게 누를 끼치기만 한다. 특별히 유지를 내리고 또한 특별히 담비가죽옷을 내린다."

신(臣)은 이를 삼가 공경히 따르며 받고, 온 나라의 신민(臣民)과 함께 감격을 이기지 못하겠습니다. 신 이종(李倧)은 삼가 표문을 받들어 사례를 올리며 진실로 황공하여 머리를 조아립니다. 삼가 생각건대 죄가 산처럼 무거워 낭패를 보게 되었으나 은혜가 하해와 같아서 갑자기 죄를 벗었으니 감격과 두려움을 가눌 수 없고 눈물이 말끝마다 떨어집니다. 삼가 생각건대, 신은 외람되이 말이 용렬한데 곡진히 살려 주시는 은혜를 입었으니, 자나 깨나 큰 덕을 감히 잊겠습니까. 밥

먹고 숨쉬는 동안 항상 조금이라도 은혜를 갚을 것을 생각하는데 어찌 밝은 명령을 위반하겠습니까. 다만 패잔한 후 아직 진작되지 못해서, 작년의 일을 돌이켜 생각하면 아직도 혼이 놀랍니다. 약한 군대가 귀환함에 또한 측은히 여기신 뜻이 담겨 있으니 온 나라사람이 황공해하며 스스로 견책을 면하기 어렵다고 여겼지, 어찌 사절이 왕림하여 특별히 조서를 내리실 것을 생각했겠습니까. 허물을 씻어 주셔서 이전의 잘못을 모두 사면해 주셨을 뿐만 아니라 또한 우매함을 깨우쳐 주셔서 스스로 새로워지는 효과에 힘쓰게 했습니다. 지극한 정성을 미루어서 간격을 없게 하시니 성은의 각별함을 입었습니다. 군신(君臣)의 본분은 오직 자기가 처한 상황에서 전심하는 것이고, 일월의 밝음은 매우 멀어도 밝히지 않음이 없는데, 하물며 의복을 영광스럽게 하사받고 먼 곳에서 우로(雨露) 같은 특별한 은혜를 입어 흠모의 마음이 더하니 어찌 신중하기만 하겠습니까.[4]

이는 대개 관온인성황제 폐하의 위무가 천하를 뒤흔들고 어짊은 뭇 생명을 기르시고, 큰 도량의 포용력을 품으시고 용서하는 데 힘쓰시고, 소방(小邦)의 잘못을 살펴 주시고, 때마다 불쌍히 여겨 주심을 만난 때문입니다. 신은 감히 밤낮으로 게을리하지 않고 두려워하고 조심하여 스스로 제재하며, 보잘것없는 몸을 닦고, 오직 목숨을 바칠 것을 생각하고, 친절하신 은고(恩誥)를 읽으며 영원히 가슴에 새길 것을 맹세합니다. 신은 하늘을 바라보고 성상(聖上)을 우러르는 간절한 심정을 가눌 길이 없어, 삼가 표문을 올려 사례드려 아뢲니다.」

---

4 원문의 集木은 높은 나무에서 혹시라도 떨어질까 조심하는 것처럼 실수가 없도록 매사에 신중을 기하는 것을 말한다. 『詩經』「小雅 · 小宛」의 "溫溫恭人 如集于木"(우리는 온유하고 공손해야 한다. 나무 위에 아슬아슬 앉아 있는 것처럼)에서 유래한다.

○ 又表曰, 崇德四年九月二十六日, 欽蒙皇上特命遣使, 俯賜問疾, 臣與一國臣民, 不勝感激. 謹奉表稱謝者, 臣倧誠惶誠恐, 稽首頓首. 伏以辛苦沉痾, 已經時日之久, 丁寧寵問, 忽荷使星之臨, 涕自霑襟, 病若去體. 伏念臣賦質素弱, 禀氣最虛, 百疾交侵, 累月委頓, 何意宸念之曲軫, 至遣大臣而遠來, 兼程疾馳, 體皇慈而儼辱. 夾路爭睹, 手衆額而胥欣. 一息僅存, 莫伸拜稽之禮貌, 千里不遠, 恍瞻咫尺之威顔, 溫語初傳, 寒栗欲遍, 恩隆榮極, 庶有喜於乃瘳. 福過災生, 俄復加於少愈, 惟恃天地之德, 益切葵藿之誠. 玆蓋伏遇寬溫仁聖皇帝陛下, 博施仁深, 竝育澤洽, 含齒戴髮, 孰不囿於休和, 浹骨淪肌, 擧皆悅於淳化. 遂令殘喘, 亦被殊私, 臣雖在採薪, 深思結草, 維屛維翰, 期殫侯度之虔, 如岡如陵, 竊效封人之祝. 臣無任瞻天仰聖, 激切屛營之至, 謹奉表稱謝以聞.

○ 또 표문에서 말했다. 「숭덕 4년 9월 26일, 황상께서 사신을 파견하라고 특별히 명하시어 문병하도록 굽어 살펴 주시는 은혜를 입었으니, 신과 온 나라의 신민들이 감격함을 이기지 못하여 삼가 표문을 받들고 사례를 올립니다. 신 이종은 진실로 황공하여 머리를 조아립니다. 삼가 생각건대 숙환으로 고생한 지 오래되었는데 정성스러운 서신과 갑작스러운 사신의 왕림에 눈물이 절로 옷섶을 적시고 질병이 낫는 듯합니다. 삼가 생각건대 신은 타고난 자질이 약하고 기력도 매우 허하기에 온갖 병이 침투하여 여러 달 동안 쇠약해졌으나, 생각지 못하게 성상께서 극진히 보살피는 생각으로 대신을 보내 멀리까지 빠르게 와서 황제의 자애로우심을 몸소 겪으니 황공합니다. 백성들은 좁은 길에서 다투어 바라보고 손을 이마에 대며 기뻐했습니다. 겨우 숨이 붙어 있어 배례하는 예의를 갖추지 못했으나 천리가 가깝게 느껴지며 지척에서 용안을 우러러 뵙는 듯하고, 부드러운 말씀을 처음

전해 들으니 온몸이 떨리며, 은혜가 드높고 영예가 지극하니 거의 완쾌되는 듯 기쁩니다. 복이 지나쳐서 재난이 생기듯, 병이 갑자기 조금 나아졌다고 안심할 때 도진다고 하지만 오직 천지의 덕을 믿고 더욱 간절히 한결같은 정성을 다하겠습니다. 이는 대개 관온인성황제 폐하께서 널리 베푸는 어진 마음이 깊고 모두를 기르는 혜택을 내리신 덕분이니, 어찌 사람들이 평안함에 은혜가 온몸에 사무치고 모두 순화(淳化)에 기뻐하지 않겠습니까? 마침내 죽을 목숨이 특별한 은정을 입었으니, 신이 비록 땔나무를 하는 처지라도 결초보은할 것을 깊이 생각하고, 번병이 되어 제후의 도리를 경건히 다하기를 산과 같이 하며 화봉인(華封人)의 삼축(三祝)[5]을 올립니다. 신은 하늘을 바라보고 성상(聖上)을 우러르는 간절한 심정을 가눌 길이 없어 삼가 표문을 올려 사례드려 아뢰니다.」

○ 賜朝鮮國王李倧, 及其陪臣崔鳴吉等, 雕鞍 · 馬匹 · 白金 · 貂皮等物有差.

○ 조선국왕 이종 및 그 배신 최명길 등에게 조각한 안장 · 말 · 백금 · 담비가죽 등의 물품을 차등 있게 하사했다.

○ 賜朝正外藩喀喇沁部落查薩袞杜稜, 土默特部落查薩袞達爾漢, 杜爾伯特部落塞冷, 敖漢部落固倫額駙多羅郡王班第, 科爾沁國巴

5 "華封人의 三祝"은 『莊子』에 기록된 고사로, 堯 임금이 華州(華封)를 순행할 때 백성들이 임금을 聖人이라고 칭송하면서 壽 · 富 · 多男 세 가지를 축복한 데서 유래했다.

圖魯郡王滿朱習禮 · 扎薩克圖郡王布塔齊, 吳喇忒部落杜巴 · 穆章, 萬齊忒部落博洛特諾木齊, 扎魯特部落桑噶爾, 科爾沁國古木 · 杜稜郡王孫杜稜, 四子部落宜爾扎木, 巴林部落塞布騰等, 甲胄 · 玲瓏撒袋 · 弓矢 · 綵緞 · 文綺 · 布疋等物.

○ 새해 정월을 맞아 알현한 외번 카라친 부락의 자사군 두렁, 투메트 부락의 자사군 다르한, 두르베트 부락의 서렁, 아오한 부락의 구룬 어푸 도로이 군왕 반디, 코르친국의 바투루 군왕 만주시리 · 자삭투 군왕 부타치, 우라트 부락의 두바 · 무장, 호오치트 부락의 볼로트 · 놈치, 자루트 부락의 상가르, 코르친국의 구무 · 두렁 군왕 순 두렁, 사자(四子) 부락의 이르잠, 바린 부락의 섭텅 등에게 갑옷과 투구 · 정교하게 장식한 화살집 · 활과 화살 · 채단(綵緞) · 문기(文綺) · 포필(布疋) 등의 물품을 하사했다.

○ 上率和碩親王以下梅勒章京以上, 幸實勝寺, 禮佛, 畢, 賜諸王 · 大臣等宴, 賞住持喇嘛僧人銀兩有差.

○ 주상이 호쇼이 친왕 이하 머이런장긴 이상을 이끌고 실승사(實勝寺)에 행차하여 예불을 드린 후 여러 왕과 대신들에게 연회를 베풀고 주지와 라마승들에게 은량을 차등 있게 하사했다.

○ 三等甲喇章京俄密納病故, 以其子吉穆達襲職. 三等甲喇章京孫元順病故, 以其子孫可宗襲職. 半個牛彔章京吳爾塞圖病故, 以其子札雅漢襲職.

○ 삼등 잘란장긴 오미나(omina, 俄密納)가 병사하여 그 아들 김다(gimda, 吉穆達)에게 습직하게 했다. 삼등 잘란장긴 손원순(孫元順)이 병사하여 그 아들 손가종(孫可宗)에게 습직하게 했다. 반개니루장긴 울제이투(ūljeitu, 吳爾寨圖)가 병사하여 그 아들 자야한에게 습직하게 했다.

○ 庚申, 遣朝鮮國陪臣崔鳴吉等歸國, 賜宴於館舍.

○ 경신일(1.8), 조선국 배신 최명길 등을 보내 귀국하게 했으며 관사에서 연회를 베풀었다.

○ 辛酉, 賜車根地方阿雅·杭吉代·濟雅等, 狐裘·緞布等物.

○ 신유일(1.9), 처건(cegen, 車根) 지방의 아야(aya, 阿雅)·항기다이(hanggidai, 杭吉代)·지야(jiya, 濟雅) 등에게 여우가죽옷·비단과 면포 등의 물품을 하사했다.

○ 癸亥, 遺書於喇嘛諾木漢曰, 寬溫仁聖皇帝致書於諾木漢喇嘛, 以喇嘛護持佛教, 利濟羣生, 朕心甚悅, 是用致書申意. 喇嘛可詢於土謝圖汗, 若允爾來, 即使人報知. 朕當遣使敦請. 若喇嘛意不欲來, 或土謝圖汗不允, 當明言之.

○ 계해일(1.11), 라마 노모혼에게 서신을 보내 말했다. 「관온인성 황제가 노모혼 라마에게 글을 보낸다. 라마가 부처의 가르침을 지킴

으로써 중생을 구제하니 짐의 마음이 심히 기뻐 이에 글을 보내 뜻을 표한다. 라마는 투시예투 칸에게 물어서 만약 네가 오는 것을 윤허한다면 곧장 사람을 시켜 알리도록 하라. 짐이 마땅히 사신을 보내 힘써 청할 것이다. 만약 라마의 뜻이 오고 싶지 않거나 또는 투시예투 칸이 윤허하지 않는다면 마땅히 명백하게 말하라.」

○ 賜阿霸垓部落額齊格諾顏下巴戚代顧實·妻, 及其子, 貂鑲朝衣·貂裘·玲瓏鞓帶·貂帽·白金·綵緞·文綺等物.

○ 아바가 부락 어치거 노얀 속하의 바치다이 구시(bacidai gusi, 巴戚代顧實)와 그 부인 및 아들에게 담비가죽을 두른 조의(朝衣)·담비가죽옷·정교하게 장식한 가죽띠·담비가죽 모자·백금·채단(綵緞)·문기(文綺) 등의 물품을 하사했다.

○ 朝鮮國陪臣, 以其王李倧病篤, 求世子歸省, 具文申達禮部, 部臣轉奏. 文曰, 寡君症患, 實非一時. 源委深重, 積有年所, 每到寒節, 輒復加重, 今年八月以後, 轉成沉痼, 乃於十月十五日夜, 症勢危劇, 寢食都廢, 長在床褥. 舉國臣民, 憂皇煎迫, 久欲具由申達, 而寡君欽誦崇德二年十一月十七日敕諭, 以止之曰, 當勗義方之訓, 以俟恩命, 何敢以賤疾, 輒煩陳達. 寡君之意如此, 卑職等不得擅行陳報, 今病候彌留, 諸醫罔效. 卑職等伏念父子至情, 出於天倫, 病中思戀, 理所難抑, 儻於此際得蒙皇恩, 特遣世子歸視, 則懽欣鼓舞之中, 寡君沉疴, 庶幾或痊, 世子嘗藥, 可盡其職, 皇上之大德, 如陽春一噓而萬物生也, 小邦臣民, 益復感戴於無窮矣. 皇上於寡君之疾軫念備至, 委遣大官, 辱賜寵問, 繼以衣裘之錫, 又出心貺, 榮光所加, 孰不聳觀.

復思皇慈天覆, 睿聰自昭, 恩旨之誕降, 無待於小邦之號籲, 而事急不暇徐步, 痛極不容緩聲, 輒瀝血懇恩, 無所敢隱. 惟皇朝視同一家之義是恃, 伏乞大部備將申內情節, 轉奏天聽. 特垂仁憫, 以副一國日夜之顒望, 不勝大願至禱. 爲此專差都總府都事洪有量, 馳赴京師, 合行具申禮部.

○ 조선국 배신이 그의 왕 이종의 병이 위독하여 세자가 귀국해서 뵙게 해 주기를 청하는 문서를 예부에 보내어 예부의 신하가 상주했다. 문서의 내용은 다음과 같다. 「우리 임금의 병환은 실로 일시적인 것이 아닙니다. 원인이 심중하고 여러 해 된 것이라, 매번 겨울이 오면 곧 다시 심해졌는데, 올해 8월 이후부터 고질로 변했고 이후 10월 15일 밤에 증세가 위급해져서 침식을 전폐하고 오래도록 자리에 누워 있습니다. 온 나라의 신민들이 걱정하며 속이 타서 사유를 아뢰고자 한 지 오래되었는데, 우리 임금께서 숭덕 2년 11월 17일의 칙유를 공경히 읽고 중지시켜 말했습니다. "아버지가 아들을 가르치는 뜻에 힘쓰면서 은혜로운 명령을 기다릴 뿐이지 어찌 감히 몹쓸 병 따위로 문득 번거로이 상주하겠는가?"

우리 임금의 뜻이 이러하여 저희가 멋대로 아뢸 수 없었으나, 이번의 병환은 오래 낫지 않고 여러 의술도 효험을 보지 못합니다. 저희가 삼가 생각건대 부자간의 지극한 정은 천륜에서 나온 것이어서 와병 중에 그리워하는 마음을 이치상 억누르기 어려우니, 이때에 황상의 은덕을 입어 특별히 세자를 보내 귀국시켜 보게 한다면 기뻐 춤추는 가운데 우리 임금의 숙환도 나을 수 있을 것입니다. 세자가 약을 맛보며 직무를 다한다면 황상의 크신 은덕은 마치 봄날 바람이 불어 만물을 소생시키는 것과 같을 것이니, 소방의 신민이 더욱 감격해 떠받들기를 무궁토록 할 것입니다. 황상께서 우리 임금의 질환에 마음을 쓰고 걱정하시어 대관(大官)을 보내 서신을 내려 주시고 이어서 옷을 내려 주셨는데, 또다시 마음에서 우러나온 영광을 더해 주신다면 누군들 우러러보지 않겠습니까?

다시 하늘과 같이 덮어 주는 황상의 자애로움과 성총의 빛남을 생각하면, 은혜로운 성지가 내려지는 것이 소방이 호소해야만 하는 것은 아니지만, 사안이 시급하여 천천히 걸을 여유가 없고 아픔이 극심하여 절박하게 아뢰느라 문득 피를 쏟는 심정으로 은혜를 간구함을 감히 숨길 수 없습니다. 오직 황조에서 우리를 한집안처럼 보는 의리만을 믿고 상주한 글 안의 사정을 대부(大部)에서 황상께 아뢰어 주기를 엎드려 빕니다. 특별히 어진 연민을 베푸시어 온 나라가 밤낮으로 크게 바라는 바에 부응해 주시기를 간절히 바라고 기도합니다. 이 때문에 도총부 도사(都摠府都事) 홍유량(洪有量)을 수도로 급히 보내어 예부에 알립니다.」

○ 甲子, 遣朝鮮國質子李溰, 歸省其父李倧疾, 賜敕諭之. 敕曰, 皇帝敕諭朝鮮國王李倧, 朕覽禮部奏稱, 爾議政府有申文到部云, 國王症候漸加, 欲求世子李溰歸省. 朕推心置腹, 以綏遠人, 本無需於質子, 其質子不歸之故, 實爾致之也. 朕原以爾國反覆不常, 故質王二子爲信. 爾若能恪遵朕命, 將瓦爾喀人戶, 盡行刷送, 逃亡者盡行縛還, 凡有徵調, 不致稽遲. 縱不得親身入覲, 時遣汝子前來朝謁, 如是則忠悃克昭, 疑懷自釋, 王之二子, 朕有不令往來無間者乎. 二子之不歸, 非朕不使之歸, 因爾自疑, 以致朕疑耳. 近又不候朕旨, 擅修南漢平壤, 蓄積糧草, 他處城池, 類此修繕者, 畧可知矣. 且朕既全爾國, 爾圖報之心不誠, 朕應疑爾, 今朕不疑王, 王反疑朕, 是何心哉. 向者王之土地, 朕已得之, 王之甲兵, 朕已敗之, 王之身 · 王之妻子 · 諸臣之身, 及諸臣之妻子, 朕已全獲而復置之, 今亦何所爲而再啟兵端乎.

王之疑朕, 甚不可解. 若爾忠誠實著, 則不特世子遣歸, 卽諸子之在此在彼, 又何計哉. 今聞王疾亟, 深軫朕懷, 仍允所請, 遣世子歸省, 以慰爾思子之情. 但爾可將現留本國之子, 及世子李溰之子, 速令至鳳凰城. 朕亦卽敕世子至鳳凰城相會, 俟世子歸省, 卽來我國, 彼此更換而還. 朕亦竝無他意, 欲令諸子互相往來, 共敦親睦耳. 愼勿背天而違朕命也, 特諭.

○ 갑자일(1.12), 조선국의 인질인 이왕(李溰)을 귀국시켜 보내어 그 부친 이종의 병을 돌보게 하고 칙서를 내려 유시했다. 칙서에서 말했다. 「황제는 조선국왕 이종에게 칙유한다. 짐이 예부의 주청을 보니, 너희 의정부가 예부에 보낸 글에서 이르기를, 국왕의 병환이 점점 심해져 세자 이왕(李溰)을 귀국시켜 만나게 해 주기를 바란다고 했다. 짐은 지성껏 사람을 대하며 먼 지방 사람을 편안하게 하고자 본래 인질을 거두지 않는데, 그 인질이 귀국하지 못하는 까닭은 실로 너의 소치이다. 짐은 원래 그대 나라가 번복함이 일정하지 않았기 때문에 왕의 두 아들을 인질로 잡아 신표로 삼았다. 만약 네가 짐의 명령을 정성스레 준수했다면 와르카의 인호(人戶)를 모두 쇄환하고 도망자들은 전부 묶어 돌려보내며 징집을 지체하지 않았을 것이다. 직접 와서 조근할 수 없었더라도, 그때 너의 아들을 먼저 보내서 알현하게 했다면, 충성심이 밝혀지고 의심이 풀려서 왕의 두 아들을 짐이 끊임없이 왕래하게 허락하지 않았겠는가? 두 아들이 돌아가지 못하는 것은 짐이 돌아가지 못하게 해서가 아니라, 그대가 스스로 의심했기 때문에 짐에게까지 의심을 사게 된 것일 뿐이다. 지금 또 짐의 성지를 기다리지 않고 남한산성(南漢山城)과 평양성(平壤城)을 마음대로 수축하여 식량과 말먹이를 저축하고 다른 곳의 성지(城地)들도 수리하고 있음을 알고 있다. 짐이 너희 나라를 보전해 주었는데 너의 보답하려는 마음은

정성스럽지 않으니, 짐이 왕을 의심해야 하는데도 지금 의심하지 않거늘 왕이 오히려 짐을 의심하니 이것은 무슨 마음인가? 전에 왕의 토지를 짐이 얻었고 왕의 군사를 짐이 패배시켰으며, 왕 자신과 왕의 처자 · 여러 신하들 자신과 신하들의 처자들을 짐이 모두 잡았다가 놓아주었는데, 지금 또 무엇 때문에 다시 전쟁의 실마리를 열려고 하는가? 왕이 짐을 의심하는 것을 심히 이해할 수 없다. 만약 너의 충성심이 확인되면 비단 세자를 귀국시킬 뿐만이 아닐 것이니, 여러 아들들이 이곳에 있거나 그곳에 있거나 어찌 따지는가? 지금 듣건대 왕의 병이 위중하다 하므로 짐의 마음이 깊이 근심스러우니, 청을 윤허해서 세자를 보내 귀국하게 함으로써 네가 아들을 그리워하는 마음을 위로한다. 다만 너는 현재 본국에 있는 아들과 세자 이왕(李𣸓)의 아들을 속히 봉황성에 이르도록 하라. 짐도 곧장 세자에게 봉황성에 이르러 서로 만나도록 칙유할 것이며, 세자가 귀국하여 살피기를 기다렸다가 곧 우리나라로 돌아오면 다시 바꾸어 돌려보내겠다. 짐 또한 다른 뜻은 없이 여러 아들들이 왕래하게 하여 친목을 두텁게 하고 싶을 뿐이다. 삼가 하늘을 배반하고 짐의 명을 어기지 말라. 특별히 유시한다.」[6]

○ 是日, 遣翁阿岱 · 多濟里等, 率將士戍防錦州. 兵部多羅貝勒多鐸授以軍律, 律曰, 爾等此行, 務加謹慎, 凡我國人叛逃, 及敵人犯邊, 宜加意防守. 若遇敵接戰, 即選前鋒精銳, 以一隊居前, 二隊居後, 使與敵戰, 敵若敗遁, 我軍不得遽還, 可遣兵截其歸路, 乘其無備, 盡殲之. 至遇叛逃者, 亦量其衆寡, 令人追捕, 當親往者, 即躬先馳逐之.

6 『조선인조실록』 권40, 인조 18년 1월 18일 기사에 이 칙서의 내용이 약간 축약된 형태로 기록되어 있다.

儻敵衆勢強, 勿得輕戰, 宜與敵相持, 傳知附近城堡, 待衆兵會集, 相機勦伐. 軍中士卒, 其時時習射, 修繕器械, 毋得偷安縱飲.

○ 이날 웅가다이 · 도지리 등에게 장졸들을 이끌고 금주(錦州)를 지키도록 보냈다. 병부의 도로이 버일러 도도에게 군율을 주었다. 군율에서 말했다. 「너희는 이번 행군에서 더욱 신중하여 우리나라 사람이 배반해 도망가는 것과 적이 변경을 침범하는 것을 각별히 방어해야 한다. 만약 적과 마주쳐 접전하면 전봉(前鋒)의 정예병을 뽑아 한 부대는 전방에 자리하고 두 부대는 후방에 자리하여 적과 싸우게 하라. 적이 만약 패주하면 우리 군사는 급히 돌아오지 말고 군사를 보내 그들이 돌아가는 길을 끊고 그들이 무방비한 틈을 타 모조리 섬멸하라. 배반해 도망가는 자를 마주치면 그들의 수를 헤아려 사람을 시켜 뒤쫓아 체포하게 하고, 직접 가는 자는 몸소 앞서 말을 달려 쫓아라. 만약 적의 수가 많고 군세가 강하면 가벼이 전투를 벌이지 말고 적과 대치하면서 근처 성보에 알려 많은 군사들이 모이기를 기다렸다가 기회를 엿보아 궤멸시켜야 한다. 군중의 사졸들은 때때로 활쏘기를 익히고 무기를 수선하게 하고, 편한 것을 좇으면서 마음대로 술을 마시지 못하게 하라.」

○ 乙丑, 賜自錦州來歸李七十 · 妻室竝衣服一襲, 令與其祖叔同居.

○ 을축일(1.13), 금주(錦州)에서 귀부해 온 이칠십(李七十)과 그 부인에게 모두 의복 1벌을 하사하고 가족과 함께 살도록 명했다.

○ 戊辰, 以衍慶宮淑妃所撫蒙古女, 妻和碩睿親王多爾袞. 和碩親王以下梅勒章京以上, 俱集崇政殿, 上御座, 多爾袞率多羅郡王阿達禮, 固山貝子尼堪·羅託·博洛, 行三跪九叩頭禮. 復詣皇后前, 行三跪九叩頭禮, 次於關雎宮宸妃·麟趾宮貴妃·衍慶宮淑妃·永福宮莊妃前, 行兩跪六叩頭禮. 大宴畢, 諸王率羣臣, 行一跪三叩頭禮.

○ 무진일(1.16), 연경궁숙비(衍慶宮淑妃)가 돌보던 몽고 여인을 호쇼이 예친왕(睿親王) 도르곤의 부인으로 삼았다. 호쇼이 친왕 이하 머이런장긴 이상이 모두 숭정전에 모였고, 주상이 자리에 앉자 도르곤이 도로이 군왕 아달리와 구사이 버이서 니칸·로토·볼로를 이끌고 삼궤구고두의 예를 행하였다. 다시 황후 앞에 나아가 삼궤구고두의 예를 행하였고, 차례로 관저궁신비(關雎宮宸妃)·인지궁귀비(麟趾宮貴妃)·연경궁숙비(衍慶宮淑妃)·영복궁장비(永福宮莊妃) 앞에서 양궤육고두의 예를 행하였다. 큰 잔치가 끝나자 여러 왕들이 신하들을 이끌고 일궤삼고두의 예를 행하였다.

○ 賜烏朱穆秦部落宜爾畢思諾顏·阿霸垓部落達爾漢諾顏子台吉噶爾馬, 貂鑲朝衣·狐裘·雕鞍·茶桶·貂帽·帶韡·綵緞·文綺等物.

○ 우주무친 부락 이르비스 노얀(irbis noyan, 宜爾畢思諾顏)과 아바가 부락 다르한 노얀의 아들 타이지 가르마에게 담비가죽을 두른 조의(朝衣)·여우가죽옷·조각한 안장·차통(茶桶)·담비가죽 모자·요대·가죽신·채단(綵緞)·문기(文綺) 등의 물품을 하사했다.

○ 阿霸垓部落額齊格諾顏子台吉噶爾馬病卒, 給與緞疋, 敕禮部以禮殯之.

○ 아바가 부락 어치거 노얀의 아들 타이지 가르마가 병사하니 비단을 주고 예부에 칙유하여 예의를 갖추어 염하게 했다.

○ 壬申, 先是, 武英郡王阿濟格出師時, 上問蒙古八旗軍中馬匹俱肥壯否, 衆皆以肥壯對, 後馬匹倒斃甚多. 部議八旗固山額眞奏對不實, 均應革職罰贖, 奏聞. 上宥之, 令察斃馬之數, 減值追銀入官.

○ 임신일(1.20), 이전에 무영군왕 아지거가 출병할 때에, 주상이 몽고 팔기 군중의 말이 모두 건장한지 아닌지를 하문했는데, 무리가 모두 건장하다고 대답했으나 뒤에 말이 병들어 죽은 것이 매우 많았다. 형부가 의논하여 상주했다. 「팔기의 구사어전들이 사실대로 아뢰어 대답하지 않았으니 모두 혁직하고 속은(贖銀)을 벌로 부과해야 합니다.」 주상이 용서하되 병들어 죽은 말의 숫자를 살피고 줄어든 값만큼 은으로 채워서 관아에 들이도록 했다.

○ 都察院參政祖可法 · 張存仁, 理事官馬國柱 · 雷興等奏言, 竊惟有國家者, 必有大計, 大計定而後擧錯神, 擧錯神而後奏功捷也. 所謂大計者, 百司不得與聞, 惟帷幄諫議之臣與謀之, 臣等旣居斯職, 宜盡乃心. 今就我國事勢而潛思之, 所謂大計而時勞聖慮者, 治理如何而安寧, 進取如何而萬全, 講和如何而成就, 玆三者, 豈非我國之要務乎. 謹陳三事, 伏候上裁.

一論治理之要. 今我國鐵騎如雲, 加以蒙古軍士, 即取天下, 亦有餘力, 然而關外之八城猶峙, 燕京之保障如故者, 豈皇上不樂君臨中夏, 而故爲是優游耶. 非也. 不過慮明國城池多, 人民衆, 語言風俗不與我同, 順逆倏變降叛靡常, 恐難帖服耳. 殊不知戡定中原, 如理亂絲, 得其頭緒, 即億丈之絛縷可尋, 失其頭緒, 即尺寸之亂絲難理. 躁心一生, 不免拔刀擊斷, 遂令可經可緯之端, 竟成可捐可棄之物矣. 從前太祖蕩平遼境, 是初理亂絲之時也. 今皇上以仁政柔遠, 以德教懷邇, 四海來歸, 此得頭緒之著也. 況明國之人, 安土重遷, 室家喜聚, 但得遂其初心, 自不生其叛志. 其有背叛者, 必因長吏貪殘, 兵戈驚擾之所致. 是以古之定天下者, 愼擇寬廉官長, 嚴定驚擾刑律, 以成大業. 今宜弔民伐罪, 發政施仁, 則人心向順而大勳克集矣.

一論進取之計. 皇上曾以剪枝伐樹之喻見諭, 臣等彼時心疑之, 而不敢妄言. 今熟思之, 皇上必有睿見, 而臣等竊有進焉. 夫去人一手而人不死, 去人一足而人猶生, 若斷喉刺心, 則其人立斃矣. 去手足之說, 即剪枝之計, 可施於勍敵之小邦, 不可施於積弱之大國也. 伏願皇上蚤定廟算, 攻心爲上, 不角力而角智, 勿取物而取城, 則直擣燕京, 割據河北, 在指日間矣. 燕京之易得者, 內多客處之人, 若斷其通津糧運西山煤路, 彼勢將立困, 必不能如淩河之持久, 此刺心之著也. 如欲先得關外各城, 莫若直抵關門. 久不經戰守之地, 內皆西南客兵, 攻取甚易, 兼石門之煤不通, 鐵場堡之柴不進, 困取亦易, 山海關既取, 關外等城, 已置絕地, 可唾手而得, 此斷喉之著也. 如欲不加攻尅而先得寧錦, 莫如我兵屯駐廣寧. 逼臨寧錦門戶, 使彼耕種自廢, 難以圖存, 錦州必撤守, 而回寧遠, 寧遠必撤守而回山海, 此剪重枝伐美樹之著也.

一論講和之策. 今我國屢遣人致書, 欲與議和. 是皇上上體天心, 下重民命, 共圖太平之至意, 而明國莫之應也. 其不應之故, 臣等竊揣之矣. 崇禎多讀書而嗜殺人, 多讀書則惜名, 嗜殺人則臣懼, 惜名之君在上, 懼殺之臣在下, 此所以屢遣人而卒無一應也. 臣等竊以爲講和之事, 利於彼而不利於我, 何則彼之君臣口雖和而心則否. 無良臣執事, 猶之可也. 若有忠智之臣二三人, 內持國籌, 外握兵柄, 召募訓練, 修守防禦, 多出金帛收攬蒙古, 十數年間, 牢不可破之勢成矣. 講和既定, 我國無征伐之事矣. 人情好逸而惡勞, 征伐之心懈, 壯士忘其勇, 猛士逸其志, 縱皇上聖慮, 安不忘危, 時加訓練, 誰肯以甲冑爲樂事耶. 且也, 俘獲之事絕而財力易殫, 祗恃關口交市, 豈足贍一國人民. 即盡力耕耘, 亦難備天時旱澇, 加以西有力服之蒙古, 情如養鷹, 東有面從之朝鮮, 性同浮鷲. 況國勢日大, 兵民愈衆, 我皇上春秋隆盛, 豈僅僅駐此方而自足耶. 若皇上別有奇慮, 務期講和, 臣請先破山海, 使其關左之鎮睽隔. 燕京之勢孤危, 庶幾和議可成耳. 臣等職居言路四載有餘, 凡劾贓察過, 皆係臣任, 至於國家大事, 亦職所當言, 用披肝膽, 妄陳管蠡之見. 儻寬宥罪愆, 稍加詳察, 未必無補於萬一也.

○ 도찰원참정 조가법(祖可法)·장존인(張存仁)과 이사관 마국주(馬國柱)·뇌흥(雷興) 등이 상주하여 말했다. 「삼가 생각건대 국가를 가진 사람은 반드시 대계(大計)가 있어야 하고, 대계를 정한 후에 행동을 주의하고, 행동을 주의한 후에 공훈과 승첩을 아뢰어야 합니다. 이른바 대계는 모든 관리가 참여할 수 있는 것이 아니고 오직 조정의 중요한 신하들이 참여하여 도모하는 것으로, 신들은 이 직책에 있으니 심력을 다해야 합니다. 지금 우리나라의 사세에 대해 깊이 생각해 보건대 이른바 대계로 늘 전하의 생각을 괴롭히는 것은 어떻게 다스려야 안녕할 것인지, 어떻게 나아가서 취해야 만전을 기할 것인지, 그리고 어떻게 화의를 논해야 성취할 것인지의 세 가지니 어찌 우리나라의

긴요한 사안이 아니겠습니까? 삼가 세 가지 사안을 진술하고 엎드려 황상의 재가를 기다립니다.

첫째 논의는 나라를 잘 다스리는 요체입니다. 지금 우리나라의 기병은 구름처럼 많으니 몽고 군사를 더하면 천하를 취하고도 남을 힘이 있습니다. 그러나 산해관 밖의 8성이 여전히 견고하고 연경의 방어도 여전한데, 이것이 어찌 황상께서 중원에 군림함을 즐거워하지 않아서 이처럼 한가로이 계시기 때문이겠습니까? 그렇지 않습니다. 명나라의 성지(城地)가 많고 사람이 많으며 언어와 풍속이 우리와 달라서 순종했다가 거역하는 것이 순식간에 바뀌고 항복했다가 배반하는 것이 한결같지 않아서 복종시키기 어려울 것을 염려할 뿐입니다. 특히 중원을 평정하는 일은 뒤엉킨 실을 다루는 것과 같음을 알지 못하니, 그 실마리를 얻으면 억장 길이의 가닥도 찾지만, 그 실마리를 잃으면 짧은 뒤엉킨 실도 다루기 어렵습니다. 조급한 마음이 한번 생기면 칼로 쳐서 끊어 버리기를 면하기 어려우니, 마침내 통제할 수 있는 단서를 결국 버리는 물건으로 만들게 됩니다. 전에 태조께서는 요동 변경을 평정하셨으니 처음으로 뒤엉킨 실을 다루신 때입니다. 지금 황상께서는 어진 정치로 먼 곳을 자애롭게 대하시고 덕 있는 가르침으로 가까운 곳을 위무하시어 사해에서 귀부해 오도록 하셨으니 이는 실마리를 얻음이 뚜렷한 것입니다. 하물며 명나라 사람은 고향 떠나기를 좋아하지 않고 가족이 모여 살기를 좋아하니, 초심을 따를 수만 있으면 스스로 배반할 마음이 생기지 않을 것입니다. 배반하는 자가 있다면 반드시 지방관들의 탐학과 전쟁의 혼란 때문입니다. 그러므로 옛날 천하를 평정한 이들은 너그럽고 청렴한 관리를 신중히 뽑고 소란을 형률로 엄히 안정시켜서 대업을 이루었습니다. 지금 마땅히 백성을 불쌍히 여겨 죄를 벌하고 선정을 펼쳐 어짊을 베풀면 인심이 따라서 큰 공을 이룰 것입니다.

둘째 논의는 나아가서 취하는 계책입니다. 황상께서 일찍이 나무를 베고 가지를 자르는 것에 비유하여 말씀하셨는데, 신들은 그때 마음속으로 의심했으나 감히 망령되이 말하지 못했습니다. 지금 심사숙고하건대 황상께서 분명 뛰어난 식견이 있으시니 신들도 삼가 진언합니다. 무릇 사람의 손 하나를 없애도 사람은 죽지 않고 사람의 발 하나를 없애도 사람은 여전히 살지만, 만약 목을 자르고 심장을 찌르면 그 사람은 즉시 죽습니다. 손발을 없앤다는 말은 곧 가지를 자르는 계책으로, 강한 적이면서 작은 나라에게는 써도 되지만, 점차 약해지는 큰 나라에게는 쓸 수 없습니다. 엎드려 바라건대 황상께서 일찍 계책을 정하여 심장부를 공격하는 것을 상책으로 삼아, 힘을 겨루지 말고 지혜를 겨루며, 물자를 취하지 말고 성채를 취하면 곧장 연경을 부수고 하북을 나누어 차지하는 일도 머지않아 이루어질 것입니다. 연경을 쉽게 얻는 방법은, 내부에 타지인이 많으니 만약 나루를 통한 양곡 운송로와 서산(西山)의 석탄 운송로를 끊으면 저들의 형세가 즉시 곤궁해져 반드시 대릉하(大凌河)처럼 오래 버티지 못할 것입니다. 이것이 심장을 찌르는 계책입니다. 만약 먼저 산해관 밖의 각 성보를 얻으려면 산해관에 곧장 이르는 것이 좋습니다. 오랫동안 싸워 지키는 일을 겪어보지 않은 곳인 데다 그 안에는 모두 서남쪽 타지에서 온 군사들이라 공격해 취하기가 매우 쉽고, 석문(石門)의 석탄이 통하지 못하게 막고 철장보(鐵場堡)의 땔감이 들어가지 못하게 해 곤궁하게 만들어 취하기도 용이합니다. 산해관을 취하면 산해관 밖의 여러 성은 고립되어서 쉽게 취할 수 있습니다. 이것이 목을 베는 계책입니다. 공격하지 않고 영원(寧遠)과 금주(錦州)를 얻으려면 우리 군사를 광녕(廣寧)에 주둔시키는 것이 좋습니다. 영원과 금주의 문호를 핍박하여 저들의 경작을 스스로 폐기하게 만들면, 생존을 도모하는 것조차 어려워져서 금주는 반드시 방어를 그만두고 영원으로 되돌아가고, 영원은 반드시 방어를 그만두고 산해관으로 되돌아갈 것입니다. 이것이 무거운 가지를 자르고 아름다운 나무를 베는 계책입니다.

셋째 논의는 강화하는 계책입니다. 지금 우리나라는 누차 사람을 파견하여 서신을 보내서 화친을 의논하려고 했습니다. 이는 황상께서 위로 천심을 체득하고, 아래로 백성의 목숨을 중히 여겨서 함께 화평을 도모하는 지극한 뜻인데, 명나라는 응하지 않았습니다. 그들이 응하지 않는 까닭을 신들이 삼가 헤아려 보겠습니다. 숭정제는 책을 많이 읽고 사람 죽이기를 좋아합니다. 책을 많이 읽으면 명성을 아끼고, 사람 죽이기를 좋아하면 신하가 두려워합니다. 명성을 아끼는 군주가 위에 있고 죽을까 두려워하는 신하들이 아래에 있으니, 이것이 누차 사람을 보내도 끝내 한 번도 응답이 없는 까닭입니다. 신들이 삼가 생각건대 화친의 일은 저들에게 유리하고 우리에게 불리한데, 왜 저들 군신(君臣)은 입으로 강화하자고 하지만 마음은 그렇지 않겠습니까. 사안을 맡을 훌륭한 신하가 없는 것은 오히려 괜찮습니다. 만약 충성스럽고 지혜로운 신하가 두세 명 있어서, 안으로 나라를 위한 계책을 지키고 밖으로 병권을 잡아 군사를 모아 훈련시키고 정비하고 방어하며, 금은보화를 많이 내어 몽고의 마음을 사로잡았으면, 십여 년 사이에 견고하여 깨트릴 수 없는 형세를 이루었을 것입니다. 강화가 이미 정해졌으니 우리나라는 정벌할 일이 없습니다. 사람의 마음은 편안함을 좋아하고 노고를 싫어하므로, 정벌의 마음이 해이해지면 장사(壯士)는 용맹을 잊고 용맹한 병사는 뜻이 안일해지니, 비록 황상께서 염려하시어 늘 위험을 잊지 않고 늘 훈련을 더하더라도, 누가 갑옷과 투구를 입고 싸우는 것을 즐거운 일로 여기려고 하겠습니까? 또 포로를 잡는 일이 끊어져 재력이 고갈되고 관문에서의 교역에만 의지하면 어떻게 한 나라의 백성들을 넉넉하게 하겠습니까? 힘을 다해 경작해도 자연의 가뭄과 홍수를 방비하기 어려운 데다가, 서쪽에 힘으로 복속시킨 몽고는 성정이 기르는 매와 같고, 동쪽에 면전에서만 순종하는 조선은 성정이 물에 뜬 오리 같습니다. 하물며 나라의 세력이 날로 커지고 군사와 백성들도 더욱 많아졌으며 우리 황상의 춘추도 한창인데 어찌 고작 이곳에 머물며 만족하겠습니까? 만약 황상께서 별도로 기묘한 계책이 있어 강화에 힘쓴다면, 신은 먼저 산해관을 격파하고 그 관의 왼쪽에 있는 진(鎭)들을 격리시키기를 청합니다. 연경의 형세가 고립되어 위태로워지면 거의 화의를 성사시킬 수 있습니다.

신들이 언로(言路) 직을 맡은 지 4년이 넘었고, 뇌물에 대한 탄핵과 과오에 대한 기찰이 모두 신의 임무입니다. 나라의 큰일에 이르기까지 직무상 말해야 하기 때문에 속내를 털어놓고 좁은 소견을 망령되이 진술했습니다. 죄와 허물을 너그러이 용서해 주시고 조금 더 상세히 살피시면 만에 하나 도움이 될 것입니다.」

○ 丙子, 一等甲喇章京寨薩邁喇病故, 以其子岱青襲職, 仍准再襲五次.

○ 병자일(1.24), 일등 잘란장긴 자이사 마일라(jaisa maila, 寨薩邁喇)가 병사하여 그 아들 다이칭(daicing, 岱青)에게 습직시키고 5번 습직을 허락했다.

○ 戊寅, 正白旗牛彔章京圖納私通本旗阿爾津牛彔下察球妻, 被獲. 部議, 圖納, 及察球妻, 均應論死, 奏聞. 上以圖納有戰功, 命從寬免死, 鞭一百, 貫耳鼻, 革職, 察球妻處死, 以圖納妻與察球, 并以圖納職, 與其弟薩木賽承襲.

○ 무인일(1.26), 정백기 니루장긴 투나(tuna, 圖納)가 그 기의 아르진 니루 속하 차키오(cakio, 察球)의 아내와 사통하다가 체포되었다. 형부에서 의논하여 상주했다. "투나와 차키오의 아내를 모두 사형죄

로 논해야 합니다." 주상이 투나는 전공이 있다 하여 너그러이 죽음을 면해 주되 채찍 100대를 때리고 귀와 코를 뚫고 혁직하게 했고, 차키오의 아내는 사형에 처하고 투나의 아내를 차키오에게 주었으며, 투나의 직책은 그의 동생 삼사이(samsai, 薩木賽)에게 습직시켰다.

○ 固山額眞譚泰與輔國將軍鞏阿岱相詬於大淸門, 鞏阿岱詬譚泰云, 爾父德克塞之目, 是我所刺. 譚泰詬云, 爾若傷我目, 我必還刺爾目. 爾有四目耶. 爾徒知飮食耳, 有何技能, 幾至攘臂. 部議朝廷禁地兩人相詬, 殊失大臣之體. 鞏阿岱應罰銀二百, 譚泰應罰銀百, 奏聞. 得旨, 依議.

○ 구사어전 탄타이가 보국장군 궁가다이와 대청문(大淸門)에서 서로 헐뜯었는데, 궁가다이가 탄타이를 욕했다. "너의 아비 덕서(dekse, 德克塞)의 눈도 내가 찌른 것이다." 탄타이가 욕하기를, "네가 만약 내 눈을 상하게 한다면 나도 반드시 너의 눈을 되갚아 찌를 것이다. 너는 눈이 네 개 있느냐? 너는 먹고 마시는 것만 알 뿐 무슨 재능이 있느냐?"라고 하며, 거의 소매를 걷어붙이기에 이르렀다. 형부에서 의논하여 상주했다. "조정의 금지(禁地)에서 두 사람이 서로 헐뜯었으니 대신의 체통을 심히 잃었습니다. 궁가다이는 벌은 200냥에, 탄타이는 벌은 100냥에 처해야 합니다." 상주하자 의논한 대로 하라는 유지를 받았다.

○ 先是, 多羅貝勒多鐸出師遇敵時, 正紅旗甲喇章京達哈塔, 被創仆地, 甲喇章京噶布喇, 見而不救, 離伍避往白旗, 反云竝不在一處. 至是, 護軍統領濟席哈 · 甲喇章京敦拜 · 噶達洪 · 額申珠, 白於法司.

訊之, 規避是實, 噶布喇應論死. 奏聞. 上命鞭噶布喇一百, 籍家產一半入官.

○ 이전에 도로이 버일러 도도가 출정하여 적과 조우했을 때, 정홍기 잘란장긴 다하타가 부상을 입어 땅에 쓰러졌는데, 잘란장긴 가불라는 보았으면서도 구하지 않고 대오를 이탈하여 백기로 도망치고 도리어 결코 그곳에 있지 않았었다고 말했다. 이때에 호군통령 지시하 · 잘란장긴 둡바이 · 가다훈(gadahūn, 噶達洪) · 어선주(ešenju, 額申珠)가 법사(法司)에 고발했다. 심문하자 도망친 것이 사실이어서 가불라를 사형으로 논했다. 상주하자 주상은 가불라를 채찍으로 100대 때리고 가산의 절반을 몰수하여 관(官)에 들이라고 명했다.

○ 辛巳, 以阿喇善 · 孟庫祿, 爲梅勒章京.

○ 신사일(1.29), 아라샨과 뭉쿠루(mungkuru, 孟庫祿)를 머이런장긴으로 삼았다.

○ 二等甲喇章京庫拜病故, 以其子哈爾丹襲職. 牛彔章京明貴病故, 以其子札木蘇襲職.

○ 이등 잘란장긴 쿠바이가 병사하여 그의 아들 할단(haldan, 哈爾丹)에게 습직시켰다. 니루장긴 밍구이(minggui, 明貴)가 병사하여 그의 아들 잠수(jamsu, 扎木蘇)에게 습직시켰다.

○ 以蘇尼特部落墨爾根台吉騰機思下阿布圖自朝見以來, 往來効力可嘉, 賜號達爾漢給敕命. 准免供應馬匹口糧, 遇出師行獵, 任其隨行, 世襲達爾漢號. 仍賜貂鑲朝衣 · 貂帽 · 帶鞾 · 緞布等物.

○ 수니트 부락의 머르건 타이지 텅기스 속하의 아부투(abutu, 阿布圖)가 알현한 이래, 오가며 힘쓴 것이 훌륭하다 하여 다르한 칭호를 내리고 칙명을 발급했다. 말과 식량을 바치는 것을 면해 주고 행군할 때나 수렵할 때 수행하게 하며, 다르한 칭호를 세습하게 했다. 이어서 담비가죽을 두른 조의 · 담비가죽 모자 · 요대와 신발 · 비단과 면포 등의 물품을 하사했다.

○ 賜土謝圖親王下阿卜圖 · 扎薩克圖郡王下俄博兌 · 科爾沁國吳爾寨圖及其從人, 布疋有差.

○ 투시예투 친왕 속하의 아부투(abutu, 阿卜圖) · 자삭투 군왕 속하의 오보도이(obodoi, 俄博兌) · 코르친국의 울제이투(ūljeitu, 吳爾寨圖) 및 그 종인(從人)들에게 포필(布疋)을 차등 있게 하사했다.

○ 賜貢貂東方克宜克勒氏布珠 · 錫希尼 · 吹納及布珠妻 · 精達禮妻 · 布克騰妻與同來五十三人, 蟒衣 · 帽鞾 · 鞓帶 · 布疋 · 器用等物有差.

○ 담비가죽을 바친 동방 거이커리(geikeri, 克宜克勒) 씨의 부주(buju, 布珠) · 시히니(sihini, 錫希尼) · 추이나(cuina, 吹納) 및 부주의 처 · 징다리(jingdari, 精達禮)의 처 · 북턴(bukten, 布克騰)의 처와 함께

온 53명에게 망의(蟒衣) · 모자와 신발 · 가죽띠 · 포(布) · 기물 등의 물품을 차등 있게 하사했다.

○ 賜科爾沁國冰圖王下綽爾果爾, 阿霸垓部落額齊格諾顏, 蘇尼特部落墨爾根台吉騰機思 · 巴圖魯濟農叟塞 · 騰機特 · 喀喇虎喇 · 布達斯希布 · 阿玉石 · 布木布赫 · 額林臣 · 塞冷 · 噶爾馬塞冷 · 額爾克 · 陳褒 · 毛海 · 宜爾畢思, 烏朱穆秦部落塞冷額爾德尼 · 敦多布台吉, 蒿齊忒部落退洛台吉等, 雕鞍馬匹 · 撒袋 · 弓矢 · 甲胄 · 貂鑲朝衣 · 蟒衣 · 帽鞾 · 鞓帶 · 皮張 · 綵緞 · 文綺 · 白金 · 銀器等物有差.

○ 코르친국 빙투 왕 속하의 초르골(corgol, 綽爾果爾), 아바가 부락의 어치거 노얀, 수니트 부락의 머르건 타이지 텅기스 · 바투루 지농 서오서 · 텅기트 · 카라 훌라(kara hūla, 喀喇虎喇) · 부다스힙(budashib, 布達斯希布) · 아유시 · 붐부허이(bumbuhei, 布木布赫) · 어린천 · 서렁 · 가르마 서렁 · 어르커 · 천부오(cenbuo, 陳褒) · 모오하이 · 이르비스(irbis, 宜爾畢思), 우주무친 부락의 서렁 어르더니 · 돈돕 타이지, 호오치트 부락의 토일로 타이지 등에게 조각한 안장을 갖춘 말 · 화살집 · 활과 화살 · 갑옷과 투구 · 담비가죽을 두른 조의 · 망의(蟒衣) · 모자와 신발 · 가죽띠 · 가죽 · 채단(綵緞) · 문기(文綺) · 백금 · 은그릇 등의 물품을 차등 있게 하사했다.

○ 壬午, 朝鮮國王李倧, 遣陪臣齎疏至. 疏云, 本年正月十九日, 祗承敕書, 許令子歸省, 加以訓誨丁寧, 無非開導愚迷, 洞釋疑沮之至意. 捧讀再三, 感懼交并. 竊照臣奉藩, 無狀恒, 抱罪悔, 雖於賤疾之中, 自切思子之情, 顧不敢干瀆恩旨. 而諸臣過慮, 自行申請, 以致該部轉奏. 臣不及諭止, 方竢譴罰, 不料皇恩特出望外. 第惟責諭之旨, 於臣本情, 實有不然者. 嚮者臣愚惑失措, 自致顚沛, 幸蒙皇上再造之恩, 得以歸命委質. 無身而有身, 無國而有國. 自是以後, 君臣上下, 一心感戴, 朝夕所講, 無非事大之務, 豈有一毫疑貳, 以自外於覆幬之下也.

惟是刷送向化逃民一事, 臣亦極知違犯約條, 日夜疚懷. 只緣敝邦政衰以來, 民不著籍, 如鳧居鴈聚散, 無統紀, 兵額日縮, 戶口日減, 姦民亡卒藏匿而莫知. 國家之患, 無大於此. 臣忝位之初, 即行戶統號佩之法, 行未一年, 以兵興而罷. 況今喪亂之餘, 東西遷徙, 刷出之難, 專由於此. 臣之負罪, 此最重大. 雖被誅責, 實所甘心, 尙蒙恩貸, 每切感頒.

至於城池修築之禁, 已係敕條, 不敢違越, 平壤等處, 別無城壘, 加葺之處, 初因西路, 蓄積蕩殘, 那移內道, 所遺穀物, 以備應用而已. 若無糧草, 往來使价, 何所取辦. 脫有倭警, 則應有上國來救軍卒, 亦何以供給乎. 且敝邦都城闊大, 難以守禦, 曾經甲子之變, 有所懲創, 始議築城南漢, 以爲副都, 非但爲外患而然也. 此城雖非邊地, 自前朝以來, 倭船由海入江, 內地州郡, 奄被襲掠之禍者, 非一再矣. 況今倭情, 益復不測. 小邦雖恃上國垂援, 援兵未到之前, 不可無倉卒之備. 故略加補葺, 添設樓櫓者, 計在備倭, 不得已之擧也. 然因敕使指揮, 即行毁撤, 不復措意於此城矣. 臣之如此區區自明, 亦知爲罪. 即承開示恩諭, 不敢抱懷泯默, 庶幾曲赦之恩. 容令自今策勵, 盡心遵依, 則是天地之量, 宇宙之仁, 而非臣所敢望也.

且臣第三子淯, 早宜入覲, 緣渠未經出痘, 不敢遠行. 且因賤疾沉綿, 形影相依, 因循未決, 頃因使命之臨, 始發交替之請. 今奉聖旨. 特命此子帶同子溰之稺子, 許與交替於近界. 子淯竝率其妻眷, 已卜閏正月初九日, 起程前往, 不敢緩矣. 第念稺孫, 生纔五歲, 尫弱多疾, 且有風悸之症, 冒寒遠行, 驚惶勞動, 則恐不免顚仆於中路. 必須徐行歇滯, 閱月方達, 則交替之期, 其勢自遲. 正當舟師整齊, 農畝播殖之初, 夫馬迎候, 一時竝擧, 則西土殘民, 必不能堪. 臣舐犢之情雖切, 保民之計亦重. 子溰歸省之期, 姑待舟楫之發, 農種之隙, 更申恩典, 許令歸省. 則雖與陪臣申請之意有乖, 臣自度民力之困, 不計相見之早晩. 不得已而復行瀆請, 更稟明旨. 不任戰慄之至. 爲此謹具奏聞.

○ 임오일(1.30), 조선국왕 이종(李倧)이 보낸 배신(陪臣)이 소(疏)를 가지고 도착했다. 소(疏)에서 말했다. 「올해 정월 19일에 삼가 칙서를 받았는데 아들이 귀국하도록 허락하셨고, 엄숙하게 훈계하여 우매함을 개도해 주셨으니 의심으로 막힌 것을 풀어 주신 지극한 뜻입니다. 수차례 받들어 읽으니 감동과 두려움이 교차합니다. 삼가 보건대, 신이 번병(藩屛)이 되었는데도 한결같지 않고 죄와 후회를 범하여, 병들어 있는 가운데 아들을 생각하는 정이 간절해도 감히 은혜로운 지(旨)에 대해 번거롭게 할 수 없었습니다. 그러나 여러 신하들이 지나치게 걱정하며 스스로 청하는 말씀을 올려 해당 부에 상주를 전하게 되었습니다. 신이 깨우쳐 그치게 하지 못했으니 꾸짖음을 기다렸고, 특별한 황은을 생각하지 않았습니다. 다만 꾸짖어 깨우치는 지(旨)에는 신의 본래 마음에 실로 그러하지 않았던 것이 있습니다. 예전에 신이 어리석고 당황하여 스스로 망하기에 이르렀는데 다행히 황상의 나라를 다시 일으켜 준 은혜를 입어 귀부하고 의지할 수 있었으니, 죽을 몸이 살아났고 망할 나라가 일어났습니다. 그 후 군신(君臣) 상하가 한마음으로 감사히 받들고 아침저녁으로 궁리하는 것이 사대의 일뿐인데 어찌 조금이라도 의심하고 두 마음을 품어 천하에서 스스로 벗어나려 하겠습니까?

다만 이 향화(向化)한 도망인에 대한 사안은 신 역시 위반에 대한 조약을 잘 알고 있어서 밤낮으로 고민했습니다. 단지 폐방(敝邦)의 정치가 쇠약해진 이래 백성이 호적에 기록되지 않고 오리가 기러기와 사는 것 마냥 모였다 흩어지니 규율이 없으며 병사의 수와 호구 수는 날로 줄고 있으니 간사한 백성이 죽었는지 숨었는지도 알 수 없습니다. 국가의 우환이 이보다 큰 것이 없습니다. 신이 외람되게 자리에 올랐을 때 호(戶)를 관리하고 호패(號牌)를 지참하는 법을 시행하였음에도 1년이 되지 않아 전쟁이 일어나 그만두었습니다. 하물며 지금은 전쟁으로 사람이 많이 죽은 때라 여기저기 옮겨 다니므로 쇄환하여 보내는 것의 어려움은 전적으로 이 때문입니다. 신의 죄는 이것이 가장 큽니다. 죽임을 당하더라도 실로 달게 받을 것인데 오히려 은혜를 베풀어 주시니 간절한 마음으로 감사드립니다.

성과 해자의 수축을 금지하는 것은 이미 칙으로 정한 규정이므로 감히 어길 수 없으나 평양 등 지역은 별도로 성루가 없었고, 수리했던 곳은 애초에 서쪽 길에 잔폐한 것을 쌓아 두었는데 안쪽 길로 옮기면서 남은 곡물을 쓰임에 준비하기 위해서 했을 뿐입니다. 양식과 풀이 없으면 사신이 왕래할 때 어떻게 구하겠습니까? 혹시 왜가 쳐들어오면 상국(上國)에서 군졸이 와서 구원해야 할 텐데 또한 어떻게 공급합니까? 또 폐방(敝邦)의 도성은 넓어서 방어하기 어렵기 때문에 일찍이 갑자년의 변[7]을 거치면서 반성한 바가 있어 비로소 남한산성을 쌓아 부도(副都)로 삼기로 의논했던 것이지 단지 외환 때문만은 아닙니다. 이 성이 비록 변두리 지역에 있지는 않지만 이전 조대(朝代) 이래 왜선이 바다에서 강으로 들어와 내지의 주군(州郡)이 약탈을 당한 것이 한두 번이 아닙니다. 하물며 지금 왜의 사정은 더욱 예측하기 어렵습니다. 소방(小邦)이 비록 상국(上國)의 원군을 믿지만 원병이 도달하기

7 '갑자년의 변'은 인조 2년(1624)에 일어난 이괄의 난을 가리킨다.

전에 갑작스런 일을 대비하지 않을 수 없습니다. 그러므로 약간 수리하고 망루를 추가 설치하는 것은 왜를 대비하려는 계책이므로 불가피했습니다. 그러나 칙사가 시키므로 허물었고, 이 성에 대해 다시 조치하지 않겠습니다. 신이 이렇게 구구절절 해명하는 것도 역시 죄가 됨을 압니다. 은혜로운 유시를 보이셨음에도 감히 마음에 생각을 품고 침묵할 수 없으니, 용서하시는 은혜를 바랍니다. 지금부터 독려해 주셔서 진심으로 따르고 의지하도록 허락해 주신다면 이는 천지의 도량이자 우주의 인자함이니 신이 감히 우러러보지도 못할 것입니다.

또한 신의 셋째 아들 이요(李㴭)가 빨리 가서 만나 뵈어야 하나 이 아들은 아직 천연두에 걸리지 않았기 때문에 멀리 갈 수 없었습니다. 또 제 몸의 병도 계속되고 있으므로 서로 의지하는 꼴이어서 꾸물거리고 결정하지 못하고 있었는데 그때 명을 받은 사자가 도달했기 때문에 마침내 교체를 청했던 것입니다. 지금 성지를 받들어 보니, 특별히 명하여 아들 이요(李㴭)가 이왕(李溰)의 어린 자식을 대동하여 변경 근처에서 교체하는 것을 허락하셨습니다. 아들 이요(李㴭)는 그의 처와 식솔을 이끌고 길일(吉日)인 윤정월 초9일에 출발했고 감히 늦지 않을 것입니다. 다만 생각건대 어린 손자는 겨우 5살이어서 허약하고 병이 많고 가슴이 두근거리는 증세가 있어 추위를 무릅쓰고 먼 길을 가면 당황하여 움직이는 데 힘이 들 것이니 도중에 쓰러질 우려가 있습니다. 반드시 천천히 쉬면서 가야 하므로 한 달이 지나야 겨우 도달할 것이니, 교체 시기가 늦어질 수밖에 없습니다. 마땅히 수군도 갖추어야 하고 농촌에서 파종을 시작할 때인데 인부와 말을 동원하여 영접하는 일까지 한 번에 시행하면 서쪽 지역의 백성들이 감당하지 못할 것입니다. 신의 자식을 사랑하는 마음은 비록 간절하나 백성을 보호하는 일도 역시 중요합니다. 아들 이왕(李溰)의 귀국 시기를 배가 나아갈 수 있고 농삿일이 쉬는 때까지 잠시 기다렸다가 다시 은전(恩典)을 신청할 때 귀국하도록 허락해 주십시오. 그러면 비록 배신(陪臣)이

신청한 뜻과는 다르지만 신이 백성의 괴로움을 고려한 것이니 만나는 일의 빠르고 늦음은 개의치 않습니다. 어쩔 수 없이 다시 번거롭게 청하니, 다시 명지(明旨)로 일러 주십시오. 두려움을 이기지 못하겠습니다. 이 때문에 삼가 갖추어 상주합니다.」

閏正月, 癸未朔, 諭各固山額眞曰, 今遣爾等往各處地方, 稽察窮民, 審理冤獄. 爾等須各親至分屬屯堡, 巡行料理. 毋使民間冤抑, 不得上聞.

○ 윤정월 계미일 초하루(윤1.1), 각 구사어전에게 유시했다. "지금 너희를 각 지방에 보내니, 궁핍한 백성을 살피고 억울한 투옥의 일을 심리하라. 너희가 각자 몸소 소속 둔보(屯堡)에 이르러 순시하면서 처리하라. 민간에 억울한 일이 있는데도 위로 보고되지 않는 일이 없게 하라."

○ 甲申, 命戶部移咨與朝鮮國王李倧. 咨曰, 曩者王所縛送加哈禪等, 其餘黨, 已經發兵百人收捕, 獲男婦五百名口. 聞此五百人及我兵百人, 竝加哈禪等, 在彼乏糧. 王可令所在官員, 計口給發, 付我國差官, 俟其還時, 報明給發數目. 他年額貢鳳凰城米時, 照數開除可也.

○ 갑신일(윤1.2), 호부에 명하여 조선국왕 이종(李倧)에게 자문을 보내게 했다. 자문에서 말했다. 「이전에 왕이 기야하찬 등을 잡아서 보냈고, 남은 무리는 우리 병사 100명을 보내 체포했는데 그 수가 남녀 500명이다. 듣건대 이 500명과 우리 병사 100명, 그리고 기야하찬 등이 그곳에서 식량이 부족하다고 한다. 왕이 현지 관원에게 사람 수

를 헤아려 식량을 지급하고 우리나라의 파견 관원이 귀국할 때 지급한 수량을 보고하게 하라. 다른 해 봉황성에 쌀을 진공(進貢)할 때의 액수에서 해당 수량을 제외해 주겠다.」

○ 諭戶部官英古·薩爾糾曰, 爾等所率軍士百人及所獲人口五百, 竝加哈禪等, 俱取給朝鮮. 計口授糧, 爾二人親加核算. 開載數目具奏, 仍留數目付彼. 朕已敕令朝鮮國王遵行. 爾等慎勿多索. 後日尚當補還. 至所獲人口, 曾命留居彼地. 如內有強暴不信實者, 約束前來, 餘俱仍留彼處. 擇其中可託者一人統之. 若無可託者, 即付與加哈禪·賴達庫分管.

○ 호부 관원 잉구(inggu, 英古)와 사르기오에게 유시했다.「너희가 이끄는 군사 100명 및 거둔 사람 500명, 그리고 기야하찬 등은 모두 조선으로부터 식량을 지급받을 것이다. 사람 수를 헤아려 식량을 받고 너희 두 사람이 직접 계산을 하라. 받은 수량을 열거하여 상주하고 남은 수량은 조선에 넘겨라. 짐이 이미 조선국왕에게 준행하도록 칙(勅)으로 명했다. 너희는 삼가고 많이 요구하지 마라. 후일 해당 분량을 보상해 주어야 한다. 거둔 사람들은 일찍이 그 지방에 거류하도록 했었다. 만약 그들 중에 흉폭하고 믿지 못할 자가 있으면 붙잡아 데려오고, 나머지는 계속 그 지방에 머물게 하라. 그들 중 맡길 만한 자 1명을 선발해서 그들을 이끌게 하라. 만약 맡길 만한 자가 없으면 기야하찬과 라이다쿠에게 넘겨서 나누어 관리하게 하라.」

○ 諭禮部, 定迎送朝鮮國王諸子例. 凡國王子來朝, 一宴於鳳凰城, 再宴於東京, 又宴於盛京. 送歸時, 亦照此行. 凡往來每程給羊一隻·鵝二隻·雞二隻. 其從官及跟隨人役, 悉如常例. 若世子至盛京, 或自盛京往, 則多羅貝勒迎送. 其餘諸子, 則禮部承政以下等官迎送. 若其子往來東京, 則禮部參政迎送. 往來鳳凰城, 則禮部理事官迎送.

○ 예부에 유시하여 조선국왕의 아들들을 맞이하고 보내는 예(例)를 정하게 했다. 「국왕의 아들이 내조하면 봉황성에서 한번 잔치하고 동경(東京)에서 다시 잔치하며 또 성경(盛京)에서 잔치한다. 귀국하여 보낼 때도 역시 이에 따라 행한다. 왕래할 때마다 양 1마리·거위 2마리·닭 2마리를 지급한다. 수행 관원 및 시중드는 인역(人役)에 대해서는 모두 상례대로 한다. 세자가 성경에 도착하고 나갈 때는 도로이 버일러가 맞이하고 보낸다. 다른 아들은 예부승정 이하의 관원들이 맞이하고 보낸다. 만약 아들이 동경을 왕래하면 예부참정이 맞이하고 보낸다. 봉황성을 왕래하면 예부 이사관이 맞이하고 보낸다.」

○ 乙酉, 午刻, 上偕皇后·諸妃出地載門, 率和碩親王等, 幸察哈爾固倫公主·固倫額駙額哲所居地行獵, 駐蹕聶千戶屯.

○ 을유일(윤1.3), 오시(午時)에 주상이 황후·여러 비(妃)와 함께 지재문(地載門)을 나와 호쇼이 친왕 등을 이끌고 차하르 구룬 공주와 구룬 어푸 에제이의 거처에 가서 사냥하고 섭천호(聶千戶) 마을에 머물렀다.

○ 丙戌, 遣阿霸垓部落多爾濟額齊格諾顏, 偕其妻歸國. 召入行幄,賜宴.

○ 병술일(윤1.4), 아바가 부락의 도르지 어치거 노얀(dorji ecige noyan, 多爾濟額齊格諾顏)을 그의 처와 귀국하게 했다. 천막에 불러들여 잔치를 베풀었다.

○ 辛卯, 上獵於木達垓充古爾地方. 殪一虎.

○ 신묘일(윤1.9), 주상이 무다가이 충구르(mudagai cunggur, 木達垓充古爾) 지방에서 사냥했다. 호랑이 1마리를 잡았다.

○ 乙未, 上獵於噶木古爾地方, 還至訥訥格屯. 科爾沁國固倫公主及固倫額駙祁他特來朝, 見上, 竝謁皇后. 恭進筵宴.

○ 을미일(윤1.13), 주상이 가무고르(gamugor, 噶木古爾) 지방에서 사냥하고 너너허(nenehe, 訥訥格) 마을로 돌아왔다. 코르친국 구룬 공주 및 구룬 어푸 키타트가 내조하여 주상을 알현하고 아울러 황후를 배알했다. 잔치를 열어 주상께 올렸다.

○ 丙申, 賜來朝科爾沁固倫公主·額駙宴.

○ 병신일(윤1.14), 내조한 코르친국의 구룬 공주와 어푸에게 잔치를 베풀었다.

○ 戊戌, 上行圍. 至察哈爾孫島 · 石爾噶地方, 察哈爾固倫公主及固倫額駙額哲, 迎上與皇后, 恭進筵宴.

○ 무술일(윤1.16), 주상이 몰이사냥을 했다. 차하르의 손도오(sondoo, 孫島) · 시르가(sirga, 石爾噶) 지방에 이르자 차하르국의 구룬 공주 및 구룬 어푸 에제이가 주상과 황후를 맞이하고 잔치를 열어 진상했다.

○ 己亥, 上偕皇后 · 諸妃及和碩親王等, 幸固倫公主 · 固倫額駙額哲第. 公主 · 額駙, 具盛筵獻上, 竝獻金佛 · 各色數珠 · 東珠項圈 · 黑狐裘 · 貂裘 · 貂鑲朝衣 · 帽鞾 · 金鞓帶 · 雕鞍馬 · 金銀器皿等物. 上酌納之.

○ 기해일(윤1.17), 주상이 황후 · 여러 비(妃) 및 호쇼이 친왕 등과 함께 구룬 공주 · 구룬 어푸 에제이의 집에 갔다. 공주와 어푸가 성대한 연회를 갖추어 주상에게 바치고 아울러 금불 · 각종 염주 · 동주를 박은 목걸이 · 검은 여우가죽옷 · 담비가죽옷 · 담비가죽을 두른 조의 · 모자와 신발 · 금 가죽띠 · 조각한 안장을 갖춘 말 · 금은 그릇 등의 물품을 바쳤다. 주상이 헤아려 받았다.

○ 庚子, 科爾沁國固倫公主 · 固倫額駙祁他特, 具盛筵獻上, 竝獻駝馬. 酌納之.

○ 경자일(윤1.18), 코르친국의 구룬 공주와 구룬 어푸 키타트가 성

대한 잔치를 갖추어 주상에게 바치고 아울러 낙타와 말을 바치니 헤아려 받았다.

○ 辛丑, 內六旗王·貝勒等, 具筵進獻.

○ 신축일(윤1.19), 내육기(內六旗)의 왕과 버일러들이 잔치를 갖추어 바쳤다.

○ 壬寅, 上駐蹕察哈爾固倫公主所居地, 凡三日. 至是, 上回鑾. 固倫公主·固倫額駙, 俱親送. 越三宿, 乃辭歸.

○ 임인일(윤1.20), 주상이 차하르국 구룬 공주의 거주지에 머물렀는데 모두 3일이었다. 이때에 주상이 어가를 돌렸다. 구룬 공주와 구룬 어푸가 함께 직접 환송했다. 3박을 하고 인사한 후 돌아갔다.

○ 戊申, 午刻, 上還盛京. 由地載門入, 還宮.

○ 무신일(윤1.26), 오시(午時)에 주상이 성경(盛京)으로 돌아왔다. 지재문(地載門)으로 들어와 환궁했다.

권51

숭덕 5년 2월 ~ 5월

崇德五年庚辰, 二月, 壬子朔.

○ 숭덕 5년 경진년 2월 임자일 초하루(2.1).

○ 丙辰, 三等梅勒章京瓦塞病故, 以其孫鄂爾寨圖襲職. 牛彔章京叟根病故, 以其孫穆都堪襲職. 牛彔章京俄博惠病故, 以其子塔賴襲職.

○ 병진일(2.5), 삼등 머이런장긴 와서가 병사하여 그의 손자 올제이무에게 습직시켰다. 니루장긴 서오건(seogen, 叟根)이 병사하여 그의 손자 무두칸(mudukan, 穆都堪)에게 습직시켰다. 니루장긴 오보호이(obohoi, 俄博惠)가 병사하여 그의 아들 탈라이(talai, 塔賴)에게 습직시켰다.

○ 遣多濟里·喀珠等, 率八旗甲士八人及嚮導四人, 往寧古塔. 諭之曰, 爾等到寧古塔, 可擕章京鍾果兌·撥什庫達敏, 酌量帶兵三百以上, 或四百名, 往征兀扎喇部落. 或由水路, 或由陸路前去, 往返宜速. 爾等擇其重要地方, 率兵親往. 若得其地, 將遲誤貢獻及欺誑之人, 執解前來. 凡事公議而行, 毋得怠忽.

○ 도지리(dojiri, 多濟里)·카주(kaju, 喀珠) 등을 팔기 갑사(甲士) 8명과 길잡이 4명을 이끌고 닝구타로 가게 했다. 이들에게 유시했다. "너희가 닝구타에 이르면 장긴 종고도이(jonggodoi, 鍾果兌)와 보쇼쿠 다민을 데리고 헤아려서 병사 300명 이상, 혹은 400명을 이끌고 우잘라 부락을 정복하라. 수로나 육로를 통해서 나아가는데 오가는 것을 신속하게 해야 한다. 너희는 중요한 지방을 골라서 병사를 이끌고 직접 가라. 만약 그 지방을 얻으면 바치는 것을 잘못하거나 속이는 자를 잡아서 보내와라. 모든 일은 공적으로 논의해서 행하고 게으르거나 소홀해서는 안 된다."

○ 丁巳, 戶部承政馬福塔病故, 以車爾格爲戶部承政. 覺羅錫翰, 爲工部參政.

○ 정사일(2.6), 호부승정 마푸타가 병사하여 처르거이를 호부승정으로 삼았다. 기오로 시한을 공부참정으로 삼았다.

○ 阿霸垓部落台吉阿玉石之子公格病故, 賜蟒緞·布疋, 命禮部以禮葬之.

○ 아바가 부락 타이지 아유시의 아들 궁거가 병사하여 망단(蟒緞)과 포필(布疋)을 하사하고 예부에 명하여 예를 갖추어 장사 지내게 했다.

> ○ 賜貢馬土默特部落甲喇章京拜都喇等, 貂鑲朝衣·貂皮朝帽·鞓帶·玲瓏撒袋·弓矢·畫鞍·白金有差.

○ 말을 바친 투메트 부락의 잘란장긴 바이둘라 등에게 담비가죽을 두른 조의·담비가죽을 두른 조모(朝帽)·가죽띠·정교하게 장식한 화살집·활과 화살·그림을 그린 안장·백금을 차등 있게 하사했다.

> ○ 賜進貢貂皮托科落氏南地悠·噶留等, 衣帽等物有差.

○ 담비가죽을 바친 토코로(tokoro, 托科落) 씨의 난디오(nandio, 南地悠)·갈리오(galio, 噶留) 등에게 옷과 모자 등의 물품을 차등 있게 하사했다.

> ○ 賜杜爾伯特部落塞冷下扎木喀尼·布三泰及從役, 衣帽等物有差.

○ 두르베트 부락 서렁 속하의 잠카니(jamkani, 扎木喀尼)·부산타이(busantai, 布三泰) 및 수행한 인역(人役)에게 옷과 모자 등의 물품을 차등 있게 하사했다.

○ 賜扎魯特部落古木, 蟒緞朝衣 · 撒袋 · 弓矢等物.

○ 자루트 부락의 구무에게 망단 조의(蟒緞朝衣) · 화살집 · 활과 화살 등의 물품을 하사했다.

○ 都察院承政阿什達爾漢, 参政多爾濟 · 祖可法 · 張存仁 · 翁阿岱, 理事官巴蘭 · 達爾戶 · 馬國柱 · 雷興等奏言, 皇上欲恢張治道, 深思而篤行之. 今各國歸附, 道已昌矣. 臣等觀諸王及固山額眞, 彼此觀望, 庇護其身, 無有精白乃心. 爲國陳奏者, 不知果無可言耶. 抑有所畏忌而不敢言耶. 夫固山額眞, 俱係簡用之大臣, 既受重任, 必直言不隱, 始稱其職. 今凡事皆以委之六部, 若奉上命則言之, 未奉上命, 即緘默不言, 其畏葸亦過矣. 臣等觀刑部審事, 不依本罪, 而從重論擬, 革職去任者甚多. 夫陞授出自皇恩, 豈無故而陞之乎. 由常例陞授者, 輕去之, 已可惜, 以戰功陞授者, 輕去之, 尤可矜. 是皆捐軀報効敘功陞賞之官, 偶有小過, 豈可不論輕重, 不視敕書, 而遽革之乎. 臣等思先時簡選議事十人, 此時皆不稱其任. 近聞官員陣亡者, 准世襲, 兵丁陣亡者, 妻子得賞一次. 現在壯丁, 撤回當差. 人言籍籍, 不敢容隱, 仰惟睿裁. 上是之.

○ 도찰원승정 아시다르한, 참정 도르지 · 조가법(祖可法) · 장존인(張存仁) · 웅가다이, 이사관 바란(baran, 巴蘭) · 다르후(darhū, 達爾戶) · 마국주(馬國柱) · 뇌흥(雷興) 등이 상주해 말했다. 「황상께서는 치도(治道)를 널리 베풀고자 깊이 생각하시고 신중하게 행하십니다. 지금 각국이 귀부하고 도(道)는 이미 창성합니다. 신들이 여러 왕과 구사어전들을 보건대, 서로를 관망하면서 자기 몸을 보호하며 마음을

깨끗하게 하는 자가 없습니다. 나라를 위해 상주할 자가 정말로 할 말이 없는지, 아니면 꺼리는 바가 있어 감히 말을 못하는지 모르겠습니다. 대개 구사어전은 모두 간택되어 쓰이는 대신(大臣)으로, 이미 중임을 맡았으니 반드시 직언하여 숨기지 말아야 비로소 그 직책에 걸맞다고 할 수 있습니다. 지금 대부분의 일은 육부가 맡고 있는데 주상의 명을 받으면 말하고 받지 않으면 말하지 않으니 두려워함이 너무 지나칩니다. 신들이 형부의 심사를 보건대, 본래의 죄에 의거하지 않고 무거운 형량에 따라 죄를 정하니 혁직되어 임무를 떠나는 자가 매우 많습니다. 승진과 제수는 황상의 은혜로부터 나오니 어찌 이유 없이 승진하겠습니까? 상례로 승진하고 제수한 자를 가볍게 물리치니 매우 아깝고, 전공으로 승진·제수한 자도 가볍게 물리치니 더욱 안타깝습니다. 이는 모두 몸을 버리며 힘쓰고 공을 세워 승진하고 상을 받은 관리들이 어쩌다 작은 잘못이 있었던 탓입니다. 하지만 어찌 경중을 따지지 않고 칙서도 보지 않은 채 갑자기 혁직할 수 있겠습니까? 신들이 생각건대 이전에 일을 논의할 10명을 가려 뽑았었는데, 지금은 모두 임무에 적합하지 않습니다. 근래 듣기에 관원이 전쟁 중에 죽으면 세습하게 하고 병정이 전쟁 중에 죽으면 처자가 한 차례 상을 받게 합니다. 현재 장정의 임무 철회와 충당에 대해 사람들이 많이 말하므로 감히 숨길 수 없으니 밝으신 결정을 바랍니다.」 주상이 옳다고 여겼다.

○ 辛酉, 以延請聖僧, 遣官賫敕往諭額爾德尼達爾漢喇嘛等曰, 爾等不可在歸化城久居牧馬, 現今青草方長之時, 隨路可以餧養. 宜即前往聖僧喇嘛處, 以達延請之意, 所過之處, 諒無人攔阻. 可遣同去之人一半及土默特之人, 先往馬哈撒嘛諦塞臣汗 · 土謝圖汗 · 查薩克圖汗處囑之曰, 因汝等曾言請聖僧喇嘛甚善, 故我等奉命來請. 汝等亦宜遣人同往. 約至彼國附近地方相會. 爾喇嘛等, 若至約會之地, 附近國主有召見, 即往見之, 如不召見, 即於約會處相會前行.

○ 신유일(2.10), 성승(聖僧)을 초청하고자 관원에게 칙서를 주고 파견하여 어르더니 다르한 라마 등에게 유시했다. 「너희가 귀화성에서 오래 거주하며 말을 기르지 못했지만 지금은 풀이 자라는 때이니 길을 따라 말에게 풀을 먹이기에 충분하다. 성승 라마가 있는 곳에 가서 초청의 뜻을 전달해도 지나는 길에 아무도 방해받는 일이 없을 것이다. 함께 가는 사람들 가운데 절반과 투메트 사람을 보내서 먼저 마하사마디 세첸 칸 · 투시예투 칸 · 자삭투 칸이 있는 곳으로 가서 부탁하여 이렇게 말하라. "너희가 일찍이 말하기를 성승 라마를 청하는 것이 좋을 것이라고 말했으므로 우리가 명을 받들어 청하러 왔다. 너희도 사람을 보내 같이 가야 한다." 그 나라 부근 지방에서 만나기로 약속하라. 너희 라마들이 만약 약속된 곳에 도착했는데 부근의 국주(國主)가 초빙하면 가서 보고, 초빙하지 않으면 약속된 곳에서 만나서 가라.」

○ 丙寅, 賜貢馬喀爾喀部落碩雷下俄果圖 · 巴特瑪斯希, 噶爾馬福金下巴克什兀蘭, 阿霸垓部落都思噶爾濟農下門綽洪, 那木爾扎爾下克圖, 額爾克寨桑下奇唐古爾等, 綵緞 · 文綺有差.

○ 병인일(2.15), 말을 바친 칼카 부락의 숄로이 속하의 오고투(ogotu, 俄果圖)와 바트마스히(batmashi, 巴特瑪斯希), 가르마 푸진 속하의 박시 울란(baksi ulan, 巴克什兀蘭), 아바가 부락 두스가르 지농 속하의 몬초혼(moncohon, 門綽洪), 나무르잘(namurjal, 那木爾扎爾) 속하의 커투(ketu, 克圖), 어르커 자이상(erke jaisang, 額爾克寨桑) 속하의 키탕

고르(kitanggor, 奇唐古爾) 등에게 채단(綵緞) · 문기(文綺)를 차등 있게 하사했다.

○ 朝鮮國王第三子李㴭及其妻 · 從官, 來至盛京. 命多羅額駙英俄爾岱 · 禮部承政滿達爾漢 · 參政俄莫克圖 · 張良弼 · 布達席理等, 迎至五里亭, 宴之.

○ 조선국왕의 셋째 아들 이요(李㴭)와 그의 처 · 수행관이 성경(盛京)에 이르렀다. 도로이 어푸 잉굴다이 · 예부승정 만다르한 · 참정 오목투 · 장량필(張良弼) · 부다시리(budasiri, 布達席理) 등에게 명하여 오리정(五里亭)에서 맞이하고 잔치하게 했다.

○ 以遣朝鮮國世子李溰歸省, 賜李溰及尚書沈大淵, 一等太監金彥賢 · 宣德昌, 文官朴起榮 · 關仁忠 · 劉汝良, 二等太監石城秀 · 朴昌, 三等太監閔善, 朝鮮國王下家長金範 · 李東升 · 張宣 · 李恒昌, 李溰下家長金占城 · 朴仁豪 · 崔莫通 · 洪極海 · 崔德南 · 金振新, 醫生金吉禮 · 金正禮, 通事李仁奇 · 安南 · 申得舉, 外郎劉天輔 · 朴思明等. 貂裘 · 雕鞍馬匹 · 貂皮 · 白金等物有差. 仍命禮部多羅安平貝勒杜度, 承政滿達爾漢, 參政超哈爾 · 張良弼等, 送至五里亭, 宴之.

○ 조선국 세자 이왕(李溰)을 귀국하도록 보내면서, 이왕(李溰) 및 상서 심대연(沈大淵; 申得淵), 일등 태감 김언현(金彥賢) · 선덕창(宣德昌), 문관 박기영(朴起榮) · 관인충(關仁忠) · 유여량(劉汝良), 이등 태감 석성수(石城秀) · 박창(朴昌), 삼등 태감 민선(閔善), 조선국왕 속하의 시종군관[1] 김범(金範) · 이동승(李東升) · 장선(張宣) · 이항창(李恒昌),

이왕(李溰) 속하의 시종군관 김점성(金占城)·박인호(朴仁豪)·최막통(崔莫通)·홍극해(洪極海)·최덕남(崔德南)·김진신(金振新), 의생(醫生) 김길례(金吉禮)·김정례(金正禮), 통사(通事) 이인기(李仁奇)·안남(安南)·신득거(申得擧), 외랑(外郎) 유천보(劉天輔)·박사명(朴思明) 등에게 담비가죽옷·조각한 안장을 갖춘 말·담비가죽·백금 등의 물품을 차등 있게 하사했다. 이어서 예부의 도로이 안평 버일러 두두, 승정 만다르한, 참정 초오하르·장량필(張良弼) 등에게 명하여 오리정(五里亭)까지 환송하고 잔치하게 했다.

○ 壬申, 清明節, 遣官祭太廟福陵.

○ 임신일(2.21), 청명절(清明節)에 관원을 보내 태묘(太廟)와 복릉(福陵)에 제사 지냈다.

○ 朝鮮國王第三子李淯朝見, 竝獻水獺皮及綿紬·苧布等方物. 賜宴於禮部.

○ 조선국왕의 셋째 아들 이요(李淯)가 알현하고 아울러 수달가죽·명주·모시 등 방물을 헌상했다. 예부에서 잔치를 베풀었다.

○ 癸酉, 以輔國將軍吳達海, 管梅勒章京事.

---

1 원문의 家長은 만주어 giyajan을 음사한 것으로 王府에서 시종하는 軍官을 의미한다.

○ 계유일(2.22), 보국장군 우다하이에게 머이런장긴의 일을 관할하게 했다.

○ 丁丑, 歸化城土默特部落託博克達賴來朝, 貢馬匹·綵緞·文綺·琥珀數珠等物.

○ 정축일(2.26), 귀화성 투메트 부락의 토복 달라이(tobok dalai, 託博克達賴)가 내조하여 말·채단(綵緞)·문기(文綺)·호박 염주 등의 물품을 바쳤다.

三月, 壬午朔, 牛彔章京高體明病故, 以其子高朝勳襲職.

○ 3월 임오일 초하루(3.1), 니루장긴 고체명(高體明)이 병사하여 그의 아들 고조훈(高朝勳)에게 습직시켰다.

○ 乙酉, 賜貢馬喀爾喀部落查薩克圖汗下噶爾馬·俄果泰等, 綵緞·文綺有差.

○ 을유일(3.4), 말을 진공한 칼카 부락 자삭투 칸 속하 가르마·오고타이(ogotai, 俄果泰) 등에게 채단(綵緞)·문기(文綺) 등을 차등 있게 하사했다.

○ 喀喇沁部落查薩袞杜稜古魯思轄布·土默特部落查薩袞達爾漢單

把, 以賜儀仗謝恩, 恭進筵宴於清寧宮.

○ 카라친 부락 자사군 두렁 구루스히얍・투메트 부락 자사군 다르한 샴바가 의장을 하사받음에 사은하여 청녕궁에서 연회를 바쳤다.

○ 丙戌, 蒙古兀布代・渥布格, 自錦州來歸.

○ 병술일(3.5), 몽고의 우부다이(ubudai, 兀布代)・우부거(ūbuge, 渥布格)가 금주(錦州)에서 내귀했다.

○ 遣碩翁科羅巴圖魯勞薩, 率將士往廣寧捉生. 諭曰, 爾等前去, 當自廣寧山後, 越其前坡, 勿得渡大凌河. 回時, 當從廣寧山前而來. 往返俱宜迅速, 毋得稽遲.

○ 숑코로 바투루 로오사를 보내어 장수와 병사들을 이끌고 광녕(廣寧)에 가서 포로를 잡아 오게 했다. 유시했다. 「너희는 갈 때는 광녕산(廣寧山) 뒤에서부터 그 앞 언덕으로 넘어가야 하며, 대릉하(大凌河)를 건너지 말라. 돌아올 때는 광녕산(廣寧山) 앞으로 와야 한다. 오갈 때 모두 신속히 움직여서 지체하지 말라.」

○ 己丑, 先是, 敵人退回, 我軍追躡蹤跡時, 前鋒將領勞薩畏縮不往. 及敵人棄馬步行, 勞薩既至, 復不即追擊. 部議, 勞薩, 應革職, 罰銀一百兩, 追所俘獲入官. 前鋒將領吳拜, 望見敵人煙火, 怠玩不前, 以致敵人先覺. 及敵人棄馬步行, 又不即衝殺, 致敵得脫. 又不於黎明時遠截敵兵, 乃逡巡退縮, 止於近處守候. 吳拜, 應革職, 納贖, 免死, 追所俘獲入官. 前鋒參領蘇爾德, 原在陣前, 及遇敵兵, 一矢不敢發, 後步戰時, 又逗遛不敢進. 蘇爾德, 應論死. 奏聞. 上命罰勞薩銀五十兩, 吳拜銀一百兩, 所俘獲俱追入官. 蘇爾德, 免死革職, 籍家產一半.

○ 기축일(3.8), 이전에 적들이 후퇴하고 아군이 적의 흔적을 따라 추격할 때, 전봉장령 로오사는 두려워하여 나아가지 않았다. 적들이 말을 버리고 갈 때 로오사는 이미 도착해 있었는데 또다시 곧바로 추격하지 않았다. 부(部)에서 논의했다. 「로오사는 혁직하고 벌은 100냥에 처하며 노획한 것을 추징하여 관에 몰수해야 합니다. 전봉장령 우바이는 멀리서 적들의 연기를 보고도 게으름을 피우며 나아가지 않아 적들이 먼저 발견하게 했고, 적들이 말을 버리고 가는데도 곧바로 돌격하지 않았기에 적들이 도망가게 되었습니다. 또한 새벽에 멀리서 적병을 차단하기는커녕 오히려 주저하고 꾸물대면서 근처에서 수비하기만 했습니다. 우바이는 혁직하고 납속하되 사형은 면해 주며 노획한 것을 추징하여 관에 몰수해야 합니다. 전봉참령 술더이는 처음에 선봉에 있었으나 적병을 맞이하자 화살 하나 쏘지 못했고 이후 도보전에서도 머뭇거리며 나아가지 못했습니다. 술더이는 사형으로 논해야 합니다.」 상주했다. 주상은 로오사에게 벌은 50냥을 내렸고, 우바이는 벌은 100냥을 부과했으며, 노획한 것은 모두 추징하여 관에 몰수했다. 술더이는 사형은 면해 주되 혁직하고 가산의 절반을 적몰했다.

○ 先是, 我軍入關, 攻克濟南府城, 傅喀, 與本旗得特, 爭先登功, 不遂. 傅喀因誘阿代旗下甘都, 自告豎梯先登. 又私與葉克書往視戰場. 証之云, 甘都果先登, 爲紅旗冒功. 至是, 法司質訊得實, 議, 傅喀因爭功不得, 心懷嫉妒, 遂誘甘都冒請, 以爲紅旗得功之地. 傅喀, 應論死. 甘都, 私庇傅喀, 欲脫其罪, 代爲容隱, 狡供不實. 甘都, 應罰銀五十兩. 鎭國將軍巴布海牛彔下商加圖, 曾聞傅喀令甘都告功之言, 不行直供, 商加圖, 應鞭七十. 奏聞, 上命傅喀免死, 鞭一百, 罷管牛彔事, 籍沒家產. 甘都, 罰銀三百五十兩贖罪. 商加圖, 鞭一百.

○ 이전에 아군이 입관(入關)해서 제남부성(濟南府城)을 공격하여 힘락했을 때, 푸카는 본 기의 더터와 함께 먼저 성에 올라가는 공을 세우고자 했으나 이루지 못했다. 이 때문에 푸카는 아다이 기(旗) 속하의 간두를 꾀어서, "푸카가 사다리를 세우고 먼저 성에 올랐다."라고 고하게 했다. 또한 사사로이 역슈와 함께 전장에 가서 보았다. 증언에서 말했다. "실제로는 간두가 먼저 성벽을 올랐으나 홍기를 위해 공적을 조작했습니다." 이때에 법사(法司)가 대질심문하여 조사하니 사실이어서 논의했다. 「푸카는 공을 세우지 못하자 질투심에 간두를 꾀어서 거짓으로 청하게 하여, 홍기가 공을 세운 근거로 삼았습니다. 푸카는 사형으로 논해야 합니다. 간두는 사사로이 푸카를 감쌌고 푸카의 죄를 면하게 하고자 대신 사실을 숨기고 거짓 진술을 했습니다. 간두는 벌은 50냥에 처해야 합니다. 진국장군 바부하이 니루 속하 샹기야투(šanggiyatu, 商加圖)는 푸카가 간두에게 공을 고하도록 시킨 말을 듣고도 사실대로 진술하지 않았으니, 샹기야투는 채찍 70대에 처해야 합니다.」 상주하자, 주상은 푸카의 사형을 면해주고 채찍 100대에 처했고, 니루를 관장하는 직을 파했으며 가산을 적몰했다. 간두는 벌은 350냥에 처하여 속죄하게 했다. 샹기야투는 채찍 100대에 처했다.

○ 往征虎爾哈部落薩穆什喀·索海等遣牛彔章京法談·宜爾格得等奏報, 臣等至忽麻里河分兵, 各旗照派定地方攻取, 因道路遼遠, 公同議定, 四十日至, 鑲藍旗派定兀藍·海倫屯, 乃令梅勒章京承政伊孫, 率每旗章京一員, 每牛彔下兵二人, 往喇里闊地方, 薩穆什喀·伊孫既行, 有鐸陳·阿撒津·雅克薩·多金·四木城人, 拒敵不降, 因令右翼梅勒章京率兵來助, 葉克書·拜·阿哈尼堪·譚布·藍拜·吳巴海, 率每旗章京二員, 并各旗有俘獲者每牛彔下兵二人, 無俘獲者每牛彔下兵三人助戰, 遂克雅克薩城. 當攻城時, 焚燒城南關廂, 綏黑德汎地先舉火, 因獲其地. 八旗章京各一員, 各率兵二十人前進, 時和託率纛先入, 朱瑪喇次進, 俱以火攻克之. 時有達爾布尼·阿恰爾都戶·白庫都·漢必爾代四人, 聚七屯之人於兀庫爾城, 薩穆什喀·伊孫·穆成格·拜, 令衆軍乘旦攻城, 嘉隆噶汎地舉火, 至晚克之. 及至鐸陳, 力攻一日, 至次日, 復欲進攻, 聞各路報博穆博果爾索倫之兵來戰, 恐傷我兵, 遂還. 兀魯蘇屯之博穆博果爾索倫·俄爾吞·奇勒里·精奇里·兀賴布丁屯以東, 兀木訥克·巴哈納以西, 黑龍江額爾圖屯以東, 阿里闊以西, 兩烏喇兵共六千, 來襲正藍旗, 後隊, 索海率每牛彔兵五人設伏, 薩穆什喀護輜重殿後. 二人率衆章京擊敗敵兵, 斬殺甚衆, 生擒四百人. 既敗博穆博果爾後, 隨攻取其營, 營內敵兵單弱, 正白旗先入, 正紅旗·鑲黃旗, 俱相繼馳入, 敵遂遁. 又薩必圖·卓布退·吳班·宜爾格得, 率兵九十人, 往助薩穆什喀. 時有鐸陳·阿撒津二城兵四百人阻截, 我兵擊敗之, 斬五十人. 薩穆什喀, 令伊孫率章京五員, 兵一百三十人, 於鐸陳地方設伏, 斬敵七十人. 又遣阿哈尼堪·巴山·郎圖·薩祿, 率兩甲喇兵, 往攻掛喇爾屯. 屯內人來詣索海言, 屯內有索倫兵五百, 索海·喀喀木·甘都, 率兵往攻, 奪栅而入, 斬二百人, 生擒一百三十人. 八旗共獲男子二千二百五十四人, 婦女·幼稚, 共四千四百五十名口. 貂·猞狸猻·狐·狼·

水獺·青鼠等皮, 共三千一百有奇. 貂·猞狸猻·狐·狼等裘, 共二十領. 額駙巴爾達齊, 於三月十八日來會云, 惟我多科屯人, 未曾附逆, 其小兀喇各處兵, 皆往助博穆博果爾. 及我兵大捷後, 果博爾屯之溫布特, 博和里屯之額爾噴, 噶爾塔孫屯之科奇納, 木丹屯之諾奇尼, 都孫屯之奇魯德, 兀喇喀屯之博卓戶, 得都爾屯之科約布魯, 七屯之人, 已歸額駙巴爾達齊. 別屯之人皆逃. 據巴爾達齊曰, 逃者亦必來歸, 無勞再舉耳. 謹此奏聞.

○ 후르카 부락으로 원정을 간 삼시카·소오하이 등이 니루장긴 파탄(fatan, 法談)·이르거더(irgede, 宜爾格得) 등을 파견하여 상주했다. 「신들은 후마르 강(hūmar bira, 忽厤里河)[2]에 이르러 병사를 나누었고 각 기는 지정된 지역을 공격하여 점령하기로 했습니다. 가는 길이 멀기에 함께 논의하여 40일까지 양람기를 우란(uran, 兀藍) 마을·하일룬(hailun, 海倫) 마을에 파견하기로 결정했습니다. 머이런장긴 승정 이순이 각 기의 장긴 1명과 각 니루 속하 병사 2명을 이끌고 랄리찬(lalican, 喇里闌)[3] 지방으로 갔습니다. 하지만 삼시카·이순이 도착했는데도 두워천(duwecen, 鐸陳)[4]·아사진(asajin, 阿撒津)·약사(yaksa, 雅克薩)[5]·도긴(dogin, 多金) 4개 목책성의 사람들이 저항하며 항복하지 않았습니다. 이 때문에 우익 머이런장긴에게 군대를 이끌고 가서 돕게 했습니다.

역슈·바이·아하니칸·탐부(tambu, 譚布)·람바이(lambai, 藍拜)·

---

2 후마르 강은 현재 黑龍江省 呼瑪縣의 서쪽 呼瑪河.

3 喇里闌은 현재 黑龍江省 塔河縣의 북쪽 지역.

4 鐸陳은 현재 흑룡강 북쪽 러시아 쿠즈네토프 일대.

5 雅克薩는 현재 중국 黑龍江省 呼瑪縣 서북쪽 漠河의 동쪽 黑龍江 북안. 1650년 러시아가 점령한 후 알바진이라고 했다.

우바하이는 각 기의 장긴 2명과 각 기 가운데 포로가 있는 경우 각 니루 속하 병사 2명, 포로가 없는 경우 각 니루 속하 병사 3명을 이끌고 함께 전투를 도와 마침내 약사 성을 함락했습니다. 성을 공격할 때 성의 남쪽 외곽을 불태웠는데, 수이허더(suihede, 綏黑德) 주둔지를 먼저 불태웠기 때문에 그 지역을 얻었습니다. 팔기 장긴 각 1명이 각자 병사 20명을 이끌고 전진했습니다. 이때 호토가 깃발을 가지고 먼저 들어가고 주마라가 다음에 들어가서 모두 화공으로 함락시켰습니다. 이때 달부니(dalbuni, 達爾布尼) · 아키얄두후(akiyalduhū, 阿恰爾都戶) · 버쿠두(bekudu, 白庫都) · 한빌다이(hanbildai, 漢必爾代)[6] 4명이 일곱 마을의 사람들을 우쿠르 성(ukur hoton, 兀庫爾城)에 집결시켰고, 삼시카 · 이순 · 무청거 · 바이(bai, 拜)는 여러 군대에게 해 뜰 무렵에 성을 공격하게 했으며, 기야룽가(giyarungga, 嘉隆噶) 주둔지는 불태워서 밤이 되어서 함락시켰습니다.

두워천에 도착하여 하루 동안 공격하고 다음날이 되어 다시 진공하려 했으나, 각 로(路)에서 보고한 바, 봄보고르의 솔론 병사가 공격해 온다는 소식을 듣고 아군이 다칠 것을 우려하여 결국 돌아갔습니다. 울루수(ulusu, 兀魯蘇) 마을의 봄보고르는 솔론(solon, 索倫) · 오르톤(orton, 俄爾吞) · 킬러리(kileri, 奇勒里) · 징키리(jingkiri, 精奇里) · 울라이 부딩(ulai buding, 兀賴布丁) 마을의 동쪽 움너커(umneke, 兀木訥克)부터 바하나(bahana, 巴哈納)의 서쪽까지, 흑룡강 얼투(eltu, 額爾圖) 마을의 동쪽부터 알리찬(alican, 阿里闡)의 서쪽까지, 두 울라(ula, 烏喇) 군대 총 6,000명으로 정람기를 습격했습니다. 후방 대오에서 소오하이는 니루마다 병사 5명을 이끌고 매복했고, 삼시카는 최후방에서 수송부대를 호송했습니다. 두 사람이 여러 장긴들을 이끌고 적병을 격

6 『황청개국방략』 권28, 028-6a에는 達爾布尼, 阿恰勒都瑚, 伯庫都, 漢必爾岱으로 기록되어 있다.

파하여 참살한 적이 무수히 많았으며, 400명을 생포했습니다. 봄보고르를 격파한 후, 여세를 몰아 그 군영을 공격했습니다. 영내 적군은 나약하여, 정백기가 먼저 들어가고 정홍기와 양황기도 모두 잇달아 돌진하니 적은 마침내 도주했습니다. 또한 사비투 · 좁토이 · 우반 · 이르거더는 병사 90명을 이끌고 가서 삼시카를 도왔습니다. 이때 두워천 · 아사진 두 성의 병사 400명이 길을 막았으나 아군이 격파하여 50명을 참했습니다. 삼시카는 이순에게 명하여 장긴 5명과 병사 130명을 이끌고 두워천 지방에서 매복하게 했고, 이순은 70명을 참했습니다.

또한 아하니칸 · 바산 · 랑투(langtu, 郎圖) · 사루(saru, 薩祿)는 두 잘란의 병사를 이끌고 가서 구와랄(gūwaral, 掛喇爾) 마을을 공격했습니다. 마을 사람이 와서 소오하이를 방문하여 '마을에 솔론 병사 500명이 있다.'라고 말했습니다. 소오하이 · 카카무 · 간두는 병사를 이끌고 가서 공격했고 둔영의 울타리를 빼앗고 들어가서 200명을 참하고 130명을 생포했습니다. 팔기는 모두 남자 2,254명과 부녀자와 어린아이 4,450명을 포로로 잡았고, 담비 · 스라소니 · 여우 · 늑대 · 수달 · 청서(青鼠) 등의 가죽 3,100여 장, 담비 · 스라소니 · 여우 · 늑대 등의 가죽옷 20벌을 노획했습니다. 어푸 발다치는 3월 18일에 모임에 와서 말했습니다. "오직 우리 도코(doko, 多科) 마을 사람들만 빈억자에게 붙지 않았고 소(小) 울라(ula, 兀喇) 각지의 병사들은 모두 가서 봄보고르를 도왔습니다." 아군이 크게 승리한 후에 고볼(gobol, 果博爾) 마을의 움부터이(umbutei, 溫布特), 보호리(bohori, 博和里) 마을의 얼펀(elpen, 額爾噴), 갈타순(galtasun, 噶爾塔孫) 마을의 코키나(kokina, 科奇納), 무단(mudan, 木丹) 마을의 노키니(nokini, 諾奇尼), 두순(dusun, 都孫) 마을의 키루더이(kirudei, 奇魯德), 우라카(uraka, 兀喇喀) 마을의 보조후(bojohū, 博卓戶), 더둘(dedul, 得都爾) 마을의 코요불루(koyobulu, 科約布魯) 일곱 마을의 사람들이 어푸 발다치에게 내귀했습니다. 다른 마을 사람들은 모두 도주했습니다. 발다치의 말에 의하면 도망자도 반드시 내귀할 것이고 번거롭게 다시 거병할 필요는 없을 것입니다. 삼가 상주문을 올립니다.」

○ 癸巳, 命每旗章京一員, 每牛彔下兵一人, 往迎出征索倫兵, 諭之曰, 爾等此去, 若有疲馬, 可分部留下, 令其尾隨爾等前去. 爾等如能行過席北地方, 至克爾朱爾根處相會, 方可謂神速. 凡兵丁牧馬, 各官必須親驗. 如行住不早, 牧放時不解鞍, 馬匹何得休息, 此處皆當用心察看, 如相會回兵時, 從哈爾必牙爾地方前來, 當沿途嚴加隄防, 不可少懈, 入境時, 須從法庫門入, 不可由葉赫一路來. 途中謹防逃人, 恐彼習知路徑, 乘間再逸. 勿用外藩蒙古驛馬供應, 所過之處, 伊等王 · 貝勒召入, 與食則食之, 與物則受之, 毋得需索以致擾累.

○ 계사일(3.12), 각 기의 장긴 1명과 각 니루의 속하 병사 1명에게 명하여 솔론 원정 군대를 맞이하러 가게 하고 유시했다. "너희는 이번에 갈 때 피로한 말이 있으면 대오를 나누어 남겨 두었다가 너희 뒤를 따라서 가게 하라. 너희가 만약 시버 지방을 지나 컬주르건(keljurgen, 克爾朱爾根)[7]에서 만나면 신속하다고 할 수 있다. 병정과 목마는 각 관원이 직접 검사해야 한다. 만약 여정이 늦어졌다고 하여 방목할 때에 안장을 풀지 않으면 말이 어떻게 쉴 수 있겠는가? 이러한 것을 모두 세심히 살펴봐야 한다. 만약 만나서 회군할 때에 하르비얄(harbiyal, 哈爾必牙爾) 지방에서 오면, 길을 따라 오면서 엄히 방어하고 조금도 느

---

7 컬주르건은 코르친 오오바의 거주지인 걸주르건으로 생각된다. 위치는 현재 흑룡강성 大慶市 杜爾伯特蒙古族自治縣 腰新鄉 興隆屯이다. 薩出日拉圖, 「清初嫩科爾沁部牧地變遷考」, 『西域歷史語言研究集刊』 2019年 第2輯.

손하면 안 된다. 입경할 때에는 반드시 파쿠 문(fakū duka, 法庫門)을 따라서 오고, 여허의 한 길로 경유해서 오면 안 된다. 도중에 도주자들을 잘 감시해야 하니, 저들이 길을 알게 되어 틈을 타서 다시 숨어버릴 것이 염려되기 때문이다. 외번몽고가 제공하는 역마를 사용하지 말며, 지나가는 곳마다 그들의 왕과 버일러들이 불러서 밥을 주면 먹고 물건을 주면 받아야지, 강제로 요구하여 소란을 일으켜서는 안 된다."

○ 戊戌, 朝鮮國王李倧, 遣陪臣張立忠等奏言, 閏正月以前, 漂沒兵糧坐船七隻, 溺死將領, 及水手等六十餘人, 已令各邑改造船隻充備. 今據黃海·平安·忠清等道地方報言, 各道兵糧船三十二隻, 竝所載器械什物, 及軍糧九千三百六十七石, 將領三員, 水手二百五十九人, 盡行漂散, 不知去向. 設或漂至他邦, 理難保全, 縱後日脫歸, 船數多損, 決難充補, 事勢可懼. 合將此事轉奏天朝爲便等因. 伏念臣欽承皇命, 殫竭國力, 催督辦集, 期於二月晦前完備, 依馬將軍諭回泊安州海港, 計日待報, 不敢少忽. 而冬春之交, 風或不順, 即有船隻漂壞, 速行充備, 尚可無誤. 以此不敢瀆奏. 今颶風之作, 前所未有, 以致西上兵糧船隻一時漂沒, 出於意慮之所不及, 事勢窘迫, 罔知攸措. 臣不勝惶悚之至, 謹此奏聞.

○ 무술일(3.17), 조선국왕 이종(李倧)이 배신(陪臣) 장립충(張立忠; 張禮忠)[8] 등을 보내어 상주하여 말했다. 「윤정월 이전 표몰한 병량을

8 張禮忠이다. 『조선인조실록』 40권, 인조 18년 3월 25일 기사 참조. 심양에 보내는 조선의 선박이 난파된 기록은 『조선인조실록』 40권, 인조 18년 3월 3일 기사 참조.

실은 선박은 7척이고 익사한 장령과 선원 등은 60여 명으로, 각 읍에서 선박을 다시 건조하여 충당하게 했습니다. 지금 황해도(黃海道)·평안도(平安道)·충청도(忠淸道) 등의 지방에서 보고한 바는 이러합니다. "각 도의 병량선 32척과 적재한 무기와 화물 및 군량 9,367섬, 장령 3명, 선원 259명은 모두 떠내려가서 거취를 모릅니다. 설령 다른 나라에 표류했다 하여도 보전하기 어려울 것이며, 후일 탈출하여 돌아온다 해도 선박을 많이 잃어버려서 보충하기 어려우니 사세가 가히 두렵습니다. 이 일을 천조(天朝)에 상주하는 것이 합당합니다." 엎드려 생각건대, 신은 황명을 받들고 국력을 다해 수습을 독촉하여 2월 보름 전까지 끝냈습니다. 마푸타 장군의 지시에 따라 안주(安州) 해항(海港)에 정박했고, 며칠 간 보고를 기다리면서 조금도 소홀하지 않았습니다. 그러나 겨울에서 봄으로 계절이 바뀔 때에는 간혹 바람이 거세어서 선박이 표류하다 파괴되면 속히 충당하여 그르침이 없었습니다. 이 때문에 군이 번거롭게 상주(上奏)하지 않았었습니다. 그런데 전에 없던 폭풍이 발생하면서 서쪽으로 올라가는 병량과 선박이 한꺼번에 표몰했으니 생각지도 못한 곳에서 일이 발생했습니다. 사세가 급박하여 어떻게 할지 모르겠습니다. 신은 황송한 마음을 이기지 못하여 이에 상주합니다.」

○ 己亥, 命和碩鄭親王濟爾哈朗, 爲右翼主帥, 多羅貝勒多鐸, 爲左翼主帥, 率官兵往修義州城駐劄屯田, 令明國山海關外寧·錦地方, 不得耕種. 將行, 上率諸王·貝勒·貝子·公等, 及各官, 於辰刻謁堂子, 行三跪九叩頭禮畢, 祭纛, 復行二跪六叩頭禮. 送五里, 指授方畧畢, 鳴礮三, 大軍起行, 上自懷遠門入, 還宮.

○ 기해일(3.18), 명하여 호쇼이 정친왕 지르갈랑을 우익 주수로 삼

고, 도로이 버일러 도도를 좌익 주수로 삼아, 관병을 이끌고 의주성(義州城)에 가서 성을 수리하고 주둔하고 둔전하여, 명나라가 산해관 밖 영원(寧遠)·금주(錦州)에서 농사짓지 못하게 했다. 떠나려 할 때 주상은 여러 왕·버일러·버이서·공(公) 등과 각 관원들을 이끌고 진시(辰時)에 당자(堂子)에 가서 삼궤구고두의 예를 행하였고, 예를 마치자 깃발에 제사를 지냈으며, 다시 이궤육고두의 예를 행하였다. 5리까지 배웅하여 방략을 지시하는 것까지 마치고나서, 포를 3번 쏘자 대군이 출발했다. 주상은 회원문(懷遠門)으로 들어와서 환궁했다.

○ 遣朝鮮國陪臣張立忠等歸國, 賜貂皮·白金有差, 竝敕諭朝鮮國王曰, 朕細閱來奏, 各處兵糧, 盡行漂沒, 甚可疑駭. 兵糧竟不依期而至, 無一可慰朕懷者. 此有意誤我軍需故爲巧飾耳. 從來海運, 千百船中, 一二漂沒者有之, 即爾國平日行船, 豈無一二覆溺者. 爾於崇德三年, 曾違命不發騎兵. 爾亦自知其罪. 朕欲觀爾後效, 因而曲宥. 今復誤我兵糧船隻, 飾詞瀆奏, 可不謂負恩乎. 由此觀之, 南漢·平壤之修繕, 萌蓄異心, 信不虛矣. 人之報恩, 有累世不忘者, 今於三載間, 爲時幾何而爾頓忘之. 朕閱遼·金·元三史, 爾朝鮮國反覆無常, 往往自貽禍患, 何嘗有利益哉. 蓋爲善數世而不足, 爲惡一朝而有餘. 朕誠信相待, 爾惡念復起, 誠逆天而負朕也, 是月二十日, 朕遣督發兵糧官一員, 押船官二員, 前往安州, 諭令於四月初十日, 將兵糧船隻, 作速起行, 如此寬期, 有何措辦不及耶. 特諭.

○ 조선국 배신 장립충(張立忠; 張禮忠) 등을 돌려보내어 귀국하게 하면서. 담비가죽·백금을 차등 있게 하사했다. 아울러 조선국왕에게 칙유하여 말했다. 「짐이 가져온 상주문을 자세히 살펴보니, 각처 병량이 모두 표몰했다고 하기에 심히 놀랐다. 병량은 결국 기한 내로

오지 못했으니 짐은 위로 받을 길이 없다. 이는 고의로 아군의 군수를 그르치고 꾸며댄 것에 불과하다. 원래 해운은 선박 천 척 백 척 중에 한두 척 정도 표몰하는 경우가 발생하는 법이니, 너희 나라에서 평소 통행 선박 중에서도 한두 척 침몰하는 경우가 없겠는가? 너희는 숭덕 3년에 명을 어기고 기병을 보내지 않았다. 너희도 그 죄를 스스로 알 것이다. 짐은 네가 나중에 노력하는 것을 보고자 용서했다. 그런데 지금 다시 우리 병량과 선척을 그르치고 말을 꾸며서 함부로 상주문을 올렸으니 은혜를 저버리는 짓이 아닌가? 이를 보건대, 남한산성(南漢山城)과 평양성(平壤城)을 수리하는 것은 다른 마음을 품고 있음이 사실이라는 것을 보여 준다. 사람이 갚아야 할 은혜를 영원히 잊지 말아야 하는 법인데, 지금 삼 년 사이에 시간이 얼마나 되었기에 너는 모두 잊어버렸는가? 짐이 『요사(遼史)』·『금사(金史)』·『원사(元史)』 세 정사를 보니, 너희 조선국은 줏대 없이 번복하는 것이 많아 왕왕 화를 자초하니 무슨 이익이 있겠는가. 선은 대대로 행해도 부족하지만 악은 하루아침만 행해도 남는 법이다. 짐은 진심으로 그대를 대했는데 그대는 또다시 악한 마음을 품었으니, 참으로 하늘을 거스르고 짐을 저버리는 일이다. 이달 20일, 짐은 병량관 1명과 압선관 2명을 보내어서 안주(安州)에 가도록 하고, 4월 초10일 병량과 선박을 속히 출발시키게 하도록 유시할 것이다. 이처럼 기한을 연장해 주었으니 어떤 조치인들 취하지 못하겠는가? 특별히 유시한다.」

○ 庚子, 先是, 往畧明中後所, 土默特部落俄木布, 竟未披甲, 王喇嘛遇敵敗走. 至是, 喀喇沁部落查薩衮杜稜·塞冷, 土默特部落查薩衮達爾漢, 及參政塞冷·尼堪, 於邁賴衮俄魯木地方, 議其罪. 俄木布, 家產·牲畜·人口, 應籍其半, 王喇嘛, 家產·牲畜·人口, 應籍三分之一. 奏聞, 上命免籍家產, 罰俄木布人十戶, 王喇嘛人五戶.

○ 경자일(3.19), 이전에 명나라의 중후소(中後所)를 공격했을 때, 투메트 부락의 옴부는 끝내 갑옷을 입지 않았고, 왕 라마(wang lama, 王喇嘛)는 적을 만나 패주했다. 이때에 카라친 부락 자사군 두렁 · 서렁, 투메트 부락 자사군 다르한, 참정 서렁 · 니칸이 마일라이 군 올롬(mailai gūn olom, 邁賴袞俄魯木) 지방에서 죄를 논의했다. 「옴부는 가산 · 가축 · 인구의 절반을 적몰하고, 왕 라마는 가산 · 가축 · 인구의 3분의 1을 적몰해야 합니다.」 상주하자 주상은 가산 적몰을 면해 주고 옴부의 사람 10호(戶)와 왕 라마의 사람 5호(戶)로 벌했다.

○ 賜東方頭目董糾妻室, 及僕婢 · 莊田. 又分別八旗薩哈爾察 · 虎爾哈地方頭目, 及其族長, 各賜朝服 · 緞衣等物有差.

○ 동방(東方)의 두목 둥기오(dunggio, 董糾)에게 처자와 노비 · 장전을 하사했다. 또한 팔기 사할차 · 후르카 지방의 두목 및 그 족장도 분별하여 각각 조복 · 비단옷 등의 물품을 차등 있게 하사했다.

○ 辛丑, 遣戶部參政碩詹, 往朝鮮國安州, 督催領運水師五千名, 解米一萬包, 限四月十五日前, 速令起行. 又命洪尼喀 · 庫禮, 率三十人, 與朝鮮水師將領, 同舟引導而行. 至旅順口, 即將到境日期, 告知彼處駐防官軍, 以便馳報盛京, 限四月二十五日, 船隻俱到大凌河 · 小凌河口.

○ 신축일(3.20), 호부참정 쇼잔을 조선국 안주(安州)에 파견해서 운송을 맡은 수군 5,000명을 독촉하여 쌀 1만 포를 해송하도록 4월 15일 전까지 속히 출발하게 했다. 또한 훙니카(hūngnika, 洪尼喀) · 쿠리

(kuri, 庫禮)에게 명하여 30명을 이끌고 조선의 수군 장령(將領)과 함께 배를 타고 인도하여 가고, 여순구(旅順口)에 이르면 국경에 도착한 날짜를 그곳 주방의 관군에게 알려 성경(盛京)에 빨리 보고하며, 4월 25일까지 선박이 모두 대릉하(大凌河)·소릉하구(小凌河口)에 이르게 했다.

○ 乙巳, 往征索倫部落薩穆什喀·索海, 遣黨習·郭查等齎奏至. 疏云, 臣等前奏獲二千二百五十四人, 後自額蘇里屯以西, 額爾土屯以東, 又獲九百人, 共獲男子三千一百五十四人, 婦女二千七百一十三口, 幼小一千八十九口, 共六千九百五十六名口, 馬四百二十四, 牛七百有四, 又先後獲貂·猞狸猻·狐·狼·青鼠·水獺等皮, 共五千四百有奇, 貂·猞狸猻·狐·狼皮等裘, 共二十領.

○ 을사일(3.24), 솔론 부락에 원정 간 삼시카·소오하이가 당시(dangsi, 黨習)·고차(goca, 郭查) 등을 파견하여 상주문을 보냈다. 상소문에서 말했다. 「신들이 이전에 상주하기를, 2,254명을 노획했고, 후에 어수리(esuri, 額蘇里) 마을 서쪽부터 얼투(eltu, 額爾土) 마을 동쪽에 이르는 지역에서 다시 900명을 노획하여 남자 3,154명, 부녀자 2,713명, 어린아이 1,089명, 총 6,956명, 그리고 말 424마리, 소 704마리를 노획했습니다. 또한 전후로 담비·스라소니·여우·늑대·청서(青鼠)·수달 등의 가죽 5,400여 장, 담비·스라소니·여우·늑대가죽 등 가죽옷 20벌을 노획했습니다.」

夏四月, 壬子朔, 上遵前制, 樹杆祭祀, 命內大臣往召董鄂固倫公主·占河和碩公主·額爾克戴青母和碩公主·額駙古爾布什所尚和碩公主等, 宴之, 仍賜綵緞·文綺等物.

○ 여름 4월 임자일 초하루(4.1), 주상은 이전의 제도를 따라 솟대를 세우고 제사를 지내고, 내대신에게 명하여 가서 동고 구룬 공주(donggo gurun gungju, 董鄂固倫公主)[9] · 잔 비라의 호쇼이 공주(jan bira i hošoi gungju, 占河和碩公主)[10] · 어르커 다이칭의 모친 호쇼이 공주[11] · 어푸 구르부시와 결혼한 호쇼이 공주[12] 등을 불러서 연회를 베풀게 하고, 채단(綵緞) · 문기(文綺) 등의 물품을 하사하게 했다.

○ 往調朝鮮兵船碩詹等, 遣人齎奏, 竝以朝鮮兵使林慶業原呈送至, 疏言, 臣等至義州, 即馳報該國王, 至定州與觀察使計議, 又報知之. 比至安州, 見所備船隻俱列渡口, 又與觀察使, 及二總兵, 議催他處

---

9 동고 공주: donggo gege, 1578-1652. 누르하치의 첫째 딸. 어머니는 누르하치의 첫째 정실부인 퉁갸씨(佟佳氏) 하하나 자칭(hahana jacing). 동고 부의 호호리(1561-1624)와 결혼했기 때문에 '동고 공주'라고 불렸다. 이름은 눈저(nunje, 嫩哲)로 알려져 있지만 둘째 딸인 잔 비라의 공주(jan bira i gungju, 沾河公主)도 눈저로 불린다.

10 잔 비라의 공주: jan bira i gungju, 沾河公主, 1587-1646. 누르하치의 둘째 딸. 어머니는 누르하치의 側妃인 이르건 기오로씨. 沾河寨(jan bira gašan)의 수장 양슈(yangšu, 揚書)의 아들 다르한(darhan, 達爾漢)과 결혼했기 때문에 占河公主(jan birai gungju)라고 불렸다. 다르한의 어머니는 누르하치의 여동생이기 때문에 다르한은 누르하치의 외조카이자 사위이다. 잔 비라의 공주는 본서 권16에서 얀저 거거(yanje gege, 鄢哲格格)라고 기록되어 있다. 이름은 눈저(nunje, 嫩哲)로 알려져 있지만 첫째 딸인 동고 공주(donggo gege, 董鄂公主)도 눈저로 불린다.

11 누르하치의 조카이자 양녀 순다이(sundai, 孫岱, 1590-1649)이다. 순다이는 아버지 슈르하치가 유폐되어 사망한 후 누르하치의 궁중에서 양녀로 길러졌다. 1617년 내칼카 바유트 부의 타이지인 엉거더르(?-1636)와 결혼했기 때문에 바유트 거거(bayut gege)로 불렸다. 엉거더르와의 사이에 어르커 다이칭(erke daicing)과 소올가(soolga)를 낳았다.

12 누르하치의 여덟째 딸 송고투 공주(songgotu gege, 松古圖, 1612-1646)를 가리킨다. 구르부시(?-1661)는 내칼카의 타이지로서 시라무렌 유역에서 유목하다가 1621년 누르하치에게 귀부한 후 송고투 공주와 결혼했다.

未到船隻, 伊等言語支吾, 因復馳書責讓國王. 既而總兵官至云, 後有船二十餘隻將至. 臣等同觀察使, 及二總兵, 往閱船隻, 遂囑伊等當於初十日起行不可過期. 伊等云, 豈敢有誤行期, 但須擇吉而行. 臣等責其違限遲延, 總兵等堅以師行水路, 愼選吉期爲詞, 遂定行期. 臣等查閱軍需諸物, 皆已完備. 又聞朝鮮國王長子李溰, 於初二日由王京起行. 謹奏. 又朝鮮兵使林慶業呈稱, 蒙監軍至, 令以四月初十日行師, 火速發船. 此係重大軍務, 出自帝命, 何敢違誤. 但行師卜吉, 乃兵家要務, 安敢冒昧從事. 況海道行師, 非陸地便宜可比, 關係尤重. 向來舟行渡海, 必須卜筮協從, 然後同行人衆, 皆有利涉之吉. 是此行之順適, 實有關大國之福綏, 事屬重大, 非尋常可比也. 今擇於四月十七日大吉起行, 爲此具呈.

○ 조선에 가서 병선을 선발하게 한 쇼잔 등이 사람을 보내어 상주문을 가져왔고, 아울러 조선 병사(兵使) 임경업의 정문(呈文) 원본을 보내어 도착했다. 상소문에서 말했다. 「신들이 의주(義州)에 도착하자마자 조선국왕에게 치보했고, 정주(定州)에 도착하여 관찰사와 함께 논의했으며, 또다시 조선국왕에게 보고하여 알렸습니다. 최근 안주(安州)에 도착하자 준비한 선박이 모두 나루에 줄지어 있는 것을 보았습니다. 또한 관찰사 및 두 총병과 함께 논의하여 다른 곳에서 아직 도착하지 않은 선박이 빨리 오도록 재촉하기로 했으나, 저들이 말을 얼버무리기에 다시 서신을 빨리 보내어 국왕을 힐책했습니다. 이윽고 총병관이 와서 "이후 선박 20여척이 도착할 예정입니다."라고 말했습니다. 신들은 관찰사 및 두 총병과 함께 가서 선박을 사열했고, 마침내 저들에게 초10일에 출발하고 기한을 넘기지 말라고 당부했습니다. 저들은 "어찌 감히 기한을 놓치겠습니까? 그러나 반드시 길일을 택해서 출발해야 합니다."라고 말했습니다. 신들은 기한을 넘기고 지

체하는 것을 질책했고, 총병관들은 기필코 군대가 수로를 통해 나아가야 하니 길일을 신중히 선택해야 한다고 말하고 결국 출발 기일을 정했습니다. 신들은 군수품을 검열했고 모두 완비되었음을 확인했습니다. 또한 듣기에 조선국왕의 장자 이왕(李溰)이 초2일에 왕경에서 출발했다고 합니다. 삼가 상주합니다.」

또한 조선 병사(兵使) 임경업의 정문(呈文)에서 말했다. 「감군(監軍)이 도착하여 4월 초10일 군대가 출병하고 신속하게 선박을 출발시키도록 명령했습니다. 이는 중대한 군무이며 황제의 명령에서 나왔으니 어찌 감히 어기겠습니까? 다만 출병에 길일을 택하는 것은 병가에서 중요한 일이니, 어찌 감히 대충 하겠습니까? 또한 해로로 출병하는 것은 육지에서 편하게 출병하는 것과 비교할 수 없이 관계됨이 매우 중합니다. 예전부터 배로 바다를 건널 때에는 반드시 점을 쳐서 점괘가 따른 이후에 사람들이 함께 가면 모두 바다를 건너기 이로운 길함이 있었습니다. 이는 이번 운항의 순조로움이 실로 대국의 안녕에 관련되어 있어, 일의 중대함이 보통 일에 비할 바가 아닌 것입니다. 이제 4월 17일 대길일을 택하여 출발할 것입니다. 이 때문에 정문(呈文)을 작성합니다.」

○ 是日, 諭禮部, 凡遇元旦・萬壽, 及中宮千秋節, 內外諸王・貝勒等, 一應進獻禮物, 俱著停止, 止宜照舊設備筵宴. 若不停止禮物, 漸至加增, 難以爲繼. 前代因諸侯違制不貢召釁生亂者, 往往有之, 可爲鑒也. 於是, 酌議宰牲・筵宴之數, 定爲制.

○ 이날 예부에 유시했다. 「무릇 원단(元旦)・만수성절(萬壽聖節)・중궁(中宮)의 생일에 내외 여러 왕과 버일러들이 모두 예물을 바쳤으나, 모두 중지하게 하라. 다만 예전처럼 연회를 베푸는 것은 적절하

다. 만약 예물을 중지하지 않으면 갈수록 바쳐야 할 수가 늘어나서 계속 해 나갈 수 없다. 전대에는 제후 중에 제도를 어기고 공물을 바치지 않고 소란을 일으킨 자가 종종 있었는데, 귀감 삼을 만하다. 이에 잡는 가축 수와 연회하는 수를 논의하여 제도로 정할 것이다.」

○ 癸丑, 召朝鮮國王第二子李淏・第三子李涫等進宮, 賜宴.

○ 계축일(4.2), 조선국왕의 둘째 아들 이호(李淏)・셋째 아들 이요(李涫) 등을 불러 입궐하게 하고 연회를 베풀었다.

○ 賜科爾沁巴圖魯郡王下博洛戶, 緞布等物. 以其報征索倫音信也.

○ 코르친 바투루 군왕의 속하 보로후(borohū, 博洛戶)에게 비단과 면포 등의 물품을 하사했다. 솔론을 정벌했다는 소식을 보고했기 때문이다.

○ 朝鮮國王李倧, 遣陪臣趙紹新等, 補進歲貢黃金額數, 宴賚如例.

○ 조선국왕 이종(李倧)이 배신 조소신(趙紹新; 趙孝新)[13] 등을 보내어 매년 바치는 황금 액수를 보충하여 올렸기에, 정례대로 잔치를 베풀고 선물을 주었다.

---

13 趙紹新은 趙孝新을 가리킨다. 『同文彙考』 補編 권7 「使行錄」 참조.

○ 翁牛特部落布達哈達爾漢來朝, 貢馬, 賜綵緞 · 文綺等物.

○ 옹니우트 부락 부다하 다르한(budaha darhan 布達哈達爾漢)이 내조하여 말을 바쳤기에, 채단(綵段) · 문기(文綺) 등의 물품을 하사했다.

○ 甲寅, 授土默特部落托博克, 爲一等甲喇章京, 賜貂鑲朝衣 · 朝帽 · 玲瓏鞓帶 · 撒袋 · 弓矢 · 畫鞍 · 銀兩, 牛彔章京宜蘇得爾, 及從役人等, 各賜銀兩.

○ 갑인일(4.3), 투메트 부락의 토복에게 일등 잘란장긴을 제수했고, 담비가죽으로 테를 두른 조의(朝衣) · 조모(朝帽) · 정교하게 장식한 가죽띠 · 화살집 · 활과 화살 · 그림 그려 넣은 안장 · 은량을 하사했다. 니루장긴 이수더르와 수행인 등에게는 각각 은량을 하사했다.

○ 乙卯, 翁牛特部落查薩衮達爾漢戴青之母卒, 遣理藩院副理事官額布特, 齎楮幣 · 牲酒往祭.

○ 을묘일(4.4), 옹니우트 부락 자사군 다르한 다이칭의 모친이 사망했기에, 이번원부이사관(理藩院副理事官) 업터이(ebtei, 額布特)를 보내어 지전과 희생 및 술을 가지고 가서 제사를 지내게 했다.

○ 丙辰, 召科爾沁國土謝圖親王巴達禮貢馬使臣二十三人進宮, 賜宴.

○ 병진일(4.5), 코르친국 투시예투 친왕 바다리의 말을 바치러 온 사신 23명을 불러서 입궐하게 하고 연회를 베풀어 주었다.

○ 丁巳, 皇后千秋節, 賜和碩親王以下, 輔國公等以上, 銀兩有差.

○ 정사일(4.6), 황후의 생신이어서 호쇼이 친왕 이하 보국공 등 이상에게 은량을 차등 있게 하사했다.

○ 科爾沁國卓禮克圖親王吳克善來朝. 命在內諸王·貝勒·貝子公等, 迎之入城.

○ 코르친국 조릭투 친왕 욱샨이 내조했다. 내지(內地)의 여러 왕·버일러·버이서 등에게 명하여 욱샨을 맞이하고 입성하게 했다.

○ 巴林部落衛寨桑妻卒. 遣昂阿, 齎楮幣·牲酒往祭.

○ 바린 부락 우이 자이상의 처가 사망했다. 앙가를 보내어 지전과 희생과 술을 가지고 가서 제사를 지내게 했다.

○ 戊午, 先是, 上以永福宮莊妃所生固倫公主許嫁科爾沁國卓禮克圖親王吳克善子弼爾塔噶爾, 後以吳克善獲罪, 上怒不與. 至是, 吳克善謝罪來朝, 獻雕鞍馬匹, 酌納之, 賜大宴.

○ 무오일(4.7), 이전에 주상이 영복궁장비(永福宮莊妃) 소생의 구룬 공주가 코르친국 조릭투 친왕 욱샨의 아들 빌타가르(biltagar, 弼爾塔噶爾)[14]에게 하가(下嫁)하는 것을 허락했는데, 욱샨이 죄를 짓자 주상이 노하여 허락하지 않았다. 이때에 욱샨이 사죄하러 내조하고 조각한 안장을 갖춘 말들을 바치니 헤아려 받고 큰 연회를 베풀었다.

○ 己未, 命內國史院學士羅碩·禮部啟心郎俄黑, 諭往義州屯田修城和碩鄭親王濟爾哈朗·多羅貝勒多鐸曰, 朕本欲四月十三日前往, 今暫停止. 至二十日始行, 爾等捉生, 務宜盡心, 以副朕命.

○ 기미일(4.8), 내국사원학사 로쇼, 예부계심랑(禮部啟心郎) 워허에게 명하여 의주(義州)에 가서 둔전하며 성을 수리하는 호쇼이 정친왕 지르갈랑·도로이 버일러 도도에게 유시하게 했다. "짐(朕)은 본래 4월 13일 전에 가고자 했지만 지금 잠시 중지했다. 20일에 출발할 것이니 너희는 포로를 잡는 데에 정성을 기울여 짐의 명에 부합되게 하라."

○ 辛酉, 修篤恭殿, 興工, 以阿山·金玉和董其事.

---

14 빌타가르: biltagar, 畢勒塔噶爾, 弼爾塔哈爾, ?-1667. 보르지기트 씨. 코르친 몽고의 수령. 자이상의 손자이자 욱샨의 아들. 孝莊文皇后의 조카. 1641년 청 태종의 넷째 딸 구룬 공주 야투(yatu, 雅圖)와 결혼했다. 1643년 구룬 어푸 의장을 하사받았다. 1666년 코르친 좌익중기 조릭투 친왕 작위를 계승했다. 1667년 사망한 후 그의 아들 오치르(鄂齊爾)가 작위를 계승했다.

○ 신유일(4.10), 독공전(篤恭殿)을 수리하는 일을 착공하고, 아산·김옥화(金玉和)에게 그 일을 감독하게 했다.

○ 壬戌, 都察院參政梅勒章京張存仁奏言, 臣觀今日情勢, 圍困錦州之計, 實出萬全. 但畧地易以得利, 而圍城難以見功, 必須曠日持久, 將士不無苦難懈怠之心. 願皇上鼓勵三軍之氣, 堅持圍困之策, 截彼偵探, 禁我逃亡, 遠不過一歲, 近不過數月, 自有可乘機會. 雖云成事在天, 而定謀未始不由於人也. 兵法曰全城爲上, 蓋貴得人得地, 不貴得空城之意也. 昔元太祖平定沙漠, 勞數十餘年之力, 及取中原, 欲屠近河人民, 以其隙地牧馬, 賴耶律楚材, 畫財賦之策, 而太祖勉從. 太祖之世, 雖大業未成, 而世祖一統之基, 實耶律楚材一語啟之也. 由是以觀, 欲成大業者, 非人地兼得, 未易爲也. 人地兼得之術, 莫若攻心.

往年永平被屠, 武臣生而縉紳死, 文士寒心, 今寧遠·錦州, 既有寒心之文士, 掣肘於內, 又有貳志之祖帥, 首鼠其中. 明國見我大軍壓境, 急則議棄錦歸寧, 再則議棄寧入關, 而祖帥跋扈畏罪, 豈肯輕離巢穴. 事若緩則慮持久, 事若急則慮身家. 人多以爲祖帥背恩失信, 無顏再降, 臣確知其惟便是圖, 本無定見, 一當危急, 束身歸命矣. 況伊所素恃者蒙古耳. 數年以來, 蒙古多慕聖化來歸, 彼必疑而防之, 防之嚴則思離, 離則思變. 伏願皇上以屯種爲本, 時率精銳, 直抵錦城, 布命令於蒙古, 以爲間諜之計. 再多擒土人兵卒, 廣布招撫敕諭, 探祖帥心事以招之, 體文士性情以安之, 言之透徹, 彼心必動, 未有不相率來歸者. 此攻心之策, 得人得地之術也. 往者大凌河之降, 松山之抗, 豈非明效大驗. 古帝王傳檄而定天下者, 莫不由此. 臣芻蕘一得, 伏乞聖裁. 謹奏.

○ 임술일(4.11), 도찰원참정 머이런장긴 장존인(張存仁)이 상주하여 말했다. 「신(臣)이 현재의 정세를 보니, 금주(錦州)를 포위하여 곤경에 빠트리는 계책은 실로 만전을 기하는 데서 나온 것입니다. 다만 땅을 공략하여 이로움을 얻는 것은 쉬우나 성을 포위하여 공을 세우는 것은 어렵고 오랫동안 버텨야 하니, 장졸들에게 힘들고 나태해지는 마음이 생기지 않을 수 없습니다. 원컨대 황상께서 삼군(三軍)의 기세를 고취하시고, 포위하는 방책을 굳게 지켜 저들의 정탐을 끊고 아군의 도망을 막으십시오. 그러면 멀게는 1년을 넘지 않고 가까이는 불과 몇 달 만에 저절로 기회를 얻을 것입니다. 비록 일을 이루는 것은 하늘에 달려 있다고 하지만, 책략을 정하는 것은 사람이 아니면 시작되지 않습니다. 병법에서 '성을 보전하는 것을 상책으로 삼는다.'라고 했으니, 이 말은 대체로 사람과 땅을 얻는 것을 귀하게 여기고 빈 성을 얻는 것을 귀하게 여기지 않는다는 뜻입니다.

옛날 원 태조(元太祖)가 사막을 평정하고 수십여 년 동안 노력을 기울여 중원을 취할 때, 황하 근처의 사람들을 죽이고 그 빈 땅에 말을 키우고자 했지만 야율초재(耶律楚材)가 세금을 거둘 계획을 세우니 태조가 마지못해 따랐습니다. 태조 때는 비록 대업을 다 이루지 못했지만 세조(世祖)의 천하통일의 기초는 실로 야율초재의 말 한마디에서 시작된 것입니다. 이로써 보건대 대업을 이루고자 하는 자는 사람과 땅을 모두 얻지 못하면 쉽게 이룰 수 없습니다. 사람과 땅을 모두 얻기 위해서는 마음을 공략하는 것만 한 것이 없습니다.

지난날 영평(永平)이 도륙당할 때 무신(武臣)은 살았으나 진신(縉紳)은 죽었기에 문사(文士)들이 두려워했습니다. 지금 영원(寧遠)·금주(錦州)에서도 이미 두려워하는 문사가 있어 안에서 마음대로 하지 못하고 있고, 또 조대수는 두 마음을 가지고 그들 사이에서 망설이고 있습니다. 명나라는 우리 대군이 경계를 압박하는 것을 보고 급히면 금주를 버리고 영원으로 돌아가려 하고 더 급하면 영원을 버리고 산해관으로 들어가려 할 것입니다. 조대수는 멋대로 행동하면서도 명에 죄지을 것을 두려워하니 어찌 쉽게 소굴에서 벗어나겠습니까. 일이 늦어지면 지구전을 생각할 것이고, 일이 급해지면 자신과 집안을 생각할 것입니다. 많은 사람들은 조대수가 은혜를 저버리고 신뢰를 잃어 다시 항복할 면목이 없을 것이라고 여기지만, 신(臣)은 그가 편리함만을 도모할 뿐 원래 정해진 의견이 없음을 분명히 알고 있으니, 일단 위급해지면 몸을 묶고 귀순할 것입니다. 게다가 저들이 본래 의지할 곳은 몽고뿐입니다. 그런데 수년 이래로 많은 몽고인이 성화(聖化)를 흠모하여 귀순해 왔으니 저들은 반드시 의심해서 방비하려 할 것인데, 방비를 엄하게 할수록 몽고인은 떠날 것을 생각할 것이고, 떠날 것을 생각하게 되면 변란(變亂)을 생각할 것입니다.

삼가 바라건대 황상께서는 둔전(屯田)을 근본으로 삼고, 때가 되면 정예병을 이끌고 곧바로 금주성(錦州城)에 이르러 몽고인에게 명령을 반포하여 간첩으로 삼는 계책을 쓰십시오. 또 현지인 병졸을 많이 사로잡고 초무(招撫)하는 칙유를 널리 반포하여 조대수의 마음을 헤아려 불러들이고, 문사(文士)들의 성정(性情)을 돌보아 그들을 안정시키고 말을 확실하게 하면 저들의 마음이 반드시 움직여서 잇달아 귀순해 올 것입니다. 이것이 마음을 공략하는 계책이며 사람과 땅을 얻는 방법입니다. 지난날 대릉하(大凌河)의 항복과 송산(松山)의 항거가 어찌 분명한 효과이며 큰 효험이 아니겠습니까. 옛 제왕(帝王)이 격문을 전달해서 천하를 평정한 것도 이로 말미암지 않은 것이 없습니다. 신(臣)의 비루한 견해를 밝혔으니 엎드려 황상의 재가(裁可)를 바랍니다. 삼가 아룁니다.」

○ 半個牛彔章京吳弩古德病故, 以其兄子祁他特襲職.

○ 반개니루장긴 우누구더이(unugudei, 吳努古德)가 병사하여 그 형의 아들 키타트에게 습직시켰다.

○ 丙寅, 內國史院學士羅碩等至自義州, 奏報, 我軍修城築室, 俱已完備, 義州東西四十里田地, 皆已開墾, 又有明國蒙古名達藍泰者, 詣營投誠, 又追錦州偵卒, 擒獲漢人一名.

○ 병인일(4.15), 내국사원학사 로쇼 등이 의주에서 보고해 왔다. "아군이 성을 수리하고 건물을 지어 모든 준비를 마쳤습니다. 의주의 동서 40리 논밭도 이미 모두 개간했습니다. 또 명나라의 달란타이(dalantai, 達藍泰)라는 몽고인이 우리 군영으로 와 투항했고, 또 금주(錦州)의 정탐병을 추격하여 한인 1명을 포획했습니다."

○ 庚午, 朝鮮國王李倧以遣其世子李溰歸省, 遣陪臣李聖求等上表謝恩, 兼貢方物. 表云, 欽奉聖慈, 特遣世子臣溰歸省臣疾, 臣與一國臣民, 不勝感激, 謹奉表稱謝者, 臣倧誠惶誠恐, 稽首頓首. 伏以布天地之殊渥, 睿念每軫於沉疴, 諒父子之至情, 恩綸特許其展省, 深增感戴, 祗切鏤銘. 伏念臣未答生成, 忽遘厲虐, 骨肉離索, 雖抱倚門之思, 封疆阻修, 敢望嘗藥之暇, 何圖聖恩特沛, 復使微息歸寧. 閱年所而重逢, 病若去體, 疑夢寐於相對, 涕自沾襟, 沐此榮恩, 何由酬報. 玆蓋伏遇寬溫仁聖皇帝陛下, 及人之幼, 與物爲春, 量廓包荒, 洞萬里之明見, 心敦字小, 推一視之同仁, 遂令偏藩, 洊膺異數, 臣敢不孤光拱北, 細流必東, 恪守彝章, 至雲仍而無替, 恭承嘉命, 與臣庶而共歡. 臣無任瞻天仰聖, 激切屏營之至, 謹奉表稱謝以聞.

○ 경오일(4.19), 조선국왕 이종(李倧)이 그 세자 이왕(李溰)을 귀성(歸省)하게 해 준 것에 대해 배신(陪臣) 이성구(李聖求) 등을 보내 사은의 표문(表文)을 올리고 방물을 바쳤다. 표문에서 말했다. 「삼가 성스러운 은혜를 받아, 신(臣)이 병들어 특별히 세자 신(臣) 이왕(李溰)을 귀성하게 보내 주셨으니, 신은 나라의 신민(臣民)들과 더불어 감격을 이기지 못하겠습니다. 삼가 사은의 표문을 올리며 신 이종은 진실로 황공하게 머리 조아립니다. 삼가 생각건대 천지(天地)의 특별한 은혜를 펼치시어 매번 저의 오랜 병을 슬기로이 살피시고 부자(父子)의 지극한 정을 이해하시어, 은혜로운 조서(詔書)로 특별히 귀성을 허락하셨으니 감격하여 받드는 것이 더욱 깊고 단지 절절히 마음에 새길 뿐입니다. 삼가 생각건대 신이 살려 주신 은혜에 답하지 못하여 홀연히 중병을 만났고 가족이 흩어져 쓸쓸히 지내고 비록 부모가 자식을 보기를 바라는 마음을 품었다 해도 책봉된 강역을 지켜야 하니 감히 약을 먹는 여가를 바랐을 뿐 어찌 특별한 성은(聖恩)을 베풀어 다시 하찮은 자식을 돌아오게 해 주시기를 바랐겠습니까. 여러 해 만에 다시 만났으니 병이 몸에서 떠나는 것 같고, 서로 만나면서 꿈을 꾸는 것이 아닌지 의심스러워 눈물로 계속 옷깃을 적십니다. 이처럼 영광스런 은혜를 받았으니 어찌 보답할 수 있겠습니까. 이는 대개 관온인성황제 폐하께서 다른 사람의 아이까지도 만물이 봄을 만난 것처럼 도량 넓게 포용하고 만 리 밖을 환히 꿰뚫어 보고 넓은 마음으로 작은 것을 사랑하여 모두에게 똑같이 자애롭기 때문입니다. 마침내 외진 번병(藩屛)에까지도 특별한 은혜를 내리시니 신이 감히 멀리 보이는 빛에 귀의하지 않을 수 있겠습니까. 조그만 냇물도 반드시 동쪽으로 향하는 것처럼 삼가 정해진 전장(典章)을 지켜 먼 후손에 이르기까지 바꾸지 않고 공손히 아름다운 명을 받들며 모든 신민(臣民)들과 함께 기뻐할 것입니다. 신은 하늘을 바라보고 성상(聖上)을 우러르는 간절한 심정을 가눌 길이 없어, 삼가 표문을 올려 사례하여 아룁니다.」

又解瓦爾喀人, 移咨戶部. 咨云, 朝鮮國議政府狀啟. 據忠淸道觀察使李厚源申稱, 陰縣有瓦爾喀人金奉并其母妻, 現被捉獲, 監候押送等情. 臣等竊詳係是前日部咨有名人犯, 今現捕得, 據金奉供, 年二十三歲, 母莫介, 年四十五歲, 妻金合, 年十八歲, 係忠淸道陰縣附居瓦爾喀人也. 據此, 除將金奉竝其母妻三名, 交陪臣領中樞府事李聖求押送來京外, 爲此合行, 咨請施行.

또 와르카 사람을 압송하는 것에 대해 호부에 자문(咨文)을 보내왔나. 자문에서 말했다. 「조선국 의정부의 장계(狀啓)는 아래와 같습니다. "충청도 관찰사 이후원(李厚源)의 보고에 의하면, 와르카 사람 김봉(金奉)과 그 어머니 및 아내가 음현(陰縣)에 있는데 현재 체포되어 감옥에 가두었다가 압송했다고 합니다. 신들이 삼가 상세히 살펴보니 지난번에 귀 부(部)의 자문에 있던 이름인지라 이번에 추포했습니다. 김봉(金奉)의 공술에 따르면 나이는 23세이고, 어머니 막개(莫介)는 45세고 아내 김합(金合)은 18세이며 충청도 음현에 살던 와르카 사람입니다. 이에 의거하여 김봉(金奉) 및 그 어머니와 아내 3명을 배신(陪臣) 중추부사(中樞府事) 이성구(李聖求)에게 교부하여 성경(盛京)으로 압송하게 하는 외에, 이를 위해 자문을 보내 시행할 것을 청합니다."」

○ 乙亥, 先是, 多羅饒餘貝勒阿巴泰女, 擅令巴山牛彔下克什訥家販賣琥珀人常二, 至於府第. 又令使女三人與二太監結爲姊弟. 福金以其女許字國人及外藩執吉, 令鳴贊官代都, 問卜於黑際盛家. 二使女及常二, 首於刑部, 訊實. 部議福金於從前上曾兩次命以此女與外藩, 不從, 又令與國中人, 亦不從, 擅自擇嫁, 遣官問卜, 又失於閫教, 福金與其女, 俱應論死. 阿巴泰屢違上命, 私庇福金, 全無家法, 阿巴泰應革去多羅貝勒爵, 罰銀一千兩. 代都 · 黑際盛及使女一人, 太監一人, 俱應論死. 其一太監實供, 應鞭一百, 入官, 出首二使女, 應斷出, 奏聞. 上命免福金死, 令隨其子貝子博洛贍養. 其女亦免死, 令擇婿嫁之. 阿巴泰免奪爵, 罰銀一千兩, 代都免死, 鞭一百, 貫耳鼻. 不據實吐供之太監尼滿, 使女艾尼克伏法. 據實吐供之太監糾, 鞭五十, 入官. 黑際盛免死, 坐以應得之罪, 禁止賣卜. 出首二使女斷出. 常二, 自首免罪.

○ 을해일(4.24), 이전에 도로이 요여 버일러 아바타이의 딸이 멋대로 바산 니루에 속한 커시너(kesine, 克什訥)의 집에서 호박(琥珀)을 팔던 상이(常二)라는 사람을 불러 저택으로 오게 했다. 또 시녀 3명과 태감 2명으로 하여금 의남매를 맺게 했다. 아바타이의 푸진은 그의 딸이 나라 안의 사람과 외번(外藩) 중 어느 쪽으로 시집가는 것이 좋을지에 대해 명찬관(鳴贊官) 다이두(daidu, 代都)에게 명령하여 흑제성(黑際盛)의 집으로 가서 점을 치게 했다. 두 시녀와 상이(常二)가 형부에 자수했기에 조사해 보니 사실이었다.

부에서 논의했다. 「푸진은 종전에 주상이 일찍이 두 차례나 그의 딸을 외번에 주라고 했는데 따르지 않았고, 나라 안의 사람에게 주라고 했는데도 역시 따르지 않고 멋대로 시집갈 곳을 택했으며, 관리를 보내 점을 쳤고 또 규중의 가르침을 잃었으니 푸진과 그의 딸 모두 사형죄로 논해야 합니다. 아바타이는 여러 차례 주상의 명을 어기고 사사로이 푸진을 비호했으며 가법(家法)이 전무하니 아바타이는 도로이 버일러 작위를 빼앗고 벌은 1,000냥에 처해야 합니다. 다이두 · 흑제성 및 시녀 1명, 태감 1명은 모두 사형죄로 논해야 합니다. 다른 태감 1명은 공술한 것이 사실이므로 채찍 100대를 때리고 관(官)에 들이며, 자수한 시녀 2명은 아바타이의 딸에게서 떼어 내야 합니다.」

상주하자, 주상은 푸진의 사형을 면해 주고 그의 아들 버이서 볼로가 부양하게 했다. 그 딸 역시 사형을 면해 주고 시집갈 곳을 택해 시집가게 했다. 아바타이는 작위를 빼앗는 것을 면해 주고 벌은 1,000냥을 부과했으며, 다이두는 사형을 면해 주고 채찍 100대를 때리고 코와 귀를 뚫게 했다. 사실을 공술하지 않은 태감 니만(niman, 尼滿)과 시녀 아이니커(ainike, 艾尼克)는 모두 사형시켰다. 사실을 공술한 태감 기오(gio, 糾)는 채찍 50대를 때리고 관(官)에 들이게 했다. 흑제성은 사형을 면해 주고 받아야 할 죄를 받게 했으며 돈을 받고 점치는 일을 금지했다. 자수한 시녀 2명은 아바타이의 딸에게서 떼어 냈고, 상이(常二)는 자수했으므로 죄를 면해 주었다.

○ 以往征索倫索海·薩穆什喀等凱旋, 命禮部承政滿達爾漢迎至十八里臺宴之, 又命多羅安平貝勒杜度·多羅饒餘貝勒阿巴泰, 迎至平魯堡, 宴之.

○ 솔론을 정벌하라고 보냈던 소오하이·삼시카 등이 개선하니, 예부승정 만다르한에게 18리 밖에서 맞이하고 대(臺)에서 연회를 베풀게 했다. 또 도로이 안평 버일러 두두·도로이 요여 버일러 아바타이에게 평로보(平魯堡)까지 가서 맞이하게 하고 연회를 베풀게 했다.

○ 索海等將至盛京, 上率和碩親王以下, 大臣以上, 至實勝寺北館, 率凱旋官員祭纛, 行禮畢, 索海·薩穆什喀率凱旋諸將朝見, 行三跪九叩頭禮畢, 賜宴.

○ 소오하이 등이 성경(盛京)에 도착했다. 주상은 호쇼이 친왕 이하

대신 이상을 이끌고 실승사(實勝寺)의 북관(北館)으로 가서 개선한 관원들을 인솔하여 독제(纛祭)를 지냈다. 예를 행한 후 소오하이 · 삼시카가 개선한 여러 장수들을 데리고 알현하여 삼궤구고두의 예를 행하였다. 예를 마치고 연회를 베풀었다.

○ 賜朝鮮陪臣李聖求 · 左參贊鄭光經等, 鞍馬 · 貂皮 · 銀兩等物有差.

○ 조선의 배신(陪臣) 이성구(李聖求) · 좌참찬(左參贊) 정광경(鄭光經; 鄭廣敬)[15] 등에게 안장을 갖춘 말 · 담비가죽 · 은량(銀兩) 등의 물품을 차등 있게 하사했다.

○ 丙子, 以蒙古察哈爾汗之族塞冷, 於察哈爾汗出奔湯古特國時, 獨身來歸, 及爲理藩院參政, 克副任使, 勤勞王事, 授塞冷爲三等甲喇章京. 白身尼堪爲理藩院參政, 克副任使, 勤勞王事, 授尼堪爲三等甲喇章京. 科爾沁國扎賴特部落貝勒阿魯哈, 願在皇上左右奉侍, 移居內地, 授阿魯哈爲三等甲喇章京.

○ 병자일(4.25), 몽고 차하르 칸의 일족인 서렁은 이전에 차하르 칸이 탕구트국으로 도망쳤을 때 혼자 내귀했기에 이번원참정(理藩院參政)으로 삼았는데, 사신의 일을 맡아 나라 일을 열심히 했기에 삼등 잘란장긴으로 삼았다. 백신(白身)인 니칸은 이번원참정으로서 사신의 일을 맡아 나라 일을 열심히 했기에 삼등 잘란장긴으로 삼았다. 코르

15 『同文彙考』에 의하면 左參贊 직함의 사신은 鄭廣敬이었다. 『同文彙考』 補編 권 7 「使行錄」

친국 잘라이트 부락의 버일러 알루하(aluha, 阿魯哈)는 황상을 가까이서 모시려고 내지(內地)로 이주해 왔기에 삼등 잘란장긴으로 삼았다.

○ 三等梅勒章京曹紹宗老病, 令其子仁先襲替.

○ 삼등 머이런장긴 조소종(曹紹宗)이 연로하여 그 아들 조인선(曹仁先)에게 습직하게 했다.

○ 丁丑, 以葉克書爲固山額眞.

○ 정축일(4.26), 역슈를 구사어전으로 삼았다.

○ 調禮部參政超哈爾爲兵部參政.

○ 예부참정 초오하르(coohar, 超哈爾)를 병부참정으로 조용(調用)했다.

○ 以阿哈尼堪爲禮部參政.

○ 아하니칸(ahanikan, 阿哈尼堪)을 예부참정으로 삼았다.

○ 以覺善 · 譚布爲梅勒章京.

○ 기오샨(giošan, 覺善) · 탐부(tambu, 譚布)를 머이런장긴으로 삼았다.

○ 牛彔章京多爾津病故, 以其子董泰襲職.

○ 니루장긴 도르진(dorjin, 多爾津)이 병사하여 그 아들 동타이(dongtai, 董泰)에게 습직하게 했다.

○ 己卯, 賜杜爾伯特塞稜下鄉導得勒布 · 索朗噶 · 阿木保 · 巴吉 · 羅沙古 · 俄爾濟拜, 蒙夸達爾漢碩齊下默克等, 朝衣 · 鞓帶 · 玲瓏撒袋 · 畫鞍等物有差, 竝賜其從役布疋.

○ 기묘일(4.28), 두르베트 서렁 속하의 향도(鄉導)인 더러부(derebu, 得勒布) · 소올랑가(soolangga, 索朗噶) · 암보오(amboo, 阿木保) · 바기(bagi, 巴吉) · 로샤구(lošagū, 羅沙古) · 올지바이(oljibai, 俄爾濟拜), 몽쿠와 다르한 호쇼치 속하의 머커(meke, 默克) 등에게 조의(朝衣) · 가죽띠 · 정교하게 장식한 화살집 · 그림 그린 안장 등의 물품을 차등 있게 하사했고, 아울러 그들의 수행원들에게 포필(布疋)을 하사했다.

○ 賜索倫部落充內 · 韓代等, 各蟒緞 · 鞓帶 · 畫鞍 · 玲瓏鞦轡 · 馬匹 · 玲瓏撒袋等物有差.

○ 솔론 부락의 총노이(congnoi, 充內) · 한다이(handai, 韓代) 등에게

망단 · 가죽띠 · 그림 그린 안장 · 정교하게 장식한 밀치끈과 고삐 · 말 · 정교하게 장식한 화살집 등의 물품을 차등 있게 하사했다.

○ 庚辰, 以和碩鄭親王濟爾哈朗 · 多羅貝勒多鐸, 率師圍明寧錦等處, 兼屯田義州, 修築城垣. 上親往巡視. 命和碩睿親王多爾袞 · 和碩肅親王豪格 · 多羅安平貝勒杜度 · 多羅饒餘貝勒阿巴泰及衆貝子 · 大臣等, 留守盛京. 巳刻, 上起行, 出舊邊外駐蹕.

○ 경진일(4.29), 호쇼이 정친왕 지르갈랑 · 도로이 버일러 도도가 군사를 이끌고 명나라의 영원(寧遠) · 금주(錦州) 등지를 포위하고 의주(義州)에서 둔전(屯田)하면서 성곽을 수리했기에 주상이 친히 순시하러 갔다. 호쇼이 예친왕(睿親王) 도르곤 · 호쇼이 숙친왕 호오거 · 도로이 안평 버일러 두두 · 도로이 요여 버일러 아바타이 및 여러 버이서와 대신들에게 명하여 성경(盛京)을 지키게 했다. 사시(巳時)에 주상이 출발하여 옛 변경 바깥으로 나가서 머물렀다.

五月, 辛巳朔.

○ 5월 신사일 초하루(5.1).

○ 上巡行邊界, 閱牧馬場, 行獵, 至十方寺駐蹕.

○ 주상이 변경을 순행하며 말을 기르는 목장을 시찰하고 사냥했다. 십방사(十方寺)에 이르러 머물렀다.

○ 壬午, 上行獵, 由遼河一帶, 過開城二十里駐蹕.

○ 임오일(5.2), 주상이 사냥을 나가 요하(遼河) 일대를 거쳐 개성(開城) 20리를 지나서 머물렀다.

○ 癸未, 車駕渡遼河, 至陽石木河地方駐蹕.

○ 계미일(5.3), 어가가 요하(遼河)를 건너 양시무 강 지방에서 머물렀다.

○ 甲申, 駐蹕陽石木河地方.

○ 갑신일(5.4), 양시무 강 지방에서 머물렀다.

○ 乙酉, 碩詹自朝鮮調水師還, 齎朝鮮國王李倧奏疏至. 疏言, 本年三月初七日, 欽奉密諭云, 王之臣僚, 以巧詐讒言, 從中離間, 王或信之. 又聞諸臣質子, 多係庶出·螟蛉及遠族子姪, 王宜詳勘. 至於使臣馬福塔, 通事道禮, 同病而歿, 京中諸醫言受慢毒.
欽此, 臣竊照小邦君臣父子, 蒙恩再活, 圖報不暇, 此固皇鑑之所燭也. 在廷臣僚, 莫不畏威懷德, 改舊從新, 旣絕妄議之端, 自無輕信之理, 茲承警勉丁寧, 但思始終惕念, 更無他議矣. 諸臣質子, 前非不嚴飭以送第, 其中雖有嫡子, 而適緣廢疾, 代以庶出者, 有初送嫡子, 而托稱他故, 代以螟蛉者, 此則臣未及察正. 今奉聖諭, 另加詳覈, 果有疏遠混冒之類, 臣之不察甚矣. 即將諸臣下獄究治, 次第定罪, 盡行黜配. 其已往質子等, 待新除各官之子入質, 以後領還, 嗣當更加審察, 庶無罪悔.

惟是使臣及譯人等, 相繼病故, 臣亦駭懼. 至於慢毒之疑, 則不惟古今未聞此說, 本國之內, 亦未聞用此術害人者, 諸醫所云大誤矣. 況馬將軍及道禮, 自初主和事, 大有造於小邦交際之間, 情義最親, 孰忍仇之. 天日在上, 必無此理. 大槩此等情節, 虛實疑信之間. 若非皇上推行仁恕, 密加訓誨, 使之自勉自察, 則臣之區區中誠, 將無以自白, 雖致誅責, 安所逃避. 今奉敕旨, 仰惟聖度包荒委曲保全, 以至此極, 不勝惶恐感激, 殞結爲期. 爲此謹具奏聞.

○ 을유일(5.5), 쇼잔(šojan, 碩詹)이 조선에서 수군을 조발하고 돌아오면서 조선국왕 이종(李倧)의 주소(奏疏)를 가지고 왔다. 주소에서 말했다. 「올해 3월 초7일 삼가 밀유(密諭)를 받들었습니다. 밀유에서 말씀하시기를 "왕의 여러 신하들이 교묘하게 속이면서 참언을 하여 중간에서 이간질하는데 왕은 그것을 믿는 것 같다. 또 듣건대 인질로 보낸 신하들의 아들 중 많은 수가 서출(庶出)이거나 양자 또는 먼 친족의 조카라고 하니 왕은 상세히 살피라. 사신 마푸타와 통사(通事) 도오리(doori, 道禮)[16]가 같은 병으로 죽었는데 성경(盛京)의 의원들은 그들이 만독(慢毒)[17]의 영향을 받았기 때문이라고 말한다."라고 했습니다.

이를 받들어 신이 삼가 살펴보건대, 소방(小邦)의 군신(君臣)과 부자(父子)가 다시 살려 주신 은혜를 입고 이를 갚을 겨를이 없으니, 이는

16 『조선인조실록』에는 도리(刀里)로 기록되어 있다. 『조선인조실록』 권40, 인조 18년 3월 8일.

17 慢毒은 독성이 늦게 나타내는 독약을 말한다.

실로 황상께서 살피셔서 간파하신 바입니다. 조정의 신료들 가운데 위엄을 두려워하고 덕을 품지 않은 자가 없어, 옛일을 고치고서 새롭게 따르고자 하니 이미 망령된 논의의 단서가 끊겼고 자연히 가볍게 믿는 법도 없어졌습니다. 이제 자상한 타이름을 받들어 오직 언제나 생각하고 두렵게 여기니 더욱 다른 논의가 없습니다. 신하들의 자제를 인질로 보내는 것에 대해 이전에 호송할 때 엄히 타일렀습니다. 하지만 그 가운데 비록 적자(嫡子)가 있음에도 적자가 병에 걸려 서출(庶出)을 대신 보낸 자가 있고, 처음에는 적자를 보냈다가 다른 이유를 들어 양자로 바꾼 자도 있으니 이는 신이 살피지 못한 때문입니다. 이제 성유(聖諭)를 받들어 더욱 상세히 조사하니, 과연 먼 친척으로 속이려 한 부류가 있었습니다. 신의 불찰이 매우 심했으니 장차 신하들을 하옥하고 따져 다스려 죄를 정하고 모두 내치겠습니다. 그중 이미 인질로 가 있는 자제들은 새롭게 벼슬을 받은 각 관리의 자제들이 인질로 가기를 기다린 후에 돌아오도록 하겠으며, 이후에도 더욱 자세히 살펴 죄와 허물이 없도록 하겠습니다.

사신과 역관이 차례로 병들어 사망한 것은 신도 놀랍고 두렵습니다. 만독(慢毒)에 대한 의심에 대해서는, 고금을 통틀어 이러한 이야기를 들어 본 적이 없을 뿐 아니라 본국에서도 이러한 술수로 남에게 해를 끼치는 자가 있다고 들어 본 적도 없으니, 의사들이 말한 것에 큰 착오가 있을 것입니다. 하물며 마푸타 장군과 도오리는 처음부터 화친의 일을 주관하여 소방(小邦)과의 교류에 큰 성취를 이루었으므로 정의(情義)가 가장 가까웠는데 누가 감히 그들을 원망했겠습니까. 하늘에 해가 떠 있는 한 이러한 이치는 없었습니다. 대체로 이 일이 거짓인지 진실인지 의심스럽습니다. 만약 황상께서 어질게 용서하시고 남몰래 깨우쳐 주셔서 스스로 힘써 살피게 해 주시지 않았더라면, 신의 구차한 정성으로도 자백할 길이 없었을 것이니 비록 책임을 물어 주살당하더라도 어찌 피할 수 있었겠습니까. 이제 삼가 칙지(勅旨)를 받들어 성상(聖上)의 넓은 도량으로 보살피고 보호해 주신 것이 이렇게 지극함을 생각하며 두려워하고 감격합니다. 은혜를 죽어서라도 보답할 것을 기약하며 이에 삼가 갖추어 상주합니다.」

○ 壬辰, 上駐蹕石河地方.

○ 임진일(5.12), 주상이 석하(石河) 지방에서 머물렀다.

○ 是日, 朝鮮國王李倧遣朴介, 齎二咨送戶部. 一咨云, 據咸鏡道觀察使睦長欽馳啟, 也春地方運穀監官鄭山河告稱, 本役搬運色米穀三千餘石, 交割大朝使臣章京, 後遇本國防垣鎭土兵朴介孫等男女二十名口, 在也春地方. 盤詰本人等云, 自戊寅年逃投羅汗部落, 復移住此地等情. 臣等竊照朴介孫等, 擅自越境, 逃入也春, 合咨該部, 刷回原籍, 等因具啟. 據此爲照, 小邦既已効順大朝, 即係屬藩, 其人民口產, 比同一家, 任其移住, 固無所防. 第念境界有定, 不宜相越. 且此輩移住也春, 在小邦款附之後, 刷還之舉, 誠不可已. 煩乞貴部查照移咨內事理, 即將朴介孫等刷回原籍, 以便復業. 爲此合行, 咨請施行.

○ 이날 조선국왕 이종(李倧)이 박개(朴介)를 파견하여 자문(咨文) 2통을 호부로 보내왔다. 첫 번째 자문에서 말했다. 「함경도 관찰사 목장흠(睦長欽)[18]의 치계(馳啟)입니다. "야춘(也春) 지방에서 곡식을 운반

18 睦長欽: 1572-1641 조선 선조, 광해군, 인조 때의 문신. 이이첨 등이 영창대군을 폐하고 김제남을 죽이려는 것을 막으려다 좌천되었다. 폐모론이 일자 향리로 돌

하는 감독관 정산하(鄭山河)의 말입니다. '이번에 운반하는 여러 종류의 곡식 3,000여 석을 대조(大朝)의 사신 장긴에게 인도했습니다. 그 후에 본국 방원진(防垣鎭)의 사병(士兵) 박개손(朴介孫) 등 남녀 20명과 야춘 지방에서 조우했는데, 그에게 자세히 물어보니 무인년(1638)부터 로한(lohan, 羅汗) 부락으로 도망쳤다가 다시 이곳으로 도망친 등의 사정이 있다고 했습니다.' 신들이 삼가 살펴보건대 박개손 등은 제멋대로 경계를 넘어 야춘으로 들어갔으니 해당 부에 자문(咨文)하고 원적으로 쇄환해야 합니다." 이에 의거해 살피건대 소방(小邦)은 이미 대조(大朝)를 따르는 속번(屬藩)이니 인민과 생산물이 일가(一家)와 같아서 마음대로 이주하여 사는 것을 막을 수 없습니다. 다만 생각건대 경계가 정해져 있으니 넘어가서는 안 됩니다. 또 이 무리들이 야춘으로 간 것은 소방(小邦)이 귀부한 이후이니 쇄환을 그만두어선 안 됩니다. 바라건대 귀 부(部)에서 자문(咨文)의 사안을 살피고 박개손 등을 원적으로 돌려보내 본업에 돌아갈 수 있게 해 주십시오. 이를 위해 자문을 보내어 시행할 것을 청합니다.」

又一咨云, 據咸鏡道觀察使睦長欽啟稱, 也春屯所, 各種米穀三千一百七十八石, 及犁口一百, 鏵子三十九個. 除令監官鄭山河, 運到大朝使臣章京處, 照數交割外, 取領票文繳報. 據此查照, 先准戶部咨, 本年閏正月初一日, 奉聖旨, 加哈禪等餘黨已經遣兵收捕. 但我兵及前, 收獲加哈禪等, 在彼乏糧, 可移咨國王, 速令所在官員, 計口發糧, 付我差官. 俟差官回日, 報明給發數目, 他年額進鳳凰城米時, 照數開除可也. 欽此欽遵, 所據米穀既已畢運, 合將前項情節, 移咨該部爲便, 等因具啟. 據此, 宜合咨報, 今將各穀石數, 開錄於後, 差官

아갔다. 인조반정으로 등용, 도승지 등을 지냈다.

> 領納票文一張, 竝爲遞送. 煩乞貴部查照移咨內事理, 以憑轉奏. 爲此合行, 咨請施行. 計開, 粳米六百九十石零, 粟一千二百二十六石零, 大麥八百九十石, 稷七十六石, 黃豆二百四十三石零, 蕎麥十五石, 黍十三石, 麻子七石, 小豆十二石, 犁口一百, 鏵子三十九個.

또 하나의 자문에서 말했다. 「함경도 관찰사 목장흠(睦長欽)이 올린 바에 따르면, 야춘(也春)의 둔소(屯所)에는 각종 미곡 3,178석, 쟁기 100개, 삽 39개가 있는데, 감관(監官) 정산하(鄭山河)에게 대조(大朝)의 사신(使臣) 장긴이 있는 곳으로 운반시켜서 수량에 맞추어 인도하고 증표를 수령해 돌아왔다고 합니다. 이에 의거하고 참조하여, 앞서 호부의 자문(咨文)을 받았습니다. "올해 윤정월 초하루에 성지(聖旨)를 받들었다. '기야하찬(giyahacan, 加哈禪) 등의 잔당들은 이미 병사를 보내 사로잡았다. 다만 우리 병사가 도착하기 전에 기야하찬 등을 추포했으니, 그들의 부족한 곡식은 국왕에게 자문(咨文)을 보내서 속히 그곳의 관원에게 사람 수를 헤아려 곡식을 내어 우리가 파견한 관리에게 보내게 하라. 파견한 관리가 돌아오는 날을 기다렸다가 지급한 항목을 알리고 다른 해 봉황성(鳳凰城)으로 쌀을 진공(進貢)할 때 수를 계산하여 감해 주면 된다.' 이를 받들어 미곡을 운송했으니 앞에 적힌 정황에 따라 해당 부(部)에 편한 대로 자문을 보내야 마땅하다." 이에 의거해 자문을 올려 보고합니다. 이제 각 곡식의 양을 뒤쪽에 열거하여 적고, 차관(差官)이 수령한 증표 1장을 함께 전해 보냅니다. 바라건대 귀 부(部)는 보낸 자문의 사안을 살피고 주상께 상주를 전달해 주시기 바랍니다. 이를 위해 자문을 보내어 시행할 것을 청합니다. 열거하면 멥쌀 690석 남짓, 조 1,226석 남짓, 보리 890석, 피 76석, 대두 243석 남짓, 메밀 15석, 기장 13석, 마 씨앗 7석, 팥 12석, 쟁기 100개, 삽 39개입니다.」

○ 兵部啟心郎詹霸, 送錦州來歸蒙古九人至.

○ 병부계심랑(兵部啟心郎) 잠바(jamba, 詹霸)가 보내어 금주(錦州)에서 내귀한 몽고인 9명이 도착했다.

○ 癸巳, 上至義州北駐蹕, 義州修城屯田各官來迎.

○ 계사일(5.13), 주상이 의주(義州) 북쪽에 이르러 머물렀다. 의주에서 성을 수리하고 둔전(屯田)하는 각 관리들이 마중하러 왔다.

○ 刑部啟心郎額爾格圖, 送來歸蒙古二人至.

○ 형부계심랑(刑部啟心郎) 어르거투가 보내어 내귀한 몽고인 2명이 도착했다.

○ 乙未, 車駕起行, 義州駐防官員於五里外跪迎. 上幸義州城, 閱視建造房屋處所, 復起行, 至戚家堡駐蹕.

○ 을미일(5.15), 어가가 출발하니 의주(義州)를 지키는 관원들이 5리 밖에서 무릎 꿇고 맞이했다. 주상이 의주성에 행차하여 만든 주택 곳곳을 시찰했고, 다시 출발하여 척가보(戚家堡)에 이르러 머물렀다.

○ 丙申, 車駕起行, 和碩鄭親王濟爾哈朗·多羅貝勒多鐸·多羅郡王阿達禮, 貝子公等, 率衆官跪迎道旁. 上命內大臣, 諭令諸王·貝勒等俱乘馬隨行. 至臧家堡駐蹕.

○ 병신일(5.16), 어가가 출발하니 호쇼이 정친왕 지르갈랑·도로이 버일러 도도·도로이 군왕 아달리, 버이서와 공(公) 등이 관원들을 이끌고 무릎 꿇고 길 옆에서 마중했다. 주상이 내대신(內大臣)들에게 명하여 여러 왕과 버일러들은 모두 말을 타고 수행하라고 유시했다. 장가보(臧家堡)에 이르러 머물렀다.

○ 丁酉, 先是, 蒙古多羅特部民蘇班代·阿巴爾代, 往投明國, 於杏山西五里臺居住. 至是, 蘇班代·阿巴爾代, 密遣托克托內稟稱, 我等三十家六十餘人, 情願歸降, 乞急發兵來迎. 和碩鄭親王濟爾哈朗等奏聞. 上諭濟爾哈朗·多羅貝勒多鐸·多羅郡王阿達禮·多羅貝勒羅洛宏·固山貝子博洛等曰, 蘇班代等前來歸順, 爾等共率護軍一千五百往迎, 不必多帶從役, 敵見兵寡, 必來拒戰, 可分一旗兵, 爲前中後三隊, 前隊拒戰, 中後二隊, 陸續應援. 濟爾哈朗等率師遂行. 夜過錦州城南, 昧爽, 至杏山. 令托克托內潛入臺, 報知蘇班代·阿巴爾代等. 生擒漢人六名, 竝攜其家資·牲畜以行. 及黎明, 明杏山總兵劉周智, 率馬步兵沿城布列. 錦州總兵祖大壽, 偵我兵寡, 傳令錦州遊擊戴明, 率馬兵七百人, 松山總兵吳三桂馬兵三千人, 及杏山劉周智兵三千人, 竝杏山原駐馬兵三百人, 共兵七千, 協力戰. 松山·錦州兵, 陸續而至, 皆與劉周智合營, 分翼列陣, 進逼我軍. 濟爾哈朗等, 欲離城與步兵相遠, 引退於杏山九里外. 敵兵百餘騎, 越衆呼譟而前, 濟爾哈朗遂縱兵還擊, 分隊衝入. 濟爾哈朗及多鐸·阿達禮·

羅洛宏·博洛, 皆親自搏戰, 大敗敵兵, 追奔至城下, 及步兵營, 始還. 擒獲副將楊倫·周延州, 參將李得位, 斬之. 濟爾哈朗又遣其護衛兵及阿達禮·羅洛宏護衛兵, 擊西面敵兵二營, 復敗之, 所獲馬匹·甲胄·器械甚多. 乃還過錦州, 先遣啟心郎額爾格圖·詹霸報捷.

○ 정유일(5.17), 이전에 몽고 돌로트 부의 사람인 수반다이(subandai, 蘇班代)와 아발다이(abaldai, 阿巴爾代)는 명나라에 가서 투항하고 행산(杏山) 서쪽 오리대(五里臺)에 거주했다. 이때에 수반다이와 아발다이가 은밀히 톡토노이(toktonoi, 托克托內)를 보내 물었다. "우리 30가(家)의 사람들 60여 명은 진정으로 투항하기를 바랍니다. 바라건대 속히 병사를 보내 맞아 주십시오." 호쇼이 정친왕 지르갈랑 등이 상주했다. 주상이 지르갈랑·도로이 버일러 도도·도로이 군왕 아달리·도로이 버일러 롤로혼·구사이 버이서 볼로 등에게 유시했다. "수반다이 등이 귀순하러 오면 너희는 함께 호군 1,500명을 이끌고 가서 맞이하라. 쿠툴러를 많이 데려갈 필요는 없다. 적이 병사를 적게 보면 반드시 와서 싸울 것이다. 한 기(旗)의 병사를 나누어 전(前)·중(中)·후(後) 세 부대로 만들 수 있을 것이다. 전대(前隊)는 막아 싸우고 중대(中隊)와 후대(後隊) 두 부대는 계속 원조하라." 지르갈랑 등이 군대를 이끌고 마침내 떠났다. 밤에 금주성(錦州城) 남쪽을 지나 동틀 무렵 행산(杏山)에 도착했다. 톡토노이를 대(臺)에 잠입시켜 수반다이와 아발다이 등에게 알렸다. 한인 6명을 생포했고, 아울러 그들의 가산과 가축을 가지고 갔다.

날이 밝아 오자 명나라 행산총병(杏山總兵) 유주지(劉周智)는 기마병과 보병을 이끌고 성 가장자리를 따라 배치했다. 금주총병 조대수는 우리의 병사가 적음을 살피고 금주유격 대명(戴明)에게 명령을 전달하여 기마병 700명을 이끌게 하고, 송산총병(松山總兵) 오삼계(吳三

桂)의 기마병 3,000명, 행산 유주지의 병사 3,000명, 행산에 원래 주둔하는 기마병 300명, 총 7,000명의 병사가 힘을 합쳐 싸우도록 했다. 송산과 금주의 병사들이 계속 와서 모두 유주지와 군영을 합쳤고, 익(翼)을 나누어 진을 치고 우리 군사에게 접근했다. 지르갈랑 등은 보병을 성에서 멀리 떨어뜨리려고 행산 9리 밖으로 물러났다. 적병 100여 기(騎)가 무리를 벗어나 요란스럽게 전진하자, 지르갈랑은 마침내 군사를 내어 반격하여 부대를 나누어 돌격했다. 지르갈랑 · 도도 · 아달리 · 롤로혼 · 볼로 모두 직접 싸워 적병을 대패시키고 추격하여 성 밑과 보병 군영까지 가서야 비로소 돌아왔다. 생포한 부장 양륜(楊倫) · 주연주(周延州), 참장 이득위(李得位)는 베어 죽였다. 지르갈랑은 그의 호위병과 아달리 · 롤로혼의 호위병을 보내 서쪽의 적병 2개 군영을 공격하여 다시 승리했다. 획득한 말 · 갑옷과 투구 · 무기가 매우 많았다. 다시 금주에 가기 전에 계심랑 어르거투와 잠바를 보내 승전보를 알렸다.

○ 是日, 上離營十五里, 往閱錦州城, 適額爾格圖 · 詹霸奏捷至. 上大悅, 即於其地, 俟濟爾哈朗等至, 列纛拜天, 回營.

○ 이날 주상이 군영을 15리 떠나와 금주성을 사열하는데, 마침 어르거투와 잠바가 승전보를 아뢰어 왔다. 주상은 크게 기뻐하여 그곳에서 지르갈랑 등이 도착하기를 기다렸고 깃발을 늘어놓고 하늘에 절하고 군영으로 돌아갔다.

○ 戊戌, 和碩鄭親王等, 以陣獲旗纛 · 馬匹 · 甲胄等物獻上. 上閱畢, 賜和碩鄭親王濟爾哈朗 · 多羅貝勒多鐸 · 多羅郡王阿達禮 · 多羅貝

勒羅洛宏 · 固山貝子博洛, 御廐良馬各一匹. 凡陣獲馬匹等物, 賜有功將士有差. 賞杏山降人蘇班代 · 阿巴爾代 · 蘇當 · 拜戶寨 · 南泰 · 托克托內 · 額爾克 · 滿扎爾 · 阿噶理等九人, 各鑲領緞衣一襲, 寧遠降人布顏圖 · 博本 · 白希得, 錦州降人眞特 · 卓禮克圖 · 諾代 · 布代等七人, 各緞衣一襲.

○ 무술일(5.18), 호쇼이 정친왕 등이 획득한 기(旗)와 독(纛) · 말 · 갑옷과 투구 등의 물품을 주상에게 바쳤다. 주상이 본 후 호쇼이 정친왕 지르갈랑 · 도로이 버일러 도도 · 도로이 군왕 아달리 · 도로이 버일러 롤로혼 · 구사이 버이서 볼로에게 황실 마구간의 좋은 말 1마리씩을 하사했다. 획득한 말 등의 물품은 공을 세운 장수와 병사들에게 차등 있게 하사했다. 행산(杏山)에서 투항해 온 수반다이 · 아발다이 · 수당(sudang, 蘇當) · 바이후자이(baihūjai, 拜戶寨) · 난타이(nantai, 南泰) · 톡토노이 · 어르커 · 만자르(manjar, 滿扎爾) · 아갈리(agali, 阿噶理) 등 9명에게는 깃에 테두리를 두른 비단옷 1벌씩을 상으로 주었고, 영원(寧遠)에서 투항해 온 부얀투 · 보봉(bobong, 博本) · 버히더이(behidei, 白希得)와 금주(錦州)에서 투항해 온 전터이(jentei, 眞特) · 조릭투 · 노다이(nodai, 諾代) · 부다이 등 7명에게는 비단옷 1벌씩을 상으로 주었다.

○ 命碩翁科羅巴圖魯勞薩 · 吳拜等, 率前鋒兵, 同每旗下護衛十名, 由中後所北, 往略海濱一路.

○ 숑코로 바투루 로오사 · 우바이 등이 전봉병(前鋒兵) 및 각 기(旗)의 호위 10명씩을 이끌고, 중후소(中後所) 북쪽으로부터 해변 일대를

공격하러 갔다.

○ 先是, 薩穆什喀·索海, 往征索倫部落時, 未降者三百三十七戶, 共男子四百八十一人. 後聞其來降, 上命理藩院參政尼堪, 及每旗護軍參領各一員, 率每牛彔護軍各一人, 攜蟒緞·素緞·梭布, 往迎之, 諭曰, 爾等可令索倫來歸之衆, 同我國外藩蒙古郭爾羅斯部落, 於吳庫馬爾·格倫額勒蘇·昂阿插喀地方, 駐扎耕種, 任其擇便安居. 其中有能約束衆人, 堪爲首領者, 即授爲牛彔章京, 分編牛彔. 爾等將攜去緞布, 以次給賞之. 於是尼堪等, 各遵諭給賞, 分編爲八牛彔, 乃還.

○ 이전에 삼시카·소오하이가 솔론 부락을 정벌하러 갔을 때 항복하지 않은 337호, 남자 총 481명이 있었다. 후에 그들이 내귀한다는 것을 듣고 주상은 이번원참정 니칸과 각 기의 호군참령 각 1명에게 명하여 니루마다 호군 1명을 이끌고 망단·소단(素緞)·무명을 가지고 가서 맞이하게 하고 유시했다. "너희는 솔론에서 내귀한 무리에게 우리나라 외번몽고 고를로스 부락과 함께 우쿠말(ukūmal, 吳庫馬爾)·거런 얼러수(geren elesu, 格倫額勒蘇)·앙가차카(anggacaka, 昂阿插喀)[19] 지방에 주둔하며 경작하게 하고, 편안히 지낼 곳을 골라 거처하게 하라. 그중 무리를 통제할 수 있고 수령을 감당할 수 있는 자는 곧 니루장긴을 제수하고 나누어 니루로 편제하라. 너희는 비단과 면포를 가져가서 차등 있게 상 주어라." 이에 니칸 등은 각각 유시를 받들어 상을 주고 8개 니루로 나누어 편제한 후에 돌아왔다.

19 吳庫瑪爾은 洮兒河口 부근, 格倫額勒蘇는 古龍沙漠, 昂阿插哈는 현재 치치하얼의 남쪽 昂昂溪이다. 세 지역 모두 嫩江 하류에 있다. 烏雲達賚, 「論明末淸軍對索倫部戰爭的起因及其後果」, 『內蒙古社會科學(文史哲版)』, 1987年 第4期, p.76.

○ 庚子, 召和碩鄭親王濟爾哈朗·多羅貝勒多鐸·多羅郡王阿達禮·多羅貝勒羅洛宏·固山貝子博洛·公等, 及諸大臣, 入行幄, 大宴之.

○ 경자일(5.20), 호쇼이 정친왕 지르갈랑·도로이 버일러 도도·도로이 군왕 아달리·도로이 버일러 롤로혼·구사이 버이서 볼로·공(公)들과 대신(大臣)들을 불러 행막에 들이고 크게 잔치했다.

○ 辛丑, 命內國史院學士羅碩, 率八家八人, 及從役八人, 以捷音宣諭留守盛京和碩禮親王代善·和碩睿親王多爾袞·和碩肅親王豪格·多羅武英郡王阿濟格·多羅饒餘貝勒阿巴泰·多羅安平貝勒杜度等.

○ 신축일(5.21), 내국사원학사 로쇼에게 명하여 팔가(八家)의 8명과 쿠툴러 8명을 이끌고 가서, 성경(盛京)에 남아서 지키고 있는 호쇼이 예친왕(禮親王) 다이샨·호쇼이 예친왕(睿親王) 도르곤·호쇼이 숙친왕 호오거·도로이 무영군왕 아지거·도로이 요여 버일러 아바타이·도로이 안평 버일러 두두 등에게 승전보를 널리 알리게 했다.

○ 上自臧家堡起行, 至葉家堡駐蹕.

○ 주상이 장가보(臧家堡)를 출발하여 엽가보(葉家堡)에 이르러 잠시 머물렀다.

○ 壬寅, 上率八旗護軍·騎兵, 向錦州進發. 命漢軍攜紅衣礮前行. 至錦州東五里, 近臺布列. 令漢軍前進, 舉礮攻克其臺, 復令內大臣·侍衛等, 誘錦州敵兵至, 擊斬之.

○ 임인일(5.22), 주상이 팔기의 호군과 기병을 이끌고 금주로 떠났다. 한군에게 홍의포를 가지고 앞으로 가게 했다. 금주 동쪽 5리에 도착해서 대(臺) 가까이에 진을 쳤다. 한군을 전진시켜 포를 쏘아 대(臺)를 공격하게 했고, 다시 내대신·시위 등에게 명하여 금주의 적병을 유인해 와서 모두 죽였다.

○ 甲辰, 戶部啟心郎布丹等, 至自盛京, 奏征虎爾哈捷音. 計獲男子三百三十六人, 歸降男子一百四十九人, 共四百八十五人. 內有捕海豹人二百四十三人, 捕貂鼠人一百九十八人, 令仍居彼地, 攜來者四十四人. 俘獲家屬七百九十六口, 歸降家屬四百八十一口, 共一千二百七十七口, 內留一千一百九十四口, 仍居彼地, 攜來八十三口. 羌都·蘇喇庫·塞木得三人來朝, 輝克地方朱吉喇亦至. 又先降賴圖庫, 及加哈禪之子奇喇納·艾都·達松阿·託和諾, 及三人皆至. 多濟里·喀柱, 所獲男子四十三人, 家屬一百一十五口, 馬一百十七匹, 牛八頭, 貂·猞狸猻·虎·狐·貉·水獺·灰鼠·黃鼠等皮, 共三百四十有奇, 貉裘二, 狐帽·貂尾帽, 共十四. 又歸附土謝圖親王索倫克爾特密·阿拜八戶, 歸附蒙夸達爾漢和碩齊二戶, 翁奇得·卓爾齊代兄弟四十戶, 共五十戶皆至.

○ 갑진일(5.24), 호부계심랑 부단 등이 성경에서 와서 후르카 정벌의 승전보를 상주했다. "노획한 남자가 336명, 투항한 남자가 149명

으로, 총 485명입니다. 그중에 바다표범을 포획하는 자 243명, 담비를 포획하는 자 198명은 계속 그곳에 거주하도록 했고, 44명을 데려왔습니다. 노획한 가속은 796명, 투항한 가속은 481명으로, 총 1,277명입니다. 그중 1,194명은 남아서 그곳에 계속 거주하게 했고, 83명을 데려왔습니다. 키양두(kiyangdu, 羌都) · 수라쿠(suraku, 蘇喇庫) · 섬더(semde, 塞木得) 3명이 내조했고 후이커(huike, 輝克) 지방의 주길라(jugila, 朱吉喇)도 도착했습니다. 또 이전에 투항한 라이투쿠(laituku, 賴圖庫) · 기야하찬의 아들 키라나(kirana, 奇喇納) · 아이두(aidu, 艾都) · 다숭가(dasungga, 達松阿) · 토호노(tohono, 託和諾) 및 3명도 함께 도착했습니다. 도지리 · 카주가 노획한 남자는 43명, 가속은 115명, 말 117마리, 소 8마리, 담비 · 스라소니 · 호랑이 · 여우 · 오소리 · 수달 · 회서(灰鼠) · 족제비 등 가죽이 총 340여 장, 오소리 가죽옷 2벌, 여우모자 · 담비꼬리모자 총 14개입니다. 또 투시예투 친왕에 귀부한 솔론의 컬터미(keltemi, 克爾特密) · 아바이(abai, 阿拜) 8호, 몽쿠와 다르한 호쇼치에 귀부한 2호, 웅키더(ungkide, 翁奇得) · 조르치다이(jorcidai, 卓爾齊代) 형제 40호, 총 50호가 함께 도착했습니다."

○ 乙巳, 上至錦州, 命軍士於錦州城五里外布列, 漢軍以礮攻錦州城北晾馬山臺, 擊死六人, 餘十三人下臺降. 遂盡刈錦州城東隅禾稼. 上率侍衛及親軍閱城, 自東至南, 日暮還營. 有蒙古巴爾巴圖魯, 及漢人材官一名, 詣軍中降. 上駐蹕葉家堡, 凡四日.

○ 을사일(5.25), 주상이 금주에 도착해 군사에게 명을 내려 금주성 5리 밖에 진을 치게 하고, 한군에게는 포를 쏘아 금주성 북쪽의 양마산대(晾馬山臺)를 공격하게 했다. 6명이 포에 맞아 죽었고 나머지 13명은 대(臺)에서 내려와 투항했다. 마침내 금주성 동쪽 구석의 곡식을

다 베었다. 주상이 시위(侍衛)와 친군(親軍)을 이끌고 동쪽부터 남쪽까지 성을 살피고, 해 질 무렵 군영으로 돌아왔다. 몽고의 바르 바투루와 한인 재관(材官) 1명이 군영에 와서 투항했다. 주상이 엽가보(葉家堡)에 머무른 것이 총 4일이었다.

○ 丙午, 駐蹕國王碑地方. 碑係元勳臣木華黎之裔乃馬代, 追封其父兀斯和爾所建.

○ 병오일(5.26), 국왕비(國王碑)[20] 지방에 머물렀다. 비석은 원나라의 훈신(勳臣)인 무훌리(muholi, 木華黎)[21]의 후손 나이마다이(naimadai, 乃馬代)[22]가 부친 우스호르(ushor, 兀斯和爾)를 추봉하여 세운 것이다.

○ 丁未, 上率八旗護軍·騎兵·漢軍, 布列錦州城北, 刈附近禾稼. 復令漢軍舉礮攻城.

○ 정미일(5.27), 주상이 팔기의 호군·기병·한군을 이끌고 금주성 북쪽에 진을 치고 부근의 곡식을 베게 했다. 다시 한군에게 명하여 포를 쏘아 성을 공격하게 했다.

---

20 요녕성 錦縣(현 凌海市)에 소재한 지명.

21 무칼리를 가리킨다.

22 나이만타이(naimantai, 乃馬代, 乃蠻台, ?-1348)는 무칼리(1170-1223)의 5대손.

○ 戊申, 遣軍士刈錦州城西禾稼.

○ 무신일(5.28), 군사를 보내 금주성 서쪽의 곡식을 베게 했다.

○ 己酉, 碩翁科羅巴圖魯勞薩·吳拜等還. 勞薩等由中後所北面入, 勞薩駐其西, 吳拜駐其東. 分兵一半沿海搜略, 獲馬二十四·牛一百六十三·驢四十, 俘十六人, 殺二百二十人.

○ 기유일(5.29), 숑코로 바투루 로오사·우바이 등이 돌아왔다. 로오사 등은 중후소(中後所) 북쪽을 통해 진입했고, 로오사는 서쪽에 우바이는 동쪽에 주둔했다. 병사를 반으로 나누어 바닷가를 약탈하여 말 24마리·소 163마리·나귀 40마리를 획득했고 사람 16명을 노획했으며 220명을 죽였다.

○ 庚戌, 上回鑾.

○ 경술일(5.30), 주상이 어가를 돌렸다.

권52

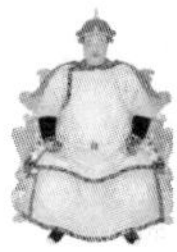

숭덕 5년 6월 ~ 9월

崇德五年, 庚辰, 六月, 辛亥朔.

○ 숭덕 5년 경진년 6월 신해일 초하루(6.1).

○ 乙丑, 命和碩睿親王多爾袞 · 和碩肅親王豪格 · 多羅安平貝勒杜度 · 多羅饒餘貝勒阿巴泰等, 率其屬下將士之半, 往代和碩鄭親王濟爾哈朗等, 於義州築城屯田.

○ 을축일(6.15), 호쇼이 예친왕(睿親王) 도르곤 · 호쇼이 숙친왕 호오거 · 도로이 안평 버일러 두두 · 도로이 요여 버일러 아바타이 등에게 명하여, 속하의 장수와 병사 중 절반을 이끌고 호쇼이 정친왕 지르갈랑 등에게 가서 의주(義州)에 성을 쌓고 둔전하는 것을 대신하게 했다.

○ 丁卯, 先是, 朝鮮國王李倧, 以本國人民二十口, 逃往也春屯, 咨請遣發. 至是, 戶部察訊, 內六人, 果係朝鮮之民, 其十四人, 係我國瓦爾喀人, 逃入朝鮮而復歸者, 奏聞. 命戶部移咨給還.

○ 정묘일(6.17), 이전에 조선국왕 이종(李倧)이 야춘둔(也春屯)으로 도망간 자국의 백성 20명을 돌려보내 달라고 자문(咨文)을 보내어 청했다. 이때에 호부가 조사하니 그중 6명은 조선 사람이고 14명은 본국의 와르카 사람으로 조선으로 도망갔다가 돌아온 사람들이었다. 상주하니 호부에 명하여 자문을 보내고 도망자를 돌려보내게 했다.

○ 戊辰, 朝鮮國王世子李溰來自本國. 命承政滿達爾漢迎之, 賜宴於五里亭.

○ 무진일(6.18), 조선국왕의 세자 이왕(李溰)이 본국에서 돌아왔다. 승정 만다르한에게 명하여 맞이하고 오리정(五里亭)에서 잔치를 베풀게 했다.

○ 賜錦州來歸塞冷等二人, 各衣服 · 帽 · 鞾等物.

○ 금주에서 내귀한 서령 등 2명에게 각각 의복 · 모자 · 신발 등의 물건을 하사했다.

○ 先是, 上命朝鮮總兵林慶業等, 率兵五千, 船一百一十五艘, 載米一萬包, 同戶部洪尼喀·庫禮等由明錦州南小凌河·大凌河口, 水路進發. 運至三山島, 船十六艘遭風, 溺死五人, 壞船三. 運至奇爾山橋, 船十一艘遭風, 沈其四, 溺死七人. 又船三艘, 竝其人漂至明境, 俱爲明所獲. 又自旅順口運, 至北信口, 船二十五艘爲石所壞. 明人獲遭風之船三艘, 詰問朝鮮國人, 知有船在前途, 即發兵船三十八艘, 追至熊岳北新臺, 與朝鮮兵船相遇截戰, 朝鮮一船, 被殺者八人, 傷十二人, 又十二人爲火藥所燎, 二人躍入水中, 明人用鉤獲之, 置於小船, 載以俱歸. 又船二十九艘亦爲石所壞, 僅存船五十二艘, 至蓋州. 慶業等因不能前進, 遂同洪尼喀·庫禮, 遣人奏聞. 上命大學士希福·范文程·剛林, 前往確查朝鮮兵船具奏, 後又遣人諭之曰, 據詹霸來奏, 有逃人口稱, 朝鮮二船遭風, 船內三十人, 爲洪承疇所獲, 報於錦州. 因此諭爾等知悉, 或果遭風, 或故縱放, 當詳查朝鮮人情形. 於是希福等, 至慶業處, 問云, 我之船甚多, 明人止有船三十八艘, 何故不與拒戰. 慶業等對曰, 我船重載, 難以運動, 明船輕浮, 往來便利, 所以不能拒戰. 又問云, 如此, 則爾等欲回家乎. 欲前進乎. 對曰, 船重且壞, 又不知路徑, 難以前行. 希福等曰, 如此, 當令我國知路徑者, 導引於前, 同滿洲官兵乘船, 與小船軍士, 俱赴所指之地可也. 且令爾等前往, 非有他意. 縱不愛爾等, 豈於我國同往之官屬兵丁, 亦欲害之乎. 諭畢. 慶業不從, 又令止到牛莊, 亦不從且曰, 遭風被害, 情事俱實. 天不可欺, 皇上可欺乎. 如必欲運米至所約之處, 則我等願從陸路負運, 不辭勞苦. 若從水路, 如許士卒, 皆無生理矣. 儻以我等爲違, 上命當誅, 則我兩總兵寧甘受戮, 以活衆軍耳. 於是希福等回奏. 上又遣學士胡球·額色黑, 齎敕往諭慶業等曰, 爾主李倧, 當南漢見朕時, 曾奏云, 本國舟楫堅固, 利於對敵, 明人之船柔脆, 不能當也. 今爾等在道, 遷延歲月, 託言三舟漂入明境. 暗通消息, 及見明之兵船不即迎敵, 乃諉於重載, 退避不前. 豈非私與明人通謀而然耶. 朕既視爾國如一家, 本欲同心協力以征明國, 故特調爾兵船. 爾朝鮮素善鳥鎗, 若用以力戰, 明人奈爾何哉. 今爾等如許兵船, 僅遇明國三十八船, 尚不迎敵, 爾之有意退避, 顯然可見. 縱復前行, 豈肯力戰耶. 爾雖有數人被燎傷亡, 在爾等既與明通謀, 寧惜捐此數小卒, 以自掩其跡耶. 且朕原命爾等遇敵則戰, 約至納米之處, 曷嘗有中途輒回之諭乎. 即爾等之來, 亦期遇敵則戰, 納米於所約之處, 豈謂絕無敵人以兵船阻截乎. 今既不由水路前進, 又不退歸, 皆爾主與汝輩通謀於明, 故爲巧飾耳. 且朕原不因此處糗糧虧少, 令爾齎送, 特因兵船之便, 故命順帶耳. 爾既不遵諭運至所約之處, 朕亦何需此米. 爾等或棄之道路, 或載歸本國, 由水由陸, 聽爾自便, 朕無與焉. 慶業等大懼曰, 聖諭如此, 我等雖死, 必從水路前往. 胡球 · 額色黑, 因令暫止, 復以其言回奏. 上遣內國史院學士羅碩, 諭慶業等, 准其由陸路前運, 止許率副將五員 · 遊擊三員 · 備禦五員 · 兵一千 · 廝卒五百同來. 其餘兵丁, 俱付該管官帶回本國. 其米用我國車輛, 運至蓋州 · 耀州. 其陸路兵, 令於海州駐劄以候馬匹.

○ 이전에 주상이 조선총병 임경업 등에게 명하여 병사 5,000명을 이끌고 배 115척에 쌀 1만 포를 싣고, 호부의 훙니카(hūngnika, 洪尼喀) · 쿠리(kuri, 庫禮) 등과 함께 명나라의 금주(錦州) 남쪽 소릉하(小凌河)와 대릉하(大凌河) 입구까지 수로로 가게 했다. 삼산도(三山島)에 이르렀을 때 배 16척이 풍랑을 만나 5명이 익사하고 배 3척이 망가졌다. 또 기이산교(奇爾山橋)에 이르러 배 11척이 풍랑을 만나 4척이 짐놀하고 7명이 익사했다. 또 배 3척과 그 배의 사람들이 명나라의 경계로 떠내려갔고 모두 명에 잡혔다. 또 여순구(旅順口)에서 북신구(北信口)로 가는데 배 25척이 암석에 파손되었다. 명나라 사람은 풍랑을 만난 배 3척을 붙잡아 조선국 사람인지 심문해서 앞에 배가 있음을 알아내

자 즉시 병선 38척을 보내 웅악(熊岳) 북쪽의 신대(新臺)까지 추격하여 조선 병선을 만나 가로막고 공격했다. 조선의 배 1척에서 8명이 죽고 12명이 부상을 입었다. 또 12명은 화약을 맞아 불에 탔고, 2명은 물에 뛰어들었는데 명나라 사람이 갈고리로 건져내 작은 배에 두고 실어서 함께 돌아갔다. 또 배 29척도 암석에 파괴되어 겨우 52척만이 남아 개주(蓋州)에 이르렀다. 임경업 등은 더 앞으로 나아가지 못하여 결국 홍니카 · 쿠리와 함께 사람을 보내 상주했다.

주상은 대학사 히펴 · 범문정 · 가린에게 명하여 조선 병선에 대해 확실히 조사하여 보고하게 하고, 이후에 또 사람을 보내 유시했다. 「삼바가 와서 상주한 바에 따르면, "도망자가 말하기를, 조선의 배 2척이 풍랑을 만났고 배 안의 30명이 홍승주(洪承疇)[1]에게 붙잡혔다고 금주(錦州)에 보고되었습니다."라고 한다. 이에 너희에게 유시하여 모두 알게 하니 정말 풍랑을 만났는지 아니면 고의로 풀어 주었는지 상세하게 조선인의 상황을 조사하라.」

이에 히펴 등은 임경업이 있는 곳으로 가서 물었다. "우리 배는 매우 많고 명나라의 배는 38척뿐인데 어찌 맞서 싸우지 않았는가?" 임경업 등이 대답했다. "우리 배는 적재량이 많아 움직이기가 어렵지만 명나라의 배는 가벼워서 오고 가기에 편했기에 맞서 싸울 수 없었습니다." 또 물었다 "그러면 너희는 집으로 돌아가고 싶은가, 앞으로 나아가고 싶은가?" 임경업이 대답했다. "배는 무겁고 파손되었습니다. 또 길을 알지 못해 앞으로 나아가기 어렵습니다." 히펴 등이 말했다. "그

---

1 홍승주(洪承疇): 1593-1665. 字는 彦演, 號는 亨九. 복건 泉州府 南安縣 英都(현 英都鎭 良山村) 사람. 명 숭정 연간에 농민반란군 진압전과 청과의 전투에서 활약했고, 병부상서와 薊遼總督을 역임했다. 1641년 송산-금주 전투에서 청에 패하여 포로가 된 후 청에 복무했다. 청이 명의 제도를 수용하는 데 공적이 컸다. 입관 후 중원을 지배하는 데 도르곤과 范文程에 이어 가장 큰 역할을 했다고 거론된다.

렇다면 우리나라의 길을 아는 자를 시켜 앞에서 인도하게 하고, 만주 관병이 함께 타고 작은 배의 군사와 함께 지정한 지역으로 가면 된다. 너희를 앞으로 나아가게 하는 것은 다른 뜻이 있지 않다. 너희를 아끼지 않는다 해도 어찌 함께 가는 우리나라의 관속과 병정에게도 해를 끼치려 하겠는가?"

유시를 마쳤으나 임경업이 따르지 않았다. 또 우장(牛莊)까지만 가라고 했는데도 따르지 않고 말했다. "풍랑을 만나 피해를 입은 일은 모두 사실입니다. 하늘을 속일 수 없는데 황상을 속일 수 있겠습니까? 만약 반드시 약속한 곳까지 쌀을 운반해야 한다면 저희는 육로로 운반하기를 바라며 노고를 마다하지 않겠습니다. 만약 수로로 가면 많은 사졸들이 모두 살아남을 수 없습니다. 만약 저희가 약속을 위반하면 주상께서 처벌하시는 것이 당연합니다. 저희 두 총병이 죽음을 감내할 것이니 군사들은 살려 주십시오." 이에 히퍼 등이 대답을 상주했다.

주상은 또 학사 후키오와 어서허이를 보내 임경업 등에게 칙서를 가져가 말하게 했다. 「너의 군주인 이종(李倧)은 남한산성에서 짐(朕)을 보았을 때 아뢰기를, "본국의 배는 견고하여 적을 상대하기에 유리하고, 명나라의 배는 무르고 약하여 대적할 만한 것이 못됩니다."라고 했다. 지금 너희는 길에서 시간을 끌면서 배 3척이 명나라 경계에 표류하여 들어갔다고 핑계대며 명에게 몰래 소식을 전하고 명나라 병선을 보고도 즉시 맞서 싸우지 않고 적재량이 많다는 핑계로 도망쳐 물러나 앞으로 나아가지 않았다. 사사로이 명나라 사람과 공모하여 그리 한 것이 아니겠는가? 짐은 너희 나라를 일가(一家)와 같이 보아서 본디 한마음으로 협력하여 명나라를 정벌하고자 특별히 너희 병선을 선발했다. 너희 조선은 평소 조총에 능하니, 힘을 다해 싸웠다면 명나라 사람이 너희를 어찌할 수 있었겠는가? 지금 너희의 많은 병선이 겨우 명나라의 배 38척을 만나 응전하지 않았으니, 너희가 뜻이 있어 물러나 피한 것임을 명백하게 알 수 있다. 설령 다시 전진한다 하더라도 어찌 힘을 다해 싸우려 하겠는가? 비록 너희의 여러 사람이 다치고 죽긴 했지만, 너희가 명나라와 공모하고 병졸 몇명을 잃은 것을 애석해 하는 것으로 공모의 흔적을 감춘 것이 아닌가? 또 짐은 원래 너희에게 적과 만나면 싸우고 쌀을 바치는 곳에 가라고 명했다. 어찌 도중에 즉시 돌아오라고 유시한 적이 있는가? 너희에게 오라고 한 것은 적을 만나면 싸우고 약속한 곳에 쌀을 가지고 오기를 기대한 것이다. 어찌 적이 병선을 막아서는 일이 절대 없을 것이라고 말한 적이 있는가? 지금 수로를 통해 전진하지도 않고 물러나 돌아가지도 않는 것은 모두 너희 군주와 너희가 명나라와 공모하여 꾸며낸 것일 뿐이다. 또 짐은 원래 이곳에 마른 양식이 부족해서 너희에게 싣고 가게 한 것이 아니라 다만 병선이 가는 편에 맡겨 가져가게 한 것뿐이다. 너희가 유시를 따라 약속한 곳으로 가져가지 않았으니 짐 또한 어찌 이 쌀이 필요하겠는가. 너희는 길에 버리든 본국으로 실어가든, 수로를 통하든 육로를 통하든 너희 편한 대로 하라. 짐은 관여하지 않겠다.」

임경업 등은 몹시 두려워하며 말했다. "성유(聖諭)가 이와 같으니, 저희는 설령 죽는다 하더라도 반드시 수로를 따라 전진하겠습니다." 후키오와 어서허이는 잠시 멈추게 하고, 다시 그 말을 상주했다. 주상은 내국사원학사 루슈를 보내 임경업 등에게 유시했다. "육로를 따라 운송하는 것을 허락한다. 다만 부장 5명 · 유격 3명 · 비어 5명 · 병사 1,000명 · 쿠툴러 500명만을 이끌고 함께 가도록 허락한다. 그 나머지 병정들은 모두 해당 관할 관원에게 맡겨 본국으로 데리고 돌아가게 하라. 쌀은 우리나라의 수레를 이용하여 개주(蓋州)와 요주(耀州)로 옮겨라. 육로의 병사는 해주(海州)에 주둔하면서 마필을 기다리게 하라."

○ 辛未, 以譚拜爲兵部參政.

○ 신미일(6.21), 탐바이를 병부참정으로 삼았다.

○ 癸酉, 以多濟里 · 喀柱征兀扎喇氏, 獲一百一十人至, 命於五里外設宴迎之.

○ 계유일(6.23), 도지리 · 카주가 우잘라 씨를 정벌하여 110명을 노획해 왔으므로 5리 밖에서 잔치를 열어 맞이하게 했다.

○ 賜來歸索倫部落克爾特密等, 蟒衣 · 鞓帶 · 帽鞾 · 撒袋 · 鞍馬 · 緞布等物有差.

○ 내귀한 솔론 부락 컬터미(keltemi, 克爾特密) 등에게 망의(蟒衣) · 가죽띠 · 모자와 신발 · 화살집 · 안장을 갖춘 말 · 비단과 면포 등의 물건을 차등 있게 하사했다.

○ 遣朝鮮國王次子李淏歸省, 召進宮賜宴, 竝賜雕鞍 · 馬匹 · 貂裘等物.

○ 조선국왕의 둘째 아들 이호(李淏)를 귀성(歸省) 보내며 궁으로 불러서 잔치를 베풀고 조각한 안장 · 말 · 담비가죽옷 등의 물건을 하사했다.

秋七月，庚辰朔.

○ 가을 7월 경진일 초하루(7.1).

○ 敍征索倫部落各官功. 賜領翼主將索海·昂邦章京穆成格，各貂皮七十七，人口四，領旗事梅勒章京葉克書·雍舜·拜·譚布·藍拜等，各貂皮四十七，人口三，其從征將士，各照軍功大小，賞給貂皮·人口有差. 又量授各官世職，以二等甲喇章京雍舜，爲一等甲喇章京，半個牛彔章京索海·三等甲喇章京綏黑德，俱爲二等甲喇章京，牛彔章京加半個前程朱馬喇，爲三等甲喇章京，牛彔章京薩必圖加半個前程，譚布·阿哈尼堪·藍拜·葉克書·禪珠·拜，及半個牛彔章京英古·二分章京何託，俱爲牛彔章京，卓布退爲二分章京，吳班爲半個牛彔章京. 追贈陣亡之牛彔章京加半個前程阿爾休，爲三等甲喇章京，以其子阿庫里襲職. 郎圖爲牛彔章京，以其子阿喇希襲職. 穆祜爲牛彔章京，以其子莫羅襲職. 穆奈爲牛彔章京，以其子穆爾賽襲職. 一等昂邦章京穆成格病故，以其子穆赫林襲職. 牛彔章京公衮病故，以其弟喇都渾襲職. 牛彔章京噶布喇病故，以其姪孫達木圖襲職. 牛彔章京吳先達禮病故，以其子宜嚕爾襲職. 二分章京尹布病故，以其子宜爾德黑襲職.

○ 솔론 부락을 정벌한 각 관원의 공을 서훈했다. 영익주장(領翼主將) 소오하이·암바장긴 무청거에게 각각 담비가죽 77장과 사람 4명을 하사했다. 기(旗)를 지휘한 머이런장긴 역슈·용숸·바이·탐부·람바이 등에게는 각각 담비가죽 47장, 사람 3명을 하사했다. 종군한 장수와 병사들에게는 각각 군공의 크고 작음에 따라 담비가죽과

인구를 차등 있게 하사하고 또한 헤아려 각 관원의 세직을 제수했다. 이등 잘란장긴 용숀은 일등 잘란장긴으로, 반개니루장긴 소오하이와 삼등 잘란장긴 수이허더는 모두 이등 잘란장긴으로, 니루장긴에 반개 전정을 더한 주마라는 삼등 잘란장긴으로 삼았고, 니루장긴 사비투에게는 반개전정을 더해주었다. 탐부 · 아하니칸 · 람바이 · 역슈 · 찬주(canju, 禪珠) · 바이 및 반개니루장긴 잉구(inggu, 英古), 이분장긴(二分章京) 호토(hoto, 何託)는 모두 니루장긴으로, 좁토이는 이분장긴으로, 우반은 반개니루장긴으로 삼았다.

전사한 자들 가운데 니루장긴으로 반개전정을 더한 알히오(alhio, 阿爾休)는 추증하여 삼등 잘란장긴으로 삼고 아들 아쿨리(akūli, 阿庫里)에게 습직시켰다. 랑투(langtu, 郎圖)는 니루장긴으로 삼고 아들 알라히(alahi, 阿喇希)에게 습직시켰다. 무후(muhu, 穆祜)는 니루장긴으로 삼고 아들 모로(moro, 莫羅)에게 습직시켰다. 무나이(munai, 穆奈)는 니루장긴으로 삼고 아들 무르사이(mursai, 穆爾賽)에게 습직시켰다. 일등 암바장긴인 무청거(mucengge, 穆成格)가 병사했기에, 아들 무헐리연(muheliyen, 穆赫林)에게 습직시켰다. 니루장긴 궁군(gunggun, 公袞)이 병사했기에 동생인 라두훈(laduhūn, 喇都渾)에게 습직시켰다. 니루장긴 가불라(gabula, 噶布喇)가 병사했기에 조카손자 담투(damtu, 達木圖)에게 습직시켰다. 니루장긴 우시얀다리(usiyandari, 吳先達禮)가 병사했기에 아들 이룰(irul, 宜魯爾)에게 습직시켰다. 이분장긴 임부(imbu, 尹布)가 병사했기에 아들 일더허(ildehe, 宜爾德黑)에게 습직시켰다.

○ 以錦州來降材官王成名, 爲牛彔章京.

○ 금주에서 투항해 온 재관(材官) 왕성명(王成名)을 니루장긴으로

삼았다.

○ 癸未, 部議出征索倫領翼主將薩穆什喀等罪. 薩穆什喀, 本旗所得三屯人民, 不加撫輯, 其弓矢不行收取, 又不齊集三屯人民, 併歸一處. 又不嚴飭兵將留守, 每屯止留章京二員, 兵五十人. 其餘兵將俱擅帶還, 違命不守汎地, 竟往正藍旗地方, 以致三屯人叛, 罪一. 既知三屯欲叛, 復調還章京三員, 及衆兵, 止留章京三員, 兵六十人於後, 護送疲敝人馬. 及三屯作叛時, 章京二員, 兵三十七人, 俱被殺, 罪二. 追攻作叛之都達陳屯, 七旗皆即時運木, 薩穆什喀本旗, 遲至次日方運, 罪三. 博穆博果爾兵, 攻掠正藍輜重, 彼坐視不救, 以致甲士二十二, 厮卒二十四, 爲敵所殺, 罪四. 薩必圖之甲, 爲敵所奪, 索海·伊孫·葉克書, 問臨陣時, 曾否擐甲, 薩穆什喀對曰, 薩必圖曾擐甲. 及該部復問, 又曰, 未嘗擐甲. 改變言詞, 罪五. 薩穆什喀應革職, 籍其家產, 人口入官. 正藍旗梅勒章京伊孫, 既見博穆博果爾兵, 攻掠本旗輜重, 不急入援, 坐待葉克書至, 以致本旗甲士厮卒, 共四十六人, 爲敵所殺. 伊孫, 應革職, 籍其家產之半. 正藍旗伊勒慎, 既獲噶凌阿, 防守不嚴, 以致脫逃, 罪一. 噶凌阿餘黨, 及俘獲二百二十人, 又不嚴行縶禁. 及博穆博果爾來攻, 遂失其地, 又先塔哈布敗走, 罪二. 及擊敗博穆博果爾時, 鑲紅旗依汎地, 追擊餘軍, 伊勒慎不於汎地邀截, 坐視博穆博果爾, 及餘衆二百遁去, 罪三. 伊勒慎, 應論死, 籍其家. 鑲藍旗席林, 獲噶凌阿之媳收留帳內, 不防守噶凌阿, 以致脫逃. 及博穆博果爾來攻, 不堅守營寨, 爲敵所奪, 敗走被殺. 席林, 應籍其家, 妻子入官. 梅勒章京羅奇, 獲噶凌阿, 不嚴行縶禁, 以致逃去. 及博穆博果爾來攻, 不堅守營寨, 爲敵所奪, 拒戰被殺. 羅奇, 應革職, 籍其家產之半. 巴圖魯俄黑, 督造監獄, 不加意防範, 身不擐甲, 止執弓矢, 致噶凌阿突出時被殺. 巴圖魯俄黑, 應革職. 塔哈布, 監守噶凌阿不嚴, 以致脫逃, 噶凌阿餘黨, 及俘獲之衆, 共二百二十人, 不嚴加繫禁, 以致博穆博果爾來攻時, 盡被奪去, 遂棄地敗走. 及八旗合擊之, 博穆博果爾兵, 逃奔於山, 鑲紅旗依汎地擊殺, 塔哈布不於汎地邀截, 坐視博穆博果爾, 及二百餘衆遁去. 塔哈布, 應革職, 鞭一百, 貫耳鼻. 正紅旗圖爾哈, 所守監禁之人, 白晝毁垣逃出, 圖爾哈竝甲士二人, 廝卒一人, 俱被殺. 圖爾哈應籍家產. 阿爾吉禪·俄黑訥, 白晝往查所守監禁人衆, 竝不擐甲, 不帶兵器, 遂被殺. 阿爾吉禪·俄黑訥, 應籍其家. 鑲黃旗公衮, 不遵領翼主將索海之令, 不往席俄陳村, 與郎圖合營. 及敵兵來攻郎圖, 始往救援, 以致被殺. 公衮, 應革職, 籍家產三分之一. 鑲白旗章京雅布喀·與穆祜·和託, 率兵六十人, 收管疲敝人馬, 遇三屯叛人伏發, 和託及兵三十七人被殺. 穆祜謂雅布喀曰, 和託既死, 吾等亦當死戰, 遂衝入被殺. 雅布喀, 率六人戰脫, 以其棄穆祜而走. 雅布喀, 應鞭一百, 貫耳鼻. 正白旗額布特, 不嚴守俘獲之人, 於當直之夕, 擅宿於家, 以致繫禁者逃出, 圍其居室. 同旗庫爾禪預知之, 擊散敵人, 額布特始得出. 額布特應論死, 籍其家. 庫爾禪, 不嚴加監守, 以致脫逃, 亦應鞭一百. 正藍旗阿爾賽·拜果達·南濟蘭·黑勒, 鑲白旗賽達, 立於領翼主將薩穆什喀之側, 坐視博穆博果爾兵, 攻掠正藍旗輜重, 殺四十六人, 竟不救援. 阿爾賽等, 應各鞭一百, 貫耳鼻. 噶喇額眞索海, 不嚴守本翼俘獲人, 又不堅立營寨. 各旗人衆, 亦不令各集一隊, 以致繫禁之人脫逃, 本翼士卒被殺. 索海, 應罰銀一百兩, 追還賞物. 正白旗梅勒章京拜, 正紅旗梅勒章京葉克書, 督造監獄不堅, 以致本旗俘獲之人逃出, 我兵被殺. 拜·葉克書, 應各罰銀五十兩, 追還賞物. 奏聞.

○ 계미일(7.4), 부(部)에서 솔론에 출정한 영익주장(領翼主將) 삼시카 등의 죄를 의논했다. 「삼시카는 본 기에서 획득한 세 촌락의 인민

을 위무하지 않았고 그들의 활과 화살을 거두어들이지 않았으며 세 촌락의 인민을 모아 한 곳으로 돌려보내지 않았습니다. 또한 병장(兵將)이 남아서 지키는 것을 엄히 관리하지 않고 둔마다 겨우 장긴 2명과 병사 50명만 남겼습니다. 나머지 병장들이 모두 멋대로 귀환하여 명을 어기고 주둔지를 지키지 않고 정람기의 지역으로 가 버리자 세 촌락의 인민들이 반란을 일으키게 되었으니 첫째 죄입니다. 세 촌락이 반란을 일으키려는 것을 알았는데도 다시 장긴 3명과 병사들을 선발하여 보내고 겨우 장긴 3명과 병사 60명만 뒤에 남겨 피로한 인마를 호송하게 했습니다. 세 촌락에서 반란이 일어났을 때 장긴 2명[2]과 병사 37명이 모두 피살되었으니 둘째 죄입니다. 반란을 일으킨 두다천(dudacen, 都達陳) 촌락을 공격할 때 다른 일곱 기(旗)는 모두 즉시 목재를 운반했으나 삼시카의 기는 지체하여 다음날에야 운반했으니 셋째 죄입니다. 봄보고르의 병사가 정람기의 군수품을 약탈했을 때 삼시카는 좌시하고 돕지 않아서 갑병 22명과 쿠툴러 24명이 적에게 피살되었으니 넷째 죄입니다. 사비투의 갑옷을 적에게 빼앗겼을 때 소오하이 · 이순 · 역슈가 "전투에 나갈 때 갑옷을 입었는가"라고 묻자 삼시카는 "사비투가 입고 있었다."라고 대답했습니다. 나중에 부에서 다시 묻자 또 "입지 않았다."라고 말을 바꾸었으니 다섯째 죄입니다. 삼시카는 혁직하고 가산과 인구를 적몰하여 관에 들여야 합니다.

정람기 머이런장긴 이순(isun, 伊孫)은 봄보고르의 병사가 본 기의 군수품을 약탈하는 것을 보고도 급히 들어와 구하지 않고 역슈가 오기를 기다리다가 본 기의 갑병과 쿠툴러 모두 46명이 적에게 피살되게 했습니다. 이순은 혁직하고 가산의 절반을 적몰해야 합니다.

정람기 이러션(irešen, 伊勒愼)은 가링가(garingga, 噶凌阿)를 포획하

---

2 무후(muhu, 穆祜) · 호토(hoto, 和託)를 가리킨다.

고도 엄히 지키지 않아서 도망하게 했으니 첫째 죄입니다. 가링가의 잔당과 노획한 220명을 엄히 구금하지 않아서 봄보고르가 공격해 오자 그곳을 빼앗겼습니다. 또 타하부(tahabu, 塔哈布)보다 먼저 달아났으니, 둘째 죄입니다. 봄보고르를 격파할 때 양홍기는 주둔지에서 잔당들을 추격했는데 이러션은 주둔지에서 적을 맞아 퇴로를 끊지 않고 봄보고르와 잔당 200명이 달아나는 것을 좌시했으니, 셋째 죄입니다. 이러션은 사형죄로 논하고 가산을 적몰해야 합니다.

정람기 시린(sirin, 席林)은 가링가의 며느리를 포획하여 장막 안에 들여놓고도 가링가를 막아 지키지 않아서 며느리가 달아나게 했습니다. 봄보고르가 공격해 오자 영채(營寨)를 굳게 지키지 않아서 적에게 빼앗기고 달아나다가 피살되었습니다. 시린은 가산을 적몰하고 처자식을 관에 들여야 합니다.

머이런장긴 로키(loki, 羅奇)는 가링가를 포획하고도 엄히 구금하지 않아서 달아나게 했습니다. 봄보고르가 공격해 오자 영채를 굳게 지키지 않아서 적에게 빼앗기고 항전하다가 피살되었습니다. 로키는 혁직하고 가산의 절반을 적몰해야 합니다.

바투루 워허(baturu wehe, 巴圖魯俄黑)는 감옥 짓는 일을 감독하면서 방어에 주의하지 않았으며, 갑옷을 입지 않고 활과 화살만 가지고 있다가 가링가가 뛰쳐나올 때 피살되었습니다. 바투루 워허는 혁직해야 합니다.

타하부(tahabu, 塔哈布)는 가링가를 엄히 지키지 않아서 달아나게 했고, 가링가의 잔당과 노획한 무리 모두 220명을 엄히 구금하지 않아서 봄보고르가 공격해 올 때 모두 달아나게 했으며, 마침내 그곳을 버리고 패주했습니다. 팔기가 합동으로 공격하자 봄보고르의 병사들은 산으로 달아났습니다. 양홍기는 주둔지에서 공격하는데 타하부는 주둔지에서 적을 맞이하여 퇴로를 끊지 않고 봄보고르와 잔당 200여 명이 달아나도록 내버려두었습니다. 타하부는 혁직하고 채찍 100대를 때리고 귀와 코를 뚫어야 합니다.

정홍기의 투르하(turha, 圖爾哈)가 지키고 있던 구금된 자가 낮에 담을 허물고 도망가면서 투르하, 갑병 2명, 쿠툴러 1명을 모두 죽였습니다. 투르하는 가산을 적몰해야 합니다. 아르기찬(argican, 阿爾吉禪)과 워허너(wehene, 俄黑訥)는 지키고 있던 구금된 무리들을 낮에 살피러 가면서 갑옷도 입지 않고 무기도 지니지 않고 가서 피살되었습니다. 아르기찬과 워허너는 가산을 적몰해야 합니다.

양황기의 궁군(gunggun, 公袞)은 영익주장(領翼主將) 소오하이의 명령을 따르지 않고 시워천(siwecen, 席俄陳) 촌락에 가서 랑투(langtu, 郎圖)와 군영을 합치지 않았습니다. 적병이 랑투를 공격해 오자 비로소 구원하러 갔다가 피살되었습니다. 궁군은 혁직하고 가산의 삼분의 일을 적몰해야 합니다.

양백기의 장긴 얍카(yabka, 雅布喀)는 무후(muhu, 穆祜)·호토(hoto, 和託)와 함께 병사 60명을 이끌고 피로한 인마를 거두어 관리하다가 매복하고 있던 세 촌락의 반란자와 마주쳐 호토와 병사 37명이 피살되었습니다. 무후는 얍카에게 "호토가 죽었으니 우리도 싸우다 죽어야 한다."라고 말하고 진격하다가 피살되었습니다. 얍카는 6명을 데리고 싸우다 도망쳐 무후를 버리고 달아났습니다. 얍카는 채찍 100대를 때리고 귀와 코를 뚫어야 합니다

정백기의 업터이(ebtei, 額布特)는 노획한 자들을 엄히 지키지 않고 당직한 날 밤에 멋대로 집에 머무르다가 구금한 자들이 탈출하여 그 집을 포위했습니다. 같은 기의 쿠르찬이 미리 알고 적들을 공격하여 물리치자 업터이가 비로소 빠져나왔습니다. 업터이는 사형죄로 논하고 가산을 적몰해야 합니다. 쿠르찬은 감시를 엄히 하지 않아 탈출하게 했으니 또한 채찍 100대를 때려야 합니다.

정람기의 아르사이(arsai, 阿爾賽)·바이고다(baigoda, 拜果達)·난질란(nanjilan, 南濟蘭)·헐러(hele, 黑勒), 양백기의 사이다(saida, 賽達)는

모두 영익주장(領翼主將) 삼시카의 편에 서서 봄보고르의 병사가 정람기의 군수품을 약탈하고 46명을 죽이는 것을 좌시하고 돕지 않았습니다. 아르사이 등은 각각 채찍 100대를 때리고 귀와 코를 뚫어야 합니다.

잘란어전 소오하이(soohai, 索海)는 본 익에서 노획한 자들을 엄히 지키지 않고 영채를 견고하게 세우지 않았으며 각 기의 사람들을 각각 하나의 부대로 모으지 않아서, 구금한 자들이 탈출하여 본 익의 사졸이 피살되게 했습니다. 소오하이는 벌은 100냥을 부과하고 상으로 내린 물건을 환수해야 합니다.

정백기 머이런장긴 바이(bai, 拜)와 정홍기 머이런장긴 역슈는 감옥을 짓는 일을 제대로 감독하지 않아서 본 기에서 노획한 자들이 탈출하여 우리 병사가 피살되었습니다. 바이와 역슈는 각각 벌은 50냥을 부과하고 상으로 내린 물건을 환수해야 합니다.」

上命革薩穆什喀三等昂邦章京職, 免籍家產, 所屬人口入官, 罰銀六百兩. 伊孫, 免革職, 免籍家產, 罰贖銀三百六十兩, 所屬人口入官. 伊勒愼, 革職, 鞭一百, 籍其家. 席林妻子入官, 籍沒家產, 交與本旗王, 酌量給散. 羅奇, 革職, 免籍沒, 不敍其陣亡功. 巴圖魯俄黑, 革職, 亦不敍陣亡功. 塔哈布革職, 罷管牛彔事, 其鞭一百, 貫耳鼻罪, 准折贖. 圖爾哈 · 阿爾吉禪 · 俄黑訥, 皆免籍其家, 亦不敍其陣亡功. 公衮, 免籍家產, 念其父功, 免革職, 亦不敍陣亡功. 雅布喀, 救出六人, 遇薩必圖 · 吳班 · 卓布退, 復同率兵轉戰敗敵, 斬四十人, 准免罪, 亦不敍功. 額布特, 免死, 免籍家產, 罷管牛彔事, 解部任, 鞭一百, 貫耳鼻. 庫爾禪, 曾與博穆博果爾兵力戰, 免罪仍給賞, 不敍其功. 南濟蘭, 追論往罪, 鞭八十. 阿爾賽 · 拜果達 · 黑勒 · 賽達, 聽主將指揮不得不從之駐立, 俱免罪. 索海 · 拜 · 葉克書, 三人功罪相抵,俱免罪.

상주하자 주상이 명하여, 삼시카는 삼등 암바장긴에서 혁직하고 가산과 소속 인구를 관으로 적몰하는 것은 면해 주고 벌은 600냥을 부과했다. 이순은 혁직과 가산의 적몰을 면해 주고 벌로 속은 360냥을 부과하고 소속 인구는 관에 몰수했다. 이러션은 혁직하고 채찍 100대를 때리고 가산을 적몰했다. 시린은 처자를 관에 몰수하고 가산을 적몰하여 본 기의 왕에게 주어 헤아려 나누어 주게 했다. 로키는 혁직하고 적몰은 면해 주되 전사한 공적은 기록하지 않았다. 바투루 워허는 혁직하고 역시 전사한 공적은 기록하지 않았다. 타하부는 혁직하고 니루를 관장하는 일을 그만두게 하고 채찍 100대와 귀와 코를 뚫는 죄는 은량으로 대신하게 했다. 투르하 · 아르기찬 · 워허너는 모두 가산을 적몰하는 것은 면해 주되 전사한 공적은 기록하지 않았다. 궁군은 가산을 적몰하는 것은 면해 주고 그 부친의 공을 생각하여 혁직을 면해 주되 전사한 공적은 기록하지 않았다. 얍카는 6명을 구출했고 사비투 · 우반 · 좁토이가 퇴각하는 것을 보고 다시 병사를 이끌고 여기저기 싸우며 적을 격파하여 40명을 참했으니 죄를 면해 주되 공적은 기록하지 않았다. 업터이(ebtei, 額布特)는 사형죄는 면해 주고 가산을 적몰하는 것은 면해 주되 니루를 관장하는 일을 그만두게 하고 부(部)에서 해임하고 채찍 100대를 때리고 귀와 코를 뚫었다. 쿠르찬은 봄보고르의 병사와 힘써 싸웠으므로 죄를 면해 주고 상을 내리되 공적은 기록하지 않았다. 난질란은 지난 죄를 추론하여 채찍 80대를 때렸다. 아르사이 · 바이고다 · 헐러 · 사이다는 주장의 지휘를 따라서 그대로 있을 수 밖에 없었으므로 모두 죄를 면해 주었다. 소오하이 · 바이 · 역슈 세 사람은 공과 죄가 상쇄되므로 모두 죄를 면해 주었다.

○ 以索海 · 薩穆什喀, 所獲新滿洲壯丁二千七百九人, 婦女幼小二千九百六十四口, 共五千六百七十三人, 均隸八旗, 編爲牛彔.

○ 소오하이와 삼시카가 노획한 신만주 장정 2,709명, 부녀자와 어린아이 2,964명, 모두 5,673명을 팔기에 고루 예속시켜 니루로 편제했다.

○ 以薩爾糾 · 英古, 往征庫爾喀部落時, 所獲新滿洲壯丁四十二人, 充補各旗披甲之缺額者. 又從前庫爾喀歸降進貢一百四十九人, 并新獲二百九十二人, 俱留置鄢朱屯中, 令每年進貢貂皮 · 海豹等物. 又以多濟里 · 喀柱, 所獲四十三人, 亦補各旗披甲之缺額者. 其兩處所獲貂皮 · 猞狸猻 · 水獺等物, 即以賞給從征將士有差.

○ 사르기오(sargio, 薩爾糾)와 잉구(inggu, 英古)가 쿠르카 부락을 정벌하여 노획한 신만주 장정 42명을 갑병이 부족한 기(旗)에 보충하게 했다. 이전에 쿠르카 부락이 투항하며 바친 149명과 새로 노획한 292명은 모두 얀추(yancu, 鄢朱)[3] 마을에 남겨 두고 매해 담비가죽과 바다표범 등의 물건을 진공하게 했다. 또 도지리 · 카주가 노획한 43명도 갑병이 부족한 기에 보충하게 했다. 두 곳에서 노획한 담비가죽 · 스라소니 · 수달 등 물건은 정벌에 나간 장수와 병사들에게 차등 있게 상으로 주었다.

3 얀추는 동해여진 쿠르카(庫爾喀)의 거주지. 현재 러시아 연해주 포시예트灣에 위치. 音楚, 延楚로 음사한다.

○ 乙酉, 往明義州屯田和碩睿親王多爾袞 · 和碩肅親王豪格 · 多羅饒餘貝勒阿巴泰 · 多羅安平貝勒杜度等, 遣筆帖式碩代等奏報. 錦州城西禾稼, 兩日刈畢. 方刈禾時, 敵人率馬步兵, 由城西北隅出, 鎗礮竝施. 因遣護軍兩隊, 左翼騎兵一隊, 共分三隊, 令其從旁衝擊, 我軍方進, 敵兵即潰, 追至城壕掩殺之. 又遣護軍伏松山大路, 遇祖總兵遣二人, 齎書赴寧遠, 擒獲之. 錦州城有蒙古騎卒五人, 步兵一人, 來歸. 又克錦州城西九臺, 小凌河西岸二臺, 共克臺十一座, 獲人四十名, 騍一頭. 再我左右兩翼兵, 應遵皇上前諭, 分爲兩翼, 駐營於近城地方, 一則斷絕敵人往來之路, 一則投誠之人, 可以乘便而來, 一則禾稼成熟之時, 我兵易於收獲, 弗爲敵人乘間竊刈. 今擬分兵兩翼駐營, 及收貯糧草之所, 恭候上裁.

○ 을유일(7.6), 명나라의 의주 둔전에 간 호쇼이 예친왕(睿親王) 도르곤 · 호쇼이 숙친왕 호오거 · 도로이 요여 버일러 아바타이 · 도로이 안평 버일러 두두가 비트허시 쇼다이(šodai, 碩代) 등을 파견하여 상주했다. 「금주성 서쪽의 작물은 이틀간 수확을 마쳤습니다. 막 수확하려 할 때 적들이 기마병과 보병을 데리고 성의 서북쪽에서 나와 조총과 대포를 나란히 세웠습니다. 호군 두 부대와 좌익 기병 한 부대를 파견하여 모두 세 부대로 나누어 옆에서 공격하게 했습니다. 우리 군사가 진격하자 적병이 무너지니 성의 해자까지 추격하여 죽였습니다. 또한 호군을 파견하여 송산의 큰길에 매복하게 했는데 조대수 총병관이 보낸 두 사람이 글을 가지고 영원에 가는 것을 마주쳐 포획했습니다. 금주성에 있던 몽고 기병 5명과 보병 1명이 투항해 왔습니다. 또 금주성 서쪽의 대(臺) 9곳, 소릉하 서안의 대(臺) 2곳, 총 11곳의 대(臺)를 함락시키고 40명과 노새 1마리를 노획했습니다. 다시 우리 좌익과 우익의 병사는 황상의 지난 칙유에 따라 양익(兩翼)으로 나누어

성 가까운 곳에 주둔했으니, 한편으로 적이 왕래하는 길을 끊을 수 있고, 한편으로 투항하는 자들이 기회를 보고 올 수 있고, 한편으로 곡식이 익는 때에 우리 병사들이 쉽게 수확할 수 있고 적이 틈을 보아 몰래 수확하지 못하게 할 수 있습니다. 지금 병사를 양익으로 나누어 주둔시킬 곳과 양식과 풀을 저장할 곳을 정하려고 하니 황상의 재가를 기다립니다.」

○ 丁亥, 遣內秘書院學士額色黑, 齎敕往諭和碩睿親王多爾袞·和碩肅親王豪格·多羅饒餘貝勒阿巴泰·多羅安平貝勒杜度等曰, 王與貝勒等, 可酌將兩翼兵, 乘此暇時, 暫行分駐. 其已收糧草, 當於錦州之西, 擇山城堅固者, 兩處存貯可也.

○ 정해일(7.8), 내비서원학사 어서허이(esehei, 額色黑)를 보내 칙서를 가지고 호쇼이 예친왕(睿親王) 도르곤·호쇼이 숙친왕 호오거·도로이 요여 버일러 아바타이·도로이 안평 버일러 두두에게 유시하게 했다. 「왕과 버일러들은 헤아려 양익의 병사들이 지금 한가한 때를 이용하여 잠시 나누어 주둔시켜라. 이미 거둔 양식과 풀은 금주의 서쪽에 산성이 견고한 곳을 골라 두 곳에 보관하는 것이 좋다.」

又敕諭祖大壽子祖澤遠曰, 皇帝敕諭負恩祖澤遠. 六月二十九日, 爾寧遠塘報, 爲我兵所獲, 奏聞於朕, 報中乃呼我兵爲賊. 抑思我兵應天順人, 興師征伐, 堂堂正正, 所向無前, 克爾各處城池, 敗爾各處將士, 又俘獲爾國德王等, 中原震疊, 各國歸心, 爾何得妄相訾詆耶. 且此語出於愚昧無知, 及未經受恩之人, 猶可恕也. 爾非朕所已擒而復釋者乎. 雖倖釋於朕, 獨不畏獲罪於天乎. 況爾兄祖澤洪尚在我國,爾何爲此負恩之行, 肆惡之言, 如此而不被天誅者, 未之有也. 特諭.

또 조대수의 아들 조택원에게 칙유했다. 「황제가 은혜를 저버린 조택원에게 칙유한다. 6월 29일 네가 영원에 보고한 서신이 우리 병사에게 빼앗겨 짐에게 상주되었는데, 보고에서 우리 병사를 적(賊)이라고 불렀다. 생각건대 우리 병사는 하늘에 부응하고 인심을 따라 군사를 일으켜 정벌함이 정정당당하여 가는 곳마다 앞에 막아서는 자가 없으니, 너희 곳곳의 성지(城池)를 함락시키고 너희 곳곳의 병사를 격파하고 또한 너희 나라의 덕왕(德王) 등을 포획하여 중원이 진동하고 각국이 귀부했는데, 너는 어찌 망령되이 비난하는가? 이 말이 무지몽매하고 은혜를 받아 본 적이 없는 자에게서 나온 것이라면 오히려 용서할 만하다. 그러나 너는 짐이 잡았다가 다시 풀어 준 자가 아닌가? 비록 요행히 짐에게서 풀려났다 해도, 어찌 하늘에 죄를 얻을 것을 두려워하지 않는가? 하물며 너의 형 조택홍이 아직 우리나라에 있는데 너는 어찌 이처럼 은혜를 저버리는 행동과 사악한 말을 하는가? 이렇게 하고 하늘의 벌을 받지 않은 자는 일찍이 없었다. 특별히 유시한다.」

又祖澤洪奉上命, 遺其弟祖澤遠書曰, 前曾有字, 詢賢弟起居, 倉卒未盡所言, 故復再爲詳敘. 昔年大淩河分手, 皇上釋賢弟, 隨父西歸, 我以汝爲青年曉事, 必能上報皇上活命之恩, 下全弟兄骨肉之義. 詎意汝計不出此, 而隨衆苟延, 甚非所望於賢弟也. 昨又見汝所具塘報, 內稱呼我國字樣, 殊爲不遜. 獨不念汝之身, 雖爲明朝之官, 汝之性命實我皇上所賜, 乃不思感恩報德, 輒敢無知狂悖, 一至於此. 稍有良心, 稍知人事者, 肯如是乎. 且我皇上親統大軍, 見駐於彼, 換班耕種, 勢在必得寧錦. 賢弟若能情詞委婉, 勸父歸順, 不但吾弟兄享無窮之富貴，凡我宗族，皆被寵渥矣．若漫不爲意，一旦大軍入城，恐賢弟身名俱喪，而老母及全家眷屬，亦難瓦全，悔將何及耶．賢弟在彼，雖戀眼前富貴，然欲不驚不懼，從容安豫，恐未必如吾之在此也．玆以苦口相告，無非骨肉關心，望賢弟留意熟思，免遺後悔．

조택홍이 주상의 명령을 받들어 동생 조택원에게 글을 보내 말했다. 「전에 글을 보내어 동생의 안부를 물었으나 갑작스러워 말을 다 하지 못했으므로 다시 상세히 설명한다. 작년 대릉하에서 헤어진 후 황상께서 동생을 석방하여 부친을 따라 서쪽으로 돌아가게 하셨다. 나는 네가 젊고 이치에 밝으니 반드시 위로 황상의 살려 주신 은혜에 보답하고 아래로 형제와 가족의 의리를 지킬 것이라 생각했다. 뜻밖에도 너의 생각이 이렇지 않고 무리를 따라 지체되고 있으니, 이는 결코 동생에게 기대하는 바가 아니다. 지난번에 네가 올린 보고를 보니 그 안에서 우리나라를 칭하는 표현이 매우 불손하다. 너의 몸은 비록 명나라의 관리라 해도 너의 목숨은 실로 황상께서 내리신 것을 어찌 생각하지 않느냐. 은덕에 보답할 것을 생각하지 않고 감히 무지하고 광폭함이 이에 이르렀으니 조금이라도 양심이 있고 세상 물정을 아는 자라면 어찌 이럴 수 있는가. 또한 우리 황상께서 친히 대군을 이끌고 그곳에 주둔하여 번갈아 농사를 짓게 하시니 반드시 영원과 금주를 얻을 기세이다. 동생이 만약 정성스럽고 완곡한 말로 부친에게 귀순을 권한다면, 우리 형제가 영원한 부귀를 얻을 뿐만 아니라 우리 종족 모두가 은혜를 입게 될 것이다. 만약 마음대로 하다가 하루 아침에 대군이 성에 들어가면 동생의 일신과 명성은 모두 무너질 것이고 노모와 일가족 또한 온전하기 어려울 것이니 후회해도 무슨 소용이겠는가. 동생은 그곳에서 눈앞의 부귀에 연연해하지만, 놀라거나 두려워하지 않고 조용히 편안하고자 한다면 내가 이곳에 있는 것만은 못할 것이다. 지금 쓴소리로 하는 말은 골육의 마음이 아닌 것이 없으니, 바라건대 동생은 심사숙고하여 후회를 남기지 말라.」

○ 授蘇班代·吳克蘇穆世職. 蘇班代, 係降明之蒙古, 及我國往義州, 修城屯田, 兵逼錦州, 彼自杏山臺, 密遣人來, 先陳歸順之意. 迨我軍既至, 即生擒臺上漢人五名, 攜三十五戶來歸, 因授爲三等甲喇章京. 吳克蘇穆原無官職, 因其父古祿格, 守歸化城盡心效力, 因授爲牛彔章京, 俾助其父.

○ 수반다이(subandai, 蘇班代)와 욱숨(uksum, 吳克蘇穆)에게 세직을 제수했다. 수반다이는 명에 투항한 몽고인이다. 우리나라가 의주(義州)에 가서 성을 쌓고 둔전을 만들어 병사들이 금주(錦州)를 압박할 때 그는 행산(杏山)의 대(臺)에서 몰래 사람을 보내 먼저 투항할 뜻을 알렸다. 나중에 우리 군사가 이르자 대(臺)의 한인 5명을 생포하고 35호를 이끌고 투항했다. 이에 삼등 잘란장긴을 제수했다. 욱숨은 원래 관직이 없었으나 그의 부친 굴루거가 귀화성을 지킬 때 마음을 다해 힘썼으므로 니루장긴을 제수하여 부친을 돕게 했다.

○ 癸巳, 和碩睿親王多爾袞·和碩肅親王豪格·多羅饒餘貝勒阿巴泰·多羅安平貝勒杜度等, 遣恩格德等奏報, 初八日夜, 明錦州馬步兵五百, 來襲我鑲藍旗營, 爲我哨卒所覺, 報知貝子羅託·公吞齊等, 遂率兵出營擊敗之. 次日, 見戰場中殺死八人, 馬九匹, 因昏夜中, 未得盡勦. 十一日, 聞洪承疇, 率吳姓·劉姓·王姓·陳姓四總兵, 及內外馬步兵四萬, 至杏山. 王·貝勒等, 率騎兵一半, 竝悉遣護軍前進, 見敵人馬步兵, 於杏山城外, 近壕下營, 時敵遣馬兵先出誘戰. 王·

貝勒等會商, 令騎兵暫止, 遣護軍官屬兵丁擊敵, 追至城壕, 掩殺之, 獲馬七十匹. 因逼近彼城, 未能多獲. 謹奏以聞.

○ 계사일(7.14), 호쇼이 예친왕(睿親王) 도르곤 · 호쇼이 숙친왕 호오거 · 도로이 요여 버일러 아바타이 · 도로이 안평 버일러 두두가 엉거더이(enggedei, 恩格德)를 보내 상주했다. 「초8일 밤, 명나라 금주의 기마병과 보병 500명이 우리 양람기의 군영을 습격해 왔습니다. 우리 초병에게 발각되어 버이서 로토와 공(公) 툰치 등에게 보고하니, 병사를 이끌고 군영을 나가 격파했습니다. 다음날 보니 전투에서 사람 8명과 말 9마리가 죽었으나, 깊은 밤이라 모두 소탕하지 못했습니다. 11일, 홍승주가 오(吳)씨 · 유(劉)씨 · 왕(王)씨 · 진(陳)씨 네 명의 총병과 내외의 기마병과 보병 4만 명을 이끌고 행산(杏山)에 도착했다는 소식을 듣고, 왕과 버일러들은 기병의 절반과 호군 전체를 보내 전진하게 했습니다. 적의 인마와 보병이 행산성 밖 해자 가까이에 군영을 세운 것을 보았습니다. 이때 적이 기마병을 보내 먼저 유인하자 왕과 버일러들이 의논하여 기병을 잠시 멈추게 하고 호군 관할의 병정을 보내 공격해서 적을 성의 해자까지 추격하여 죽이고 말 70마리를 획득했습니다. 저들의 성에 가까워서 많이 노획하지 못했습니다. 삼가 상주합니다.」

○ 甲午, 中元節, 遣官祭太廟 · 福陵.

○ 갑오일(7.15), 중원절(中元節), 관리를 보내 태묘와 복릉에 제사 지냈다.

○ 乙未, 命前鋒統領吳拜, 率前鋒官屬兵丁一半, 往助和碩睿親王多爾袞等軍. 諭曰, 爾等速行分兵二隊, 其後隊令納海·蘇爾德統之, 前隊尤宜急往. 爾等一營, 須擇險要地方屯駐, 若遇敵時, 更視敵將突出之所, 列陣以禦. 并傳諭和碩睿親王·肅親王, 伊等前次擊敵, 殊爲失策. 敵兵前來, 但固守營壘, 俟其相近, 乃可擊之. 前此迎戰, 非計也.

○ 을미일(7.16), 전봉동령(前鋒統領) 우바이에게 명하여 전봉 관할의 병정 절반을 데리고 호쇼이 예친왕(睿親王) 도르곤 등의 군사를 도우러 가게 하고 유시했다.「너희는 속히 가서 병사를 두 부대로 나누어, 뒤쪽 부대는 나하이(nahai, 納海)와 술더이(suldei, 蘇爾德)가 이끌고 앞쪽 부대는 더욱 서둘러 가라. 너희 한쪽 군영은 반드시 요충지를 골라 주둔하고 만약 적과 마주치면 다시 적이 나올 곳을 보아서 진을 치고 방어하라.」또 호쇼이 예친왕(睿親王)과 호쇼이 숙친왕에게 유시를 전했다.「너희는 이전 공격에서 특히 잘못했다. 적병이 오면 군영과 요새를 굳게 지키고 그들이 가까이 오기를 기다려 공격해야 옳다. 앞으로 나가 맞서 싸우는 것은 계책이 아니다.」

○ 丁酉, 駐歸化城土默特部落章京古祿格·鄂爾多斯濟農等來朝, 貢琥珀數珠·綵緞·文綺·駝馬.

○ 정유일(7.18), 귀화성의 투메트 부락의 장긴 굴루거와 오르도스 지농 등이 내조하여 호박 염주·채단(綵緞)·문기(文綺)·낙타·말 등을 바쳤다.

○ 戊戌, 肆大赦, 凡死罪以下羈禁者, 皆集於大淸門, 釋之.

○ 무술일(7.19), 사면령을 내렸다. 사형죄 이하로 구금된 자들을 모두 대청문 앞에 모은 후 풀어 주었다.

○ 庚子, 多羅武英郡王阿濟格, 抗違部議, 不令和碩額駙古爾布什出征, 又於大淸門內, 與啟心郎索尼相爭. 部議, 阿濟格應革去郡王爵, 罰銀五千兩, 奪古爾布什下兩牛彔人員入官, 奏聞. 上從寬, 罰銀二百兩.

○ 경자일(7.21), 도로이 무영군왕 아지거가 부의 의논에 항거하고 호쇼이 어푸 구르부시(gurbusi, 古爾布什)를 출정하지 못하게 했다. 또 대청문 안에서 계심랑 소닌(sonin, 索尼)과 다투었다. 부에서 의논했다. 「아지거는 군왕의 관작을 박탈하고 벌은 5,000냥을 부과하고 구르부시 속하의 두 니루의 인원을 박탈하여 관에 몰수해야 합니다.」 상주하자 주상은 용서하고 벌은 200냥을 부과했다.

○ 部議護軍統領濟席哈等罪. 濟席哈, 不依汎地拒敵, 乃擅入薩蘇喀·車爾布汎地. 濟席哈, 應鞭一百, 籍其家. 管甲喇事圖藍牛彔下護軍校輝三, 曾與同往, 亦應鞭一百, 奏聞. 上命濟席哈, 鞭一百, 革護軍統領職, 籍其家三分之一入官. 餘依議.

○ 부에서 호군통령 지시하(jisiha, 濟席哈) 등의 죄를 의논했다. 「지시하는 주둔지에서 적을 막지 않고 멋대로 사수카(sasuka, 薩蘇喀)와

처르부(cerbu, 車爾布)의 주둔지에 들어갔습니다. 지시하는 채찍 100대를 때리고 가산을 적몰해야 합니다. 잘란의 일을 관할하는 툴란(tulan, 圖藍) 니루 속하의 호군교 호이산(hoisan, 輝三)이 함께 갔으니 채찍 100대를 때려야 합니다.」 상주하자 주상은 명하여, 지시하는 채찍 100대를 때리고 호군통령에서 혁직하고 가산의 삼분의 일을 적몰하여 관에 들이고, 나머지는 의논대로 하게 했다.

○ 辛丑, 學士額色黑, 自錦州·松山還奏言, 王·貝勒等公議, 令固山額眞圖爾格·葉克書, 護軍統領伊爾德·蘇拜等, 率每旗護軍參領一員, 滿洲·蒙古兵三百人, 伏於錦州西南烏欣河口, 以待城中有牲畜出, 即往木輪河追捕. 我兵設伏, 至次日早, 既獲其牲畜而還, 敵人覺之, 遣兵千餘, 潛襲我兵後隊. 圖爾格·葉克書等, 收兵還擊, 往來衝突. 圖爾格, 受重傷五處·輕傷十二處, 所乘之馬傷十九處, 力敗敵兵斬百餘人, 獲馬十三匹, 以聞.

○ 신축일(7.22), 학사 어서허이가 금주·송산에서 돌아와 상주했다. 「왕과 비일러들이 함께 의논하여, 구사어전 투르거이·역슈, 호군통령 일더이(ildei, 伊爾德)·수바이(subai, 蘇拜)에게 기(旗)마다 호군참령 1명, 만주·몽고 병사 300명을 데리고 금주의 서남쪽 오흔 강(烏欣河) 입구에 매복하고 있다가 성 안에서 목축이 나오기를 기다려 무렌 강(muren bira, 木輪河)으로 가서 포획하게 했습니다. 우리 병사가 매복을 설치하고 다음날 아침 목축을 포획하여 돌아오는데 적이 이를 보고 병사 1,000여 명을 보내 우리 병사의 후미를 습격했습니다. 투르거이와 역슈 등은 병사를 거두어 공격하여 오고 가며 싸웠습니다. 투르거이는 5곳에 중상, 12곳에 경상을 입었고 타고 간 말은 19곳에 상처를 입었습니다. 힘써 적병을 격파하여 100여 명을 참하고 말 13마

리를 포획했습니다. 이를 상주합니다.」

○ 壬寅, 以朝鮮國王孫歸國, 賜其同行尙書吳俊等, 貂皮 · 銀兩有差.

○ 임인일(7.23), 조선국왕의 손자가 귀국하니, 동행한 상서 오준(吳竣) 등에게 담비가죽과 은량을 차등 있게 하사했다.

○ 賜貢馬土默特部落達賴綽爾濟下俄木布, 鄂爾多斯部落濟農下舒格 · 單把台吉下恩格圖 · 古祿台吉下巴木特 · 吳努古台吉下齊查海等銀兩有差.

○ 말을 바친 투메트 부락의 달라이 초르지 속하의 옴부, 오르도스 부락의 지농 속하의 슈거(šuge, 舒格) · 샴바(šamba, 單把) 타이지 속하의 엉거투(enggetu, 恩格圖) · 구루 타이지(guru taiji, 古祿台吉) 속하의 바무트(bamut, 巴木特) · 우누구 타이지(unugu taiji, 吳努古台吉) 속하의 치차하이(cicahai, 齊查海) 등에게 은량을 차등 있게 하사했다.

○ 賜三等甲喇章京蘇班代, 及錦州來歸之阿巴爾代 · 蘇丹 · 托克托內 · 額爾黑 · 叟塞 · 滿扎爾 · 僧古德 · 白爾格圖 · 塞能 · 古美 · 阿哈里 · 塔克都 · 圖爾倫 · 巴牙爾圖 · 畢齊克圖 · 吳爾寨等, 貂鑲朝衣 · 豹裘 · 貂帽 · 鞓帶 · 弓矢 · 雕鞍馬 · 緞布 · 銀兩等物有差.

○ 삼등 잘란장긴 수반다이, 금주에서 투항한 아발다이(abaldai, 阿巴爾代) · 수단(sudan, 蘇丹) · 톡토노이(toktonoi, 托克托內) · 어르허

(erhe, 額爾黑) · 서오서(seose, 叟塞) · 만자르(manjar, 滿扎爾) · 성구더이(senggudei, 僧古德) · 벌거투(belgetu, 白爾格圖) · 서넝(seneng, 塞能) · 구머이(gumei, 古美) · 아할리(ahali, 阿哈里) · 탁두(takdu, 塔克都) · 투를런(turlen, 圖爾倫) · 바야르투(bayartu, 巴牙爾圖) · 비칙투(biciktu, 畢齊克圖) · 우르사이(ursai, 吳爾寨) 등에게 담비가죽 두른 조의 · 표범가죽옷 · 담비가죽 모자 · 가죽띠 · 활과 화살 · 조각한 안장을 갖춘 말 · 비단과 면포 · 은량 등 물건을 차등 있게 하사했다.

○ 賜駐歸化城土默特部落朝貢之甲喇章京大諾爾布 · 多爾濟, 牛彔章京吳克蘇穆 · 根圖 · 瓦瓦等, 貂鑲朝衣, 玲瓏鞓帶 · 弓矢 · 鞍轡 · 銀兩等物, 令八家各宴一次.

○ 귀화성 투메트 부락에 주둔하는 잘란장긴 대(大) 노르부(amba norbu, 大諾爾布) · 도르지(dorji, 多爾濟), 니루장긴 욱숨(uksum, 吳克蘇穆) · 건투(gentu, 根圖) · 와와(wawa, 瓦瓦) 등이 조공하자 담비가죽을 두른 조의 · 정교하게 장식한 가죽띠 · 활과 화살 · 안장과 고삐 · 은량 등 물건을 하사하고 팔가(八家)에게 각각 한 번씩 연회를 베풀게 했다.

○ 丙午, 朝鮮國王李倧遣陪臣齎奏至, 奏言, 議政府狀啟, 據世子從行陪臣金藎國等馳報, 奉范文程等, 宣諭聖旨, 林慶業等舟師, 不肯前進, 所運軍糧, 亦不交卸, 此何意耶. 續據本官等馳報, 欽奉聖旨, 錦州衛今方被圍, 舟師中一千五百名, 將欲遣出, 以爲調用之地, 其餘軍兵, 許由陸路放還. 至所留之一千五百名, 衣糧馬匹, 不可不及時齎送. 且此軍一千名外, 廝卒五百名, 所食糗糧, 及船中餘米, 運於海州衛. 此後軍兵替代運糧等事, 惟在本國處置. 礮手雖不騎馬, 至於運載衣糧, 不可無馬. 欽此, 合行具呈等因. 據此, 臣等竊詳林慶業等, 旣蒙差委, 不卽前進, 稽延時日, 致勤聖諭, 殊爲可駭. 至於留軍一千五百名, 衣糧馬匹, 本國理宜一遵皇命, 及時輸送軍前. 但念由此至彼, 道里遼遠, 以本國蕩析之餘, 實難陸運. 前船所載, 應納歲米一萬包外, 軍糧一萬七千餘石, 雖以途中支用, 及風濤損傷, 爲數無多, 以此兌給, 果爲便益. 又諭軍兵衣資, 所騎馬匹, 當竭力措備, 於寒凍之前, 庶可入達, 宜令該曹作速擧行. 據此, 臣竊照臣欽承皇命, 罄竭國力, 營辦舟師. 一依敕使指揮, 本欲其前赴汎地, 以效誠於萬一, 不期林慶業等, 梗於海路, 不能前進, 其間事勢之難易, 雖難遙度. 而中途延滯之狀, 委堪驚愕, 幸賴聖度包容, 特賜寬假, 旣許放還無用之軍. 又選精礮一千, 以備陸戰之用, 則小邦區區報效之地, 惟在於此. 其留住軍卒衣糧馬匹等物, 自當盡力奉行. 第念一千餘人糧資, 用馬輸運於數千里之外, 本國力實難支, 依此議狀, 將船中餘米兌移取用, 允合事宜. 軍兵衣資及將官等所騎馬匹, 卽著該曹盡力措辦, 及期輸送軍前, 庶不至重煩皇上軫念, 稍盡小邦恪勤之誠, 伏乞皇上特諒前情, 亟賜恩旨, 臣不勝祈懇之至, 爲此謹具奏聞.

○ 병오일(7.27), 조선국왕 이종이 보낸 배신(陪臣)이 상주문을 가지고 왔다. 상주문에서 말했다. 「의정부의 장계(狀啟)는 아래와 같습니다. "세자를 수행하는 배신 김신국(金藎國) 등의 치보(馳報)는 아래와 같습니다. '범문정 등이 황제의 유시를 받들어 전하기를, 『임경업 등의 수군이 전진하려고 하지 않고, 운송한 군량을 인계하지도 않으니 이것이 무슨 의도인가?』 라고 했습니다.' 이어서 본관(本官) 임경업 등의 치보는 아래와 같습니다. '성지(聖旨)를 받들었습니다. 『금주위(錦州衛)를 지금 막 포위했으니, 수군 가운데 1,500명을 보내면 선발하겠

다. 나머지 군사는 육로로 돌아가는 것을 허락한다. 남겨둔 1,500명의 의복과 식량과 말을 제때에 보내지 않으면 안 된다. 또한 이 군사 1,000명 외에 쿠툴러 500명이 먹을 양식과 선박에 남은 쌀을 해주위(海州衛)로 운송하라. 이후로 군사의 교체와 식량 운송의 일을 오직 본국이 처리하라. 포수는 말을 타지 않지만 의복과 식량을 실어 운송하는 것은 말이 없으면 안 된다.』' 이를 받들어 정문(呈文)을 갖추어 보냅니다.

이에 의거하여 신들이 삼가 살펴보니 임경업 등은 파견되어 가서 전진하지 않고 시일을 끌어 성유(聖諭)가 있게 했으니 매우 놀랍습니다. 남겨 둔 병사 1,500명의 의복과 식량과 말은 본국이 황명을 받들어 때맞추어 진영으로 수송해야 합니다. 다만 이곳에서 그곳까지 길이 멀고 본국이 도탄에 빠져 육로 운송이 실로 어렵습니다. 앞서 선박에 실어 둔 납부해야 할 세미(歲米) 1만 포 외에 군량 1만 7,000여 석이 있으니 비록 운송 도중에 사용하고 풍랑으로 손실되어서 수가 많지 않지만 이것으로 대신 지급하면 매우 편리할 것입니다. 또 유지를 내리시기를 '군사의 옷과 타야 하는 말을 힘껏 준비하면 겨울 이전에 도착할 수 있을 것이다. 해조(該曹)에 명해서 빨리 시행하라.'라고 하셨습니다."

이에 의거하여 신이 삼가 생각건대, 신은 황명을 받들어 국력을 다하여 수군을 준비했습니다. 칙사(勅使)의 지시에 따라서, 본래 앞서 주둔지로 가서 충성심을 만에 하나라도 보이려 했으나, 뜻밖에 임경업 등이 해로가 막혀서 나아가지 못하고 그사이 일의 어렵고 쉬움을 멀리에서 짐작하기 어려웠습니다. 도중에 지체한 상황을 조사하고 놀랐으나 다행히 성상의 도량과 포용에 의지하여 특별히 관대함을 입어서 불필요한 병사를 돌려보낼 것을 허락받았습니다. 또한 포수 1,000명을 선발하여 육상전의 쓰임에 대비했으니 소방의 하찮으나마 보은하려는 뜻이 오직 여기에 있습니다. 남겨 둔 병사의 옷과 식량과 말 등의 물건은 스스로 힘껏 시행하겠습니다. 다만 생각건대 1,000여 명의 식량을 말을 써서 몇천 리 밖으로 수송하는 것은 본국의 힘으로 지탱하기 어렵습니다. 이 상주문에 의거하여 선박에 남은 쌀을 옮겨서 사용하면 일 처리에 적합할 것입니다. 병사의 옷과 장관(將官) 등이 탈 말은 해조(該曹)에 명하여 힘껏 준비하고 때맞추어 진영에 수송하겠습니다. 황상께서 염려하시지 않도록 소방은 성실하게 정성을 다하겠습니다. 삼가 바라건대, 황상께서 이전의 상황을 특별히 양해하시어 신속히 은지(恩旨)를 내리시기를 신은 간절히 바랍니다. 이 때문에 삼가 갖추어 상주합니다.」

○ 遣席特庫 · 濟席哈等, 率護軍, 竝徵外藩蒙古官屬兵丁, 東征索倫部落. 上命內大臣巴圖魯詹 · 理藩院參政尼堪 · 副理事官紐黑, 傳諭外藩蒙古曰, 所徵之官屬兵丁, 俱會於內齊所居地方, 悉令較射, 選其壯勇者. 令席特庫等, 將之以行. 其從征官屬兵丁之數, 敖漢, 柰曼, 吳喇忒吳本下巴克巴海 · 內齊 · 桑噶爾下穆章, 及四子部落兵, 共二百四十名, 令益爾公固 · 圖哈納 · 綽隆, 爲嚮導, 其從役官屬兵丁, 駝馬 · 甲胄 · 器械 · 糗糧等物, 俱命細加檢閱, 遣之.

○ 시터쿠 · 지시하를 파견하여 호군을 이끌고 외번몽고의 관속과 병정을 징병하고 동쪽의 솔론 부락을 원정하게 했다. 주상은 내대신(內大臣) 바투루 잔(baturu jan, 巴圖魯詹) · 이번원참정 니칸(nikan, 尼堪) · 부이사관 니오허(niohe, 紐黑)에게 명하여 외번몽고에 유시를 전달하게 했다. 「징병된 관속과 병정을 모두 너이치가 거주하는 곳에 모아서, 활쏘기를 비교하여 건장하고 용감한 자를 선발하라. 시터쿠 등에게 그들을 이끌고 가게 하라. 원정을 수행하는 관속과 병정의 수는 아오한, 나이만, 우라트의 우번(ūben, 吳本) 예하의 박바가이

(bakbagai, 巴克巴海)·너이치(neici, 內齊)·상가르(sanggar, 桑噶爾) 예하의 무장(mujang, 穆章), 사자(四子) 부락의 병사 모두 240명이다. 일궁구(ilgūnggū, 益爾公固)·투하나(tuhana, 圖哈納)·초롱(corong, 綽隆)을 길잡이로 삼고, 참전한 관속과 병정의 낙타와 말·갑옷과 투구·무기·식량 등의 물건을 모두 상세히 검사하여 보내라.」

○ 是日, 聖躬違和, 率皇后·諸妃, 於申刻出德盛門, 幸安山溫泉.

○ 이날 주상의 몸이 불편하여 황후와 여러 비(妃)들을 이끌고 신시에 덕성문을 나가서 안산(安山) 온천에 갔다.

○ 戊申, 駕至溫泉, 駐防東京遼陽恭順王孔有德·懷順王耿仲明, 迎駕, 獻牛羊果品. 俱納之, 分賜大臣以下, 及衆軍士.

○ 무신일(7.29), 황제의 어가가 온천에 도착하자 동경(東京) 요양(遼陽)에 주둔하는 공순왕 공유덕, 회순왕 경중명이 어가를 맞이하고 소와 양과 과일을 헌상했다. 모두 받아서 대신 이하 여러 군사들에게 나누어 주었다.

○ 己酉, 和碩睿親王多爾袞·和碩肅親王豪格·多羅安平貝勒杜度·多羅饒餘貝勒阿巴泰等, 遣詹代·安泰·馬克占等奏報, 敵人遣馬兵一千, 由錦州城出, 左翼和碩睿親王·肅親王等, 率兵迎擊, 至城下, 殺傷甚多, 獲馬一百有四, 右翼多羅安平貝勒, 率兵伏寧遠路, 遇敵人自關內, 運米千石, 至錦州, 殺其押車步卒三百九十人, 獲駝二, 馬十七, 騾九十四, 牛二百二十七, 驢五十七.

○ 기유일(7.30), 호쇼이 예친왕(禮親王) 도르곤 · 호쇼이 숙친왕 호오거 · 도로이 안평 버일러 두두 · 도로이 요여 버일러 아바타이 등이 잔다이(jandai, 詹代) · 안타이(antai, 安泰) · 막잔(makjan, 馬克占) 등을 보내어 상주했다. 「적이 마병(馬兵) 1,000명을 보내어 금주성(錦州城)을 나왔기에, 좌익 호쇼이 예친왕(睿親王) · 숙친왕 등이 병사를 이끌고 응전하여 성(城) 아래에서 많이 죽이고 말 104마리를 획득했습니다. 우익 도로이 안평 버일러는 병사를 이끌고 영원로(寧遠路)에 매복했다가 적이 관(關)의 안에서 쌀 1,000석을 운송하여 금주(錦州)로 가는 것을 만나서 수레를 호송하는 보병 390명을 죽이고 낙타 2마리, 말 17마리, 노새 94마리, 소 227마리, 나귀 57마리를 획득했습니다.」

八月, 庚戌朔.

○ 8월 경술일 초하루(8.1).

○ 辛亥, 智順王尚可喜, 獻牛羊果品. 上納之, 分賜大臣以下, 及衆軍士.

○ 신해일(8.2), 지순왕 상가희가 소와 양과 과일을 헌상했다. 주상은 받아서 대신 이하 여러 군사들에게 나누어 주었다.

○ 丁巳, 和碩睿親王多爾袞, 遣人至溫泉, 獻牛羊果品. 上納之, 召諸大臣以下, 及將士, 賜宴. 於是諸王 · 貝勒 · 貝子, 各獻牛羊果品等物.

○ 정사일(8.8), 호쇼이 예친왕(睿親王) 도르곤이 사람을 온천에 보내어 소와 양과 과일을 헌상했다. 주상이 이를 받아서 여러 대신 이하 장수와 병사를 불러서 주연을 베풀었다. 이에 여러 왕과 버일러들과 버이서들은 각자 소와 양과 과일 등의 물건을 바쳤다.

○ 己未, 命希福 · 朱馬喇 · 啟心郎布丹等, 率八家商人, 及公以下, 牛彔章京以上, 家人往張家口交易.

○ 기미일(8.10), 히푀 · 주마라 · 계심랑 부단 등에게 명하여 팔가(八家)의 상인과 공(公) 이하 니루장긴 이상의 가인(家人)들을 이끌고 장가구(張家口)에 가서 교역하게 했다.

○ 庚申, 太祖武皇帝忌辰, 遣官祭太廟 · 福陵.

○ 경신일(8.11), 태조무황제의 제삿날이어서 관원을 보내 태묘와 복릉에 제사 지냈다.

○ 甲子, 朝鮮國王李倧, 遣陪臣具咨到部. 咨稱, 議政府狀啟, 咸鏡道觀察使睦長欽馳啟, 有易松阿者, 來告云, 閏正月十六日, 往慶遠貿易, 遇瓦爾喀夫妻二人, 在彼居住. 今婦人見在, 可急查送. 因此差一通事往詢, 果有瓦爾喀婦人一口, 在案院堡軍家居住. 云係河尋費耐部落人, 丁丑年離鄉, 所言月日不一. 因夫妻俱爲大國所獲, 夜逃山溝, 掘食草根, 走至後春江邊, 捕魚而食, 結草爲室. 後被火, 男子燒死, 女人幸活至此. 管屯官許奉新, 先已收於驛衙內, 應議何罪來報. 竊照瓦爾喀入屯之始, 管屯官不急來報, 甚是懈怠. 屯官許奉新, 應另議罪, 此婦人宜發回原籍, 或送與也春地方亦可. 但係大兵所獲人口, 不敢擅專, 將此咨部, 聽部裁結. 其屯官已革職責治, 其婦人交與本地方官收管, 聽候明示, 爲此具咨.

○ 갑자일(8.15), 조선국왕 이종이 배신(陪臣)을 파견하여 자문(咨文)을 부(部)에 보냈다. 자문에서 말했다. 「의정부의 장계(狀啓)는 아래와 같습니다. "함경도 관찰사 목장흠(睦長欽)의 치계(馳啓)는 다음과 같습니다. '이송아(易松阿)라는 자가 와서 고하기를, 『윤정월 16일, 경원(慶遠)에 무역하러 가서 와르카 부부 두 사람이 살고 있는 것을 만났습니다. 지금 부녀자는 있으니 급히 조사하러 보낼 수 있습니다』라고 했습니다. 이 때문에 통사(通事) 한명을 보내 조사하니, 정말로 와르카 부녀자 한명이 안원보(案院堡; 安原堡) 군인 집에 있었습니다. 말하기를 하심비내(河尋費耐)[4] 부락 사람이고 정축년(1637)에 고향을 떠났다고 했으며, 월일은 오락가락했습니다. 부부는 모두 대국(大國)에 사로잡혔는데 밤에 산골짜기로 도망하여 풀뿌리를 캐어 먹었고, 후춘강(後春江) 강가로 도주하여 물고기를 잡아먹고 풀을 엮어서 집을 짓고 살았습니다. 이후에 불이 나서 남자는 타 죽고 여자는 요행히 살아서 여기로 왔습니다. 관둔관(管屯官) 허봉신(許奉新)은 먼저 그녀를 역

4 『淸入關前與朝鮮往來國書彙編(1619-1643)』, p.414에는 河尋非乃로 기록되어 있다.

아(驛衙)에 거두었으니 어떤 죄인지 의논하고 와서 보고해야 합니다.' 삼가 살펴보건대, 와르카인이 처음으로 마을에 들어왔는데도 관둔관(管屯官)이 급히 보고하지 않았으니 일 처리가 매우 해이합니다. 둔관(屯官) 허봉신(許奉新)은 별도로 죄를 논해야 합니다. 이 부녀자를 원적지로 돌려보내거나 야춘(也春) 지방으로 보낼 수도 있을 것입니다. 다만 대국의 군대가 노획했던 사람이므로 감히 함부로 할 수 없어서 이 자문을 부에 보내고 부의 처리를 기다립니다." 그 둔관(屯官)은 이미 혁직 처벌했습니다. 그 부녀자는 해당 지방관에게 보내어 관리하며 지시를 기다리고 있습니다. 이 때문에 자문을 갖추어 보냅니다.」

○ 乙亥, 和碩睿親王多爾衮·和碩肅親王豪格·多羅安平貝勒杜度·多羅饒餘貝勒阿巴泰等, 遣傳喇塔等奏報, 七月二十九日, 右翼多羅安平貝勒, 固山貝子, 公, 及固山額眞等, 率前鋒護軍全軍, 及騎兵一半, 前往錦州, 遇敵兵出城刈草, 追斬八十六人, 獲馬騾牛驢共一十三, 和碩睿親王, 和碩肅親王, 遣左翼前鋒, 及護軍, 馳畧, 獲米十五車, 先被安平貝勒陣斬者, 敵人將取其尸, 又遇我軍, 盡殲之. 又八月初六日, 遣前哨章京格巴庫, 率甲士十人, 往探大凌河海口, 獲船二, 斬三十五人, 又敵人夜入義州, 於屯田所, 傷我軍滿洲三人, 滿洲家下漢人八十九名. 我軍於次日, 追及後隊, 斬之.

○ 을해일(8.26), 호쇼이 예친왕(睿親王) 도르곤·호쇼이 숙친왕 호오거·도로이 안평 버일러 두두·도로이 요여 버일러 아바타이 등이 풀라타(fulata, 傳喇塔) 등을 보내서 상주했다.「7월 29일, 우익 도로이 안평 버일러·구사이 버이서·공(公)·구사어전 등은 전봉호군의 모든 군대와 기병(騎兵)의 절반을 이끌고 금주(錦州)로 나아가다가, 적병이 성 밖으로 나와서 풀을 베는 것을 마주쳐 추격하여 86명을 베고

말·노새·소·나귀 총 13마리를 노획했습니다. 호쇼이 예친왕(睿親王)·호쇼이 숙친왕은 좌익 전봉과 호군을 보내어 달려가서 쌀 15수레를 노획했고, 이전에 안평 버일러에게 참살당한 자의 시체를 가지러 온 적을 또 우리 군대가 마주쳐 모두 섬멸했습니다. 또 8월 6일 파견된 전초장긴(前哨章京) 거바쿠(gebakū, 格巴庫)가 갑병(甲兵) 10명을 이끌고 대릉하(大凌河)의 해구(海口)를 찾으러 가서 선박 2척을 노획하고 35명을 참살했습니다. 또 적이 밤에 의주(義州)로 들어와서 둔전소(屯田所)[5]에서 아군의 만주인 3명과 만주인 집에 속한 한인 89명에게 상처를 입혔습니다. 아군은 다음날 적의 후위대를 추격하여 참살했습니다.」

○ 戊寅, 命蘇拜, 納木, 率八家商人, 往歸化城購買馬匹.

○ 무인일(8.29), 수바이·나무에게 팔가의 상인들을 이끌고 귀화성(歸化城)에 가서 말을 사도록 했다.

九月, 己卯朔.

○ 9월 기묘일 초하루(9.1).

---

5 둔전소는 명대 군사단위였던 屯田千戶所를 가리키는 것으로 생각된다. 屯田千戶所는 屯墾을 목적으로 설치된 千戶所로서 대개 명의 북부 변경에 설치되었다. 주로 衛의 예하에 있었지만 都司나 行都司에 직속되기도 했다.

○ 庚辰, 上駐蹕溫泉一月, 聖躬稍安, 將還, 智順王尚可喜送駕, 賜蟒衣一領, 鞍馬一匹.

○ 경진일(9.2), 주상이 온천에서 머문 지 1개월 만에 몸이 약간 좋아져서 돌아오려고 하자 지순왕 상가희가 어가를 전송하니 망의(蟒衣) 1벌과 안장을 갖춘 말 1마리를 하사했다.

○ 辛巳, 駐守東京恭順王孔有德, 駐守遼陽懷順王耿仲明, 各率衆官, 至沙河堡送駕, 賜鞍馬一匹, 蟒衣一領, 宴而遣之.

○ 신사일(9.3), 동경(東京)에 주둔하는 공순왕 공유덕과 요양(遼陽)에 주둔하는 회순왕 경중명이 각자 관원들을 이끌고 사하보(沙河堡)까지 어가를 송별하니 안장을 갖춘 말 1마리와 망의(蟒衣) 1벌을 하사하고 연회를 베풀고 보냈다.

○ 乙酉, 上將至盛京, 諸王 · 貝勒 · 貝子 · 大臣, 迎至渾河岸. 未刻, 上還宮.

○ 을유일(9.7), 주상이 성경(盛京)에 도착하자 여러 왕 · 버일러들 · 버이서들 · 대신들이 혼하(渾河) 강가에서 영접했다. 미시(未時)에 주상이 환궁했다.

○ 丙戌, 命和碩鄭親王濟爾哈朗, 多羅武英郡王阿濟格, 多羅郡王阿達禮, 多羅貝勒多鐸·羅洛宏等, 率滿洲·蒙古·漢人將士一半, 往代和碩睿親王多爾衮等, 圍錦州·松山.

○ 병술일(9.8), 호쇼이 정친왕 지르갈랑, 도로이 무영군왕 아지거, 도로이 군왕 아달리, 도로이 버일러 도도·롤로혼 등에게 명하여 만주·몽고·한인 장수와 병사 절반을 이끌고 호쇼이 예친왕(睿親王) 도르곤 등을 대신해서 금주와 송산을 포위하게 했다.

○ 辛卯, 和碩睿親王多爾衮等, 遣羅實·稽賽等奏報, 九月初九日, 每牛彔下, 止留騎兵甲士二人守營, 王·貝勒等, 悉衆往杏山城北之山巓, 見敵人自杏山城出, 兵馬無多. 我兵方誘敵時, 松山一帶哨卒來報云, 松山騎兵已出. 王·貝勒等, 率兵馳至松山, 遣護軍章京, 率兵擊敗之, 及還. 敵復以馬步兵來襲, 相去五里, 王·貝勒等駐立, 縱令騎兵及護軍擊敗之, 掩殺至松山城下, 獲馬匹甲胄等物, 方還, 哨卒來報松山兵復出, 又擊敗之, 敵人遂遁. 共擊敗總督總兵等, 士卒五萬, 獲馬一百二十匹, 甲五百七十副.

○ 신묘일(9.13), 호쇼이 예친왕(睿親王) 도르곤 등이 로시(losi, 羅實)·기사이(gisai, 稽賽) 등을 파견하여 상주했다. 「9월 9일에 각 니루 예하의 기병갑사(騎兵甲士) 2명만 남아서 군영을 지키고, 왕과 버일러들은 모두 함께 행산성(杏山城) 북쪽의 산꼭대기에 가서 적이 행산성에서 나오는 것을 보았는데 병마가 많지 않았습니다. 우리 병사가 적을 막 유인하려 할 때 송산 일대의 초병이 와서 송산의 기병이 나왔다고 보고했습니다. 왕과 버일러들은 병사를 이끌고 송산으로 달려갔고, 파견된 호군장긴(護軍章京)이 병사를 이끌고 적을 격파하고 돌아

왔습니다. 적이 다시 기병과 보병으로 습격하러 와서 5리 떨어져 있을 때, 왕과 버일러들은 멈추고 기병과 호군을 시켜 적을 격파하고 송산성 아래까지 죽여 나아갔습니다. 말과 갑옷과 투구 등의 물건을 획득하고 막 돌아오려고 할 때 초병이 와서 송산의 병사가 다시 나왔다고 보고하여 또 격파하자 적이 마침내 도주했습니다. 격파한 총독과 총병들과 사졸이 모두 5만이고, 말 120마리 · 갑옷 570벌을 획득했습니다.」

○ 壬辰, 喀爾喀部落土謝圖汗, 查薩克圖汗, 及諸貝勒等, 遣使齎奏請安, 兼貢馬匹, 及土產活鵰.

○ 임진일(9.14), 칼카 부락의 투시예투 칸 · 자삭투 칸 · 여러 버일러들이 사신을 보내어 문안인사를 올리고 말과 토산(土産)의 독수리를 바쳤다.

○ 甲午, 科爾沁國卓禮克圖親王吳克善子額駙弼爾塔噶爾 · 桑噶爾寨 · 額參 · 冰圖王子達爾漢卓禮克圖巴敦, 綽洛固爾, 額德等, 以上自溫泉還, 具筵以進, 兼獻貂裘, 雕鞍馬, 貂皮等物. 酌納之.

○ 갑오일(9.16), 코르친국 조릭투 친왕 욱샨의 아들 어푸 빌타가르 · 상가르자이 · 에센 · 빙투 왕의 아들 다르한 조릭투 바둔 · 초로굴(corogūl, 綽洛固爾) · 어더이 등은 주상이 온천에서 돌아오자 연회를 갖추어 올리고 담비가죽옷 · 조각한 안장을 갖춘 말 · 담비가죽 등의 물건을 바쳤다. 헤아려 받았다.

○ 喀爾喀 · 阿霸垓部落, 額齊格諾顏等遣使來朝, 進貢馬匹.

○ 칼카 · 아바가 부락의 어치거 노얀 등이 보낸 사신이 내조하여 말을 바쳤다.

○ 朝鮮國王李倧, 聞上幸溫泉, 遣尚書尹順之, 獻豹皮, 獺皮等物. 賜尹順之等, 鞍馬 · 貂皮 · 銀兩, 宴而遣之.

○ 조선국왕 이종은 주상이 온천에 갔다는 소식을 듣고 상서(尙書) 윤순지(尹順之)[6]를 파견하여 표범가죽 · 수달가죽 등의 물건을 바쳤다. 윤순지 등에게 안장을 갖춘 말 · 담비가죽 · 은을 하사하고 주연을 베풀고 보냈다.

○ 以多羅郡王阿達禮妹, 下嫁蘇尼特部落墨爾根台吉騰機思, 命和碩親王 · 和碩福金 · 固倫公主以下, 固山額眞 · 承政以上, 俱朝服赴宴. 騰機思具九九牲畜獻. 上酌納之, 以其餘賜阿達禮. 又以朝見禮, 墨爾根台吉騰機思 · 台吉哈喇戶喇 · 綽益楚克 · 古木 · 俄木布喇嘛 · 朗蘇喇嘛 · 布泰古英 · 庫布塞格 · 額思痕, 及阿霸垓額齊格諾顏下噶爾馬塞臣楚虎爾, 達爾漢諾顏下卓爾必等, 各進獻馬匹.

○ 도로이 군왕 아달리의 여동생을 수니트 부락의 머르건 타이지

6 尹順之: 1591-1666. 경기도관찰사, 한성판윤, 공조판서 등을 역임한 문신. 할아버지는 윤두수(尹斗壽)이고, 아버지는 관찰사 윤훤(尹暄)이다.

텅기스에게 시집보내는 일로, 호쇼이 친왕·호쇼이 푸진·구룬 공주 이하 구사어전·승정 이상에게 조복(朝服)을 갖추어 입고 연회에 가도록 했다. 텅기스는 81마리의 가축을 갖추어 바쳤다. 주상은 헤아려서 받고 나머지를 아달리에게 하사했다. 또 조현례(朝見禮)를 하면서 머르건 타이지 텅기스·타이지 하라 훌라(hara hūla, 哈喇戶喇)·초이축(coicuk, 綽益楚克)·구무(gumu, 古木)·옴부 라마(ombu lama, 俄木布喇嘛)·랑수 라마(langsu lama, 朗蘇喇嘛)·부타이 구영(butai guyeng, 布泰古英)·쿱서거(kubsege, 庫布塞格)·어스헌(eshen, 額思痕), 그리고 아바가의 어치서 노얀 속하의 가르마 세첸 추후르(g'arma secen cuhur, 噶爾馬塞臣楚虎爾)·다르한 노얀 속하의 졸비(jolbi, 卓爾必) 등이 말을 바쳤다.

○ 乙未, 二等甲喇章京伊勒愼, 以罪罷, 以其弟格爾特襲替. 驍騎校管牛彔事舒翁寧阿陣亡, 贈爲牛彔章京, 以其兄子雅木哈納襲職.

○ 을미일(9.17), 이등 잘란장긴 이러선이 죄를 지어 파직시키고 그 동생 거르터(gerte, 格爾特)에게 습직시켰다. 효기교로서 니루의 일을 담당하는 숭닝가(šungningga, 舒翁寧阿)가 전사하여 니루장긴으로 추증하고, 그의 형의 아들 얌하나(yamhana, 雅木哈納)에게 습직시켰다.

○ 以敦拜爲護軍統領.

○ 둠바이(dumbai, 敦拜)를 호군통령에 임명했다.

○ 癸卯, 朝鮮國王李倧奏言, 議政府狀啟, 據世子從臣李行遠馳報, 八九月軍餉支放之後, 其餘三千八百餘石, 若以車輛載運, 則一車容載, 不過三石, 當用一千二百七十五輛, 以馬匹載運, 則一馬容載, 亦不過二十斗, 當用二千八百六十八匹, 運糧一事, 委屬艱難等因. 續據義州府節制使沈之溟馳報, 與林慶業送馬之崔喜男領交坐馬十五匹, 行到鳳凰城柵門外, 有守堡將言, 軍糧載運之馬, 當用一千五百匹, 爾如何止送坐馬十五匹, 遂不許入. 再三懇訴, 終不聽從, 不得已復回等因. 續據世子從臣李行遠馳報, 本國運糧馬匹, 緣何至今不見. 送到咨文中亦未分明, 將何憑信等因. 本月初六日, 欽奉聖旨, 命范文程等, 宣諭運糧夫馬, 何故杳無消息, 欽此, 欽遵, 合行具報等因. 據此, 臣等竊照本國之去海州衛, 數千餘里, 海州衛之去錦州衛, 又不下十餘日程. 則其間道里之遠, 輸運之艱, 實非本國物力, 所能支給. 今欲調發民夫, 運至軍前, 則民力已竭, 又欲備送價物, 雇車貰馬, 則國用空虛, 輸辦無策, 百計圖維, 罔知攸措, 惟林慶業, 率領一千五百軍士, 亦有齎去軍需, 意謂本官可以周旋輓運, 而尚慮本官所齎不敷. 姑令戶曹辦得若干輕物, 專候本官馳報, 隨即入送, 以爲添補之資. 去後, 即接李行遠等馳報內事, 意極憂惶, 著落該曹, 將已備雇價, 又買馬匹, 疾速入送, 或爲官弁所乘, 或爲運餉所用, 允爲便益. 合無備將前因, 轉奏朝廷. 臣竊詳小邦之於大朝大小一切, 惟命是聽, 心力所及, 不敢少有怠忽. 況此運糧一事, 至重且急, 尤宜日夜區畫, 竭盡心力, 庶使負戈之士, 得免饑餓之患. 而仍念小邦創殘之餘, 公私交困, 加以獲戾於天, 旱旣太甚, 七月隕霜, 八路失稔. 雖欲勒調夫馬, 載運糧餉, 而計窮力竭, 無可奈何. 惟是林慶業, 庶有可以搬運之勢, 故姑辦若干輕貨, 以待其回報. 而不料卸於岸上之糧, 迄未轉輸. 今以小邦之軍餉, 重荷上國之軫念, 致煩大臣傳諭, 臣誠隕越, 無地自容, 益仰見皇上恤民之恩. 字小之德, 出於尋常萬萬, 則凡東土百萬生民，孰不感戴皇仁，而陣前軍兵，亦孰不飽德銜恩，鼓舞於皇上視民如傷之澤哉．竊思林慶業所齎不敷，必不能准辦輸輓之價，以致如此，臣之罪戾，至此尤大．玆將銀六千兩及將官弁所乘，運餉所需，馬共一百匹，送至軍前，以補不敷之數．敢陳鄙悃，恭候嚴譴．伏乞皇上特諒奏內情節，亟賜寬恕，不勝幸甚．臣無任惶悚屛營之至．緣係軍務事理，爲此具奏，伏候聖旨．

○ 계묘일(9.25), 조선국왕 이종이 상주하여 말했다.「의정부의 장계(狀啓)는 아래와 같습니다. "세자의 종신(從臣) 이행원(李行遠)의 치보는 아래와 같습니다. '8-9월의 군향(軍餉)을 지급한 후, 남은 3,800여 석을 수레로 운송하면, 수레 한 대에 실을 수 있는 것이 불과 3석이고 1,275대의 수레를 써야 하며, 말로 실어 운송하면 1마리 말에 실을 수 있는 것이 또한 불과 20두(斗)이고 2,868마리를 써야 하니, 식량의 운송을 맡기기가 어렵습니다.' 이어서 의주부절제사(義州府節制使) 심지명(沈之溟)의 치보는 아래와 같습니다. '임경업에게 말을 보내려고 최희남(崔喜男)이 안장을 얹은 말 15마리를 끌고 봉황성책문(鳳凰城柵門) 밖에 도착했는데, 수보장(守堡將)이 말하기를, 군량을 실어 운송하는 말은 1,500마리여야 하는데 그대는 어찌 겨우 안장을 얹은 말 15마리를 보냈는가 라고 하며 들여보내지 않았습니다. 두 번 세 번 간청해도 결국 허가해 주지 않아서 부득이하게 돌아왔습니다.' 이어서 세자의 종신(從臣) 이행원(李行遠)의 치보는 아래와 같습니다. '본국의 식량 수송하는 말은 왜 지금까지 보이지 않습니까. 보내온 자문(咨文)에서도 분명하지 않으니 장차 어떻게 증명합니까. 이달 초6일에 아래의 성지를 받았습니다.『범문정 등에게 명하여 식량을 운송하는 인부와 말에 대해 유지를 내렸는데 왜 오래도록 소식이 없는가.』삼가 받들고 답신을 갖추어 알려야 합니다.'

이에 의거하여 신들이 생각하건대 본국에서 해주위(海州衛)까지 수천여 리이고, 해주위에서 금주위(錦州衛)까지 또 십여 일 이상의 노정입니다. 그 사이의 길이 멀어서 운송의 어려움이 실로 본국의 물력으로 감당할 수 없습니다. 지금 민부(民夫)를 조발하여 진영으로 운송하면 민력이 고갈되고, 또 물건값을 마련하여 주고 수레와 말을 세내려면 국가 재정이 비어서 수송할 방법이 없으니, 온갖 방법을 도모해도 어찌할 바를 모르겠습니다. 임경업이 1,500명 군사를 이끌고 또한 군수품을 싣고 가면서 본관이 두루 노력하여 운송할 것이라 생각하면서도 여전히 본관이 가져가는 것이 부족할까 염려했습니다. 임시로 호조(戶曹)에게 약간의 가벼운 물건을 마련하게 하고 본관의 치보를 기다렸다가 이후 즉시 들여보내서 보충할 물자로 삼았습니다. 임경업이 간 후에 이행원(李行遠) 등의 현지 사정에 대한 치보를 접하고 매우 걱정되어, 해조에서 이미 준비한 고용하거나 구매한 말을 빨리 보내기로 결정했으니, 관원이 타거나 군향을 운송하는 용도로 쓰면 편리하고 유익할 것입니다. 앞의 사정을 갖추어 조정에 상주(上奏)를 전달하면 어떨까 합니다."

신이 삼가 생각건대, 소방(小邦)은 대조(大朝)에 대해 크고 작은 모든 것을 명에 따르고 정성을 다하며 감히 조금도 소홀하지 않습니다. 하물며 이 식량 운송 사안은 지극히 중요하고 급한 일이어서 마땅히 더욱 밤낮으로 계획하고 정성을 다해야 군사들이 굶는 걱정을 면할 것입니다. 그러나 여전히 소방은 잔폐된 뒤여서 공사(公私)가 곤궁하고, 그에 더해 하늘에 죄를 지어 가뭄이 심하고 7월에 서리가 내려서 팔도에 흉년이 들었습니다. 비록 인부와 말을 징발하여 군량을 운송하려고 해도 계책이 궁하고 국력이 고갈되어 어찌할 수 없습니다.

다만 임경업은 운송할 수 있는 힘이 있으니 그 때문에 임시로 약간의 물자를 준비하고 회보(回報)를 기다렸습니다. 그러나 뜻밖에 해안에 내려 둔 식량이 아직 수송되지 않아서, 지금 소방의 군향을 상국이 염려해 주시고 대신이 번거롭게 유시를 전달하니 신은 참으로 황공하여 몸 둘 바를 모르겠습니다. 황상의 백성을 아끼는 은혜와 작은 나라를 사랑하시는 덕이 보통사람의 만 배나 뛰어나심을 우러르게 됩니다. 동쪽 땅의 만백성 누가 황제의 어짊에 감격하지 않겠습니까. 진영의 군사 또한 누가 큰 덕과 은혜를 입고 황상께서 백성을 다친 사람 보듯 아끼는 마음에 춤을 추지 않겠습니까. 삼가 생각건대 임경업이 운송한 물자가 부족해서 필시 운송하는 비용을 처리하지 못하여 이렇게 되었으니, 신의 허물이 이처럼 더욱 커졌습니다. 이에 은 6,000냥과 관원의 탈 것과 군향의 수송에 필요한 말 총 100미리를 진영에 보내서 부족한 수를 보충하겠습니다. 진솔하게 감히 말씀드리고 엄한 질책을 기다립니다. 삼가 바라건대, 황상께서 상주문의 속사정을 특별히 양해하시어 관대하게 처리해 주시면 큰 다행이겠습니다. 신은 황송하여 몸 둘 곳을 모르겠습니다. 군무(軍務)에 관계된 사안이어서 이 때문에 갖추어 상주하니 엎드려 성지를 기다립니다.」

○ 重修鳳凰城.

○ 봉황성을 중수했다.

권53

숭덕 5년 10월 ~ 12월

崇德五年, 庚辰, 冬十月, 戊申朔, 頒崇德六年曆.

○ 숭덕 5년 경진년 10월 무신일 초하루(10.1), 숭덕 6년의 역서를 반포했다.

○ 癸丑, 以書報喀爾喀部落查薩克圖汗曰, 爾來書言, 凡所行事, 莫非命也. 今朕承天佑, 爾蒙古國主, 已歸我矣. 爾不過一部之長, 乃以卑下之人, 僭擬大國之主, 妄自矜詡, 書不稱名, 動以佛教爲言, 可謂知命乎. 爾云欲修文偃武, 以求福祉. 夫戡定禍亂, 以致太平, 乃身膺福祉之謂也. 若不能有濟於世, 而徒稱說文教, 較量禍福, 特迂疎之見, 驕矜之詞耳. 爾又云, 朕前書內語言逆耳, 爾亦不怒. 夫忠告之言, 雖逆於耳, 實於治道有裨, 先賢云, 聽言者必察其理. 朕若誑言違理, 爾謂之逆耳, 宜也, 以忠告之言, 而爾謂之逆耳, 可乎. 遣往圖白忒部落喇嘛等已至歸化城, 因爾言不果, 是以不遣.

○ 계축일(10.6), 칼카 부락 자삭투 칸에게 답서했다. 「네가 보낸 서신에서 모든 일이 천명(天命)이 아닌 것이 없다고 했다. 이제 짐이 하늘의 도우심을 받아 너희 몽고국의 군주가 내게 귀부했다. 너는 고작 한 부락의 수장인데도 낮은 지위의 자로서 참람하게 대국의 군주에 견주면서 망령되이 스스로를 과시하고, 서신에 이름을 칭하지 않으면서 걸핏하면 부처의 가르침을 말하니 천명을 안다고 말할 수 있겠는가? 너는 문(文)을 닦고 무(武)를 절제하여 복락을 구하기를 원한다고 한다. 무릇 화란을 평정하여 태평을 이루면 곧 복락을 받았다고 한다. 만약 세상을 다스리지 못하고 단지 문교(文敎)만을 말하면서 화와 복을 비교한다면 한갓 어리석은 시각이요 교만한 말일 뿐이다. 너는 또 짐의 이전 서신의 말이 귀에 거슬리는데도 화내지 않았다고 했다. 충고하는 말은 비록 귀에 거슬리지만 실로 다스리는 도리에 도움이 된다. 옛 성현이 말하기를, 말을 듣는 사람은 반드시 그 이치를 살펴야 한다고 했다. 짐이 만약 미친 소리를 하고 도리를 어겼다면 네가 귀에 거슬린다고 말하는 것이 마땅하겠으나, 충고하는 말을 네가 귀에 거슬린다고 말하는 것이 맞는가? 투베트 부락에 파견한 라마들이 이미 귀화성(歸化城)에 이르렀으나 너의 말이 진실하지 않으므로 보내지 않았다.」

○ 洪尼喀·庫禮等遣使奏言. 朝鮮兵糧五千四百一包, 兩月零十日用過一千四百一十三包, 朝鮮帶去米七百二十四包, 留給朝鮮守倉人十名·病人十三名十一月以後糧十四包, 其餘三千二百五十包, 寄於海州倉內. 銀六千兩, 買馬騾二百九十五匹, 各官銀兩, 亦買馬三十四匹, 併朝鮮來馬一百零三匹, 共四百三十二匹, 臣等所率朝鮮兵, 於十月初五日, 過遼河, 謹奏.

○ 홍니카(hūngnika, 洪尼喀) · 쿠리(kuri, 庫禮) 등이 사람을 파견하여 상주했다. 「조선의 병량이 5,401포인데 2개월 10일 동안 1,413포를 넘게 썼고 조선에 쌀 724포를 가져갔으며, 조선의 창고를 지키는 사람 10명과 병든 사람 13명에게 11월 이후 병량 14포를 남겨 주고 나머지 3,250포는 해주(海州)의 창고에 맡겨 두었습니다. 은 6,000냥으로 말과 노새 295마리를 사고 각 관아의 은량으로 또 말 34마리를 사들였는데 조선에서 온 말 103마리까지 합치면 총 432마리입니다. 신들이 이끌고 온 조선 군병들이 10월 초5일에 요하를 건넜습니다. 삼가 아룁니다.」

○ 壬戌, 察哈爾固倫公主同和碩親王額駙額哲至, 關雎宮宸妃率諸王 · 貝勒福金迎宴之. 公主及額駙額哲亦於清寧宮, 具筵進上.

○ 임술일(10.15), 차하르 구룬 공주가 호쇼이 친왕 어푸 에제이와 함께 이르자 관저궁신비가 여러 왕 · 버일러의 푸진들을 이끌고 맞이하여 잔치를 베풀었다. 공주와 어푸 에제이 또한 청녕궁에서 연회를 갖추어 주상에게 바쳤다.

○ 薩哈爾察部落額駙巴爾達齊率三十六人來朝, 貢貂 · 狐等物.

○ 사할차 부락 어푸 발다치(baldaci, 巴爾達齊)가 36명을 이끌고 내조하여 담비가죽 · 여우가죽 등의 물품을 바쳤다.

○ 遣科爾沁國固倫額駙祁他特同公主還國. 皇后率諸王 · 貝勒 · 福

金, 送至避痘所, 設宴餞之. 賜駝馬·雕鞍, 仍命和碩肅親王豪格·固山貝子尼堪·輔國公杜爾祜復送一程, 宴之.

○ 코르친국 구룬 어푸 키타트를 공주와 함께 귀국하도록 보냈다. 황후가 여러 왕·버일러의 푸진들을 이끌고 배웅했으며 피두소(避痘所)에 이르러 잔치를 열어 전송했다. 낙타와 말·조각한 안장을 하사하고, 뒤이어 호쇼이 숙친왕 호오거·구사이 버이서 니칸·보국공 두르후에게 명하여 다시 하루 노정을 배웅하고 잔치를 베풀게 했다.

○ 固倫額駙和碩親王額哲下齊隆杜稜諾顏病卒, 命禮部以禮殯之.

○ 구룬 어푸 호쇼이 친왕 에제이의 속하 칠룽 두렁 노얀(cilung dureng noyan, 齊隆杜稜諾顏)이 병사하여, 예부에 명하여 예를 갖추어 염하게 했다.

○ 遣固山額眞多羅額駙英俄爾岱·禮部參政俄莫克圖·刑部理事官納爾賽等, 往朝鮮義州, 詰問朝鮮國王李倧罪, 并審其大臣等, 復遣內院官查布海·李棲鳳等, 賫敕赴王京. 諭李倧曰, 皇帝敕諭朝鮮國王李倧. 王在南漢時, 曾云若蒙聖恩生全, 保有國家, 不絕宗祀, 則自臣之身, 以至擧國臣民, 莫不頂戴皇上之功德, 如天如地. 凡有諭旨, 毫不敢違, 世世子孫, 當永遠敬守. 朕亦以王念生全之德, 必能不忘信義, 終踐斯言, 用沛德意, 全爾國家, 俾世守其宗社勿替. 乃自茲以來, 朕屢見爾違誤諭旨及軍機事務, 非止一端. 且凡語言, 預爲巧飾, 以圖後來掩蓋. 所行若此, 竟改初念, 大違昔日之言矣. 故命大臣英俄爾岱等前往義州, 一應事體, 悉令向王口宣, 特諭.

○ 구사어전 도로이 어푸 잉굴다이 · 예부참정 오목투 · 형부이사관 나르사이 등을 보내 조선 의주에 가서 조선국왕 이종(李倧)의 죄를 힐문하는 동시에 대신들을 심문하게 하고, 또 내원(內院)의 관원 차부하이 · 이서봉(李棲鳳) 등을 보내 칙서를 가지고 왕경으로 가도록 했다. 이종(李倧)에게 유시했다. 「황제는 조선국왕 이종(李倧)에게 칙유를 내린다. 왕이 남한산성에 있을 때 이렇게 말했다. "성은에 힘입어 목숨을 보전하여 나라를 보존하고 종묘사직이 끊어지지 않게 된다면, 신으로부터 온 나라 신민에 이르기까지 황상의 공덕이 천지와 같다며 우러러 받들지 않을 수 없을 것입니다. 유지가 있을 때마다 털끝만큼도 감히 어기지 않을 것이며, 자자손손 마땅히 영원토록 공경하며 지킬 것입니다." 짐 또한 왕이 목숨을 보전시켜 준 은덕을 유념하여 반드시 신의를 잊지 않고 끝까지 그 말을 실천할 것이라 여겨서, 덕의를 널리 베풀어 너희 나라를 보전하게 하여 대대로 지켜 온 종묘사직을 바꾸지 않도록 했다. 그런데 그 후로 짐은 누누이 네가 나의 명령과 군사에 관한 일을 어기는 것을 보았다. 또 모든 말을 미리 교묘하게 꾸미고 훗날 속이기를 도모했다. 소행이 이러하니 결국 처음의 마음을 바꾸고 이전의 말을 크게 어기려는 것이다. 때문에 대신 잉굴다이 등에게 의주로 나아가 모든 일을 왕에게 직접 말하도록 명했다. 특별히 유시한다.」[1]

---

1 『조선인조실록』 권41, 인조 18년 10월 29일 병자 기사에서도 해당 조서의 내용이 대동소이하게 기록되어 있다.

又敕諭一道, 數李倧罪狀曰, 戊寅年, 違命不發騎兵罪一. 今年調發兵船, 故意怠慢, 不至汎地, 罪一. 命以馬送船上兵丁, 乃違旨不送, 止以馬十五匹, 送至邊界, 旋復帶回, 仍遲延送馬日期, 罪一. 俘獲之人, 逃還朝鮮, 概不查送, 罪一. 逃去漢人, 不行送來, 反以爾國衣·帽·草履與之, 俾混跡藏匿, 罪一. 瓦爾喀家屬, 不盡行查出, 罪一. 無旨擅修城池, 罪一. 越境採參, 罪一. 命安州總兵柳琳爲軍帥, 統兵征明贖罪, 乃違命發往別處設防, 罪一. 不以大臣之適子親弟爲質, 乃以其族子及庶出之子與僱覓他人之子爲質, 罪一. 種種罪狀, 難以悉數, 又聞私與明國往來, 凡事巧言抵飾, 詭言欺罔, 負恩滅理, 天寧不爾鑑乎.

또 칙유 한 통에서 이종(李倧)의 죄상을 나열했다. 「무인년(1638)에 명을 어기고 기병을 내주지 않은 것이 한 가지 죄이다. 올해 병선을 조발하기를 일부러 게을리하여 주둔지에 오지 않은 것이 한 가지 죄이다. 말을 배에 실어 병사와 보내도록 명했는데도 유지를 어기고 보내지 않았으며, 단지 말 15마리를 보내고 변경에 이르자마자 다시 데리고 돌아가 말을 보내는 기일을 지연시킨 것이 한 가지 죄이다. 포로로 잡아 온 사람이 조선으로 도망쳐 돌아가면 모두 찾아 돌려보내지 않은 것이 한 가지 죄이다. 도망친 한인을 보내오지 않고 도리어 너희 나라 옷과 모자와 짚신을 주고 정체를 숨기고 뒤섞여서 종적을 감추도록 한 것이 한 가지 죄이다. 와르카의 가속을 찾아내는 일에 진력하지 않은 것이 한 가지 죄이다. 주상의 유지 없이 마음대로 성곽과 해자를 수리한 것이 한 가지 죄이다. 국경을 넘어 삼을 캔 것이 한 가지 죄이다. 안주 총병 유림(柳琳)을 장수로 삼아 군사를 통솔하여 명나라를 정벌해 속죄하도록 명했는데도 명을 어기고 다른 곳으로 가서 방어하도록 한 것이 한 가지 죄이다. 대신의 적자와 친동생을 인질로 삼지 않고 그 친족의 아들이나 서자 혹은 다른 사람의 자식을 데려와 인질로 삼은 것이 한 가지 죄이다. 각각의 죄상을 일일이 나열하기 어려운데도 듣건대 몰래 명나라와 왕래했다고 한다. 모든 일에 교묘한 말로 잘못을 숨기고 거짓말로 속여서 은혜를 저버리고 도리를 무너뜨렸으니 하늘이 어찌 너를 지켜보지 않겠는가?」

○ 以金礪爲吏部參政, 康哈爾管蒙古梅勒章京事.

○ 김려(金礪)를 이부참정으로 삼았으며, 캉칼(kangkal, 康哈爾)에게 몽고 머이런장긴의 일을 관할하게 했다.

○ 命部臣重修盛京西北十五里外明淨舍利佛塔.

○ 부(部)의 대신들에게 명하여 성경(盛京)에서 서북쪽으로 15리 밖에 있는 명정사리불탑(明淨舍利佛塔)을 중수하게 했다.

○ 辛未, 召蘇尼特部落騰機思從役一百三人, 賜宴, 仍賜台吉吹穆褚克等, 蟒朝衣 · 貂帽 · 玲瓏鞓帶 · 鞍轡 · 緞布等物.

○ 신미일(10.24), 수니트 부락 텅기스의 수행인 103명을 불러 잔치를 베풀어 주고 이어서 타이지 초임축(coimcuk, 吹穆褚克) 등에게 망조의(蟒朝衣) · 담비가죽 모자 · 정교하게 장식한 가죽띠 · 안장과 고삐 · 비단과 면포 등의 물품을 하사했다.

○ 以郭爾羅斯部落塔布囊哈尙送回我國遣往索倫使臣, 賜蟒·裘·貂帽·玲瓏鞓帶等物.

○ 고를로스 부락 타부낭 하샹(hašang, 哈尙)이 우리나라가 솔론에 파견한 사신을 돌려보내왔기에 망단(蟒緞)·가죽옷·담비가죽 모자·정교하게 장식한 가죽띠 등의 물품을 하사했다.

○ 吳喇忒部落台吉布達禮送其妹嫁與錦州來歸台吉溫布, 賜白金·綵緞·文綺·豹皮等物.

○ 우라트 부락 타이지 부다리가 그의 누이를 금주(錦州)에서 귀부해 온 타이지 옴부(ombu, 溫布)에게 시집보냈으므로 백금·채단(綵緞)·문기(文綺)·표범가죽 등의 물품을 하사했다.

○ 賜貢馬喀爾喀部落土謝圖汗下雲敦, 蘇默爾痕戴青諾顏下達爾馬, 喇嘛塔爾達爾漢諾顏下布爾噶代, 綽克托衛徵諾顏下綽爾濟, 查薩克圖汗下孔科, 車臣諾顏下巴代, 吳喇忒部落台吉桑噶爾寨等, 白金·綵緞·文綺·撒袋·鞓帶等物.

○ 말을 바치러 온 칼카 부락 투시예투 칸의 속하 욘돈, 수멀헌 다이칭 노얀(sumelhen daicing noyan, 蘇默爾痕戴青諾顏) 속하 다르마, 라마타르 다르한 노얀(喇嘛塔爾達爾漢諾顏) 속하 불가다이(bulgadai, 布爾噶代), 촉토 워이정 노얀(cokto weijeng noyan, 綽克托衛徵諾顏) 속하 초르지(corji, 綽爾濟), 자삭투 칸의 속하 콩코(konggo, 孔科), 체첸 노얀의 속

하 바다이(badai, 巴代), 우라트 부락 타이지 상가르자이 등에게 백금 · 채단 · 문기(文綺) · 화살집 · 가죽띠 등의 물품을 하사했다.

○ 壬申, 萬壽節, 遣官祭太廟 · 福陵.

○ 임신일(10.25), 만수절을 맞아 관원을 보내 태묘와 복릉에 제사지냈다.

○ 諸王 · 貝勒 · 貝子 · 文武羣臣及外藩王 · 貝勒使臣等, 赴闕朝賀. 內院大臣等請上御殿, 上諭曰, 今日乃朕誕辰, 內外諸王 · 貝勒以及文武羣臣, 莫不懽忭. 但小民及罪人等, 亦應加恩, 令其同霑膏澤. 爾等可於朕未御殿時, 先宣讀赦書, 宣畢來奏. 內院大臣, 遂出宣讀. 寬溫仁聖皇帝詔曰, 朕恭膺寶籙, 敬迓鴻庥, 値壽域之宏開, 敷天同慶, 宜仁風之普被, 率土均霑, 特頒肆赦之條, 用沛好生之德. 玆萬壽之辰, 朕普施恩澤, 自諸王以下以及庶民, 罔不沾被, 即有罪之人, 亦欲推恩及之, 除十惡外, 餘罪槩行肆赦. 一謀危社稷, 一謀燬宗廟 · 山陵及宮闕, 一謀背本國潛逃他國, 一蠱毒魘魅, 一盜大祀神器及上服御器物, 一毆辱祖父母 · 父母, 一兄賣弟, 一妻告夫, 一與宗族通姦, 一殺人強刼財物, 惟此十惡不赦. 諸如遺失物件, 認出許仍還本主, 不坐罪, 彼此應賠償者, 照舊償還. 此外隱匿偷盜之罪, 俱行赦免, 有以赦前事首告者, 法司不准審理. 其經赦前審定, 負欠未經全完者, 仍許追取. 其已議而未經結案者赦之. 若赦後有隱匿偷盜者, 仍治罪. 宣讀畢, 復奏. 上御崇政殿, 和碩親王 · 多羅郡王 · 多羅貝勒 · 固山貝子 · 公等率文武羣臣, 上表稱賀. 次恭順王孔有德 · 懷順王耿仲明 · 智順王尚可喜 · 續順公沈志祥 · 外藩右翼土謝圖親王巴達禮 ·

左翼卓禮克圖親王吳克善等各遣官，上表稱賀．次蘇尼特部落額駙騰機思率喀爾喀部落馬哈撒嘛諦塞臣汗 · 土謝圖汗貢使，上表稱賀．次朝鮮國王李倧遣陪臣李德仁等，上表稱賀．

○ 여러 왕 · 버일러 · 버이서 · 문무 신하들 및 외번의 왕 · 버일러의 사신들이 궁궐에 와서 조하(朝賀)했다. 내원(內院)의 대신들이 주상에게 전(殿)에 가기를 청하니 주상이 유시했다. "오늘은 짐의 생일이어서 내외의 여러 왕 · 버일러 및 문무 신하들이 기뻐하지 않는 이가 없다. 소민(小民)과 죄인들에게도 은택을 더하여 그들도 함께 은택을 입도록 해야 한다. 너희는 짐이 전(殿)에 가기 전에 먼저 사면하는 글을 읽고 와서 보고하라."

내원의 대신이 나와서 낭독했다. 「관온인성황제가 조(詔)를 내린다. 짐이 삼가 보위에 올라 공경히 경사를 맞이하고 태평 세상을 열어 하늘이 함께 기뻐하니, 마땅히 인덕의 교화를 널리 퍼트려 온 땅에 두루 미치게 하고자 특별히 죄인을 사면하는 조목을 반포하여 성대하게 사람을 살리는 덕을 펼친다. 만수절을 맞아 짐은 두루 베푼 은택을 여러 왕에서부터 아래로 여러 백성들까지 모두 입게 하고, 죄인에게도 은택을 미치게 하고자 한다. 아래 십악(十惡) 외에 나머지 죄목은 사면하라. 첫째, 사직을 위태롭게 할 음모를 꾸민 자. 둘째, 종묘 · 산릉 및 궁궐에 불을 지를 음모를 꾸민 자. 셋째, 본국을 배반하고 다른 나라로 몰래 도망할 음모를 꾸민 자. 넷째, 사람을 독살하거나 저주한 자. 다섯째, 대사(大祀)에 쓰이는 신령한 기물 및 주상의 의복과 거마에 관한 기물을 훔친 자. 여섯째, 조부모 · 부모를 때리고 욕한 자. 일곱째, 형으로서 동생을 판 자. 여덟째, 아내로서 남편을 고발한 자. 아홉째, 친족과 간음한 자. 열째, 사람을 죽이고 강제로 재물을 빼앗은 자. 오직 이 십악(十惡)은 사면하지 않는다. 그 밖에 잃어버린 물건은 분별하여 그대로 본래 주인에게 돌려주도록 허락하고 죄주지 말며, 피차 배상해야 할 것은 과거에 배상한 것을 참조하라. 이 외에 은닉하거나 도둑질한 죄는 모두 사면하라. 사면 이전의 일로 고발하는 자가 있으면 법사(法司)는 심리를 허락하지 말라. 사면을 거치기 전에 심리가 정해졌는데 빚을 다 갚지 못한 자는 추후에 받도록 허락하라. 이미 의논하였으나 사안이 결정되지 않은 자는 사면하라. 만약 사면된 후에 은닉했거나 도둑질했으면 그대로 치죄하라.」

낭독이 끝나고 다시 상주했다. 주상이 숭정전에 가니, 호쇼이 친왕·도로이 군왕·도로이 버일러·구사이 버이서·공(公) 등이 문무 신하들을 이끌고 표문을 올려 경하했다. 그다음 공순왕 공유덕·회순왕 경중명·지순왕 상가희·속순공 심지상과 외번 우익 투시예투 친왕 바다리·좌익 조릭투 친왕 욱샨 등이 각기 보내온 관원이 표문을 올려 경하했다. 그다음 수니트 부락 어푸 텅기스가 칼카 부락 마하 사마디 세첸 칸·투시예투 칸의 조공사신을 이끌고 표문을 올려 경하했다. 그다음 조선국왕 이종(李倧)이 보내온 배신(陪臣) 이덕인(李德仁) 등이 표문을 올려 경하했다.

○ 賜來朝十三旗大臣·土謝圖親王下都喇爾達爾漢·扎薩克圖郡王下莽古爾代·卓禮克圖親王下蘇墨德爾·氷圖王下道賴·扎魯特部落內齊下戴青達爾漢·四子部落達爾漢卓禮克圖下昂阿·科爾沁國孔果爾下哈尚·杜爾伯特部落塞冷下阿布代·卓禮克圖親王下額爾克·奈曼部落達爾漢郡王下阿邦達爾漢·布顏圖福金下擺賽等, 緞布有差, 仍賜宴於禮部.

○ 내조한 13기 대신과 투시예투 친왕 속하 두랄 다르한·자삭투 군왕 속하 망굴다이·조릭투 친왕 속하 수머더르(sumeder, 蘇墨德

爾)·빙투 왕 속하 도오라이(doorai, 道賴)·자루트 부락 너이치 속하 다이칭 다르한·사자(四子) 부락 다르한 조릭투 속하 앙가·코르친국 콩고르 속하 하샹(hašang, 哈尙)·두르베트 부락 서렁 속하 아부다이(abudai, 阿布代)·조릭투 친왕 속하 어르커·나이만 부락 다르한 군왕 속하 아방 다르한·부얀투 푸진 속하 바이사이 등에게 비단과 면포를 차등 있게 하사하고 뒤이어 예부에서 잔치를 베풀었다.

○ 賜朝鮮國王李倧及陪臣李德仁等, 雕鞍馬匹·白金·貂皮有差, 仍賜宴於禮部, 以其朝賀萬壽及冬至, 併進歲貢故也.

○ 조선국왕 이종(李倧) 및 배신 이덕인(李德仁) 등에게 조각한 안장을 갖춘 말·백금·담비가죽을 차등 있게 하사하고 이어서 예부에서 잔치를 베풀었는데, 만수절 및 동지를 하례하기 위해 알현하고 매년 바치는 공물을 올렸기 때문이었다.

○ 賜貢馬蘇尼特部落吳班代·朝柴·東古爾·俄爾哲·白希·沙津·馬寨·寨桑等, 蟒衣·貂帽·玲瓏鞓帶·鞍轡·緞布等物.

○ 말을 바치러 온 수니트 부락의 우반다이·초오차이(coocai, 朝柴)·동고르(donggor, 東古爾)·올제이(oljei, 俄爾哲)·버히(behi, 白希)·샤진(šajin, 沙津)·마자이(majai, 馬寨)·자이상(jaisang, 寨桑) 등에게 망의(蟒衣)·담비가죽 모자·정교하게 장식한 가죽띠·안장과 고삐·비단과 면포 등의 물품을 하사했다.

○ 先是, 牛彔章京圖爾格隨和碩睿親王多爾袞, 圍錦州時, 我兵刈錦州田禾, 遇敵兵出. 圖爾格率本旗兵, 繼護軍等衝入, 追至壕邊, 敗之, 遇松山步兵, 率本旗兵擊敗之. 又見敵騎兵三百從傍突入, 督令正黃 · 正白 · 正藍三旗護軍等兵擊敗之. 又擊杏山騎兵, 率本旗兵先入破之. 又同葉克書率兵三百, 往錦州埋伏, 敵兵千餘來戰, 葉克書馬中箭而蹶, 圖爾格奮射敵人, 立救葉克書上馬. 擊敗敵兵五次, 及伊爾德 · 蘇拜合兵後, 又敗敵一次. 身被重傷五處, 輕傷十八處, 馬中傷十九處. 身雖被傷, 尚殿後力戰, 保全俘獲. 至是, 敘其戰功. 圖爾格由牛彔章京職, 陞爲三等昂邦章京, 丹岱 · 布克沙 · 伊爾德 · 托濟 · 葉克書 · 噶思哈 · 巴特瑪 · 喀爾喀濟 · 扈席納 · 蘇拜 · 宜喇尼 · 巴雅喇 · 布泰 · 莽古爾岱等, 并各論功陞授有差.

○ 이전에 니루장긴 투르거이가 호쇼이 예친왕(睿親王) 도르곤을 따라 금주(錦州)를 포위할 당시 우리 군사가 금주(錦州)의 곡식을 베다가 적병이 나온 것을 마주쳤다. 투르거이는 본 기(旗)의 군사를 이끌고 호군을 뒤따라 돌격하여 참호 옆까지 추격해서 적병을 패퇴시켰고, 송산(松山)의 보병을 마주치자 본 기(旗)의 군사를 이끌고 공격해 패퇴시켰다. 또 적의 기병 300명이 측면에서 돌입해 오는 것을 보고 정황 · 정백 · 정람 3기의 호군 등의 군사에게 공격하게 하여 패퇴시켰다. 또 행산(杏山)의 기병을 공격하면서 본 기의 군사를 이끌고 먼저 돌입해 격파했다. 또 역슈와 함께 군사 300명을 이끌고 금주(錦州)에 가서 매복한 후 적군 1,000여 명이 오자 맞서 싸우다가 역슈의 말이 화살에 맞아 쓰러지자, 투르거이는 분발하여 적군을 쏘면서 역슈를 일으켜 말에 오르도록 도왔다. 적군을 공격하여 패퇴시킨 것이 5번이었고 일더이 · 수바이와 합세한 뒤에 또 적군을 한 차례 패퇴시켰다. 몸에 중상을 입은 곳만 5곳이고, 가벼운 상처는 18곳이었으며, 말도

19곳에 상처를 입었다. 몸은 비록 부상을 당했지만 오히려 후미에서 힘써 싸워 노획물을 보전했다. 이때에 그 전공을 서훈했다. 투르거이는 니루장긴 직에서 삼등 암바장긴으로 승진시키고, 단다이(dandai, 丹岱)·북샤(bukša, 布克沙)·일더이·토오지·역슈·가스하·바트마·카르카지(karkaji, 喀爾喀濟)·후시나(hūsina, 扈席納)·수바이(subai, 蘇拜)·일라니(ilani, 宜喇尼)·바야라(bayara, 巴雅喇)·부타이·망굴다이 등도 모두 각자의 공훈을 논하여 차등 있게 승진시켰다.

十一月, 戊寅朔, 頒詔於朝鮮. 詔曰, 寬溫仁聖皇帝詔諭朝鮮國王李倧. 十月二十五日, 乃朕誕辰, 慶洽臣民, 恩宜覃沛. 因倣會典, 除十惡外, 凡國中一切罪犯, 概行肆赦. 朕思中外俱屬一體, 國內既赦, 亦宜恩及外藩. 想爾國歲貢米萬包, 皆取給於民者, 今減去九千, 止貢千包, 俾爾臣民, 同沾浩蕩. 特諭.

○ 11월 무인일 초하루(11.1), 조선에 조서(詔書)를 반포했다. 조서에서 말했다. 「관온인성황제는 조선국왕 이종(李倧)에게 조서를 내린다. 10월 25일은 바로 짐의 탄신일로 경사가 신민에게 흡족하도록 은택이 널리 미쳐야 할 것이다. 따라서 회전(會典)에 의거하여 십악(十惡)을 제외한 나라 안의 죄인을 모두 사면했다. 짐이 생각건대 내외가 모두 하나이기에 나라 안을 사면했으니 외번에도 은택이 미쳐야 마땅하다. 너희 나라에서 매년 바치는 쌀 1만 포가 모두 백성에게서 나오는 것임을 감안해, 이제 9,000 포를 감하고 1,000 포만 바치게 하여 너희 신민에게 함께 은택을 주고자 한다. 특별히 유시한다.」[2]

---

2 『조선인조실록』 권41, 인조 18년 11월 13일 기사에서도 이 조서를 확인할 수 있는데, 안장을 갖춘 말 1마리, 백금 300냥, 담비가죽 160령을 하사한다는 내용이

○ 庚辰, 以扎魯特部落桑阿爾下肯哲赫, 曾同阿賴庫魯克達爾漢追擒毛明安, 能戮力鄉導, 賜號達爾漢, 其牲畜·口糧, 概免供應, 子孫世襲達爾漢號. 仍賜朝衣·貂帽·帶鞾·虎裘等物.

○ 경진일(11.3), 자루트 부락 상가르 속하 컨저허이(kenjehei, 肯哲赫)가 일찍이 알라이 쿨룩 다르한과 함께 모오밍간을 추격하면서 협력하여 길 안내를 잘했으므로 다르한 칭호를 하사하고 가축과 식량을 바치는 일도 대부분 면해 주었으며, 다르한 칭호를 자손 대대로 세습하게 했다. 이어서 조의(朝衣)·담비가죽 모자·요대·신발·호랑이 가죽 외투 등의 물품을 하사했다.

○ 先是, 王世選旗下鮑承先, 留在袞塔什屯, 防禦火災, 看守耕種, 有農人遇敵中箭來報, 退避不救. 部議, 鮑承先, 應論死. 阿山旗下塞紐克, 防守屯田所, 私遣人採取梨果, 遇敵被奪去馬一匹·騾一頭, 一人受傷. 塞紐克應革職, 鞭一百, 仍罰賠所失騾馬及人一口入官. 拜尹圖旗下管哨卒章京羅兌, 親率屬下人, 私採梨果, 被山寨敵人奪去馬一匹·騾一頭, 一人受傷. 羅兌應鞭一百, 貫耳鼻, 籍其家. 譚泰旗下甲喇章京希爾艮, 不問護軍統領伊爾德, 擅居後隊, 罪一. 又集衆傳諭, 不許離纛, 希爾艮違令, 別立一處, 罪二. 伊爾德又傳令有擅離纛者斬, 希爾艮曰, 何故殺我, 遂相喧爭, 後上遣索尼問之, 希爾艮托言爭驢, 罪三. 希爾艮應革職, 罰銀一百兩. 又往杏山出兵時, 擅離右翼, 入左翼, 復誣阿克善未曾進戰, 詈覺羅阿克善, 辱及其父, 再議鞭一百, 納贖免死. 護軍統領伊爾德, 擅棄本營, 往貝子尼堪家, 罪一.

추가되어 있다.

又向叟塞牛彔下護軍校納木索馬乘坐，罪二．又擅遣其子額爾畢黑隨希爾艮往錦州，罪三．又向王・貝勒・貝子求馬匹・弓箭，罪四．伊爾德應革去一個前程，罰銀五十兩．

葉臣旗下衮塔什・馬喇希旗下尼爾哈，往屯田所防守，身不擐甲，馬不鞁鞍，玩忽軍機．敵人至前，尚不知覺，敵來，不遣人各處報知，敵人回時，不盡力追殺，碩託公家人來報敵兵至，答云，我等已知之．明係怠玩，衮塔什・尼爾哈應論死，籍其家．駐防義州梅勒章京薩穆什喀等，明知山寨有敵，不增兵防守，又不嚴加訓誡，縱容哨卒及軍士等懈怠，敵人至前，尚不知覺，以致左翼種地九十二人，被敵殺掠．薩穆什喀應罰銀一百兩，賠人十五名．納爾賽應罰銀一百兩，賠人九名，布達席理・巴雅喇應各罰銀一百兩，賠人七名．阿哈尼堪・塞紐克・錫爾都・沙濟達喇・諾木洪應各罰銀五十兩，賠人五名．譚布・覺善・圖瞻・僧格應各罰銀五十兩，賠人五名．達哈布・拜音代・額林徹應各罰銀二十五兩，賠人三名．奏聞，上命赦鮑承先罪，塞紐克削職，鞭一百，照議罰賠．羅兌免籍其家，鞭一百，貫耳鼻，希爾艮罰銀一百兩，餓禁三日，赦其杏山出兵時罪，但不准敘軍功．伊爾德罰銀五十兩，餓禁三日，衮塔什・尼爾哈免死，各鞭一百，薩穆什喀等照議罰賠．

○ 이전에 왕세선(王世選) 기(旗) 속하의 포승선(鮑承先)은 군타시(guntasi, 衮塔什)의 둔전에 머물면서 화재를 막고 농사를 관리하다가 농민이 적과 마주쳐 화살에 맞았다는 보고를 받자 후퇴하여 피하고 구하지 않았다. 부에서 논의했다.

「포승선(鮑承先)은 사형죄로 논해야 합니다. 아산 기(旗) 속하의 서니오커는 둔전을 지키면서 사사로이 사람을 보내 배(梨)를 따오게 했다가 적을 마주쳐 말 1마리・노새 1마리를 빼앗기고 1명이 부상당했습니다. 서니오커는 혁직하고 채찍 100대를 때리고 잃어버린 노새와 말 및 부상자 1명을 배상시켜 관에 몰수해야 합니다. 바인투 기(旗) 속하의 초병을 관리하는 장긴 로도이(lodoi, 羅兌)는 직접 속하 사람들을 이끌고 사사로이 배를 따다가 산채의 적군에게 말 1마리 · 노새 1마리를 빼앗기고 1명이 부상을 당했습니다. 로도이는 채찍 100대를 때리고 귀와 코를 뚫고 가산을 적몰해야 합니다.

탄타이 기(旗) 속하 잘란장긴 히르건(hirgen, 希爾艮)은 호군통령 일더이에게 묻지 않고 멋대로 후미에 머물렀으니 첫째 죄입니다. 또 무리를 모아 유지를 전하여 독(纛)에서 이탈하는 것을 허락하지 않는다고 했는데도, 히르건은 명령을 어기고 한 장소에 따로 떨어졌으니 둘째 죄입니다. 일더이가 또 명령을 전하여 멋대로 독(纛)에서 이탈하는 자가 있으면 목을 벤다고 하자 히르건은 “무엇 때문에 나를 죽인단 말이냐?”라고 하면서 서로 다투다가 나중에 주상이 소닌을 보내 물으니 나귀를 두고 다투었다고 핑계댔으니 셋째 죄입니다. 히르건을 혁직하고 벌은(罰銀) 100냥을 부과해야 합니다. 또 행산(杏山)으로 진군했을 때에 멋대로 우익을 벗어나 좌익에 들어갔고, 악샨(akšan, 阿克善)이 전장에 나아가지 않았다고 모함하면서 기오로 악샨을 매도하고 그 부친까지 모욕했으니, 다시 의논하여 채찍 100대를 때리고 납속하여 사형은 면해 주어야 합니다.

호군통령 일더이는 멋대로 소속 군영을 버리고 버이서 니칸의 집으로 갔으니 첫째 죄입니다. 또 서오서 니루 속하의 호군교 나무에게 말을 얻어 내어 탔으니 둘째 죄입니다. 또 멋대로 아들 얼비허(elbihe, 額爾畢黑)를 보내 히르건을 따라 금주(錦州)에 가도록 했으니 셋째 죄입니다. 또 왕 · 버일러 · 버이서에게 말과 활과 화살을 요구했으니 넷째 죄입니다. 일더이는 일개전정(一個前程)을 삭직하고 벌은(罰銀) 50냥을 부과해야 합니다.

여천 기(旗) 속하 군타시 · 말라히 기(旗) 속하 닐하(nilha, 尼爾哈)는 둔전에 가서 지키면서 갑옷을 입지 않고 말에 안장과 고삐를 채우지 않고 군기(軍機)를 소홀히 했습니다. 적군이 앞에 도착할 때까지 알아채지 못했고 적군이 왔는데도 사람을 각지에 보내 알리지 않았으며, 적군이 돌아갈 때는 힘을 다해 뒤쫓아 죽이지 않았으면서 쇼토 공의 가인(家人)이 와서 적병이 이르렀음을 알리자 대답하기를 "우리가 이미 알고 있다."라고 했습니다. 명백히 태만했으므로 군타시 · 닐하를 사형죄에 처하고 가산을 적몰해야 합니다.

의주(義州)에 주둔하고 있는 머이런장긴 삼시카 등은 산채에 적이 있음을 알면서도 군사를 늘려 지키지 않고 또 훈계를 더하여 엄히 신칙하지 않아 초병과 군사들을 해이해지도록 방치했으며, 적군이 다다르기 직전까지도 알아채지 못해 좌익의 농사짓는 92명이 적에게 죽임당하고 약탈당하기에 이르렀습니다. 삼시카는 벌은(罰銀) 100냥을 부과하고 사람 15명을 배상해야 합니다. 나르사이는 벌은 100냥을 부과하고 사람 9명을 배상해야 합니다. 부다시리(budasiri, 布達席理) · 바야라(bayara, 巴雅喇)는 각각 벌은 100냥을 부과하고 사람 7명을 배상해야 합니다. 아하니칸 · 서니오커 · 실두(sildu, 錫爾都) · 샤지다라 · 놈혼(nomhon, 諾木洪)은 각각 벌은 50냥을 부과하고 사람 5명을 배상해야 합니다. 탐부 · 기우샤 · 투잔 · 셍게는 각각 벌은 50냥을 부과하고 사람 5명을 배상해야 합니다. 다하부(dahabu, 達哈布) · 바인다이 · 어린천(erincen, 額林徹)은 각각 벌은 25냥을 부과하고 사람 3명을 배상해야 합니다.」

상주하자 주상은 포승선의 죄를 사면해 주었다. 서니오커는 삭직하고 채찍 100대를 때리고 논의대로 배상하게 했다. 로도이는 가산을 적몰하는 것은 면해 주고 채찍 100대를 때리고 귀와 코를 뚫게 했다. 히르건은 벌은 100냥에 처하고 사흘 동안 가두어 굶기고 행산(杏山)에 진군했을 때의 죄는 사면하되 군공은 기록하지 않았다. 일더이는 벌은 50냥에 처하고 사흘 동안 가두어 굶기게 했다. 군타시 · 닐하(nilha,

尼爾哈)는 사형죄를 면해 주고 각각 채찍 100대를 때리게 했다. 삼시카 등은 벌하고 논의대로 배상하게 했다.

○ 喀爾喀馬哈撒嘛諦塞臣汗所屬蘇尼特部落濟農叟塞·烏朱穆秦部落台吉祁他特等來朝, 貢貂皮·駝馬.

○ 칼카의 마하 사마디 세첸 칸에게 소속된 수니트 부락의 지농 서오서·우주무친 부락의 타이지 키타트 등이 내조하여 담비가죽·낙타와 말을 바쳤다.

○ 乙酉, 圍明錦州和碩鄭親王濟爾哈朗·多羅貝勒多鐸等, 遣啟心郎額爾格圖等, 自軍中奏報. 多鐸率護軍及騎兵一千五百, 夜往錦州西桑噶爾寨堡設伏. 次日見敵人四騎, 即發先鋒追擊, 敵伏兵出戰. 多鐸即率兵迎擊, 追至塔山, 斬敵兵八十六, 獲馬二十. 濟爾哈朗率將士, 夜伏錦州南破臺, 次日, 見敵數騎, 誘之不至. 敵伏兵望見我兵, 即望城遁走, 追斬六十餘人. 又聞敵人於杏山·塔山間夜運糧芻. 隨令宗室輔國將軍吳達海率兵乘夜往畧, 至次日, 追斬敵兵五十餘, 生擒五十人, 獲牛驢百餘.

○ 을유일(11.8), 명나라 금주(錦州)를 포위하고 있는 호쇼이 정친왕 지르갈랑과 도로이 버일러 도도 등이 계심랑 어르거투 등을 보내 군중에서 상주했다. 「도도가 호군 및 기병 1,500명을 이끌고 밤에 금주 서쪽 상가르자이 보(堡)에 매복했습니다. 다음날 적의 기병 4명을 보고 곧장 선봉을 내보내 추격하니 적의 복병이 싸우러 나왔습니다. 도도가 즉시 군사를 이끌고 맞아 싸웠고 탑산(塔山)에 이르기까지 추격

하여, 적병 86명을 베고 말 20마리를 노획했습니다. 지르갈랑이 장수와 병사들을 이끌고 밤에 금주 남쪽 무너진 대(臺)에 매복했는데 다음날 적의 기병 여럿을 보고 유인했으나 오지 않았습니다. 적의 복병이 멀리서 우리 군사를 보고 곧장 성을 향해 도망치기에 쫓아가 60여 명을 베었습니다. 또 적군이 행산과 탑산 사이에서 밤에 군량과 마초를 운송한다는 소식을 들었습니다. 뒤이어 종실 보국장군 우다하이에게 군사를 이끌고 밤을 틈타 가서 약탈하게 하자, 다음날이 되기까지 쫓아가 적병 50여 명을 베고 50명을 생포하고 소와 나귀 100여 마리를 노획했습니다.」

○ 丙戌, 冬至, 祀天於圜丘. 以聖躬違和, 遣超品公塔瞻等恭代, 竝命文武羣臣, 先期齋戒三日, 詣壇陪祀.

○ 병술일(11.9), 동지를 맞아 환구단(圜丘壇)에서 하늘에 제사를 지냈다. 주상의 몸이 불편하여 초품공(超品公) 타잔 등을 보내 대신하게 하고, 아울러 문무 신하들에게 기일에 앞서 3일 간 재계하고 환구단에 가서 제사를 지내게 했나.

○ 壬辰, 先是, 索海·薩穆什喀攜來新滿洲男子二千七百五十一名, 婦女三千九百八十九口, 編入八旗. 至是, 均賞衣服·布疋, 復令較射, 分別等第. 一等者, 視甲喇章京, 二等者, 視牛彔章京, 三等者, 視半個牛彔章京. 各照等第, 賜朝服·袍褂等物.

○ 임진일(11.15), 이전에 소오하이·삼시카가 신만주 남자 2,751명·부녀자 3,989명을 이끌고 와서 팔기에 편입시켰다. 이때에 균등

하게 의복과 포필을 상으로 주었다. 또 활쏘기 시합을 하여 순위를 나누었다. 일등은 잘란장긴으로, 이등은 니루장긴으로, 삼등은 반개니루장긴으로 대우했다. 각각 순위에 따라 조복(朝服)·겉옷과 마고자 등의 물품을 하사했다.

○ 癸巳, 貝勒阿敏, 卒於幽所. 先是, 庚午年, 入邊征明, 克永平·灤州·遷安三城, 阿敏失守, 棄之而還, 論罪禁錮. 至是, 病卒, 年五十五歲.

○ 계사일(11.16), 버일러 아민이 유폐지에서 죽었다. 이전에 경오년(1630)에 변경으로 진입해 명을 정벌할 때 영평(永平)·난주(灤州)·천안(遷安)의 3개 성을 함락했으나 아민이 지키지 못해 버리고 돌아왔기에 죄를 논하여 감금했었다. 이때에 병사했고 나이는 55세였다.

○ 戊戌, 以康喀爾管梅勒章京事.

○ 무술일(11.21), 캉칼에게 머이런장긴의 일을 관할하게 했다.

○ 三等鎭國將軍湯古代病故, 以其子穆爾察襲職, 穆爾察三等奉國將軍職, 令其兄聶克塞襲替.

○ 삼등 진국장군(鎭國將軍) 탕구다이가 병사하여 그의 아들 무르차에게 습직시켰다. 무르차의 삼등 봉국장군(奉國將軍) 직은 그의 형 니역서(niyekse, 聶克塞)에게 습직시켰다.

○ 敍初圍錦州功, 併從前勞績, 授管半個牛彔章京事胡密嗇, 爲半個牛彔章京, 陞二分牛彔章京布丹, 爲牛彔章京, 賜胡密嗇敕曰, 爾原係白身, 管半個牛彔章京事, 因往甜水站戍防, 追捕逃人, 斬六十人, 生擒五十人. 又隨多羅武英郡王征燕京時, 率四旗下前鋒兵, 從昌平州往燕京城外設伏, 遇明騎兵五百, 敗之, 獲馬七十九匹. 又率每旗下十人往通州捉生, 斬明兵百人, 獲馬五十七匹. 又往盧溝橋偵探, 擊敗明兵一百, 獲馬三十二匹. 又往取紅衣礮, 遇郭姓太監·二風子兵三百, 敗之, 獲馬四匹. 又同八旗前鋒兵, 往燕京城外偵探, 遇明兵七百, 敗之, 獲馬二十匹. 又擒遵化哨騎二十. 又往盧溝橋偵探, 遇明兵百人, 自保定府來, 敗之, 獲馬三十四匹. 凡經哨探, 斬殺甚衆, 共生擒一十三人, 已經紀功一次. 又攻松山時, 同索渾·喀濟海·納海, 遇祖大壽步兵, 敗之. 出略杏山時, 救出額爾克戴青下一人. 又和碩睿親王初圍錦州左翼兵破敵時, 親身先入. 又於汎地, 擊明杏山騎兵, 敗之. 又因出哨, 生擒九人, 屢著勞績, 授半個牛彔章京. 增布丹敕詞曰, 隨多羅武英郡王征燕京, 入邊時, 破其關外守軍, 及攻邊時, 本甲喇兵先登. 又遇涿州明兵, 同固山額眞·護軍統領步戰, 敗之. 又出邊時, 明兵於居庸關口, 阻我輜重, 率先衝擊, 敗之. 又往迎和碩睿親王時, 我軍據守山岡, 明兵來攻, 塞古德怯避, 同希爾艮擊, 敗之, 約斬十人. 又隨多羅額爾克楚虎爾貝勒, 往略錦州克敵回時, 救出石廷柱旗下一人. 又隨和碩鄭親王, 往略錦州時, 遇松山兵百人, 向錦州來, 同希爾艮·囊古·濟席哈, 敗之. 又隨和碩睿親王, 率兵初圍錦州時, 於汎地, 擊杏山後騎兵, 敗之. 勞績可嘉, 由二分牛彔章京, 加一分, 陞爲牛彔章京.

○ 처음에 금주(錦州)를 포위한 공과 이전에 노력한 공적을 서훈했다. 반개니루장긴의 일을 관할하는 후미서에게 반개니루장긴을 제수

하고, 이분니루장긴(二分牛彔章京) 부단을 니루장긴으로 승진시켰다. 후미서에게 칙서를 하사하여 말했다. 「너는 원래 백신(白身)으로 반개니루장긴의 일을 관할했는데 첨수참(甜水站)에 수비하러 가서 도망자를 추격해 붙잡고 60명을 베었으며 50명을 사로잡았다. 또 도로이 무영군왕을 따라 연경(燕京)을 정벌할 때 4기(旗) 속하의 전봉병(前鋒兵)을 이끌고 창평주(昌平州)에서 연경성(燕京城) 밖으로 가서 매복하고 명나라 기병 500명을 만나자 패퇴시켰으며 말 79마리를 잡았다. 또 각 기(旗) 속하의 10명씩을 이끌고 통주(通州)로 포로를 잡으러 가서 명나라의 병사 100명을 베고 말 57마리를 잡았다. 또 노구교(盧溝橋)에 정탐을 가서 명나라의 병사 100명을 격파하고 말 32마리를 잡았다. 또 홍의포(紅衣礮)를 가지러 가서 곽 태감(郭太監)·이풍자(二風子)의 병사 300명을 만나 패퇴시키고 말 4마리를 잡았다. 또 팔기 전봉병(前鋒兵)과 함께 연경성(燕京城) 밖에 정탐을 가서 명나라의 병사 700명을 만나 패퇴시키고 말 20마리를 잡았다. 또 준화(遵化)의 정탐 기병 20명을 사로잡았다. 또 노구교(盧溝橋)에 정탐을 가서 명나라의 병사 100명을 만나자 보정부(保定府)에서 와서 패퇴시키고 말 34마리를 잡았다. 정탐을 하면서 많은 적을 베어 죽였고 모두 13명을 사로잡았으므로 공적을 한 번 기록했다. 또 송산(松山)을 공격할 때 소흔·카지가이·나하이와 함께 조대수의 보병을 만나 패퇴시켰다. 행산(杏山)을 공략하러 출병했을 때 어르커 다이칭 속하의 1명을 구출했다. 또 호쇼이 예친왕(睿親王)이 처음 금주(錦州)를 포위하고 좌익군이 적을 격파할 때 몸소 먼저 진입했다. 또 주둔지에서 명 행산(杏山)의 기병을 공격해 패퇴시켰다. 또 정탐을 나가서 9명을 사로잡았다. 여러 차례 노력한 공적을 보였으므로 반개니루장긴을 제수한다.」

부단을 승진시키는 칙서(敕書)에서 말했다. 「도로이 무영군왕을 따라 연경(燕京)을 정벌하고자 변경으로 진입했을 때 관(關)의 밖에서 수비하는 군대를 격파했고 변경을 공격할 때 본 잘란의 병사가 먼저 올랐다. 또 탁주(涿州)의 명나라 군대를 만났을 때 구사어전·호군통령과 함께 보병전을 벌여 패퇴시켰다. 또 변경을 나설 때 명나라 군대가 거용관(居庸關) 입구에서 우리의 군용 수레를 가로막자 솔선하여 돌격해서 패퇴시켰다. 또 호쇼이 예친왕(睿親王)을 맞으러 갔을 때 우리 군대가 언덕에 의지해 수비하고 있는 것을 명나라 군대가 공격해 오자 서구더가 겁을 먹고 도망쳤는데 히르건과 함께 패퇴시키고 약 10명을 베었다. 또 도로이 어르커 추후르 버일러를 따라 금주(錦州)를 공략하러 가서 적을 함락하고 돌아올 때 석정주 기(旗) 속하의 1명을 구출했다. 또 호쇼이 정친왕을 따라 금주(錦州)를 공략하러 갔을 때 송산(松山)의 병사 100명을 만나자 금주(錦州)로 와서 히르건·낭구·지시하와 함께 패퇴시켰다. 또 호쇼이 예친왕(睿親王)을 따라서 병사를 이끌고 금주(錦州)를 처음 포위할 때 주둔지에서 행산(杏山)의 후미 기병을 공격하여 패퇴시켰다. 노력한 공적이 가상하니 이분(二分) 니루장긴에서 일분(一分)을 더해 니루장긴으로 승진시킨다.」

○ 賜巴林部落塞布騰下巴塞奈, 蘇尼特部落叟塞濟農子噶爾馬台吉·南扎特台吉等, 朝衣·貂帽·玲瓏鞓帶·甲胄·緞布等物有差.

○ 바린 부락 섭텅 속하의 바서나이(basenai, 巴塞奈), 수니트 부락 서오서 지농의 아들 가르마 타이지·난자트 타이지(nanjat taiji, 南扎特台吉) 등에게 조의·담비가죽모자·정교하게 장식한 가죽띠·갑옷과 투구·비단과 면포 등의 물품을 차등 있게 하사했다.

○ 朝鮮國王李倧次子李淏, 省親復命. 遣禮部大臣, 迎至鳳凰城, 宴之.

○ 조선국왕 이종(李倧)의 둘째 아들 이호(李淏)가 부모를 뵙고 돌아왔음을 보고했다. 예부 대신을 보내 봉황성(鳳凰城)에서 맞이하고 잔치했다.

十二月, 丁未朔.

○ 12월 정미일 초하루(12.1).

○ 己酉, 多羅安平貝勒杜度下朏泰 · 傅喇塔 · 葉什 · 石賴 · 尼滿等五人首告, 貝勒杜度, 口出怨言. 每向我等云, 往征遵化, 我獨敗敵兵. 定朝鮮時, 留兵甚少, 我將許多紅衣礮, 盡行拽至. 又協同睿親王, 攻克江華島. 又大兵征濟南府時, 助克勤郡王, 攻克牆子嶺城, 斬總督一員, 總兵一員. 又與克勤郡王同克濟南府, 擊敗盧總督兵, 時克勤郡王兵未動, 我親率衆兵擊敵, 及克勤郡王薨駐營於運糧河時, 敵兵夜襲鑲藍旗前鋒營, 我次早追及, 敗之. 睿親王率左翼兵先出邊, 敵兵步騎隨兩翼來追, 直至邊口, 我獨殿後, 不爲敵擾, 安然出邊. 如此勤勞, 置而不論. 羅洛宏之父岳託, 雖被阿蘭柴首告獲罪, 猶封郡王, 羅洛宏猶襲貝勒爵, 譚泰 · 圖賴, 尚各陞職. 似我無罪有功之人, 止因不敬希爾艮, 遂不論功, 而反加罪, 無非爲我在紅旗故耳. 又賜諸王衣服時, 貝子尼堪 · 羅託, 俱受賜, 我獨見遺, 後方補給. 今雖效力, 何用之有. 鄭親王敘功冊所載, 不過以常常念君之故, 遂得封鄭親王. 我且待時, 惟天公斷, 或鑒之耳. 爾等係我至親, 故以心事相告, 杜度此等言語不論在家在外, 常出諸口. 又曾以東珠五顆 · 粧緞二疋 · 倭緞一疋 · 緞六疋, 送與固倫公主, 乃言曰, 此與征賦稅何異. 公主卻還未受. 及希爾艮免罪後, 又云, 先因饋送希爾艮, 已坐罪矣.

今後若不饋送, 異日必又以不饋送獲罪也. 又謂胡球曰, 我爲貝勒, 亦足貴否, 胡球曰, 既有儀仗, 可謂貴矣. 貝勒杜度曰, 若云尊貴, 我頂上東珠, 如何又少, 又曰, 命我在部, 豈榮貴之乎. 止不許我安閒耳. 又過朝鮮國王諸子門時, 忽大言曰, 謂天無知, 何爲祭天, 謂神無知, 何爲祀神, 種種怨言如此, 我等五人, 雖在安平貝勒杜度下, 沾其恩被, 但其從前憤懣之詞, 關係甚大, 諫止之, 不聽. 我等若欲聲言, 恐以無証據, 坐罪而死. 不言, 又恐他人聞而言之, 將謂我等係姑舅之戚, 又日在左右, 知而不首, 亦當死. 均之獲罪, 計惟奏上, 或蒙鑒察. 於是王 · 貝勒 · 貝子 · 議政大臣訊之, 皆實. 尋議, 安平貝勒杜度, 及其福金, 應俱監禁, 奪奴僕財物, 并所屬人員入官. 其子公杜爾祜 · 穆爾祜 · 特爾祜等, 聞伊父怨上, 出此妄言不行諫止, 應降爲庶人, 奪奴僕, 及所屬人員入官, 止與莊一所居之. 貝勒杜度送公主禮時, 有如納賦稅之言, 阿本諸實聞之, 審問時, 徇庇其主, 推諉不知, 應論死. 又頂上東珠何少之語, 訊胡球得實, 胡球既係內院學士, 此等言語, 隱而不言, 亦應論死. 出首之人斷出, 令隨便居住. 奏聞, 上命安平貝勒, 及其福金, 俱免監禁, 并免奪奴僕財物, 及所屬人員, 止罰銀一萬兩. 公杜爾祜 · 穆爾祜 · 特爾祜, 俱免議. 其下概從寬宥, 阿本諸 · 胡球, 俱免罪. 原告肫泰 · 傅喇塔 · 葉什 · 石賴 · 尼滿等斷出, 帶一牛彔滿洲人丁, 又加五十人, 往隨和碩肅親王.

○ 기유일(12.3), 도로이 안평 버일러 두두 속하의 준타이 · 풀라타(fulata, 傅喇塔) · 여시 · 실라이(šilai, 石賴) · 니만 등 5명이 고발했다. 「버일러 두두는 매번 우리에게 원망하는 말을 했습니다. "준화(遵化)를 정벌하러 가서 나 혼자 적병을 패퇴시켰다. 조선을 정복할 때 남은 병사가 매우 적었는데 나는 많은 홍의포를 모두 끌고 왔다. 또 예친왕(睿親王)과 협동하여 강화도(江華島)를 함락했다. 또 대군이 제남부

(濟南府)를 정벌할 때 극근군왕(克勤郡王)을 도와 장자령성(牆子嶺城)을 함락하고 총독 1명과 총병 1명을 베었다. 또 극근군왕과 제남부(濟南府)를 함께 함락하고 노상승(盧象升) 총독의 병사를 패퇴시켰는데, 그 때 극근군왕의 병사가 움직이지 않아서 내가 몸소 여러 병사들을 이끌고 적을 공격했고, 극근군왕이 운량하(運糧河)에 주둔하다가 죽었을 때 적병이 밤에 양람기의 전봉영(前鋒營)을 야습했는데 내가 다음날 아침 추격하여 패퇴시켰다. 예친왕(睿親王)이 좌익군을 이끌고 먼저 변경을 나서자 적병의 보병과 기병이 양익을 따라 추격해 와 곧장 변경의 입구에 도달했는데 나 혼자 후미에 있으면서도 적에게 동요되지 않았기에 안전하게 변경을 나설 수 있었다. 이러한 노력은 방치되어 논의되지 않았다. 롤로혼의 아버지 요토는 아란차이에게 고발되어 죄를 얻었는데도 오히려 군왕에 봉해졌고, 롤로혼은 오히려 버일러 작위를 이어받았으며, 탄타이 · 툴라이는 오히려 승진했다. 나같이 죄가 없고 공이 있는 사람은 단지 히르건을 공경하지 않았기 때문에 공이 논해지지 않았고 도리어 죄가 더해졌으니, 내가 홍기(紅旗)에 머물러 있는 것은 이 때문이다. 또 여러 왕에게 의복을 하사할 때 버이서 니칸 · 로토는 모두 하사받았는데 나만 홀로 남겨졌고 뒤에 비로소 보급받았다. 지금 힘써 노력해도 무슨 소용이 있는가. 정친왕이 공을 서훈한 책에 기재된 것은 평소에 군주를 생각한 까닭에 불과한데도 마침내 정친왕에 봉해졌다. 나도 때를 기다리니 오직 하늘만이 공정하게 판단하니 혹시라도 이를 살피실 것이다. 너희는 나의 가까운 친척이기 때문에 심사를 고백한다." 두두는 이러한 말을 집 안팎을 가리지 않고 말했습니다.

또 일찍이 동주(東珠) 5개 · 장단(粧緞) 2필 · 왜단(倭緞) 1필 · 비단 6필을 구룬 공주에게 보내면서 말했습니다. "이것이 부세(賦稅)를 징수하는 것과 무엇이 다른가?" 공주는 돌려보내고 받지 않았습니다. 히르건이 죄를 면한 후에 또 말했습니다. "예전에 히르건에게 뇌물을 주어서 죄를 얻었는데, 이후 만약 뇌물을 주지 않으면 나중에 반드시 또 뇌물을 주지 않아서 죄를 얻게 될 것이다." 또 후키오에게 말했습니다. "나는 버일러이니 귀하다고 할 수 있지 않은가?" 후키오가 "의장을 갖추었으니 귀하다고 할 수 있습니다."라고 하자 버일러 두두는 "만약 존귀하다고 한다면 내 모자 위의 동주는 어째서 작은가?"라고 했고, 또 "나를 부(部)에 있게 한 것이 어찌 나를 귀하게 하려는 것이겠는가. 다만 나를 편히 쉬지 못하게 하려는 것일 뿐이다."라고 했습니다. 또 조선국왕의 아들들이 문을 지날 때 갑자기 큰소리로 말했습니다. "하늘이 몰라준다고 말하면서 어째서 하늘에 제사를 지내는가? 신이 몰라준다고 말하면서 어째서 신께 제사를 지내는가?"

갖가지 원망하는 말이 이와 같습니다. 저희 5명은 비록 안평 버일러 두두의 속하에 있으면서 그의 은혜를 입었지만 앞의 분개하는 말들이 심각했으므로 그치라고 간언했으나 듣지 않습니다. 저희가 만약 떠들어대고자 하면 증거가 없으니 죄를 얻어 사형을 당할까 두려웠고, 말하지 않으면 또 다른 사람이 듣고 우리가 사촌이고 매일 곁에 있으면서 알고도 고발하지 않았다고 말해서 역시 사형을 당할까 두려웠습니다. 똑같이 죄를 받는다면 생각건대 상주하는 경우에 혹시 살펴주시지 않을까 했습니다.」 이에 왕·버일러·버이서·의정대신이 심문하자 모두 사실이었다.

얼마 후 의논했다. 「안평 버일러 두두와 그의 푸진은 모두 감금하고 노복과 재물을 삭탈하며 소속 인원은 관에 들여야 합니다. 그의 아들 공(公) 두르후·무르후·터르후(terhu, 特爾祜) 등은 아버지가 주상을 원망하여 이러한 망언을 하는 것을 듣고도 그치라고 간언하지 않았으니, 서인으로 강등하고 노복을 삭탈하며 소속 인원을 관에 들여야 하고 장원 1곳에서만 살도록 해야 합니다. 버일러 두두가 공주에게 예물을 보낼 때 부세를 납부하는 것과 같다고 한 말은 아분주(abunju, 阿本諸)가 실제로 들었는데도 심문할 때 주인을 비호하고 다른 사람에게 미루면서 모른다고 했으니 사형죄로 논해야 합니다. 또 모자 위의 동주(東珠)가 어째서 작은가 라고 했던 말을 후키오에게 심문하니 사실이었는데 후키오는 내원학사(內院學士)로서 이러한 말들을 숨기고 말하지 않았으니 역시 사형죄로 논해야 합니다. 고발한 사람들은 분리시켜 편한 대로 살게 해 주어야 합니다.」

상주하자 주상이 명하여 안평 버일러와 그의 푸진은 모두 감금을 면해 주고 아울러 노복과 재물 및 소속 인원을 삭탈하는 것을 면해 주고 다만 은 1만 냥을 벌로 부과하게 했다. 공(公) 두르후 · 무르후 · 터르후는 모두 처벌을 면해 주었다. 그 아래로 대체로 관용을 베풀어 아분주 · 후키오는 모두 죄를 면해 주었다. 처음에 고발한 준타이 · 풀라타 · 여시 · 실라이 · 니만 등은 분리시켜 1개 니루의 만주 인정(人丁)에 50명을 추가해서 데리고 호쇼이 숙친왕을 따르게 했다.

○ 庚戌, 命和碩睿親王多爾袞 · 和碩肅親王豪格 · 多羅安平貝勒杜度 · 多羅饒餘貝勒阿巴泰, 率將士之半, 往代和碩鄭親王濟爾哈朗等, 圍困錦州.

○ 경술일(12.4), 호쇼이 예친왕(睿親王) 도르곤 · 호쇼이 숙친왕 호오거 · 도로이 안평 버일러 두두 · 도로이 요여 버일러 아바타이에게 명하여 군사의 반을 이끌고 가서 호쇼이 정친왕 지르갈랑 등을 대신하여 금주(錦州)를 포위하게 했다.

○ 辛亥, 牛彔章京索必達病故, 以其弟之子羅必達襲職. 半個牛彔章京拜戶賴病故, 以其弟之子外達襲職.

○ 신해일(12.5), 니루장긴 소비다(sobida, 索必達)가 병사하여 동생의 아들 로비다(lobida, 羅必達)에게 습직시켰다. 반개니루장긴 바이훌라이(baihūlai, 拜戶賴)가 병사하여 동생의 아들 와이다(waida, 外達)에게 습직시켰다.

○ 己未, 遣朝鮮國王第三子李㴭, 更替歸省. 賜李㴭竝其妻貂裘·緞袍·狐裘·帽鞾·鞍馬, 及隨行太監白大圭等, 貂皮·銀兩, 仍賜宴.

○ 기미일(12.13), 조선국왕의 셋째 아들 이요(李㴭)를 보내 교대로 귀성하게 했다. 이요(李㴭)와 그의 처에게 담비가죽옷·비단겉옷·여우가죽옷·모자와 신발·안장을 갖춘 말을, 수행하는 태감 백대규(白大圭; 白大珪) 등에게 담비가죽·은량을 하사하고 이어서 잔치를 베풀었다.

○ 虎爾哈部落頭目來朝, 貢貂皮.

○ 후르카 부락의 두목이 내조하여 담비가죽을 바쳤다.

○ 賜喀爾喀馬哈撒嘛諦塞臣汗下碩洛·俄果脫·巴特瑪什希布, 噶爾馬福金下拜星, 阿哈福金下本松, 阿霸垓部落納木爾扎爾下孟格圖, 都思噶爾下阿里衮等, 綵緞·文綺等物有差.

○ 칼카 부락 마하 사마디 세첸 칸 속하의 숄로(šolo, 碩洛)·오고토(ogoto, 俄果脫)·바트마시힙(batmasihib, 巴特瑪什希布), 가르마 푸진 속

하의 바이싱(baising, 拜星), 아하 푸진(aha fujin, 阿哈福金) 속하의 붕숭(bungsung, 本松), 아바가 부락 나무르잘(namurjal, 納木爾扎爾) 속하의 멍거투(menggetu, 孟格圖), 두스가르 속하의 아리군(arigūn, 阿里袞) 등에게 채단(綵緞)·문기(文綺) 등의 물품을 차등 있게 하사했다.

○ 出征索倫部落席特庫·濟席哈遣歸痕·戴青·孟格圖·艾達漢·邁圖等, 以擒獲博穆博果爾奏報. 於甘地獲男子一百七十四名, 斬十一人, 死者七人, 逃一人. 於齊洛台地方, 獲博穆博果爾, 及男子八十人, 斬二人, 死者二人. 共計見存二百三十一人, 見在婦女·幼稚, 共七百二十五名口. 二處, 共得馬七百一十七匹, 今止存六百五十匹, 牛一百二十七頭.

○ 솔론 부락으로 출정한 시터쿠·지시하가 구이헌(guihen, 歸痕)·다이칭(daicing, 戴靑)·멍거투(menggetu, 孟格圖)·아이다간(aidagan, 艾達漢)·마이투(maitu, 邁圖) 등을 보내어 봄보고르를 사로잡았다고 상주했다. 「간(g'an, 甘)[3] 지방에서 남자 174명을 사로잡았는데 11명을 베었고 7명이 죽었으며 1명이 도망갔습니다. 치로타이(cilotai, 齊洛台)[4] 지방에서 봄보고르와 남자 80명을 사로잡았고 2명을 베었고 2명이 죽었습니다. 모두 합해서 현재 231명이고 부녀자와 어린아이는 모두 725명입니다. 두 곳에서 모두 말 717마리를 얻었는데 지금은 650마리만 남았으며 소는 127마리입니다.」

---

3 甘地는 曹廷杰의 『東北邊防輯要』 卷下 「征索倫」에 의하면 바이칼호 서북쪽 2,000여 리에 있는 칸스크(堪斯克)이다. 칸스크는 현재 러시아 크라스노야르스크에서 247km 떨어져 있는 도시이고 칸 강에 접해 있다.

4 齊洛台는 치타를 가리킨다. 현재 시베리아 자바이칼 지방의 중심지이다.

○ 庚申, 遣固山貝子羅託, 齎敕往諭圍困錦州和碩鄭親王濟爾哈朗·和碩睿親王多爾袞·和碩肅親王豪格·多羅武英郡王阿濟格·多羅郡王阿達禮·多羅貝勒多鐸·多羅安平貝勒杜度·多羅饒餘貝勒阿巴泰·多羅貝勒羅洛宏等. 敕曰, 博穆博果爾, 自叛後抗拒我軍, 彼時朕已定計, 欲令其北遁, 以便擒獲. 故陽言我軍將於黑龍江地方牧馬, 必擒博穆博果爾. 彼聞此言, 果北遁. 朕知彼已北遁, 故未及與爾等商議, 遂命席特庫·濟席哈, 率外藩蒙古兵三百五十人, 從蒙古北邊, 往追擊之. 席特庫等, 越兩月十三日, 至甘地, 獲其弟及家屬, 又越十四日, 至齊洛台地方, 遂獲博穆博果爾, 及其妻子家屬. 共男婦幼稺九百五十六名口, 馬牛八百四十四.

○ 경신일(12.14), 구사이 버이서 로토를 보내 칙서를 가지고 금주(錦州)를 포위한 호쇼이 정친왕 지르갈랑·호쇼이 예친왕(睿親王) 도르곤·호쇼이 숙친왕 호오거·도로이 무영군왕 아지거·도로이 군왕 아달리·도로이 버일러 도도·도로이 안평 버일러 두두·도로이 요여 버일러 아바타이·도로이 버일러 롤로혼 등에게 가서 유시하게 했다. 칙서에서 말했다. 「봄보고르가 배반한 뒤 우리 군에 항거했는데, 그때 짐은 계책을 정하여 그가 북쪽으로 달아나게 해서 사로잡기 편하게 하고자 했다. 그래서 드러내 말하기를 우리 군대가 흑룡강 지방에서 말을 기르며 반드시 봄보고르를 사로잡을 것이라고 했다. 그가 이 말을 듣고 과연 북쪽으로 달아났다. 짐은 그가 북쪽으로 달아날 것을 알았기 때문에 너희와 상의하지 않고 시터쿠·지시하에게 명하여 외번몽고 병사 350명을 이끌고 몽고의 북쪽 변경을 따라 가서 그를 추격하게 했다. 시터쿠 등은 2개월 13일이 지나서 간(g'an, 甘) 지방에 이르러 그의 동생과 가속을 사로잡았다. 또 14일이 지나 치로타이(cilotai, 齊洛台) 지방에 이르러 마침내 봄보고르 및 처자와 가속을 사

로잡았다. 도합 남자, 부녀자, 어린아이가 모두 956명이고 말과 소는 844마리였다.」

○ 丁卯, 駐守新城, 牛彔章京張什八·阿球·庫爾泰·方金·吳大壽, 五員下家人九名, 各攜銀兩, 私出邊外, 往朝鮮國市烟, 被固山額眞英俄爾岱, 於義州擒獲, 送戶部. 審實, 奏聞. 上命張什八等五人革職, 各鞭一百. 庫爾泰罷管牛彔事, 不令駐防. 張什八, 納銀贖罪, 其出邊家人, 俱沒入官.

○ 정묘일(12.21), 신성(新城)을 지키는 니루장긴 장시바·아키오·쿠르타이·팡긴·오대수(吳大壽) 5명의 속하 가인(家人) 9명이 각자 은량을 가지고 몰래 변경 밖으로 나가 조선국으로 가서 담배를 거래하다가 구사어전 잉굴다이에게 의주(義州)에서 체포되어 호부로 보내졌다. 조사하니 사실이었다. 상주하자 주상이 명하여 장시바 등 5명을 혁직하고 각각 채찍 100대를 때리게 했다. 쿠르타이는 니루의 일을 관할하는 것에서 파면하고 주둔하지 못하게 했다. 장시바는 은을 납부하여 죄를 속(贖)하게 하고 변경으로 나간 가인(家人)을 모두 몰수하여 관에 들였다.

○ 戊辰, 遣使敕諭圍困錦州和碩睿親王多爾袞等曰, 爾可將朝鮮官兵, 盡付洪尼喀·庫禮, 令於二十八日, 即行起程, 由魏家嶺一路來, 嶺下有二堡, 旁近有海州·牛莊兩處兵, 已令向此處迎接.

○ 무진일(12.22), 사신을 보내 금주(錦州)를 포위하고 있는 호쇼이 예친왕(睿親王) 도르곤 등에게 칙유(敕諭)해 말했다. 「너희는 조선의

관병을 전부 홍니카·쿠리에게 맡겨 28일에 즉시 출발하게 하라. 위가령(魏家嶺)의 한 길로 오면 고개 아래 2개의 보(堡)가 있는데 근처의 해주(海州)·우장(牛莊) 두 곳의 병사들에게 그곳으로 가서 영접하라고 했다.」

○ 己巳, 壁祿牛彔下驍騎校雅薩, 將義州官田內已秀之穀三百束, 擅與鎭國將軍阿拜飼馬. 戶部審實, 議雅薩罪應死, 阿拜未奉上命, 動用官物, 應革職, 奪所屬人員, 罰銀一百兩, 奏聞, 上命雅薩免死, 鞭一百, 貫耳鼻, 阿拜, 罰銀二百兩.

○ 기사일(12.23), 빌루(bilu, 壁祿) 니루 속하의 효기교 야사(yasa, 雅薩)가 의주(義州) 관전(官田)의 다 자란 곡식 300묶음을 멋대로 진국장군(鎭國將軍) 아바이에게 주어 말을 먹이게 했다. 호부에서 조사해 보니 사실이어서 의논했다.「야사는 사형에 처해야 합니다. 아바이는 주상의 명령을 받들지 않고 관의 물품을 사용했으니 혁직하고 소속 인원을 삭탈하며 벌은 100냥을 부과해야 합니다.」상주하자 주상이 명하여 야사는 사형을 면해 주고 채찍 100대를 때리고 귀와 코를 뚫게 했다. 아바이는 벌은 200냥을 부과했다.

○ 辛未, 都察院參政張存仁奏言, 兵家之事, 有時, 有形, 有勢. 三者變化無定, 而善用之者, 在於人心, 古云, 兵事不可預謀. 我兵始困義州, 又困錦州, 如猛虎之逼犬豕, 莫之敢攖矣. 至今猶奮螳臂以當車輪, 乃思慮所不及也. 雖然非彼之智勇, 能抗我兵, 必我兵圍困不嚴, 得偷運糗糧接濟, 故苟延旦夕耳. 臣思皇上神武睿智, 來春自有成算. 但臣受洪恩, 毫無寸報, 不揣冒昧, 謹攄管見, 爲我皇上陳之. 新春大兵之攻錦州, 或挖壕, 或礮擊, 不克不止, 臣料城之得也, 必其內蒙古有變, 中自潰亂. 儻無此事, 則城之得也, 亦無定期, 若欲久困, 必繞城築臺, 兵圍數匝, 始可得也. 松山 · 杏山 · 塔山, 乃錦州之羽翼, 寧遠之咽喉也, 此三城不破, 寧錦之膽不喪. 三城之中, 惟塔山可取, 其城在兩山之下, 若從山上以礮擊之, 其屋室自壞, 不多費力, 而城可得矣. 城一得, 錦州之羽翼折, 而寧遠之咽喉塞, 羽折喉塞, 寧錦之膽自喪. 兵法云, 困堅城者, 必留其隙. 今錦州雖不甚堅, 正當留山海以爲之隙. 况城內遼兵少, 而西兵多, 一人帶箭入城, 滿城驚惶, 各起遁走之心, 必不戀戰, 因其隙而乘之, 則山海可得. 若據守山海, 則關外八城自然離散, 故務取山海者, 實進取之要策. 凡困敵之處, 不必多用蒙古. 其兵雖多, 法度不嚴, 上陣之心, 不如八旗之兵. 萬一其心不齊, 徒多無益. 臣先言修廣寧而守之者, 因與白土廠相近, 實爲國家闢土地, 立城池, 漸次前進之計. 今大兵住義州, 已超出尋常, 爲臣望外之事, 故臣冒昧上陳. 再聞漢軍本身出兵, 向日各帶子弟甚多, 今換班之際, 不盡係本身, 或令家人代去者有之, 或推病不去者有之. 家人雖可充數, 臨陣必不用力, 久住必逃, 此換班之大弊也. 理合一竝奏聞, 伏惟聖裁施行. 上覽奏, 命將兵丁本身不去, 家人替代者, 察出治罪.

○ 신미일(12.25), 도찰원참정 장존인(張存仁)이 상주하여 말했다. 「병가의 일에는 시기(時) · 형태(形) · 기세(勢)가 있습니다. 세 가지의 변화는 정해진 것이 없으며 이들을 잘 운용하는 것은 사람의 마음에 달려 있습니다. 옛말에 병사(兵事)는 예측할 수 없다고 했습니다. 우리 군대가 처음에 의주(義州)를 포위했고 또 금주(錦州)를 포위했는데 맹호가 개돼지를 압박하는 것 같아서 적이 감히 접근하지 못했습니다. 지금은 마치 사마귀가 수레바퀴에 대항하는 것과 같으니 생각이

미치지 못하는 것입니다. 비록 그렇더라도 그들이 지혜롭고 용맹하여 우리 병사에 대항할 수 있어서가 아니라 필시 우리 병사가 포위하는 것이 엄격하지 못해서 몰래 병량이 전달되고 있기 때문에 구차하게 시일을 끌고 있을 뿐입니다. 신이 생각건대 황상의 신묘한 무운과 밝은 지혜라면 봄이 올 때 자연스레 계책이 서실 것입니다. 다만 신은 큰 은혜를 입고도 조금도 보답하지 못했으니 우매함을 무릅쓰고 삼가 좁은 소견을 펴서 우리 황상을 위해 진언합니다.

새해 봄에 대군이 금주를 공격하는데 해자를 파고 포격을 해서 함락할 때까지 그치지 말아야 합니다. 신이 생각건대 성을 얻으려면 반드시 성안의 몽고인들에게 변화가 일어나 안에서 스스로 무너져야 합니다. 만약 이런 일이 없다면 성을 얻는 것이 기한 없이 길어질 것입니다. 오랫동안 포위하려면 반드시 성을 둘러싸서 대(臺)를 쌓고 병사가 여러 겹으로 포위해야 비로소 가능합니다. 송산(松山)·행산(杏山)·탑산(塔山)은 금주의 날개이자 영원(寧遠)의 목구멍입니다. 이 3개 성을 격파하지 않으면 영원·금주의 간담을 서늘하게 하지 못합니다. 3개 성 가운데 탑산(塔山)은 취할 수 있으니 그 성이 두 산의 아래에 있어서 산 위에서 포격을 하면 건물들이 자연스레 무너져 힘을 많이 들이지 않고도 성을 얻을 수 있습니다. 성을 하나 얻으면 금주의 날개가 꺾이고 영원의 목구멍이 막힐 것이니 날개가 꺾이고 목구멍이 막히면 영원·금주의 간담이 서늘하게 될 것입니다. 병법에서 말하기를 견고한 성을 포위하는 경우 반드시 틈을 남겨야 한다고 했습니다.[5] 지금 금주가 매우 견고하지는 않지만 바로 산해관을 틈으로 남겨 두어야 합니다. 게다가 성 안에 요동의 병사는 적고 서쪽에서 온 병사는 많으니 1명이 화살을 들고 입성하면 성 전체가 놀라서 각자 숨고 도망가려

---

5 포위할 때 틈을 남긴다는 것은 적이 후퇴할 수 있는 길을 남기고 포위한다는 뜻이다.

는 마음이 일어나 필시 싸우려는 생각을 못할 것이므로 그 틈을 탄다면 산해관을 얻을 수 있습니다. 만약 산해관에 의지해 지키고 있으면 산해관 밖의 8성은 자연히 서로 떨어지게 되므로 산해관을 힘써 취하는 것이 진실로 나아가 취하는 요책입니다.

적을 포위하는 곳에서 몽고인을 많이 운용할 필요가 없습니다. 그들은 병사는 많지만 법도가 엄격하지 못하고 싸우려는 마음은 팔기병사만 못합니다. 마음이 같지 않으면 헛되이 많기만 하고 무익합니다. 신이 예전에 광녕(廣寧)을 수리하고 수비하는 일에 대해 백토창(白土廠)과 가깝기 때문에 실로 국가가 토지를 개간하고 성과 못을 만들어서 점차 전진해야 한다는 계책을 말했었습니다. 지금 대군이 의주에 있는 것은 매우 이상하여 신의 생각 밖의 일입니다. 그러므로 신은 우매함을 무릅쓰고 주상께 진언합니다. 또 듣건대 한군이 출병할 때 예전에는 각자 자제를 데리고 가는 경우가 매우 많았는데, 요즘은 교대할 때가 되어 자신이 임무를 다하지 않고 가인(家人)을 대신해서 보내거나 병을 핑계로 가지 않기도 합니다. 가인이 비록 숫자는 채울 수 있어도 전투에서 분명 힘을 쓰지 못할 것이며 오래되면 도망칠 것이므로 이는 교대의 큰 폐해입니다. 마땅히 한 번에 아울러 상주하니 황상께서 시행하시기를 엎드려 바랍니다.」 주상이 상주를 열람하고 명하여 병정 자신이 가지 않고 가인이 대체하는 경우 색출해서 죄로 다스리게 했다.

○ 壬申, 多羅額駙英俄爾岱·俄莫克圖·納爾賽等, 前奉遣問朝鮮國王李倧罪, 并審其大臣等. 至是, 還, 審奏, 尚書金聲黑尼, 方朝鮮國王自南漢山來降, 朝見皇上時, 彼獨不降附, 避至全羅道. 又朝鮮國王欲發兵來助, 彼復具啟, 謂不可助兵. 又於逃避地方, 朝鮮國王以敕印付之, 却而不受. 金聲黑尼, 及合詞具啟之文官左漢寧義, 生員蔡奴忽, 俱應提解前來. 又閣臣申得英吉, 因朝鮮國王欲助兵, 解送馬匹, 彼具啟力言不可, 以至遲誤, 亦應提解前來, 竝應監禁.

○ 임신일(12.26), 도로이 어푸 잉굴다이 · 오목투 · 나르사이 등은 이전에 명을 받들어 조선국왕 이종(李倧)의 죄를 묻고 그 대신들을 살피기 위해 파견되었다. 이때에 돌아와서 살핀 것을 상주했다. 「상서(尙書) 김성흑니(金聲黑尼; 金尙憲)는 조선국왕이 남한산성에서 항복하고 황상을 알현하려고 할 때 혼자 항복하지 않고 전라도로 도망갔습니다. 또 조선국왕이 병사를 보내와서 돕고자 할 때 그는 다시 장계를 올려 병사를 원조하면 안 된다고 했습니다. 또 도망간 지방에서 조선국왕이 칙인(敕印)을 주려고 한 것도 거절하고 받지 않았습니다. 김성흑니(金聲黑尼; 金尙憲) 및 말을 맞추어 장계를 올린 문관 좌한영의(左漢寧義; 曺漢英), 생원 채노홀(蔡奴忽; 蔡以恒)은 모두 압송해 와야 합니다. 또 각신(閣臣) 신득영길(申得英吉; 申得淵)은 조선국왕이 병사를 원조하고 말을 올려보내려 하자 장계를 올려 안 된다고 힘써 말하며 지체했으니, 역시 압송해 와서 함께 감금해야 합니다.」[6]

6 본문의 혐의에 대해 이후 조선국왕은 「陳難刷三色人伸辨斥和臣奏」를 통해 심양에 끌려간 金尙憲, 曺漢英, 蔡以恒, 申得淵을 비호했다. “且小邦人心浮薄, 好傳訛言. 又有得罪失志之奸人, 謀欲交搆, 巧做讒說, 流聞上國, 大非其實. 苟非上國寬假之恩, 則小邦之得罪已久矣. 金尙憲淸介不羣, 素與年少輩, 論議不合… (小邦의 사람들은 마음이 경솔하고, 잘못된 말을 전파하기 좋아합니다. 또한 원한을 품고 있는 간사한 자들이 음모를 꾸며, 교묘하게 중상모략을 만들어 상국에 유포하여 사실과 크게 다릅니다. 만약 상국이 관대한 은혜를 베풀지 않았다면, 작은 나라의 죄는 이미 오래되었을 것입니다. 김상헌은 청렴하고 뛰어났으며 평소에 젊은 세대와 의견이 맞지 않았습니다…)” 『同文彙考』 別編 권3, 飭諭, 「陳難刷三色人伸辨斥和臣奏」, 1641년 1월 30일.

○ 英俄爾岱等, 自義州帶回正黃旗納林 · 正紅旗邦納密牛彔下新滿洲男子一百五十四名, 婦人三口, 男子逃者一人, 死者二人, 止存一百五十一人, 因以男子八十二名, 付納林牛彔, 六十九名, 付邦納密牛彔. 其帶回逃人, 朝鮮男子一百二十四名, 婦人六十四口, 漢人男子一百五十二名, 婦人十八口, 俱交兵部, 令原主識認付之.

○ 잉굴다이 등이 의주(義州)에서 정황기 나린(narin, 納林) · 정홍기 방나미(bangnami, 邦納密) 니루 속하의 신만주 남자 154명, 부인 3명을 이끌고 돌아왔는데, 남자 중에 1명이 도망하고 2명이 죽어서 151명이 남았다. 남자 82명을 나린 니루에, 69명을 방나미 니루에 주었다. 이끌고 온 도망자 중에 조선인은 남자 124명, 여자 64명이고 한인은 남자 152명, 여자 18명으로, 모두 병부에 교부하여 원래 주인이 알아보면 주게 했다.

○ 癸酉, 科爾沁國土謝圖親王巴達禮至, 命多羅武英郡王阿濟格 · 多羅郡王阿達禮 · 多羅貝勒多鐸, 出城至北演武場迎之.

○ 계유일(12.27), 코르친국 투시예투 친왕 바다리가 도착하여 도로이 무영군왕 아지거 · 도로이 군왕 아달리 · 도로이 버일러 도도에게 명하여 성을 나가 북연무장(北演武場)에 가서 맞이하게 했다.

○ 甲戌, 科爾沁和碩福妃, 和碩賢妃至, 皇后率諸王 · 貝勒福金, 迎於北演武場, 賜宴.

○ 갑술일(12.28), 코르친 호쇼이 복비(和碩福妃)·호쇼이 현비(和碩賢妃)가 도착하여 황후가 여러 왕·버일러의 푸진을 이끌고 북연무장(北演武場)에서 맞이하고 잔치를 베풀었다.

○ 乙亥, 以除夕, 先期致齋二日, 遣官祭太廟·福陵.

○ 을해일(12.29), 섣달 그믐날이므로 먼저 이틀 동안 재계하고 관원을 보내어 태묘(太廟)와 복릉(福陵)에 제사 지냈다.

○ 部議勞薩碩翁科羅巴圖魯等罪. 先是, 和碩鄭親王濟爾哈朗·多羅武英郡王阿濟格·多羅貝勒多鐸, 率兵往高橋北埋伏, 令勞薩率兵三百前伏, 次早遇敵, 兵三百, 未曾進擊. 勞薩, 應革世職, 罰銀一百兩. 先遣之甲喇章京伊爾都齊·都沙·車克·胡禮布, 阻撓軍令, 逗遛不前, 俱應革職, 鞭一百, 籍其家. 同往之侍衛傅喀·圖納·席特庫·格申, 應各鞭五十. 奏聞. 上命勞薩, 革世職, 罰銀一百兩. 甲喇章京伊爾都齊等, 各鞭一百, 籍其家之半. 都沙, 革職. 侍衛傅喀等, 各鞭五十.

○ 부(部)에서 로오사 숑코로 바투루 등의 죄를 논의했다. 「이전에 호쇼이 정친왕 지르갈랑·도로이 무영군왕 아지거·도로이 버일러 도도가 병사를 이끌고 고교(高橋) 북쪽으로 가서 매복하면서, 로오사에게 병사 300명을 이끌고 가서 매복하게 했으나 다음날 아침 적을 만나고도 병사 300명은 진격하지 않았습니다. 로오사는 세직을 혁직하고 벌은 100냥에 처해야 합니다. 먼저 파견한 잘란장긴 일두치·두샤(duša, 都沙)·처커(ceke, 車克)·후리부(hūribu, 胡禮布)는 군령을 어지

럽히고 제자리에 머물 뿐 전진하지 않았으니, 모두 혁직하고 채찍 100대에 처하고 가산을 적몰해야 합니다. 함께 간 시위 푸카 · 투나 · 시터쿠 · 거션(gešen, 格申)은 각각 채찍 50대에 처해야 합니다.」 상주하자 주상이 명하여, 로오사는 세직을 혁직하고 벌은 100냥에 처했고, 잘란장긴 일두치 등은 각각 채찍 100대에 가산의 절반을 적몰했고, 두샤는 혁직했고, 시위 푸카 등은 각각 채찍 50대에 처했다.

○ 先是, 甲喇章京希福等, 前往歸化城交易時, 有外藩克西克騰部落博爾和下蒙古回家, 乘便欲代皇上包衣交易之人, 順攜貨物, 希福阻之. 又經過博爾和家, 留宿二夜, 索馬一匹. 又去時擅離衆人. 至班本下塔布囊俄齊爾家, 留一宿, 搜檢包衣之人所置貨物, 衆人之貨, 俱不搜檢. 審問俱實. 法司因議, 希福, 係爲首大臣, 擅自離衆妄行. 凡係皇上包衣人所運貨物, 不但博爾和當助, 即希福亦當親身助運, 乃私過博爾和等家, 索取馬匹, 又搜皇上包衣之人所置貨物, 而不搜衆人之貨, 明係多帶銀兩, 私買貨物, 恐人搜己. 希福, 貪婪肆慢, 應論死, 籍其家. 理事官朱瑪喇, 離衆宿騰機特家, 索馬一匹. 且止令兩黃旗搭橋, 而不均派六旗, 餘罪與希福同. 朱瑪喇, 亦應論死. 籍其家. 奏聞. 上命希福 · 朱瑪喇, 俱免死, 免籍其家, 以責後效, 止鞭一百. 朱瑪喇, 革職. 二人所買貨物, 俱罰入官. 此後若不效力, 併前罪罪之.

○ 이전에 잘란장긴 히퍼 등이 귀화성(歸化城)에 가서 교역할 때, 외번 케식텐 부락 보르호(borho, 博爾和) 속하의 몽고인이 귀향하는 길에 황상의 보오이로서 교역하는 사람을 대신하여 화물을 가져가려고 했으나 히퍼가 이를 저지했다. 또한 보르호의 집을 지나며 이틀 밤을 묵었는데 말 1마리를 갈취했다. 또한 갈 때는 무리에서 무단이탈했다. 밤분(bambun, 班本) 속하 타부낭 오치르 집에 도착하여 하룻밤을 묵으

면서 보오이가 둔 화물을 수색하고 무리들의 화물은 모두 수색하지 않았다. 심문하니 모두 사실이었다.

이에 근거하여 법사(法司)가 논의했다. 「히펴는 수석대신인데도 제멋대로 무리를 벗어나서 망령되게 행동했습니다. 무릇 황상의 보오이들이 운반하는 화물은 보르호가 보조해야 할 뿐 아니라 히펴도 직접 운송을 도와야 하는데도, 보르호 등의 집에 사사로이 묵으면서 말을 갈취했으며 황상의 보오이들이 둔 화물을 수색하고 무리들의 화물은 수색하지 않았습니다. 은량을 많이 휴대하고 물품을 몰래 구매했기에 사람들이 자신을 수색할 것을 우려한 것이 분명합니다. 히펴는 탐욕스럽고 방자하니 사형으로 논하고 가산을 적몰해야 합니다. 이사관 주마라는 텅기트의 집에 머물면서 말 1마리를 갈취했습니다. 또한 두 황기에게는 다리를 짓도록 지시했으나 나머지 여섯 기(旗)에는 요역을 할당하지 않았습니다. 다른 죄는 히펴와 같으니 주마라도 사형에 처하고 가산을 적몰해야 합니다.」

상주하자, 주상이 명하여 히펴와 주마라는 모두 사형을 면해 주고 가산 적몰도 면해 주고 앞으로 노력하라고 책망하고 채찍 100대에 처하는 것에 그쳤다. 주마라는 혁직했다. 두 사람이 구매한 화물은 모두 벌로 관(官)에 몰수하게 했다. 이후 만약 진력하지 않으면 이전의 죄와 함께 처벌하게 했다.

숭덕 6년

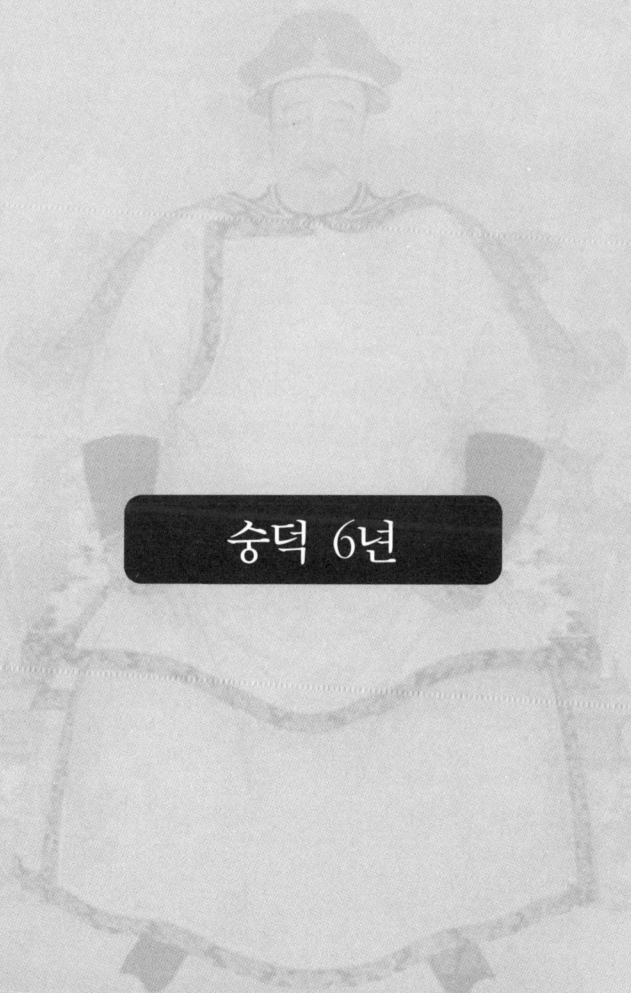

권54

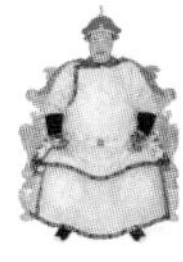

숭덕 6년 정월 ~ 2월

崇德六年, 辛巳, 春正月, 丁丑朔, 寅刻, 上率和碩親王以下, 梅勒章京以上, 朝鮮世子, 及外藩諸王 · 大臣, 詣堂子行禮. 卯刻, 還宮, 拜神. 辰刻, 上御篤恭殿, 和碩親王 · 多羅郡王 · 多羅貝勒 · 固山貝子, 及文武羣臣 · 朝鮮世子, 上表行慶賀禮. 次朝鮮國來朝陪臣申景禛, 次外藩科爾沁國土謝圖親王巴達禮 · 卓禮克圖親王吳克善, 各率所部官員. 次蘇尼特部落額駙騰機思, 率土默特部落章京托博克, 及喀爾喀進貢頭目, 次薩哈爾察部落巴爾達齊, 率貢貂虎爾哈人, 各行慶賀禮. 賜大宴.

○ 숭덕 6년 신사년 봄 정월 정축일 초하루(1.1), 인시에 주상은 호쇼이 친왕 이하 머이런장긴 이상, 조선 세자, 외번 여러 왕 · 대신을 이끌고 당자(堂子)에 가서 예를 행하였다. 묘시에 환궁하여 신에게 배례했다. 진시에 주상은 독공전(篤恭殿)에 갔다. 호쇼이 친왕 · 도로이 군왕 · 도로이 버일러 · 구사이 버이서 · 문무 신하들 · 조선 세자는 표문을 올리고 경하례를 행하였다. 다음은 조선국에서 내조한 배신 신경정(申景禛; 申景禛)이, 다음은 외번 코르친국 투시예투 친왕 바다

리 · 조릭투 친왕 욱샨이 각각 속하 관원을 이끌고 왔다. 다음은 수니트 부락 어푸 텅기스가 투메트 부락 장긴 토복과 칼카에서 공물을 바치러 온 두목을 이끌고, 다음은 사할차 부락 발다치가 담비가죽을 공물로 바치러 온 후르카 사람을 이끌고, 각각 경하례를 행하였다. 큰 연회를 베풀었다.

○ 和碩福金以下, 固山額眞 · 昂邦章京 · 承政等官命婦以上, 朝賀皇后於清寧宮, 賜宴.

○ 호쇼이 푸진 이하, 구사어전 · 암바장긴 · 승정 등 관원들의 명부(命婦) 이상은 청녕궁에서 황후를 알현하고 경하했다. 연회를 베풀었다.

○ 遣官祭太廟.

○ 관원을 보내어 태묘에 제사를 지냈다.

○ 外藩十三旗科爾沁國土謝圖親王巴達禮, 及其子巴雅思護朗, 扎薩克圖郡王布塔齊, 及其子海賴 · 喇嘛斯希, 扎賴特部落蒙夸達爾漢和碩齊, 杜爾伯特部落噶爾馬 · 達爾漢巴圖魯塞冷之子薩甘 · 卓禮克圖親王吳克善 · 巴圖魯郡王滿朱習禮 · 敦朱克 · 扎木巴喇, 柰曼部落達爾漢郡王袞出斯巴圖魯 · 穆章, 巴林部落滿珠習禮 · 塞布騰 · 塞冷, 吳喇忒部落杜巴之子阿畢牙, 喀喇沁部落塞冷, 翁牛特部落查薩袞達爾漢戴青, 蘇尼特部落額駙騰機思等, 以慶賀元旦, 獻貂裘 ·

貂皮·駝馬等物. 酌納之.

○ 외번 13기 코르친국 투시예투 친왕 바다리와 그 아들 바야스훌랑(bayashūlang, 巴雅思護朗), 자삭투 군왕 부타치와 그 아들 하이라이·라마스히, 잘라이트 부락 몽쿠와 다르한 호쇼치, 두르베트 부락 가르마·다르한 바투루 서렁의 아들 사간(sagan, 薩甘)·조릭투 친왕 욱샨·바투루 군왕 만주시리·돈죽(donjuk, 敦朱克)·잠발라(jambala, 扎木巴喇), 나이민 부락 다르한 군왕 군추스 바투루·무장, 바린 부락 만주시리·섭텅·서렁, 우라트 부락 두바의 아들 아비야(abiya, 阿畢牙), 카라친 부락 서렁, 옹니우트 부락 자사군 다르한 다이칭, 수니트 부락 어푸 텅기스 등은 원단(元旦)을 경하하면서 담비가죽옷·담비가죽·낙타와 말 등을 바쳤다. 헤아려서 받았다.

○ 和碩福妃·和碩賢妃·卓禮克圖親王吳克善·巴圖魯郡王滿朱習禮, 以來朝, 具筵進上.

○ 호쇼이 복비(和碩福妃)·호쇼이 현비(和碩賢妃)·조릭투 친왕 욱샨·바투루 군왕 만주시리가 내조하여 연회를 마련해서 주상께 올렸다.

○ 賜來朝土謝圖親王巴達禮·卓禮克圖親王吳克善·巴圖魯郡王滿朱習禮, 巴林部落滿珠習禮·穆章, 翁牛特部落查薩衮達爾漢戴青, 喀喇沁部落塞冷, 吳喇忒部落吳本, 郭爾羅斯部落扎木巴喇, 查薩衮達爾漢單把·東果爾·塞冷·喇嘛斯希, 杜爾伯特部落噶爾馬, 扎薩克圖郡王布塔齊之子台吉海賴, 巴林部落塞冷, 敖漢部落固倫額駙多羅郡王班第下博退吳巴什, 四子部落達爾漢卓禮克圖下孟庫塞, 扎魯特部落內齊下僧格·桑噶爾下孟格圖, 喀喇沁部落查薩袞杜稜下阿都齊, 吳喇忒部落杜巴下吳巴什·巴克巴哈下朱插, 巴林部落塞布騰下僧格, 土默特部落俄木布下阿寨, 翁牛特部落察漢·蘇班代·孫丹·阿巴爾代·託克託內等, 盃盤·綵緞·文綺·布疋等物有差.

○ 내조한 투시예투 친왕 바다리·조릭투 친왕 욱샨·바투루 군왕 만주시리, 바린 부락 만주시리·무장, 옹니우트 부락 자사군 다르한 다이칭, 카라친 부락 서령, 우라트 부락 우번, 고를로스 부락 잠발라·자사군 다르한 샴바·동고르·서령·라마스히, 두르베트 부락 가르마, 자삭투 군왕 부타치의 아들 타이지 하이라이, 바린 부락 서령, 아오한 부락 구룬 어푸 도로이 군왕 반디 속하 보토이 우바시(botoi ubasi, 博退吳巴什), 사자(四子) 부락 다르한 조릭투 속하 뭉쿠서이(mungkusei, 孟庫塞), 자루트 부락 너이치 속하 성거·상가르 속하 멍거투, 카라친 부락 자사군 두렁 속하 아두치(aduci, 阿都齊), 우라트 부락 두바 속하 우바시·박바하(bakbaha, 巴克巴哈) 속하 주차(juca, 朱插), 바린 부락 섭텅 속하 성거, 투메트 부락 옴부 속하 아자이(ajai, 阿寨), 옹니우트 부락 차간·수반다이(subandai, 蘇班代)·순단(sundan, 孫丹)·아발다이·톡토노이(toktonoi, 託克託內) 등에게 술잔과 접시·채단(綵緞)·문기(文綺)·면포 등을 차등 있게 하사했다.

○ 賜進貢土默特部落甲喇章京託博克·託和·特濟, 牛彔章京達蘭泰·俄博尼·根都思轄布, 章京古祿格之弟巴圖·子諾蘇柰, 章京杭古之子巴桑, 章京拜都喇之子諾穆圖, 章京杭古下楚布格·杜代, 鄂爾多斯部落濟農下塔必柰, 俄克綽忒下班第, 朱布里下阿玉石, 及從役人等. 銀兩有差.

○ 공물을 바친 투메트 부락 잘란장긴 토복 · 토호(toho, 託和) · 터지, 니루장긴 달란타이 · 오보니 · 건두스히얍(gendushiyab, 根都思轄布), 장긴 굴루거의 동생 바투(batu, 巴圖) · 아들 노수나이(nosunai, 諾蘇柰), 장긴 항구의 아들 바샹(bašang, 巴桑), 장긴 바이둘라의 아들 놈투(nomtu, 諾穆圖), 장긴 항구 속하 추부거이(cubugei, 楚布格) · 두다이(dudai, 杜代), 오르도스 부락 지농 속하 타비나이(tabinai, 塔必柰), 옥초트(okcot, 俄克綽忒) 속하 반디, 주부리(juburi, 朱布里) 속하 아유시, 그리고 종역인(從役人) 등에게 은량을 차등 있게 하사했다.

○ 歸化城章京古祿格來朝, 貢駝馬 · 珍珠數珠 · 綵緞 · 文綺等物.

○ 귀화성(歸化城) 장긴 굴루거가 내조하면서 낙타와 말 · 진주 염주 · 채단(綵緞) · 문기(文綺) 등을 공물로 바쳤다.

○ 喀爾喀部落查薩克圖汗下達爾漢朗蘇, 鄂爾多斯部落濟農, 來朝, 貢馬.

○ 칼카 부락 자삭투 칸 속하 다르한 랑수, 오르도스 부락 지농이 내조하고 말을 공물로 바쳤다.

○ 己卯, 召和碩親王以下, 牛彔章京以上各官, 賜大宴, 備陳樂舞.

○ 기묘일(1.3), 호쇼이 친왕 이하 니루장긴 이상 각 관원을 불러서 큰 연회를 하사하고 가무를 베풀었다.

○ 庚辰, 朝鮮國王李倧, 遣陪臣齎謝恩表及奏疏至. 表曰, 崇德五年十一月二十二日, 賀節陪臣懷恩君李德仁等, 齎捧到敕諭. 十月二十五日, 乃朕誕辰. 慶洽臣民, 恩宜覃沛, 因倣會典, 除十惡外, 凡國中一切罪犯, 概行肆赦. 朕思中外俱屬一體, 國內媒赦, 亦宜恩及外藩. 想爾國歲貢米萬包, 皆取給於民者, 今減去九千, 止貢千包, 俾爾臣民, 同沾浩蕩, 特諭. 臣欽此欽遵外, 與一國臣民, 不勝感激, 謹奉表稱謝者, 臣倧誠惶誠恐, 稽首頓首. 伏以壽節載臨, 方伸衍祉之祝, 綸音誕降, 特荷減米之恩, 祇積兢惶, 何階報答. 伏念臣, 偏荷洪造, 得保餘民. 力綿才微, 怕抱罪戾之懼, 時艱歲歉, 重貽饑饉之憂. 爰當震夙之昌期, 遽蒙雷雨之施澤, 開殷網三面之德, 細大咸懷, 減漢庾萬包之施, 九千其數, 斯實曠世之寵渥, 豈非振古之仁聲. 玆蓋伏遇寬溫仁聖皇帝陛下, 光御鴻基, 丕恢駿業, 損上益下, 惠己洽於多方, 厚往薄來, 恩罔間於四裔, 遂推大賚, 普施殊藩, 臣敢不銘鏤圖酬, 砥礪思效, 恒持一節, 遙拱北辰之尊, 長與萬靈, 共祈南山之壽. 臣無任望天仰聖激切屏營之至, 謹奉表稱謝以聞.

○ 경진일(1.4), 조선국왕 이종(李倧)이 보낸 배신이 가져온 사은표문과 상주문이 도착했다. 표문에서 말했다. 「숭덕 5년 11월 22일, 만수성절을 하례하는 배신 회은군(懷恩君) 이덕인(李德仁) 등이 받들어서 가져온 칙유는 다음과 같습니다. "10월 25일은 짐의 생일이다. 신

민들에게 경사를 누리게 하고 은혜가 널리 미치게 하고자 하니 회전(會典)에 따라 십악(十惡)의 죄를 제외하고 나라 안의 모든 죄인들을 사면한다. 짐이 생각하니, 중외(中外)는 모두 한 몸이니 국내에서 사면을 행하면 외번에도 은혜가 미쳐야 한다. 그대 나라의 세공미 1만 포는 모두 백성들로부터 얻은 것이니, 이제 9,000포를 감하고 1,000포만을 공물로 바쳐 그대의 신민에게 넓은 은혜를 입게 한다. 특별히 유시한다." 신은 이를 받들었습니다.

이외에 온 나라의 신민들과 함께 감격을 이기지 못하여 삼가 표문을 받들어 감사를 표하며 신 이종(李倧)은 참으로 황송하여 머리 숙여 경의를 표합니다. 엎드려 생각건대 만수성절이 다가올 때 많은 복록을 누리시기를 축원했는데, 탄신의 칙유를 내리시면서 특별히 세공미를 줄여 주시는 은혜를 입게 되었습니다. 황송한 마음만 가득하니 무슨 수로 보답하겠습니까? 엎드려 생각건대 신은 나라를 다시 살려 주신 은혜를 입게 되어 망국의 백성을 지킬 수 있었습니다. 힘은 약하고 재주는 미미하여 죄인의 마음으로 두려워하는 데다, 시절이 어렵고 농사는 흉작이기에 기근의 근심마저 겹쳤습니다. 이에 생령을 낳고 기르시는 태평성대에 이르러 생각지도 못하게 큰비가 적시는 것 같은 은택을 입었습니다. 그물 삼면을 열어 새들이 도망가도록 한 은나라 탕왕(湯王)의 덕으로 크고 작은 생령을 모두 품으시고, 한 무제(漢武帝) 때 곡창에 보낼 1만 포를 감해 준 것처럼 감해 준 세공미가 9,000포에 이릅니다. 이는 실로 세상에 보기 드문 총애이자 바로 옛사람의 인자한 성망이 아니겠습니까?

관온인성황제 폐하께서 큰 기반에 서시고 대업을 넓히셔서, 상국(上國)의 것을 덜어 하국(下國)의 것에 더하시니 만방에 혜택이 미치고, 외방이 가져가는 것은 후하게 하시고 가져오는 것은 적게 하시니 은혜가 사방에 두루 미쳤습니다. 마침내 큰 상을 내리시어 변방의 번국에 시혜를 내리신 덕에, 신은 감히 마음 속 깊이 새겨 은혜를 갚아 힘써 보답하려 합니다. 항상 부절을 쥐고 북극성 같은 존엄을 멀리서 공경하니, 온 생령들과 오래 함께 하시어 남산처럼 천수를 누리시기를 기원합니다. 신은 하늘처럼 성스러운 황상을 우러르며 황공한 마음을 이기지 못합니다. 삼가 표문을 받들어 감사를 표하여 올립니다.」

疏曰, 本年十月二十九日, 筆帖式查布海等官, 齎捧到敕諭. 王在南漢時, 曾云, 若蒙聖恩生全, 保有國家, 不絶宗祀, 則自臣之身, 以至擧國臣民, 莫不頂戴皇上之功德, 如天如地. 凡有諭旨, 毫不敢違, 世世子孫, 當永遠敬守. 朕亦以王念生全之德, 必能不忘信義, 終踐斯言, 用沛德意, 全爾國家, 俾世守其宗社勿替. 乃自玆以來, 朕屢見爾違誤諭旨及軍機事務, 非止一端, 且凡語言預爲巧飾, 以圖後來掩蓋. 所行若此, 竟改初念, 大違昔日之言矣. 故命大臣英俄爾岱等, 前往義州, 一應事體, 悉令向王口宣. 特諭.

臣欽此欽遵外. 竊照人之常情, 莫不好生惡死, 懷德畏威, 臣雖瞢暗, 豈無此心. 旣蒙皇上恩造, 獲保垂絶之命, 委質爲外藩之臣, 其欲益效誠款, 厚答鴻慈, 庶幾憑藉威靈, 鎭守疆土, 以報我皇上存念之意. 此實小邦君臣日夜耿耿於中者, 豈有違犯條約, 自取罪戾之理哉. 往者, 陸軍之徵. 屬當大兵之餘, 重遭災旱, 難於徵發資送, 致稽師期. 幸蒙恩宥, 俾圖後效, 擧國惶感. 今歲, 舟師之役, 罄竭國力, 僅能辦集, 不料颶風梗海, 連月未已. 趁期催進, 多致覆溺, 臣誠憂懼, 一面據實陳聞, 一面嚴督邊臣, 星火完備, 毋致違誤. 臣之心誠, 天日是鑒, 耳目森列, 事跡難掩. 雖欲誑言, 何可得也. 君臣之際, 情義無間. 仰恃皇上字小之至意, 事有所難, 或煩呼訴, 前後情形, 本非二致. 先期陳奏, 所以欲免後咎, 何敢有巧飾相應之說, 預爲掩蔽之地哉. 臣之妄意, 秪是仰祈恩典, 以便國家. 煩瀆之罪, 誠有之矣. 第惟臣智識淺短，託命奉藩，四年於玆，尙不能修擧國政，安集民生，以供大朝之役．而兵殘財竭，常有渙散崩潰之憂，雖竭蹶焦勞，以承諭旨．而力不從願，此臣之大罪也．幸賴聖度天廣，特降恩赦，俾得自理，區區所懷，庶可少伸，惶恐感激，不知所裁．

상주문에서 말했다.「올해 10월 29일, 비트허시 차부하이 등의 관원이 받들어 가져온 칙유는 다음과 같습니다. "국왕이 남한산성에 있었을 때 다음과 같이 말했다. '만약 성은을 입어 목숨을 보전하고 국가를 지키고 종사가 끊어지지 않는다면, 신으로부터 온 나라 신민들이 황상의 공덕을 우러러 하늘처럼 땅처럼 여기지 않는 이가 없을 것입니다. 무릇 명령이 있으면 조금도 어기지 않을 것이며 자손 대대로 영원히 공경하며 준수할 것입니다.' 짐 또한 생각하기에 국왕이 목숨을 보전하게 해 준 덕을 생각하여 신의를 잊지 않고 종신토록 그 말을 지킬 것이라 여겼기에, 덕을 베풀어 너희 국가를 온전하게 하고 종사를 바꾸지 않고 대대로 지키게 했다. 그런데 이후로 짐이 누차 보기에 그대가 명령과 군사의 일을 어긴 것이 한두 번이 아니었으며, 또한 모든 말을 미리 꾸며대어 훗날 이로 인해 발생할 분규를 덮으려 했다. 행실이 이와 같으니 초심을 바꾸고 이전의 말을 어긴 것이다. 그러므로 대신 잉굴다이 등에게 명하여 의주로 가서 모든 일을 국왕에게 구두로 선유하게 한다. 특별히 유시한다." 신은 이를 받들었습니다.

삼가 생각건대, 삶을 좋아하고 죽음을 꺼려 하며 덕을 생각하고 위엄을 두려워하는 것이 인지상정이니, 신이 비록 몽매하지만 어찌 이러한 마음이 없겠습니까? 나라를 다시 세워 주신 황상의 은혜를 입어 끊어질 목숨을 보전할 수 있었기에, 충심을 표하여 외번의 신하가 된 것은 너욱 진심을 다하고 크신 자애로움에 보답하고 황상의 위령(威靈)에 힘입어 강토를 지켜서 우리 황상께서 보전하게 해 주신 마음에 보답하기를 바라는 것이었습니다. 이것이 바로 소방의 군신(君臣)이 밤낮으로 마음속에 새겨 두고 있는 것이니, 어찌 조약을 어기고 스스로 죄를 지을 리 있겠습니까? 이전에 육군의 징발은 대병의 후위를 충당하려는 것이었으나, 재난을 거듭 입어 징발하고 파견하여 출병 시기를 맞추는 것이 어려웠습니다. 다행히 은혜롭게 용서하시고 이후에 진력하게 하셨으니, 온 나라가 황공해 합니다. 올해 수군의 징발은 국력을 다하여 간신히 처리할 수 있었으나, 생각지도 못하게 폭풍이 바다를 덮쳐 몇 달 동안 그치지 않았습니다. 기한에 이르러 앞으로 나아가기를 재촉하다 보니 배가 뒤집히고 익사하는 경우가 많았습니다. 신은 참으로 두렵고 우려되어 한편으로는 사실대로 사안을 상주하고, 다른 한편으로는 변방의 신하들을 엄히 독촉하여 하루 빨리 재정비하여 차질 없도록 했습니다. 신의 진심은 하늘이 아시며, 보고 듣는 이목이 많아서 한 일을 숨기기 어렵습니다. 비록 거짓말을 하려 한들 어찌 가능하겠습니까?

군신(君臣) 사이에 인정과 의리가 있기에 사이가 벌어질 수 없습니다. 황상께서 소방을 아끼시는 마음에 의지하여, 일에 어려움이 있으면 번거롭게 호소하기도 하지만, 전후의 사정에 어긋남은 없습니다. 기한에 앞서 상주를 올리는 것은 후에 발생할 잘못을 막고자 함이니, 어찌 감히 꾸미는 말로 대응하거나 미리 은폐하려 하겠습니까. 신의 망령된 뜻은 오로지 은혜를 우러러 바라면서 국가를 편하게 하려는 것뿐이지만, 실로 번거롭게 상주문을 올린 죄가 있습니다. 다만 신은 아는 것이 적어서 황상의 명에 따라 번국의 직분을 받든 지 이에 4년이 되었음에도, 국정을 제대로 이끌고 민생을 안정시켜 대조(大朝)의 전투에 기여하지 못했습니다. 게다가 병사는 쇠하고 재물은 다했으니 흩어지고 무너질까 늘 걱정합니다. 비록 온 힘을 바쳐 고생하면서까지 유지를 받들었지만 힘이 부족했습니다. 이것이 신의 큰 죄입니다. 다행히 성상의 배려와 하늘의 넓으심을 입어, 특별히 은혜로운 칙서를 내리셔서 스스로 처리하게 하셨습니다. 세세한 소회를 조금이나마 말씀드리니, 황공하고 감격하여 어찌할 바를 모르겠습니다.」

○ 丙戌, 朝鮮國王李倧咨云, 據咸鏡道觀察使呂爾徵狀啟, 節該近來越邊屯住兵民, 擅自越境, 需索米糧等物, 稍不如意, 輒加嗔責, 所在官司, 莫敢辯詰. 既難以力止之, 又難以口舌開諭. 邊儲罄竭, 勢難支吾, 委屬憂慮等因. 又據議政府狀啟, 臣等竊照越邊居人, 雖實係大朝軍民, 而任意攙越疆界, 往來需索, 沿邊列鎮, 在處騷擾. 當此公私板蕩之時, 辦應無策. 合無備將前因, 移咨該部, 申加禁約, 不許擅自過江, 允爲便益等因. 據此爲照, 小邦之與大朝, 雖義同一家, 而彼此疆場, 自有界限, 凡有大小通問之事, 或齎該部文憑, 或奉該部口稱, 然後照驗酬應, 已爲常行之例. 不意, 此等擅越需索之患, 有不可堪, 今若任其所爲, 不爲禁約, 恐疆域無別, 邊鎮不安. 煩乞貴部曲察咨內事理, 自今以後, 除有公幹齎持文憑外, 另行禁約, 不許越境攙行, 以安邊民, 以祛後弊, 不勝幸甚. 戶部轉奏. 得旨, 渡江兵民, 不過加哈禪等黨類耳, 非有他也, 向者加哈禪等, 爲朝鮮國容留, 曾在彼境內妄行, 朕已有旨, 令朝鮮舟師收捕, 其餘潛居各島者, 朕又遣兵收捕. 此等妄行, 皆朝鮮使然, 故至今不已, 著遣人嚴行禁止

○ 병술일(1.10), 조선국왕 이종(李倧)이 자문에서 말했다. 「함경도 관찰사 여이징(呂爾徵)의 장계는 다음과 같습니다. "근래 경계 너머의 마을에 거주하는 병민들이 제멋대로 월경하여 미량 등을 갈취하면서 조금이라도 마음에 들지 않으면 곧장 행패를 부리고 있으며, 현지 관아도 훈계하거나 문책할 엄두를 내지 못하고 있습니다. 힘으로 저지하기에도 어려운데다 말로 타이르기도 어렵습니다. 변방의 비축물이 다하여 여건상 버티기 힘드니 심히 우려됩니다." 또한 의정부의 장계

는 다음과 같습니다. "신들이 삼가 생각건대, 경계 너머의 거주민들은 비록 대조(大朝)의 군민이지만 멋대로 경계를 넘어서서 왕래하며 갈취하니 변방에 늘어선 여러 진(鎭)들마다 소요가 일어나고 있습니다. 공사(公私)가 어지러운 이때에 처리할 방도가 없습니다. 이전의 사안을 갖추어 해당 부(部)에 자문을 보내어 단속하게 하고 멋대로 강을 넘지 않도록 하면 더욱 좋을 것입니다."

이에 생각해 보면, 소방(小邦)과 대조(大朝)는 비록 의리상 한집안이지만, 피차의 강역에 당연히 경계가 있습니다. 크고 작은 물어보아야 할 일은 해당 부(部)의 문서를 가지고 가거나 해당 부(部)의 구두 지시를 받든 후에 대조하여 검토하고 대응하는 것이 상례였습니다. 생각지도 못하게, 제멋대로 월경하며 갈취하는 우환이 감당하기 어렵게 되었습니다. 이제 만약 저들이 하는 대로 내버려두고 단속하지 않으면, 강역에 분별이 없어지고 변진(邊鎭)이 불안해질 것이 우려됩니다. 번거롭겠지만 귀 부(部)에서 자문 내 사안들을 상세히 살피시고, 이후에는 공무가 있어서 문서를 지참한 경우를 제외하고 단속을 시행하여, 월경하고 행패부리는 것을 금해서 변민들을 안정시키고 이후의 폐단을 제거하시면 매우 다행이겠습니다.」

호부(戶部)가 대신 상주했다. 유지가 내려졌다. 「도강하는 병민들은 기야하찬 등의 무리뿐이고 다른 이들은 없다. 이전에 기야하찬 등은 조선이 거류를 허용해 주었기에 조선 경내에서 망령되이 행동했다. 짐은 유지를 내려 조선 수군으로 하여금 체포하게 했으며 나머지 각 섬에 잠입한 이들도 짐이 다시 군대를 보내어 체포하게 했다. 이러한 망령된 행동들은 모두 조선이 그렇게 하게 한 것이기에 지금까지도 그치지 않는 것이다. 사람을 보내어서 엄히 금지하게 하라.」

○ 壬辰, 先是, 梅勒章京席特庫・濟席哈, 率八旗護軍四十人, 及外藩蒙古兵, 往征索倫部落博穆博果爾. 至是, 還, 遣官迎宴於北驛館.

○ 임진일(1.16), 이전에 머이런장긴 시터쿠 · 지시하가 팔기 호군 40명과 외번몽고 병사를 이끌고 가서 솔론 부락 봄보고르를 정벌했다. 이때에 돌아왔다. 관원을 보내어 북역관(北驛館)에서 맞이하고 연회를 베풀었다.

○ 癸巳, 召凱旋梅勒章京席特庫 · 濟席哈, 及護軍四十人. 併外藩隨征穆章下阿玉石台吉等三十七人, 賜宴, 仍命諸王 · 貝勒各宴一次.

○ 계사일(1.17), 개선한 머이런장긴 시터쿠 · 지시하 및 팔기 호군 40명과 외번몽고로서 원정에 따라간 무장(mujang, 穆章) 속하 아유시 타이지 등 37명을 불러 연회를 베풀었고, 여러 왕 · 버일러에게 명하여 각각 한 차례 연회를 베풀게 했다.

○ 擢一等梅勒章京席特庫, 爲三等昂邦章京. 賜穆章下阿玉石台吉 · 馬尼台吉 · 固山額眞蘇班 · 甲喇章京奎懇 · 俄莫克, 扎魯特部落桑古爾台吉, 吳喇忒部落布達席台吉 · 和洛齊 · 巴拜, 四子部落固山額眞布內, 敖漢部落固山額眞塞木, 扎魯特部落固山額眞阿玉石 · 虎賴 · 甲喇章京阿爾蘇戶 · 岳博果, 柰曼部落固山額眞扎丹, 及喇嘛斯希布, 嚮導岳隆果等, 蟒緞朝衣 · 貂裘 · 猞猁猻裘 · 狐裘 · 豹裘 · 帽帶 · 甲胄 · 腰刀 · 撒袋 · 弓矢 · 銀兩 · 緞布等物有差.

○ 일등 머이런장긴 시터쿠를 삼등 암바장긴으로 발탁했다. 무장

속하 아유시 타이지 · 마니 타이지 · 구사어전 수반(suban, 蘇班) · 잘란장긴 쿠이컨(kuiken, 奎懇) · 오목투, 자루트 부락 상굴 타이지, 우라트 부락 부다시(budasi, 布達席) 타이지 · 홀로치(holoci, 和洛齊) · 바바이, 사자(四子) 부락 구사어전 부너이(bunei, 布內), 아오한 부락 구사어전 서무(semu, 塞木), 자루트 부락 구사어전 아유시 · 훌라이(hūlai, 虎賴) · 잘란장긴 아르수후(arsuhu, 阿爾蘇戶) · 요이보고(yoibogo, 岳博果), 나이만 부락 구사어전 자단(jadan, 扎丹), 그리고 라마스힙(lamashib, 喇嘛斯希布), 길잡이 욜롱고(yolonggo, 岳隆果) 등에게 망단조의 · 담비가죽옷 · 스라소니가죽옷 · 여우가죽옷 · 표범가죽옷 · 모자와 요대 · 갑옷과 투구 · 요도 · 화살집 · 활과 화살 · 은량 · 비단과 면포 등을 차등 있게 하사했다.

○ 甲午, 上以第四女固倫公主, 下嫁科爾沁國卓禮克圖親王吳克善之子弼爾塔噶爾, 賜宴. 自和碩親王以下, 牛彔章京以上, 俱集. 上御崇政殿. 固倫公主等, 及和碩福金 · 多羅福金以下, 固山額眞 · 昂邦章京 · 承政等官諸命婦以上, 俱集清寧宮. 卓禮克圖親王 · 巴圖魯郡王, 率弼爾塔噶爾, 行三跪九叩頭禮, 獻上貂帽 · 貂披領 · 黃緞 · 貂裘 · 帶鞾 · 貂皮 · 駝馬 · 甲胄 · 雕鞍, 獻皇后貂帽 · 黃緞 · 貂鑲女朝衣. 酌納之.

○ 갑오일(1.18), 주상은 넷째 딸 구룬 공주를 코르친국 조릭투 친왕 욱샨의 아들 빌타가르에게 시집보내고 연회를 베풀어 주었다. 호쇼이 친왕 이하 니루장긴 이상이 모두 모였다. 주상이 숭정전(崇政殿)에 나아갔다. 구룬 공주 등과 호쇼이 푸진 · 도로이 푸진 이하, 구사어전 · 암바장긴 · 승정 등 관원의 명부(命婦) 이상이 모두 청녕궁에 모였다. 조릭투 친왕 · 바투루 군왕은 빌타가르를 데리고 삼궤구고두의 예를

행하였으며, 담비모자 · 담비가죽 테 두른 피령(披領) · 노란 비단 · 담비가죽옷 · 요대와 가죽신 · 담비가죽 · 낙타와 말 · 갑옷과 투구 · 조각한 안장을 주상에게 바쳤고, 황후에게는 담비모자 · 노란 비단 · 담비가죽을 두른 여성 조의를 헌상했다. 헤아려서 받았다.

○ 丙申, 上以第五女固倫公主, 許字額駙恩格德爾之子索爾哈, 行初聘禮, 設宴, 自和碩親王以下甲喇章京以上, 俱集. 上御崇政殿, 和碩額駙額爾克戴青 · 昂邦章京莽古爾岱 · 甲喇章京滿朱錫禮, 率索爾哈行三跪九叩頭禮. 宴畢, 索爾哈獻駝馬. 酌納之.

○ 병신일(1.20), 주상은 다섯째 딸 구룬 공주와 어푸 엉거더르의 아들 소올가(soolga, 索爾哈)의 혼인을 허락했고 초빙례를 행하여 연회를 베풀었다. 호쇼이 친왕 이하 잘란장긴 이상이 모두 모였다. 주상은 숭정전(崇政殿)에 나아갔다. 호쇼이 어푸 어르커 다이칭 · 암바장긴 망굴다이 · 잘란장긴 만주시리가 소올가를 데리고 삼궤구고두의 예를 행하였다. 연회가 끝나자 소올가는 낙타와 말을 바쳤다. 헤아려서 받았다.

○ 丁酉, 三等甲喇章京卦爾察尼堪巴圖魯病故, 以其姪額黑訥襲職. 土默特部落蒙古牛彔章京博津病故, 以其子根都思轄布襲職. 懷順王下三等梅勒章京陳可進年老, 以其孫陳效忠襲替.

○ 정유일(1.21), 삼등 잘란장긴 구왈차 니칸 바투루가 병으로 사망하여 조카 어허너(ehene, 額黑訥)에게 습직시켰다. 투메트 부락 몽고 니루장긴 보진이 병으로 사망하여 아들 건두스히얍(gendushiyab, 根都

思轄布)에게 습직시켰다. 회순왕 속하 삼등 머이런장긴 진가진(陳可進)이 연로하여 손자 진효충(陳效忠)에게 대신 습직시켰다.

○ 授路有良爲牛彔章京. 以其於再圍錦州時, 單騎來歸故也.

○ 노유량(路有良)에게 니루장긴을 제수했다. 2차로 금주(錦州)를 포위했을 때에 단신으로 말을 타고 귀순했기 때문이다.

○ 二等梅勒章京勞薩獲罪, 革去碩翁科羅巴圖魯號, 降爲一等甲喇章京.

○ 이등 머이런장긴 로오사(loosa, 勞薩)가 죄를 지어, 숑코로 바투루 칭호를 삭탈하고 일등 잘란장긴으로 강등시켰다.

○ 二等甲喇章京額僧德病故, 無嗣, 停其世職, 不令其妻改適, 管守家産, 以養餘年, 免八丁徭役, 俟其妻歿後, 仍賜守墓人四名, 永免徭役.

○ 이등 잘란장긴 어성터(esengte, 額僧德)가 병사했는데 후사가 없어 그의 세직(世職) 세습을 멈추었고, 그의 아내가 개가하지 않고 가산을 지키면서 여생을 지낼 수 있도록 8정(丁)의 요역을 면해 주었다. 그 아내가 죽으면 수묘인(守墓人) 4명을 내려 주고 요역을 영구히 면해 주게 했다.

○ 己亥, 察哈爾國固倫額駙和碩親王額哲孔果爾病卒, 時年二十歲. 上聞之, 慟悼, 欲臨其喪. 內院諸臣諫, 不從, 諸王 · 貝勒諫, 亦不從. 上遂親往, 皇后偕諸妃俱隨往, 慟哭而還. 和碩親王以下, 牛彔章京以上, 固倫公主 · 和碩福金以下, 固山額眞 · 承政等官命婦以上, 皆往弔. 賜親王儀仗, 雕鞍馬二, 畫鞍馬四, 於未刻發引, 出盛京西北門, 五里暫停, 越一日, 以蒙古禮火化.

○ 기해일(1.23), 차하르국 구룬 어푸 호쇼이 친왕 에제이 콩고르가 병으로 죽으니 향년 20세였다. 주상이 이를 듣고 크게 슬퍼하며 그의 장례에 가고자 했다. 내원(內院)의 여러 신하들이 말렸으나 따르지 않았고 여러 왕과 버일러들이 말렸으나 역시 따르지 않았다. 주상이 직접 갔고 황후가 여러 비빈들을 데리고 따라가서 통곡하고 돌아왔다. 호쇼이 친왕 이하 니루장긴 이상, 구룬 공주 · 호쇼이 푸진 이하, 구사 어전 · 승정 등 관원의 명부(命婦) 이상이 모두 조문하러 갔다. 친왕의 의장(儀仗)과 조각한 안장을 갖춘 말 2마리, 그림 그린 안장을 갖춘 말 4마리를 하사했다. 미시(未時)에 발인하여 성경(盛京)의 서북문을 나섰다. 5리를 가서 잠시 멈추고 하루를 보낸 뒤 몽고의 예법대로 화장했다.

○ 癸卯, 致祭固倫額駙和碩親王額哲孔果爾. 祭文曰, 皇帝諭旨, 嗟爾額哲孔果爾, 原係大元之裔, 察哈爾汗之子, 及歸我國, 朕甚加優眷, 配以公主, 爲固倫額駙, 仍冊封爲和碩親王, 不意爾年甫二十, 而遽爾溘逝, 深用憫悼, 朕篤愛之心, 罔間存歿, 特命備具祭物, 遣官諭祭, 且以爾蒙古之禮, 令喇嘛諷經, 又倣漢人之禮, 令僧人誦懺, 焚化黑狐貂等帽, 貂鑲披領, 蟒表貂朝衣, 貂裘, 貂狐等褂, 糚緞衣, 緞皮等韡, 金鑲玉帶, 鞓帶, 撒袋, 弓矢, 雕鞍, 褁囊等物, 並從隆厚, 爾靈有知, 尚克祇承. 於是命固倫公主, 以額駙額哲喪歸國, 和碩親王以下, 諸大臣以上, 固倫公主以下, 多羅格格以上, 和碩福金以下, 大臣命婦以上, 皆送. 各祭奠畢, 起行, 和碩鄭親王, 和碩福金, 及輔國公和託·屯齊喀, 送至其國, 固倫公主, 和碩福金以下, 多羅格格以上, 送五里, 諸王及大臣, 送十里.

○ 계묘일(1.27), 구룬 어푸 호쇼이 친왕 에제이 콩고르의 장례를 치렀다. 제문(祭文)에서 말했다. 「황제가 유지(諭旨)를 내린다. 아아, 그대 에제이 콩고르는 원래 대원(大元)의 후예이자 차하르 칸의 아들로 우리나라에 귀순했기에 짐은 더욱 두텁게 대하고 공주를 짝지어 주어 구룬 어푸로 삼았으며 호쇼이 친왕에 책봉했다. 뜻밖에 그대의 나이 20세에 갑자기 죽었으니 크게 놀라고 애도한다. 짐이 그대를 아끼는 마음은 생전과 사후가 다름이 없으니, 특별히 명하여 장례에 쓸 물품을 모두 갖추고 관리를 보내 제사 지내게 한다. 또한 너희 몽고의 예법을 따라 라마에게 경문을 읽게 하고 또 한인의 예법을 본받아 승려에게 독송하게 하며, 검은 여우나 담비가죽 등으로 만든 모자·담비가죽 테 두른 피령(披領)·겉을 망단으로 두른 담비가죽 조의(朝衣)·담비가죽·담비와 여우가죽 마고자·장단(粧緞)으로 만든 옷·비단이나 가죽 등으로 만든 신·금으로 테 두른 옥대·가죽띠·화살집·활과 화살·조각한 안장·주머니 등의 물품을 태우고 아울러 힘써 후하게 하겠노라. 그대의 영령은 이를 알거든 받들라.」

구룬 공주에게 명하여 어푸 에제이의 상(喪)을 위해 귀국하게 하고, 호쇼이 친왕 이하 여러 대신 이상, 구룬 공주 이하 도로이 거거 이상, 호쇼이 푸진 이하 대신(大臣)의 명부(命婦) 이상 모두에게 송별하게 했다. 각기 제사를 마치고 출발할 때 호쇼이 정친왕과 호쇼이 푸진 및 보국공(輔國公) 호토 · 툰치카는 그 나라까지 가도록 했고, 구룬 공주 · 호쇼이 푸진 이하 도로이 거거 이상은 5리 밖까지 송별하게 하고 여러 왕과 대신들은 10리 밖까지 송별하게 했다.

○ 朝鮮國王李倧, 聞固倫額駙和碩親王額哲喪, 遣禮部正郎官車大元來弔, 獻各色紵布 · 綿紬 · 紙張等物. 照例設宴, 賜車大元及從役人等, 貂皮 · 銀兩有差.

○ 조선국왕 이종(李倧)이 구룬 어푸 호쇼이 친왕 에제이가 죽었다는 것을 듣고 예부정랑관(禮部正郎官) 차대원(車大元; 車達遠)[1]을 보내 조문하면서 각종 모시 · 명주 · 종이 등을 바쳤다. 예에 따라 연회를 베풀고, 차대원(車大元; 車達遠) 및 종역인(從役人) 등에게 담비가죽 · 은량(銀兩)을 차등 있게 하사했다.

○ 烏朱穆秦部落多爾濟濟農, 聞固倫額駙和碩親王額哲喪, 遣納木 · 達爾漢來弔, 獻雕鞍馬匹. 賜納木 · 達爾漢及從役人等, 蟒緞 · 布疋有差.

○ 우주무친 부락의 도르지 지농이 구룬 어푸 호쇼이 친왕 에제이가 죽었다는 것을 듣고 나무 다르한을 보내 조문하면서 조각한 안장을 갖춘 말을 바쳤다. 나무 다르한 및 종역인(從役人) 등에게 망단(蟒緞) · 포필(布疋) 등을 차등 있게 하사했다.

---

1 『同文彙考』 補編 권7 「使行錄」의 숭덕 6년 1월 27일 慰駙馬喪 사행 명단에 禮曹正郎 車達遠으로 기록되어 있다.

○ 朝鮮世子李溰等，以固倫額駙和碩親王額哲喪，獻白金・紙張・蘇木. 命納其紙張・蘇木.

○ 조선의 세자 이왕(李溰) 등이 구룬 어푸 호쇼이 친왕 에제이의 장례에 백금・종이・소목(蘇木) 등을 바쳤다. 명하여 종이・소목을 받게 했다.

○ 科爾沁國和碩福妃・和碩賢妃・卓禮克圖親王吳克善・巴圖魯郡王滿朱習禮，柰曼部落達爾漢郡王衮出斯巴圖魯，蘇尼特部落額駙騰機思，喀喇沁部落查薩衮杜稜，以固倫額駙和碩親王額哲喪，各獻雕鞍馬匹.

○ 코르친국 호쇼이 복비(和碩福妃)・호쇼이 현비(和碩賢妃), 조릭투 친왕 욱샨・바투루 군왕 만주시리, 나이만 부락 다르한 군왕 군추스 바투루, 수니트 부락 어푸 텅기스, 카라친 부락 자사군 두렁이 구룬 어푸 호쇼이 친왕 에제이의 장례에 각기 조각한 안장을 갖춘 말을 바쳤다.

○ 甲辰，奉國將軍席特庫，將本牛彔下朱喇喀家人碩薩納責斃. 下法司訊實. 議席特庫應革職，鞭一百，罰贖，仍償一人，奏聞. 上從之.

○ 갑진일(1.28), 봉국장군(奉國將軍) 시터쿠가 그의 니루 하에 있는 주라카(juraka, 朱喇喀)의 가인(家人) 쇼사나(šosana, 碩薩納)를 질책하다 죽게 만들었다. 법사(法司)에 내려 심문하니 사실이었다. 시터쿠를

혁직하고 채찍 100대를 때리고 벌로 벌금을 부과하고 사람 1명을 배상시켜야 한다고 의논했다. 상주하니 주상이 이에 따랐다.

○ 固山貝子博洛下安泰, 遇昂邦章京拜山弟侍衛額爾克圖, 射傷其手. 博洛令安泰裹其傷處, 安泰曰, 我豈有意射爾之人耶. 縱有罪, 不過罰贖而已. 遂不與裹. 於是諸王·貝勒·固山額眞·議政大臣等會審, 以安泰係博洛部下之人, 乃曰射爾之人, 出言犯上, 安泰應論死. 又博洛部下曾有一人走馬, 撞傷滕起之母, 博洛徇隱不奏. 又於征明時, 曾奏請收捕安泰, 上命待其歸再議, 既而遷延不言, 上曾遣啟心郎索尼傳諭責之, 博洛徇庇部衆, 應罰銀五百兩, 奏聞. 上命博洛從寬免議, 安泰亦免死, 鞭一百, 貫耳.

○ 구사이 버이서 볼로 속하의 안타이(antai, 安泰)는 암바장긴 바이산의 동생인 시위(侍衛) 어르커투(erketu, 額爾克圖)와 만났을 때 활을 쏘아 그의 손에 상처를 입혔다. 볼로는 안타이에게 어르커투의 상처를 싸매 주라고 했는데, 안타이는 "저에게 어찌 당신의 사람을 쏠 의도가 있었겠습니까. 설령 죄가 있더라도 벌금을 내면 될 뿐입니다."라고 하면서 싸매 주지 않았다. 이에 여러 왕·버일러·구사어선·의정대신들이 심리하여, 안타이는 볼로의 속하 사람인데도 당신 사람을 쏘았다고 말하는 등 윗사람을 업신여기는 말을 했으므로 안타이를 사형죄로 논했다. 또 이전에 볼로 속하의 어떤 사람이 말을 타고 달리다가 텅키(tengki, 滕起)의 어머니를 치어 부상을 입혔는데 볼로는 몰래 숨기고 아뢰지 않았다. 또 명나라를 정벌할 때 안타이를 체포할 것을 주청했고 주상은 그가 돌아오기를 기다렸다가 다시 논의하라고 명했었다. 그런데 볼로는 계속 미루면서 말하지 않아서 주상이 계심랑 소닌을 보내 질책하자 볼로는 자기 부(部)의 사람을 비호했다. 따라서

벌은 500냥을 부과해야 한다고 상주했다. 주상은 너그럽게 볼로에 대한 처벌을 면해 주고, 안타이 역시 사형을 면해 주고 채찍 100대를 때리고 귀를 뚫게 했다.

○ 先是, 多羅武英郡王阿濟格, 擅行畋獵, 爲圖賴所訐, 參政吳達海·巴哈納, 理事官納爾賽欲奏聞, 阿濟格曰, 勿奏, 我亦欲告和碩鄭親王. 次日訊之, 阿濟格以無是言抵飾, 及查阿濟格辨疏, 有訐告之語. 阿濟格威脅問官, 又不問明鄭親王, 擅自畋獵, 應罰銀千兩. 賴慕布聞阿濟格欲告鄭親王之言, 審問時, 乃以未聞對. 賴慕布應罷議政大臣任, 仍坐以應得之罪, 奏聞. 上命阿濟格罰銀二百兩, 賴慕布坐以應得之罪.

○ 이전에 도로이 무영군왕 아지거가 제멋대로 사냥을 간 일을 툴라이가 고발했다. 참정 우다하이·바하나, 이사관(理事官) 나르사이가 상주하려고 하자 아지거가 말했다. "상주하지 말라. 나 역시 호쇼이 정친왕에게 고하려고 한다." 다음 날 물으니 아지거는 그런 일이 없다고 잡아떼었다. 또 아지거가 해명한 상소를 살피니 비방하는 말이 있었다. 아지거는 심문하는 관원을 위협했고, 정친왕에게 고하지도 않았고, 멋대로 사냥을 갔기에 벌은 1,000냥을 부과해야 한다고 의논했다. 라임부는 아지거가 정친왕에게 말하려고 한다는 말을 들었는데도 심문할 때에는 듣지 못했다고 했으니 라임부를 의정대신의 지위에서 파직하고 받아야 할 죄에 처해야 한다고 상주했다. 주상은 아지거에게 벌은 200냥을 부과하고 라임부는 받아야 할 죄를 받게 했다.

○ 瑣爾和隨和碩鄭親王出征, 接取蘇丹·蘇班代之時, 見杏山城下有牲畜, 令每旗甲喇章京一員, 率兵往取, 而瑣爾和不親至城下, 誑言首中礮傷, 使其弟苗塞, 至陳泰處, 遂還護軍校希斯漢往取, 乃獲牲畜, 罪一. 大軍敗敵時, 瑣爾和並不同擊汎地敵兵, 擅離本旗, 潛走他處, 罪二. 又設伏伺敵之處, 猝遇敵兵, 不戰先遁, 乃云未嘗遇敵, 詭言欺上, 罪三. 部議瑣爾和應論死, 并籍其家, 奏聞. 上召羣臣集篤恭殿, 命諸王 · 貝勒下護衛, 傳諭於衆, 數瑣爾和怯懦無能之狀, 免死, 革職, 籍其家.

○ 솔호(solho, 瑣爾和)가 호쇼이 정친왕을 따라 출정하여 수단(sudan, 蘇丹) · 수반다이를 인수 받을 때, 정친왕이 행산성(杏山城) 아래에 가축이 있는 것을 보고 기(旗)마다 잘란장긴 1명이 병사를 이끌고 가서 끌고 오게 했었다. 솔호는 성 아래에 가지 않고 포탄 때문에 머리에 상처를 입었다고 거짓말했고, 그의 동생 미오서(miose, 苗塞)를 천타이(centai, 陳泰)가 있는 곳으로 가게 했고 귀환한 호군교 히스한(hishan, 希斯漢)에게 가서 가축을 데려오게 했으니 첫째 죄이다. 대군(大軍)이 적을 패퇴시킬 때 솔호는 함께 주둔지에서 적병을 맞아 싸우지 않고 멋대로 본 기(旗)에서 이탈해서 몰래 다른 곳으로 도망쳤으니 둘째 죄이다. 또 적을 엿볼 수 있는 곳에 매복했다가 갑자기 적병과 마주치자 싸우지 않고 먼저 도망쳤는데, 적과 마주치지 않았다고 거짓말하여 주상을 속였으니 셋째 죄이다. 부(部)에서 의논하여 솔호를 죽이고 가산을 적몰해야 한다고 상주했다. 주상은 독공전(篤恭殿)에 신하들을 불러 모으고 여러 왕과 버일러 속하의 호위(護衛)에게 명하여 사람들에게 유시를 전해서 솔호의 비겁하고 무능한 모습을 열거하게 하고, 사형은 면해 주되 혁직하고 가산을 적몰하게 했다.

○ 朝鮮國王李倧遣陪臣齎疏至. 疏曰, 臣欽蒙皇上大恩, 再全宗社, 擧國臣民, 各保身家, 感戴之誠, 與天無極. 一自歸命之後, 皇上念此外藩民生, 如保一家之幼稚. 初年寬歲貢之限, 次年免陸軍之徵, 今又特減九千包之貢米, 大朝覆育之恩, 至矣盡矣. 惟是小邦人情習俗, 政事法令, 與大朝不同, 在小邦雖盡心竭力, 專意承奉, 而自大朝視之, 則有若違誤干犯者, 致有今日査究刷送之擧. 此皆臣不敏之罪也, 臣誠惶悶縮踖, 無地自容. 第此三色人刷送之難, 前已屢煩咨奏, 原非臣吝惜容匿, 而敢違聖旨也. 今大臣臨境, 刻期催刷, 諸道承風畏怯, 一齊摎括, 不暇區別, 其係應刷之類, 悉皆潛匿, 不應刷者, 反不免橫罹之患. 未渡江走回者, 原係奉勅免刷之類, 而渡江前後造次之間, 有難詳査.

或有逃散軍兵, 詭稱被擄者, 或有在敵地贖放, 而未有文券者, 或有渡江後贖還, 而失其文券者, 皆不免混被究刷. 該司急於期會, 督迫入送, 追捕拘囚, 及於族鄰, 以一連十, 以十連百, 惶駭離散, 有鄉里盡空之勢. 且漢人亦有征倭時留住, 娶我民爲妻生子者, 瓦爾喀等來投已久, 遠及百年, 其後子孫已爲我民. 或有逃役之民, 反冒稱瓦爾喀者, 或有逃居瓦爾喀舊里者, 皆枉被抑勒拘送. 惟彼詭詐冒託之類, 罪則有之, 而法不應刷, 故發送之際, 怨咨盈路, 此輩旣往之後, 歸怨本國, 或有搆誣之端, 未可知也. 如此等情, 臣亦今始察覺, 不及報知於大臣前, 而先送刷之人, 已聞渡江. 自此以後, 當候皇上處分, 臣若不自陳達, 則皇上從何而察之. 上國籍法明整, 無所容匿, 此逃來人等, 必有主戶, 渡江前後, 被擄眞僞可以識別, 如蒙皇上仁恤, 特許査正, 庶幾冤枉者獲免, 而國人亦獲安居之望, 咸宥於覆幬之內, 其感祝欣戴, 當如何哉.

且小邦人心浮薄, 好傳訛言, 又有得罪失志之姦人, 謀欲交搆, 巧造讒說, 流聞上國. 苟非上國寬假之恩, 則小邦之得罪已久矣. 今玆拏究陪臣之擧, 實國人所創見, 大小惴惴, 如不自保, 臣固不敢辯釋於嚴威之下, 第臣忝守藩服, 所有臣民, 皆是皇上之臣民, 宣上德而達下情, 臣之職也. 今見民生騷動之患, 國人洶懼之情, 而不以上聞, 則臣亦有罪焉. 心之悃愊, 事之曲折, 有難以文字盡達, 玆敢委差親近重臣, 前赴京師, 口陳於玉陛之下. 庶幾皇上天地之大, 日月之明, 有所採擇而憐恕焉. 臣不勝惶悶切迫之至, 爲此謹具奏聞.

○ 조선국왕 이종(李倧)이 보낸 배신(陪臣)이 소(疏)를 가지고 도착했다. 소(疏)에서 말했다. 「신(臣)은 삼가 황상의 큰 은혜를 입어 종사(宗社)를 다시 온전하게 하고 온 나라의 신민(臣民)이 각기 몸과 집을 보전했으니 감격하여 받드는 마음이 하늘과 같이 끝이 없습니다. 한번 귀순한 이후로 황상께서 이처럼 외번(外藩)의 백성들을 생각하시는 것이 일가(一家)의 어린아이를 보살피시는 것과 같습니다. 첫해에 세공(歲貢)의 한도를 관대히 해 주시고 다음 해에는 육군(陸軍)의 징집을 면해 주시었으며 이제 또다시 특별히 9,000포의 공미(貢米)를 감해 주시니 대조(大朝)의 만물을 덮어 기르는 은혜가 지극하기 이를 데 없습니다.

생각건대 소방(小邦)의 인정(人情)과 습속, 정사(政事)와 법령이 대조와 같지 않아 소방(小邦)이 비록 마음과 힘을 다하여 오로지 받들고자 했음에도 대조(大朝)에서 보기에는 약간의 착오나 범실이 있어 이번처럼 쇄환에 대해 조사당하는 일까지 생겨났습니다. 이는 모두 신이 어리석고 둔한 죄이니 신은 실로 두려워하며 종종걸음 치면서도 몸 둘 바를 모르겠습니다. 이 세 부류의 사람[2]을 쇄환하는 일의 어려

2 세 부류의 사람(三色人)은 첫째 走回人(청에 사로잡혀 있다가 도주한 조선인), 둘째 向化女眞人, 셋째 조선에 거주하는 漢人을 말한다.

움에 대해서는 이전에도 여러 번 자문을 보내고 상주하였으니 이는 본래 신이 이들을 아까워하여 숨겨 주면서 감히 성지(聖旨)를 어기고자 함이 아니었습니다.

이제 대신이 변경에 와서 기한에 맞추어 쇄환할 것을 독촉하니 여러 도(道)에서는 풍문을 듣고 두려워하면서 일제히 수색하고 구별하기에 쉴 틈이 없습니다만, 쇄환되어야 할 무리들은 모두 잠적했고 쇄환하지 않아도 될 자들이 도리어 뜻밖의 재화(災禍)를 면치 못하고 있습니다. 강을 건너기 전에 도망친 자들은 원래 칙서에 따라 쇄환이 면제된 자들이지만, 도강을 전후한 짧은 시간에 대해서는 상세하게 조사하기 어렵습니다.

혹은 도망쳐 흩어진 병사가 포로로 잡혔다고 거짓말을 하는 자도 있고, 혹은 저희 땅에서 돈을 주고 풀려났지만 아직 문서가 없는 자도 있으며, 혹은 강을 건넌 후에 속환(贖還)했지만 그 문서를 잃어버린 자도 있는데, 이들 모두 분별없이 쇄환을 면치 못하고 있습니다. 해당 관아에서는 기한이 급박해서 들여보내기를 재촉하니 체포하고 구금하는 것이 일족과 이웃에까지 미칩니다. 1명이 10명으로 이어지고 10명이 100명으로 이어지니, 놀라고 두려워하여 흩어지면서 향리(鄕里)가 텅 비게 된 곳도 있습니다. 한인(漢人)의 경우에는 왜를 정벌할 때 와서 남았다가 우리 백성을 아내로 맞이하여 자식을 낳은 자도 있습니다. 와르카 등이 투항해 온 지 오래되어 멀리로는 100여 년에 달하며, 그 자손은 이미 우리 백성이 되었습니다. 혹은 요역을 피해 도망친 백성들이 도리어 거짓으로 와르카 사람이라고 칭하는 경우도 있고, 또는 도망쳐서 와르카가 예전에 살던 곳에 사는 경우도 있습니다. 이들 모두는 억울하게 강제로 압송된 자입니다.

생각건대 저 거짓말을 한 무리들에게 죄가 있기는 하지만 법으로 볼 때 쇄환되어야 할 경우는 아니었으므로 보낼 때 원망하는 말들이 길을 가득 채웠습니다. 이들이 간 후에도 본국을 원망하여 혹시 무고를 하는 발단이 될지도 모릅니다. 이러한 사정들에 대해 신은 이제야 알고 살펴보게 되었으며 대신에게는 미처 알리지 못했습니다. 이전에 보낸 쇄환인들은 이미 강을 건넜다고 합니다. 이후로는 마땅히 황상의 처분을 기다려야 할 것입니다. 신이 만약 이를 아뢰지 않으면 황상께서 어찌 살피실 수 있겠습니까. 상국(上國)은 호적과 법률이 잘 정돈되어 숨어 있을 수 없으므로 이 도망해 온 사람들도 반드시 주호(主戶)가 있을 것이니, 강을 건넌 전후로 포로로 잡혔다는 것의 진실 여부를 식별할 수 있을 것입니다. 황상의 어진 은혜를 입어 특별히 조사를 허락하시면, 억울함을 벗어날 수 있을 것이고 나라 사람들 역시 편안히 지내고자 하는 바람을 얻을 수 있을 것입니다. 황상의 덮어 주시고 감싸 주시는 은혜를 입게 될 것이니 감축하고 기꺼워하여 떠받드는 것이 어떠하겠습니까.

또한 소방(小邦)은 인심이 경박하여 헛소문을 퍼트리기를 좋아합니다. 뜻을 잃고 죄를 얻은 간사한 사람이 불화를 꾀하여 만들어 낸 교묘하고 참람된 말이 상국(上國)에까지 퍼지게 되었습니다. 상국(上國)의 관대한 은혜가 아니었다면 소방은 이미 죄를 얻은 지 오래되었을 것입니다. 이번에 배신(陪臣)을 조사해 심문하신 것은 실로 나라 사람들이 처음으로 본 것이라 대소(大小)가 모두 두려워하면서 스스로를 보전하지 못할 것이라 여깁니다. 신은 감히 엄한 위엄 아래서 변명할 수 없습니다만, 신은 외람되이 번복(藩服)을 지키고 있을 뿐 모든 신민(臣民)은 모두 황상의 신민이므로 주상의 덕을 베풀고 아랫사람의 사정을 아뢰는 것이 신이 맡은 직분입니다. 이제 민생이 동요하는 우환과 나라 사람이 술렁이는 사정을 보면서도 주상께 아뢰지 않는다면 신에게도 죄가 있는 것입니다. 마음의 진실됨과 일의 곡절을 글로 모두 전달하기는 어려우므로 삼가 가까운 중신을 경사(京師)로 보내서 폐하께 직접 말씀드리고자 합니다. 바라건대 황상의 천지(天地)와 같은 크심과 일월과 같은 밝으심으로 분간하시어 용서해 주시기를 바랍니다.

신은 두려워하고 절박한 마음을 참지 못하여 이에 삼가 갖추어 상주합니다.[3]」

○ 乙巳, 宴朝鮮國元旦來朝陪臣申景禎等六十人於禮部, 仍賜朝鮮國王李倧, 陪臣申景禎等, 貂皮 · 銀兩 · 雕鞍 · 馬匹等物有差.

○ 을사일(1.29), 조선국에서 원단(元旦)이라 하여 내조한 배신(陪臣) 신경정(申景禎; 申景禛) 등 60명에게 예부에서 연회를 베풀었다. 그리고 조선국왕 이종(李倧)과 배신(陪臣) 신경정(申景禎; 申景禛) 등에게 담비가죽 · 은량 · 조각한 안장 · 말 등의 물품을 차등 있게 하사했다.

二月, 丙午朔.

○ 2월 병오일 초하루(2.1).

○ 戊申, 諭戶部曰, 前所定禁止用煙之令, 其種者與用者, 俱經屢行申飭矣. 近見大臣等猶然用之, 以致小民效尤違禁. 嗣後凡欲用煙者, 惟許各人自種而用之, 若出邊貨買者, 處死.

○ 무신일(2.3), 호부에 유시했다. 「이전에 흡연을 금지하는 법령을 정하면서 담배를 기른 자와 사용한 자 모두 여러 차례 엄히 타일렀다.

3 위 疏의 내용은 『同文彙考』 別編 권3, 「飭諭」, 〈陳難刷三色人伸辨斥和臣奏〉에 실려 있다.

최근 보니 대신들이 여전히 담배를 피우고 있으며 백성들이 이를 흉내 내어 금령을 어기기에 이르렀다. 이후로 담배를 피우고 싶은 자는 각자 스스로 담배를 길러서 사용하는 것만을 허락하고, 만약 변경으로 나가 매매하는 자가 있으면 처형할 것이다.」

○ 甲寅, 宴朝鮮國進貢陪臣李德仁等九十人於禮部, 仍賜朝鮮國王李倧, 陪臣李德仁等, 貂皮 · 銀兩等物有差. 其進金銀器皿太監羅業, 進柑橘果品太監李春芳等, 亦宴賚如例.

○ 갑인일(2.9), 조선국에서 진공(進貢)하러 온 배신(陪臣) 이덕인(李德仁) 등 90명에게 예부에서 연회를 베풀었다. 그리고 조선국왕 이종, 배신 이덕인 등에게 담비가죽 · 은량(銀兩) 등의 물품을 차등 있게 하사했다. 금은 그릇을 진공한 태감 나업(羅業; 羅業), 감귤 과일을 진공한 태감 이춘방(李春芳) 등에게도 정례에 따라 연회를 베풀어 주었다.

○ 東藩和託額駙 · 糾察納額駙等五十八人來朝, 貢貂皮, 宴賚如例.

○ 동번(東藩)의 호토 어푸 · 기오차나(giocana, 糾察納) 어푸 등 58명이 내조하여 담비가죽을 바치니, 정례대로 잔치를 베풀고 선물을 주었다.

○ 己未, 先是, 上命戶部, 察滿洲 · 蒙古十六旗下牛彔, 各以人口 · 牲畜註冊, 分別貧富具奏. 至是, 部臣奏覆查出, 宗室拜尹圖旗下之吳賴 · 翁阿岱, 譚泰旗下之得特 · 舒寧噶, 葉克書旗下之濟席哈 · 覺善·敦拜·布顏·塔思戶禮·託克退·克布圖·法談·褚庫巴圖魯·代松阿·噶布喇·黑葉內·祈明阿·布丹·吳勒木·吳爾塞, 葉臣旗下之胡球·夸詹·阿囊噶·邦鈕·喀拜·朱世起·俄黑內·康喀賴·納爾賽·庫爾古禮·洪尼喀·英古德·胡席, 和碩額駙達爾哈旗下之蘇爾德·喀爾塔喇·德布忒倫·宜成格·索渾·碩塞·畢黑忒·綏孫·葉赫朱瑪喇·瓦爾喀朱馬喇, 宗室鎭國公艾度禮旗下之托敏·根特·格爾特·布喀·海賽等四十八牛彔俱貧.

上集諸王·貝勒·諸臣於篤恭殿, 諭曰, 牛彔下人多有貧乏者, 皆因牛彔章京及撥什庫等, 耽嗜飮酒, 不辦理牛彔之事. 晨醉則至暮不醒, 夜醉則日中不起, 荒惰棄業, 職此之由. 昔皇考太祖時, 太祖素不飮酒, 因而羣臣庶民, 凜遵敎訓, 故太祖國勢振興, 諸臣迄今殷富. 皇叔貝勒嗜酒, 其部下臣民俱效之, 故皇叔之政漸衰, 而部下之臣民漸貧, 自正藍旗莽古爾泰·德格類在時, 耽於麴蘖, 其部下之臣, 及本旗下人, 皆相習成風, 以致敗亡. 鑲紅旗王·貝勒·公等, 亦惟酒是嗜, 其部下本旗人, 共相倣效, 故瓦爾喀什之族, 年未老而先衰.

鑲藍旗鄭親王先時嗜酒, 一旗人皆效之, 今鄭親王雖戒飮, 而部下之人, 積習已久, 不能禁止, 似此沉湎廢事, 致令牛彔貧窮者. 諸王·貝勒·貝子·公等, 何不査明議處, 屬下貧窮者, 何不加恩贍養. 若令遍察擧國之衆, 或勢有不能, 今止各査該管之人, 實屬至易. 儻牛彔章京不職, 何不卽爲更置. 且此貧窮牛彔, 豈平時不給爾以俸餉, 行兵獨吝爾之功賞. 比之衆人, 或有同異耶. 抑於衆人之外, 過派差徭耶. 豈此等牛彔與國人不同, 而天偏降之以霜雹旱澇之異災耶. 董率無方, 誰職其咎. 著將貧窮牛彔之該管章京及驍騎校·小撥什庫, 俱解本牛彔任, 並離其兄弟, 歸他人監管, 其牛彔撥什庫員缺, 另選才能者補授.

又諭諸王·貝勒·大臣等曰, 爾等何不親率人習射耶. 子弟輩壯者,當令以角弓羽箭習射, 幼者當令以木弓柳箭習射. 如不執弓習射, 好爲博戲. 閑遊市肆者, 何不執之. 我國武功, 首重習射, 不習射之罪, 非用煙之可比也. 用煙之禁, 前因爾等私用, 故不能治人, 至於射藝, 切不可荒廢, 嗣後爾等當嚴加督率, 互相激勸.

○ 기미일(2.14), 이전에 주상이 호부에 명하여 만주·몽고 16기 속하 니루마다 각기 인구와 가축을 기록하고 빈부를 분별하여 모두 상주하게 했다. 이때에 부신(部臣)들이 명에 따라 살펴보니, 종실 바인투 기(旗) 속하의 울라이·웅가다이, 탄타이 기 속하의 더터(dete, 得特)·슈닝가(šuningga, 舒寧噶), 역슈 기 속하의 지시하(jisiha, 濟席哈)·기오샨(giošan, 覺善)·둠바이(dumbai, 敦拜)·부얀(buyan, 布顏)·타스후리(tashūri, 塔思戶禮)·톡토이(toktoi, 託克退)·컵투(kebtu, 克布圖)·파탄(fatan, 法談)·추쿠 바투루(cuku baturu, 褚庫巴圖魯)·다이숭가(daisungga, 代松阿)·가불라(gabula, 噶布喇)·허여너(heyene, 黑葉內)·치밍가(cimingga, 祈明阿)·부단(budan, 布丹)·울러무(ulemu, 吳勒木)·우르사이(ursai, 吳爾寨), 여천 기 속하의 후키오(hūkio, 胡球)·쿠와잔(kūwajan, 夸詹)·아낭가(anangga, 阿囊噶)·방니오(bangnio, 邦鈕)·카바이(kabai, 喀拜)·주시키(jusiki, 朱世起)·워허너이(wehenei, 俄黑內)·캉칼라이(kangkalai, 康喀賴)·나르사이(narsai, 納爾賽)·쿨구리(kūlgūri, 庫爾古禮)·훙니카(hūngnika, 洪尼喀)·영구더(yenggude, 英古德)·후시(hūsi, 胡席), 호쇼이 어푸 다르한 기 속하의 술더이(suldei, 蘇爾德)·칼타라(kaltara, 喀爾塔喇)·덥털런(debtelen, 德布忒倫)·이청거(icengge, 宜成格)·소혼(sohon, 索渾)·쇼서(šose, 碩塞)·비허투(bihetu, 畢黑忒)·수이순(suisun, 綏蓀)·여허 주마라(yehe jumara, 葉赫朱瑪喇)·와르카 주마라(warka jumara, 瓦爾喀朱馬喇), 종실 진국공(鎭國公) 아이두리 기 속하의 토민(tomin, 托敏)·건터이(gentei, 根特)·거르

터(gerte, 格爾特)·부카(buka, 布喀)·하이사이(haisai, 海賽) 등 48개 니루가 모두 궁핍했다.

주상이 여러 왕·버일러·여러 신하들을 독공전(篤恭殿)에 모으고 유시했다. "니루에 속한 사람들 중에 가난한 자가 많은 것은 모두 니루장긴과 보쇼쿠 등이 술 마시는 것을 즐기고 니루의 일을 처리하지 않기 때문이다. 새벽에 취하면 해가 질 때까지 깨지 않고, 밤에 취하면 한낮이 되도록 깨지 않으니 게으름 부리며 일을 내버려 두는 게 바로 이 때문이다. 지난날 황고 태조께서는 평소에 술을 드시지 않았고 여러 신하와 백성들은 이 가르침을 따랐다. 그렇기 때문에 태조는 국세(國勢)를 떨치셨고 여러 신하들도 지금 부유하게 되었다. 황숙(皇叔) 버일러들은 술을 즐겼고 속하의 신민(臣民)들이 모두 이를 따랐기에 황숙들의 정치가 점차 쇠미해지고 속하의 신민들도 점차 가난해졌다.

정람기는 망굴타이·더걸러이가 있을 때 술을 즐겼으므로 속하의 신하들과 본 기(旗)의 사람들까지도 모두 이 습관을 배워 패망하기에 이르렀다. 양홍기의 왕·버일러·공(公)들도 술을 즐겼고 그 속하의 본 기(旗) 사람도 모두 서로 따라했으므로 와르카시(warkasi, 瓦爾喀什) 일족이 아직 늙지 않았는데도 쇠미해졌다. 양람기의 정친왕은 이전에 술을 즐겼고 그 기의 사람들 모두가 이를 따라했다. 지금 정친왕은 비록 술 마시는 것을 경계하지만 그 속하의 사람들은 버릇이 든 지 오래되었기에 금지하지 못했으므로 이처럼 술에 빠져 일을 내버려두어 니루가 빈궁해지기에 이르렀다.

여러 왕·버일러·버이서·공(公)들은 어째서 분명하게 조사를 하지 않아 속하의 가난한 사람들이 부양의 은혜를 받지 못하게 했는가. 만약 온 나라의 백성을 두루 조사하려면 사정상 불가능할지 모르나, 지금은 다만 각자 자기가 맡은 니루를 관할하는 사람을 조사하는 것이니 실로 간편하다. 만약 니루장긴이 직무를 감당하지 못하면 어찌 즉시 바꾸지 않았는가. 이들 니루가 빈궁한 것이 평소에 어찌 너희들의 봉향만 지급하지 않고 전시에 너희들의 공훈만을 아까워했기 때문이겠는가. 다른 사람과 비교해서 혹시라도 차이가 있었는가. 다른 사람들과 달리 차역을 과하게 부과했는가. 어찌 이들 니루가 다른 국인(國人)과 같지 않아서 하늘이 서리와 우박, 가뭄과 홍수 같은 재해를 편벽되게 내린 것이겠는가. 통솔하는 것이 아무 쓸모가 없다면 누가 그 허물을 다스리겠는가. 앞으로 가난한 니루를 관할하는 장긴 및 효기교·소(小) 보쇼쿠는 모두 해당 니루의 임무에서 해임하고 그 형제를 떨어트리며, 나른 시람이 관리하고 감시하게 하며 그 니루 보쇼쿠의 결원은 따로 재능 있는 자를 선발하여 보충하라."

또 여러 왕·버일러·대신(大臣)들에게 유시했다. "너희는 어째서 직접 사람을 데리고 활쏘기를 익히지 않느냐. 자제들 중에서 장성한 자는 각궁(角弓)으로 깃화살을 쏘는 것을 익히게 해야 하고, 어린 자는 목궁(木弓)으로 버드나무 화살을 쏘는 것을 익히게 해야 한다. 활을 잡고 활쏘기를 익히지 않으면 노름만 좋아하게 된다. 저잣거리에서 한가로이 놀면서 어째서 활을 잡지 않는가. 우리나라의 무공(武功)은 활쏘기를 익히는 것을 가장 중시했으니, 활쏘기를 익히지 않은 죄는 담배 핀 것에 비할 바가 아니다. 흡연을 금지한 것은 이전에 너희가 피우는 것이라 다스릴 수 없기 때문이었지만 활쏘기는 절대 황폐해지게 할 수 없다. 이후로 너희는 더욱 엄히 감독하며 서로 힘써 권해야 한다."

○ 辛酉, 以金礪爲固山額眞, 何濟吉爾管梅勒章京事, 馬光輝爲參政.

○ 신유일(2.16), 김려(金礪)를 구사어전으로 삼고, 호지기르(hojigir, 何濟吉爾)에게 머이런장긴의 일을 관할하게 했으며 마광휘(馬光輝)를 참정으로 삼았다.

○ 甲喇章京劉廷聘, 盜取義州青草一千三百束, 又藏煙私用. 爲家下五人所首告, 法司審實. 劉廷聘應革職, 枷號八日, 罰銀百兩, 仍追草束, 首告家人出戶, 奏聞. 上命劉廷聘免枷號及罰銀, 著革職, 追草束, 原告准離主.

○ 잘란장긴 유정빙(劉廷聘)이 몰래 의주(義州)의 풋담배 1,300다발을 가져가서 숨겨 놓고 몰래 흡연하는 데 사용했다. 집안사람 5명이 고발하여 법사에서 조사해 보니 사실이었다. 유정빙은 혁직하고 8일간 칼을 채우고 벌은 100냥을 부과하고 담뱃잎은 몰수하고 고발한 가인(家人)은 호(戶)에서 분리시켜야 한다고 상주했다. 주상은 유정빙에게 칼을 채우고 벌은을 부과하는 것을 면해 주되, 혁직하고 담뱃잎을 몰수하며 원고(原告)를 주인에게서 분리하게 했다.

○ 上以第七女公主, 許字俄齊爾桑之子鏗格爾耿, 行初聘禮. 和碩親王以下, 甲喇章京以上, 俱集於篤恭殿, 賜大宴, 俄齊爾桑獻駝馬.

○ 주상은 일곱째 딸 공주가[4] 오치르상의 아들 컹거르겅(kenggergeng, 鏗格爾耿)에게 시집가는 것을 허락하고 초빙례(初聘禮)를 행하였다. 호쇼이 친왕 이하 잘란장긴 이상을 모두 독공전(篤恭殿)에 모아 큰 연회를 베풀어 주었다. 오치르상은 낙타와 말을 바쳤다.

4 청 태종의 일곱째 딸(1633-1648)의 봉호는 淑哲公主 혹은 固倫端獻長公主. 생모는 孝莊文皇后이고 친동생이 순치제이다. 1645년 내대신 오치르상(ocirsang, 俄齊爾桑)의 아들 컹거르겅(kenggergeng, 鏗格爾耿)과 결혼했고 1648년 16살에 사망했다.

○ 乙丑, 遣額駙巴爾達齊及所尚格格, 併額訥布 · 鍾嫩等三十三人還, 賜各色衣服 · 帽鞾 · 被褥 · 銀器 · 隨侍女子 · 帳房 · 鞍馬 · 甲冑 · 綵緞 · 文綺等物, 仍賜宴於館舍.

○ 을축일(2.20), 어푸 발다치(baldaci, 巴爾達齊)와 시집간 공주 및 어너부(enebu, 額訥布) · 중논(jungnon, 鍾嫩) 등 33명을 돌려보내면서 각종 의복 · 모자와 신발 · 이불과 요 · 은그릇 · 시종할 여자 · 양탄자 장막 · 안장을 갖춘 말 · 갑옷과 투구 · 채단(綵緞) · 문기(文綺) 등의 물품을 하사했고 관사(館舍)에서 연회를 베풀어 주었다.

○ 賜郭爾羅斯部落哈尚 · 納爾噶泰, 卓禮克圖親王下叟塞, 達古里下慶凱等, 豹裘 · 緞布等物, 以其送索倫部落額古訥等至也.

○ 고를로스 부락의 하샹(hašang, 哈尚) · 날가타이(nalgatai, 納爾噶泰), 조릭투 친왕 속하의 서오서, 다구리(daguri, 達古里) 속하의 킹카이(kingkai, 慶凱) 등에게 표범가죽옷 · 비단과 면포 등의 물품을 하사했는데, 그들이 보낸 솔론 부락의 어이구너(eigune, 額古訥) 등이 도착했기 때문이다.

○ 賜索倫部落噶凌阿之弟孟塞爾 · 寨桑古及瓦代之子額古訥等, 鑲領緞袍 · 貂帽 · 玲瓏鞓帶 · 緞布等物有差.

○ 솔론 부락 가링가(garingga, 噶凌阿)의 동생 멍서르(mengser, 孟塞爾) · 자이상구(jaisanggu, 寨桑古) 및 와다이(wadai, 瓦代)의 아들 어이

구너 등에게 깃에 테두리를 두른 비단 마고자 · 담비가죽 모자 · 정교하게 장식한 가죽띠 · 비단과 면포 등을 차등 있게 하사했다.

○ 丙寅, 以星訥爲工部參政.

○ 병인일(2.21), 싱너를 공부참정으로 삼았다.

○ 往圍明錦州和碩睿親王多爾衮等, 自軍營遣詹代等奏報. 臣等圍困席寧山城時, 擊敗明錦州 · 松山援兵四百二十人, 斬二百四十人, 獲馬十五匹. 固山額眞阿山先襲山城, 斬敵八人, 又克取山城之小者, 俘獲男子三十九人, 婦女 · 幼稚二十七口, 馬 · 騾五匹. 索海 · 雍舜率兵四百人, 往截敵人山城去路, 及還時, 遇錦州兵三百人往小凌河畋獵, 擊斬九十二人. 其餘脫逃者, 遇多羅安平貝勒所率兵五百人, 又擊斬八十二人.

○ 명나라의 금주(錦州)를 포위하러 간 호쇼이 예친왕(睿親王) 도르곤 등이 군영에서 찬다이 등을 보내 상주했다. 「신들은 석녕산성(席寧山城)을 포위했을 때 명 금주(錦州) · 송산(松山)의 구원병 420명을 격파하여 240명을 베고 말 15마리를 얻었습니다. 구사어전 아산이 먼저 산성을 습격하여 적 8명을 베었고, 또 산성 중 작은 것을 함락시켜 남자 39명, 부녀자와 어린아이 27명, 말과 노새 5마리를 노획했습니다. 소오하이와 용숀은 병사 400명을 이끌고 적이 산성으로 가는 길을 끊었고, 돌아올 때는 금주(錦州) 병사 300명이 소릉하(小凌河)에 가서 사냥하는 것을 만나 92명을 공격해 죽였습니다. 나머지 도주한 자들은 도로이 안평 버일러가 이끄는 병사 500명과 마주하여 다시 82명을 공

격해 죽였습니다.」

○ 正白旗土賴, 訟其嫂於法司. 據稱, 故兄圖詹歿後, 伊嫂不思顧恤後人, 將故兄所遺貂套·貂褂·貂朝衣·狐腋裘·猞猁猻褥·緞朝衣共七件, 緞布共五十二疋, 各色緞衣·布衣共四箱, 銀三千餘兩, 赤金十兩, 金項圈·簪·鐲等物, 及幼女之珍珠·珊瑚等飾, 又有銀器, 及珍珠·琥珀·菩提·藍石等數珠, 各色粧緞女衣·被·褥·緞裙, 貂腋·狐腋·灰鼠等裘, 貂裏女朝衣, 并一切箱櫃所有, 不知其數, 悉被擅取, 請行追究等語. 法司勘實, 議蘇拜牛彔下圖詹妻, 擅取故夫財物, 應悉追還, 如不與, 論死. 既而繫禁追之, 堅不與. 部議覆奏, 上從之.

○ 정백기의 툴라이가 자신의 형수를 법사(法司)에 고소했다. 그에 따르면, 형인 투잔(tujan, 圖詹)이 죽은 후 그의 형수는 자손들을 돌보지 않고 죽은 형이 남긴 담비가죽 외투·담비가죽 마고자·담비가죽 조의·여우겨드랑이가죽옷·스라소니 가죽 요·비단 조의(朝衣) 총 7건, 비단과 면포 총 52필, 여러 색의 비단옷과 베옷 총 4상자, 은 3,000여 냥, 적금(赤金) 10냥, 금목걸이·비녀·팔찌 등의 물품, 여아용 진주·산호 등 장신구, 은그릇, 진주·호박·보리수·남석(藍石) 등 수많은 구슬, 여러 색의 장단(粧緞) 여성복·이불·요·비단치마, 담비 겨드랑이가죽·여우겨드랑이가죽·다람쥐 겨드랑이가죽, 담비가죽 안감의 여성 조의(朝衣), 아울러 상자와 궤가 매우 많았는데 모두 멋대로 차지했으니 규명을 요청한다는 것이었다. 법사(法司)가 조사하니 사실이어서 다음과 같이 의논했다. 「수바이 니루 속하 투잔의 아내는 죽은 남편의 재물을 멋대로 취했으니 모두 되돌려주어야 하며, 만약 주지 않으면 사형으로 논해야 합니다.」 이후 구금하고 재물

을 추환하려는데 끝까지 돌려주지 않았다. 부(部)가 의논하여 다시 아뢰자 주상이 따랐다.

저자 소개

이훈

고려대학교에서 박사학위를 취득했다. 만주 지역과 만주족의 정체성에 대해 연구했다. 『만한사전』, 『만주족이야기』를 저술했고 「청대 건륭기 만주족의 근본지지 만들기」, 「청 초기 장백산 탐사와 황제권」, 「17세기 중엽 청-러시아의 충돌과 흑룡강 유역의 부족민」 등의 논문을 발표했다. 고려대학교 사학과 강사로 재직하고 있다.

김선민

듀크대학교에서 박사학위를 취득했다. 조선과 청의 변경 지역이 국경으로 전환되는 역사적 과정을 연구했고 만주의 환경사를 연구하고 있다. *Ginseng and Borderland: Territorial Boundaries and Political Relations Between Qing China and Choson Korea, 1636-1912*를 저술했고 「청대 길림의 팔기 관병과 호랑이 진공」, 「청대 길림지역의 기인과 토지 개간」 등의 논문을 발표했다. 고려대학교 민족문화연구원 교수로 재직하고 있다.

이선애

고려대학교에서 박사학위를 취득했다. 청대 만주-몽골의 관계를 연구했으며 「청대 몽골법 제정과 적용 양상—건륭 연간 재판사례 분석을 중심으로」, 「만문사료를 통해 본 후금시기 만·몽관계」, 「동맹의 代價에서 충성의 代價로—청대 외번 몽고 봉작제도의 특징과 운영 양상」 등의 논문을 발표했다. 경상국립대학교 역사교육과 교수로 재직하고 있다.